越縵堂讀書記全編

四

【清】李慈銘 著
張桂麗 輯校

上海古籍出版社

光緒四年

正月

論語

朔 論語開卷「學而時習之，不亦説乎」，「喜悦」之「悦」本作「説」。説文「説，説釋也」，説釋即悦懌，此爲第一義，而以談説爲第二義，本無兩音也。經典相承，獨此字未變。而皇侃義疏本乃俱改作「悦」，亦有一二未盡者，此六朝俗本也。今仍作「説」，不可謂非唐人陸德明、作釋文。張參、作五經文字。鄭覃刻石經。三君之功，觀孟子便「悦」多「説」少可見。

又「吾十有五而志于學」，論語、孟子「于」字皆作「於」，惟引詩書則仍本文作「于」，此處唐石經及高麗本皆本作「而志乎學」。論衡實知篇所引同，朱注亦云「志乎此」。以上皆本阮氏校勘記。今作「于」者，「乎」字之誤也。

以上二條皆極淺，而人多不察，今日亦開手記之。

目耕帖　清　馬國翰

初四日 閱馬竹吾目耕帖中易説。馬氏意主博覽，所采多宋儒説，而大恉歸於考據，雖心得者少，亦頗有所折衷。易三卷、書三卷、詩十卷、周禮九卷，共二十五卷，蓋亦未爲完書也。

周易

十六日　易夬「莧陸夬夬」，虞氏注「莧説也，讀如『夫子莧爾而笑』之『莧』」。張皋文氏周易虞氏義云：「字當作『莧』，今作艸下見，傳寫誤耳。」案，張説是也。今李氏周易集解盧刻本、周刻本、惠氏周易述本、丁氏周易鄭注訂正本、盧氏經典釋文本、阮氏注疏校勘記本，皆作「莧」者，誤也。説文「莧，山羊細角者，從兔足，從苜聲，讀若丸，寬字從此。徐氏鍇謂「莧」即今俗「羱」字，然説文此字説解甚可疑。「莧」既無所屬之字，何以特立一部？苜者目不正也，從𦫳目，讀若末，模結切，又徒結切，與「莧」之音甚遠。段氏雖强以合韻當之，殊不可信。卝者羊角也，讀若乖，音工瓦切。莧爲山羊，何以不從卝而反從苜爲聲？苜爲目不正，何以從羊角取義？莧從苜又從兔足，何以見細角之義？兔足好蹲居，故止見二足，以象居形，若山羊則未見其蹲居，何取象於兔足？蓋「苜」「莧」二字下之説解，皆有竄亂，非許君本文。王蓘友謂「莧」字從其角，目其首，儿其足與尾，通體象形，差近之。胡官切。」蓋虞氏讀「莧陸」爲「歡睦」，而古或假「莧」爲「歡」，「歡」字呼官切，呼、胡不過輕讀重讀之分。易釋文云「莧，閑辯反」，此以莧爲莧菜字，從馬、鄭以莧陸爲商陸。宋衷以莧爲莧菜之説，其字從艸下見。説文「莧，侯澗切」。閑用類隔，侯用音和也。又云三家音「胡練反」，此以「莧」爲「莧」字。三家者，王肅、李軌、徐邈。蓋皆同虞本，其字從苜下儿，胡練即胡官，古無四聲之別也。又云「一本作莞，華版反」，此即莞、莧同音通用，可與論語互證。論語釋文「莧爾，莧華版反」，本今作「莞」，皆足申虞氏之義。詩斯干釋文「莞音官」；説文：「莞，艸也，可以作席，胡官切。」是論語之莧、莞皆假借字，本亦當作「歡」，「歡爾」猶左傳之「驩焉」，家語之「懽然」，蓋輕讀則爲「歡」，重讀則爲「莧」。莧爾者，狀其舒緩和説之貌。故集解曰「小笑貌」。史記孔子世家一曰「孔子欣然笑曰」，又曰「孔子欣然而笑曰」，皆對弟子之言，欣然即莧爾也。易之作「莧」者古文，馬、鄭皆傳費氏易，費氏本以古字，號古文易。見經典釋文序録、隋書經籍志。王弼亦用費易，自江左以來，承用王易，故陸氏先用閑辯一音，以莧爲正文也。其作莧者今文，蓋施、孟相傳如是。許君雖言易孟氏爲古文，然以漢志云「劉向以中古文校施、孟、梁丘三家經，或脱去『無咎悔亡』，惟費氏經與古文同」，及釋文隋志所言觀之，則施、孟、梁丘不免參以今文矣。虞傳孟易，故所據本作「莧」也。莧訓艸，莧訓説，各是一家之言，虞義亦頗近迂曲。而論語本作「莧爾」。今作「莞爾」，無有從艸下見作「莧爾」者，此學者所當分別也。今陳氏論語古訓、翟氏四書考異、阮氏論語校勘記、黄氏論語後案諸書作「莧」，皆非。

二十一日　閲目耕帖中詩説，雖亦每及宋儒之説，而辨駁爲多，尤能時舉三家，申明鄭義，較之書、易爲長，惟如歐陽公之謂詩有删句删字，王柏之割配周南、召南，此汪容甫所謂愚誣之甚者，可不必復論也。

段氏詩經小學，簡核精深，治詩者不可不讀。然如「歸寧父母」，謂指文王之父母，則迂曲甚矣。以葛覃爲后妃在父母家之詩。以言告言歸爲嫁，自是序傳相承先儒古義。至「歸寧父母」，則毛傳於「釋師氏」下曰「婦人謂嫁曰歸」，此釋「言歸」之「歸」也；于「寧安也」下曰「父母在則有時歸寧耳」，此釋「歸寧」之「歸」也；兩「歸」字本不同。即謂「歸寧」二字不連，如召南草蟲箋之「言寧父母」，説文引此詩作「以晏父母」，皆是無父母詒罹之意。段氏乃謂既歸曰舅姑，未歸言父母，未知於古何據？又引禮記親迎女在塗而壻之父母死，以爲稱父母之證，夫曰壻之父母，自對壻爲文，於女何與？此等實爲漢學之累，招妄人之排擊者也。又以傳文「父母在則有時歸寧耳」九字爲後人妄加，而其後作毛詩故訓傳定本，又不敢自堅其説，仍存此文，而注云「或云此九字恐後人所增」，是亦未有定見也。

古文尚書撰異　清　段玉裁

二十三日　閲目耕帖中詩説。夜閲段氏古文尚書撰異。此書詁訓紛綸，可謂經學之窟，惟必分析今文、古文，鑿鑿言之，且謂漢魏以前歐陽、夏侯尚書無今文之稱，孔安國所傳尚書亦用今字，説文所載尚書古文，馬、鄭、王本皆無之，俱近於任臆而談，意過其通，反爲蔽也。臧拜經言錢竹汀氏有籤記頗多，惜不得見之。

經韻樓集　清　段玉裁

二十五日　鈔段茂堂明世宗非禮論第四首，皆論後漢世祖立四親廟事，其言頗有踳駁處，爲之辨正，存蘿庵日鈔中。此文以皆言史事，故學海堂經解本不載，余以其據續漢志訂正范書光武紀中「昭帝」二字之誤，張純傳中宣、元、成、哀、平「宣」字之衍，又「五帝」二字之衍，最爲明確，又辨紀注引漢官儀之誤，與余舊説合，而廟制是非，關係至鉅，故録其文而附以管見，當別爲一文著之。

禮記

三十日　檀弓「舜葬於蒼梧之野，蓋三妃未之從也。」鄭注釋「三妃」甚明，而漢書劉向傳云「舜葬蒼梧，二妃不從」。後漢書趙咨傳云「昔舜葬蒼梧，二妃不從」；張衡傳云「哀二妃之未從兮，翩儐處彼湘瀕」；此皆作二妃者，以書記相傳，多云二女，未必用檀弓文也。乃章懷於趙咨傳、張衡傳兩注、李善文選思玄賦注皆引禮記作「蓋二妃未之從也」。考孔氏正義申説三妃甚詳，豈唐時禮記有別本歟？然則釋文及正義何以並不一言？且孔氏方引山海經之作「二妃」，以爲不可從，使本經尚有一作「二妃」之本，豈有不引而駁之者乎？恐章懷及善注不可信，宋裴駰史記五帝本紀集解，亦引禮記曰「舜葬蒼梧，二妃不從」。近聞同治乙丑會試次題必得其壽，闈中有用「三妃」者，房官某翰林怒擲之曰：「舜止二妃，何處得三？」時周星譽御史亦爲房官，見之，曰：「三妃似有出處。」某曰：「娥皇、女英外，更有誰耶？」周不能答，竟黜之。若某者，蓋嘗見禮記別本者矣。

二月

經史問答　清　全祖望

初二日　全謝山經史問答言平原君料白起、廉頗語本在戰國策，見章懷後漢書列傳第八卷注中。案，是卷吴漢等傳贊注引戰國策曰「廉頗爲人勇鷙而愛士，白起視瞻不轉者執志堅也」二語。

北史　唐　李延壽　魏書　北齊　魏收

十三日　校北史及魏書。北史袁翻傳翻議明堂辟雍事，引鄭玄云「周人明堂五室，是帝一室也，合於五行之數。周禮依數以爲之室，本制具存，是周五室也。於今不同，是漢異周也。漢爲九室，略可知矣。」案，魏書「以爲之室」句下有云：「德行於今，雖有不同，時説昞然，本制著存，而言無明文，欲復何責」，以下方接「本制著存」云云。自「周人明堂」至「欲復何責」，蓋是鄭君駁五經異義之文。「德行」當作「施行」，魏書及北史賈思伯傳可證。其下句「本制著存」以下，乃是翻申釋鄭義，北史删去數語，便不可解。

北史　唐　李延壽　北齊書　唐　李百藥

十四日　校北史及北齊書。北史陽休之傳：「神武幸汾陽之天池，池邊得一石，上有隱起字，文曰『六王三川』。問休之曰：『此文字何義？』對曰：『六者大王之字，河、洛、伊爲三川，大王若受天命，終應統有關右。』」案北齊書作「六者是大王之字」，下有「王者當王有天下」一句，「河、洛、伊爲三川」句下有云「亦云涇、渭、洛爲三川。河、洛、伊，洛陽也。涇、渭、洛，今雍州也」，以下方接「大王」云云。「六是大王之字」者，以高歡小字賀六渾也。「王者」一句是釋石文「王」字之義，以三川亦包涇、渭、洛，故云終應統有關右。南史節去數語，文義便不可通。天池在今山西寧武府西南管涔山上，爲汾水之上源，河、洛、伊之「洛」，本當作「雒」。

北史文苑傳序「奉車都尉陸道閑」。案北齊書「陸」作「睦」。錢竹汀廿二史考異云：「北齊書文苑顔之推傳附睦豫字道閑，趙郡高邑人。廣韻『睦』下不言是姓，它書亦未見有睦姓者，而諸本皆從目旁。」慈銘案，「睦」當作「眭」字之誤也。睦豫傳下云：「宗人仲讓，天保時尚書左丞。」北史崔暹傳有趙郡今本誤作「同郡」，北齊書不誤。眭仲讓，當魏武定末爲司徒中郎，即豫傳之「後爲尚書左丞」者也。王氏應麟姓氏急就篇注「眭氏，漢眭宏後，魏眭夸、北齊眭道閑」，是其明證矣。魏書隱逸傳「眭夸，趙郡安邑人」，北史同。眭音息隨反，讀若睢，因「眭」誤「睦」，遂因「睦」誤「陸」，北齊書崔暹傳亦誤作「睦」。廣韻「眭」「睦」下均不言是姓，元和姓纂謂睦是「趙大夫，食采睦邑，因以爲氏」。姓氏急就篇有「睦氏，西胡姓」。

北史文苑樊遜傳楊愔以孝謙兼員外將軍，孝謙即遜字，此傳前半稱名，後半稱字，自來無此史體。考其中有魏收作庫狄干碑序，孝謙作銘，陸卬不能辨等事，爲北齊書所無。蓋延壽據他傳記補入，其原文稱字，因亦仍之，遂並其後半皆改名爲字，其疏繆甚矣。孝謙辭曰：「門族寒陋，訪第必不成，乞補員外司馬督。」愔曰：「才高不依常例，特奏用之。」案北齊書作「左僕射楊愔辟遜爲其府佐，遜辭」云云，是所辭者愔之府佐，若長史諮議之類也。南、北朝三公及都督置府佐，開府儀同三司及諸將軍加「大」字者，位皆從公。楊愔是時已拜開府儀同三司，故得開府置佐，是乃愔之府佐，非僕射有府佐也。「特奏用之」者，即奏用爲府佐也。其下始云「九年詔除員外將軍」。時在天保八年。蓋南、北朝以府佐爲上選，稱曰上佐，故遜自以門卑不敢當。其先魏襄城王元旭欲以爲參軍，而遜亦云家無蔭第，不敢當此。其所云「訪第」者，自曹魏設中正，下有訪問主其事，見晉書劉卞等傳。第即九品之第。隋書及北史劉焯、劉炫傳皆云除太學博士，以品卑去職。品卑即第卑也。若員外將軍，魏、齊以後所授，至爲猥雜，如流外將軍之比。魏制員外將軍從八品，梁、陳有流外將軍。遜何必辭之？北史誤從省並官品，便爾茫昧。

北齊書王晞傳，晞嘗詣晉祠賦詩曰：「日落應歸去，魚鳥見留連。」明日，盧思道謂晞曰：「昨被召已朱顏，得無以魚鳥致怪？」北史同。百藥書此卷本已亡，後人即以延壽書補之。「已朱顏」者謂已醉也，明北監本改「朱」爲「來」，改「顏」爲「頗」，以「來」字屬上語，蓋不解「朱顏」二字之義也。太平廣記卷二百四十七詼諧門引談藪正作「朱顏」，今若改之，則語妙全失。北監本多妄改，往往如此，而官本誤因之。

北齊書文苑傳序述後主時開文林館，引文學之士待詔者諸人姓名官位，而下系之云「待詔文林，亦是一時盛事，故存録其姓名」。又陽休之傳載周武平齊，徵吏部尚書袁聿修等十八人，令隨駕赴長安，後盧思道有所撰録，止云休之與孝貞、思道同被召者，是其誣妄焉。蓋百藥所以備載此兩次姓名者，以其父德林皆與其列，借以夸恩遇，而入周一事，尤爲其父出處所關，以見事由特徵，非同覸冒，故深辯思道之誣罔。北史文苑傳序及休之傳皆據以爲本，而去「待詔文林」三語及「後盧思道」云云，蓋未明百藥本意。然思道誣罔之事與休之本傳無涉，且百藥語亦未必可信，「待詔文林」云云則去之爲非。

北史温子昇傳元僅、當作瑾。劉思逸、荀濟等作亂，文襄疑子昇知其謀；又云子昇内深險，事故之際，好豫其間，所以終致禍敗。案，華山王大器及元瑾等與孝靜帝謀誅高澄，事泄被烹，是千古痛心之事，諸人雖死，自是魏之忠臣。延壽於子昇傳後附荀濟事，亦極寫其忠烈，安得謂之作亂，又以子昇爲深險？此皆仍魏書元文，乃魏收黨齊之言，失於刊正。凡北史中如稱「文襄崩」之類，皆史之駁文。

王晞傳備言與孝昭往復謀誅楊愔等及勸即帝位之事，一若杖義討罪，正名定分，而於孝昭之謙遜，文飾尤至。此蓋本於王氏家傳，皆非實録。高齊一代，惟濟南爲令主，其嗣位數月，愔等輔政，亦最號清明。孝昭忌逼謀篡，晞以夙被恩遇，又銜文宣之暴，畢力以勸成之。史家沿其誣辭，無識甚矣。陽休之於齊世號爲名德，而首附會石文，獻媚神武；文宣之篡，亦與其事。晞夙稱恬靜，始欲隱居，而勸進是謀，助叔奪姪，爾時文章儒學之士，誰復知有名節哉？

魏自孝武入關，以東魏爲僞，以高氏爲賊臣。其後洋又先篡而緯終滅於周，以爲俘虜。隋承周，唐承隋，則高氏之爲賊爲僭僞益著。乃唐初稱之爲北齊，爲之修史與魏、周並者，何也？蓋以李百藥之父德林、薛收之父道衡、顔師古之祖之推，皆嘗仕齊，頗被任遇。温大雅、彦博之父君悠，亦嘗爲文林館學士。高士廉之祖岳爲齊清河王，士廉既功臣國戚，大雅兄弟任用百藥等皆久綜文史之職，故協力躋之列於帝統，而高氏窮凶極暴，頗知崇尚文學，優容儒士，遂得久假不歸。此以知修史諸臣出於私心，而有國者不可不重文士，所以藉其力者非淺也。

魏書 北齊 魏收

二十日 魏書序傳云：「漢初魏無知封高良侯，子均，均子恢，恢子彦。彦子歆，字子胡，成帝世位終鉅鹿太守，仍家焉。歆子悦，字處德，性沈厚有度量，宣城公趙國李孝伯以女妻焉，位濟陰太守。子子建，字敬忠，即收之父也。」北史同，而無「成帝世」及「仍家焉」六字。案，歆爲無知之元孫，則成帝爲漢成帝無疑，以上承漢初言之，故不别出「漢」字也。而歆子悦爲李孝伯壻，則已在元魏太武文成之世，雖至愚者述其家世，必不至荒謬若此。考北齊書魏收傳云曾祖緝、祖韶、父子建。緝、韶之名與魏書、北史不同。蓋魏書中有脱文甚多，悦與子建當相隔十餘世，爲孝伯壻者乃韶而非悦。魏書此卷及北齊書魏收傳本皆已亡，後人取北史魏收傳前半以補魏書，後半以補北齊，故書分三史，文字悉同。而北史此傳本取收之自序，宋人補綴北齊書時，北史尚完，故得知緝、韶之名，今本北史亦脱，遂無可考正矣。

北史魏收傳，收撰魏書。頓丘李氏家傳稱其本是梁國家人，庶因訴史書不直。北齊書即用北史文。案「家人」當作「蒙人」，李庶爲魏文成元皇后兄嶷之曾孫，魏書元皇后傳云「梁國蒙縣人」，又外戚李峻傳亦同，峻即嶷之兄也。而李平、李崇傳皆云「頓丘人」，平即庶之祖，崇乃平之從兄也。北史無峻傳，而元后傳、崇傳皆同魏書作「梁國蒙人」。乃北齊書李構傳又作黎陽人，構即庶之從兄也，其下即附庶傳，叙庶訟魏書事，而又云李平爲陳留人，云其家貧賤，今魏書實無此語。倘以爲魏收日後所改，則收傳但云改楊愔、盧同、崔綽等傳，不云更改李傳。且收於李峻傳云「父方叔，劉駿濟陰太守」，劉駿即宋孝武，則固以爲宋之仕族矣。而北史列傳專用譜學，類叙祖孫苗葉，乃李崇傳既不載其祖方叔，亦不言其父誕之官爵，但云「文成元皇后第二兄誕之子」，其下附平傳，但云「崇從父弟」，不言其父嶷。魏書云「梁郡王嶷之子」。又峻封頓丘王，位太宰，北史外戚傳序云峻附其家傳，而家傳中無其人。魏書酷吏李洪之傳言洪之本名文通，因與元后宗人結爲兄弟，頗得其南中兄弟名字，乃改名洪之。後珍之等兄弟至京，遂叙長幼爲昆季，數延攜之宴飲，攜之時或言及本末。據峻傳言峻字珍之，與五弟誕、嶷、雅、白、（此先有一李白。）永，先後由南歸京師，皆封公位顯，而攜之不知爲何人之字。魏書洪之傳所叙本不明晳，北史既無峻傳，而洪之傳又删去攜之云云，令人益無可考。北齊書李構傳又止言其祖平，而不言其父獎，且傳文止一行餘，絶無一事，自來立傳，未有此體。又魏書、北齊書、北史各傳皆稱頓丘李庶，即北齊此卷裴讞之傳，亦明有頓丘李構之文，而構傳忽作黎陽。蓋北齊此卷已亡，後人按其目録，從北史諸書任便鈔最，加以改竄，故同卷中如裴讓之、張宴之、陸卬、王松年，皆不著其爲何地人，亦可笑矣。崇、平皆爲名臣，諧與庶、構皆一時名士，風流所歸，崇、庶之名尤著，而諸書叙其世系紛挐，郡縣差互，故爲理而董之。

魏書元后傳云「梁國蒙縣人，母頓丘王李峻之妹也」，「母」字衍。北史亦同，蓋八書脱佚已甚，而北史亦有缺誤，展轉補綴，往往不可究詰耳。魏書地形志頓丘郡、黎陽郡皆隸司州，所屬皆有頓丘縣。陳留郡、梁郡皆隸南兖州，而蒙縣隸譙郡。魏收作志，據武定時制爲言，其實自西漢至東魏以前，蒙縣皆屬梁郡，即今安徽壽州之南、蒙城之北。考魏書、北史元后傳及李洪之傳，皆言世祖南伐，永安王仁軍出壽春，至后宅，得后姊妹二人，遂入仁第。及仁被誅，后没宫，得幸於高宗，生獻文，則庶先世本爲梁郡蒙縣人無疑。而庶訟史不實者，以當時甚重族望，庶家或本出頓丘，以頓丘爲姓望，不欲復蒙、梁郡之名，故當日皆稱頓丘李氏，以史爲不直也。

中國人别稱漢人，起於魏末北齊，以高氏雖云勃海蓨人，而歡之祖徙居懷朔鎮，已同胡俗，故北史神武紀云「神武既累世北邊，故習其俗，遂同鮮卑」。及執魏政，其姻戚同起者，如婁昭、尉景、劉貴等，皆非中國種族，遂目中原人曰漢人。如文宣皇后李氏傳云「帝將建中宫，高隆之、高德正言，漢婦人不可爲天下母」，以李后爲趙郡李希宗女也。楊愔傳「太皇太后曰，豈可使我母子受漢老嫗斟酌」，以時愔等議欲處婁后於北宫，政歸李后，故婁后爲此言也。廢帝紀云「文宣每言太子得漢家性質」，以廢帝李后所生也。愔傳「廢帝曰：天子亦不敢與叔惜，豈敢惜此漢輩？」指愔及燕子獻、宋欽道、鄭子默也。斛律金傳「神武重其古質，每誡文襄曰：爾所使多漢，有讒此人者，勿信之」。北齊書高昂傳「高祖曰，高都督純將漢兵，恐不濟事，今當割鮮卑兵千餘人，共相參雜」。高德正傳「顯祖謂群臣曰：高德正常言宜用漢人（北史無「人」字。）除鮮卑，此即合死」。北史高昂傳「劉貴與昂坐，外白治河役夫多溺死，貴曰：『一錢價漢，隨之死。』昂怒，拔刀斫貴」。薛修義傳（北齊作「循義」。）「斛律金曰：還仰漢小兒守收家口爲質」。此類甚多，皆分別漢人之始。

北齊書杜弼傳：「顯祖嘗問弼云：『治國當用何人？』對曰：『鮮卑車馬客，會須用中國人。』顯祖以爲此言譏我。」蓋高歡當日雖目爾朱爲胡，而實自附其類，故所任用如庫狄干、賀拔允、万俟普、万俟洛父子、可朱渾道元、破六韓常、莫多婁貸文、庫狄迴洛、庫狄盛、斛律羌舉、斛律金、侯莫陳相、叱列殺鬼、步大汗薩、薛孤延、呼延族、乞伏貴和乞伏令和兄弟、賀拔仁、尉標尉相貴父子、尉長命、綦連猛，皆匈奴部族，非中國所有姓氏也。

北齊書趙彦深傳，彦深子仲將，「善草隸，雖與弟書，書字楷正，云草不可不解，若施之於人，即似相輕易，與當家中卑幼，又恐其疑。所在宜爾，是以必須隸筆」。案此稱楷爲隸，亦是今真書即古隸書之明證。北齊彦深傳已亡，此亦即北史文。

北齊書慕容儼傳，儼鎮郢城，爲梁所圍，「城中先有神祠一所，俗號城隍神，公私每有祈禱，於是順士卒之心，相率祈請，冀獲冥祐」。案，此爲城隍祠見史籍之始，而以爲俗號，則唐初猶等之淫祀，至唐末始盛行。朱梁時吾越遂有牆隍朱温避其祖茂誠嫌名，改「城」爲「牆」。祠碑矣。此條困學紀聞已言之。

北齊書元孝友傳云「祖魏太武皇帝，兄臨淮王譚，無子，令孝友襲爵」。案，魏書太武子臨淮宣王譚傳，子懿王提，孫康王昌，曾孫文穆王彧，彧無子，以弟孝友襲爵。是孝友爲譚之曾孫，於太武爲高祖，無子者乃彧而非譚也。北齊此傳已亡，後人取北史補之，而北史本系譚爲傳，其世次悉同魏書，乃妄加割截，顛倒錯繆，可笑如此。

魏書卷三十六李順傳，後附李同軌傳，而儒林傳復有李同軌，其文悉同北史，附其兄李義深傳。又北齊書李元忠傳後附其宗人愍字魔憐，以豪桀起兵，屢立戰功，至驃騎將軍、大都督、東荆州刺史，封襄國侯，加散騎常侍。天平二年卒，贈使持節定、殷二州軍事，定州刺史。又元忠族叔景遺，亦以任俠聞，與元忠同舉兵於西山，官至使持節大都督、車騎將軍、昌平郡公，天平初爲潁州刺史，被害，贈侍中、大將軍、開府、都督殷瀛二州軍事、殷州刺史，子伽林襲。二人建豎卓然，愍之爲南荆州，戰績尤偉，而北史皆失載。北史卷三十三叙趙郡李氏宗派枝葉，甚爲繁碎，乃獨遺此二人，魏書亦不載，皆失檢之甚。

北史王劭傳，劭解隋文帝夢見崔彭、李盛二人，曰彭猶彭祖，李猶李老，此用鄭君論語注老、彭義。

周書

唐　令狐德棻

二十六日　周書宇文愷傳議明堂引漢制云：「元始四年八月起明堂辟雍長安城南句，門制度如儀句，一殿句，垣四面門句，八觀句，水外周句，隄壤高句，四方和會，築作三句。」案，漢武帝元封二年，從公玉帶所上黄帝明堂圖，立明堂汶水上，一殿，四面無壁，以茅蓋，通水，水圜宫牆。其後元始立於長安者，考漢書平帝紀、郊祀志、王莽傳、續漢書祭祀志及三輔黄圖、水經注、李好文長安志諸書，皆不詳其制。愷言未知所本。八觀是每門有兩觀，然古天子諸侯，惟雉門有觀，明堂雖爲創制，不應四面皆立之，二字恐有誤。又黄圖言長安明堂亦漢武所立，元始更修崇之，則武帝紀並無立長安明堂事。考紀屢言幸泰山，祀明堂，配以高帝、景帝，則京師無明堂可知。舊唐書禮儀志顔師古言「漢武有懷創造，詢於搢紳，言論紛然，終無定據，乃立於汶水之上而宗祀焉」。孝成之代，表行城南，雖有其文，厥功靡立。平帝元始四年，大議營創。是長安先無明堂，黄圖所言誤也。

北史 唐 李延壽

三十日 是日校北史，已略訖。邢劭傳云劭見人校書，笑曰：「何愚之甚，天下書至死讀不可偏，焉能始復校此？」又李孝貞傳云孝貞遷蒙州刺史，自此不復留意文筆，人問其故，慨然歎曰：「五十之年，倏焉已過，鬢垂素髮，筋力已衰，宦意文情，一時盡矣。悲夫。」烏呼！余已至元操之年，安得不思子才之語？早衰多病，儲書盡焚，饑饉薦臻，旦夕莫保，勞精敝神，果何爲乎？

三月

魏書 北齊 魏收

初九日 終日校魏書，並以脱筆揭櫫，凡卷數、紀傳志分數、傳中人名及附傳者皆一一標出之，以便檢閱，計作字數千矣，甚勞心力，然不知疲也。魏書目録尚是伯起原本，宋人劉貢父等校，此書亦較它史爲精細，其闕及補或不全者每卷尾皆注之。

北史　唐　李延壽　魏書　北齊　魏收

十二日　比日復校北史及魏書，積習性成，不能自已，亦以消遣窮愁耳。

爾朱榮傳稱其妻北鄉郡長公主，然傳中無榮尚主之文。考魏書及北史東平王略傳云「爾朱榮，略之姑夫」。又魏書章武王融傳云，融「弟凝，姑爾朱榮妻，莊帝初封東安王」。略爲景穆子，南安惠王楨之孫，而融之父彬，亦惠王第二子，爲章武敬王太洛後，是長公主乃楨之女也。楨子中山獻武王英，既有大功，爲魏名臣，彬亦有武勇，而其女復配鷙壻，亦可快矣。

北齊書顯祖紀天保十年五月，「誅始平公元世、東平公元景式等二十五家」，北史同，而彭城王韶傳作「元世哲、元景武」。北齊書元韶傳同。（百藥書此傳已亡，後人即取北史補。）考魏書任城王雲傳，雲有孫世哲，爲高平縣侯嵩之子，尚書令世儁之弟，武定中爲吏部郎，未嘗封始平公。而韶傳又云「世哲從弟黄頭」。考魏書章武王太洛傳，太洛嗣子彬，彬子融，融子景哲，皆世傳國爵。景哲弟朗，即後廢帝，朗子黄頭，其群從無名世哲，亦無封始平者。惟彭城王勰傳言劭弟子正，莊帝即位封始平王，子欽字世道襲，齊受禪，爵例降。且北史諱「世」字，不應去「哲」存「世」。今北史中所有「世」字，皆宋以後校書者所改竄。疑此及北齊書皆有脱誤，（北齊書成於太宗時，不避「世」字、「民」字。）至景式則爲東平王略之子，襲封武定中北廣平太守，齊受禪，爵例降，見魏書略傳，作「武」者誤也。黄頭襲封安定王，（朗爲高歡所立，魏書稱中興主，被廢後孝武封爲安定王，旋被殺。）改封安平王，齊受禪，爵例降。北史於諸王子孫名多不見，偶然雜出，不知其爲何人矣。

又魏書出帝紀，即孝武帝。太昌元年九月，前廢帝子渤海王子恕改封沛郡王，前廢帝即節閔帝也。前廢帝紀普泰元年九月，封皇子子恕爲渤海王，至此改封，以後亦不知所終。而魏書廣陵惠王羽傳後叙子姓，亦不及子恕。節閔即羽之子。錢竹汀氏謂魏書於宗室子姓遺落甚多。余謂收書本已多闕，未必其舊如此，惟其成書當高洋大誅元氏之時，滅絶者十之九，僅有存者，微弱已甚，諸房譜牒搜訪不全，又意媚高氏，復黨爾朱，故於元氏諸王多加醜詆。即以臨淮王彧之名德，中山王熙之雅望，章武王融之死節，亦俱致貶辭，此其所以爲穢史也。

魏書皇后傳孝文昭皇后高氏傳肅宗詔曰：「文昭皇太后德協坤儀，美符文姒，作合高祖，實誕英聖。而夙世淪暉，孤塋弗祔，先帝孝感自衷，遷奉未遂，永言哀恨，義結幽明。廢吕尊薄，禮伸漢代。」又詔曰：「文昭皇太后尊配高祖，祔廟定號，促令遷奉，自終及始，太后當主，可更上尊號稱太皇太后，以同漢、晉之典，正姑婦之禮。」案，此節情事，頗不明晳。「禮伸漢代」下當有脱文。高后爲孝文昭儀，生世宗及廣平王懷而暴薨，或云馮昭儀所賊，馮昭儀即幽皇后也。孝文追謚高后爲文昭貴人。世宗踐阼，追尊配饗，即葬所起陵，號終寧陵，而幽后母養世宗頗盡慈愛，後以淫亂厭詛，孝文遺詔賜死，然未嘗顯廢，仍以后禮葬孝文長陵塋内。至此蓋黜幽后配廟而以高后獨配，故援漢光武廢吕尊薄之文，其下當述黜幽后及高后改葬之事。又「詔曰」之上，當有「靈太后自爲喪主」等語。魏書及北史靈皇后傳云：「改葬文昭高后，太后不欲令肅宗主事，乃自爲喪主，出至終寧陵，親行奠遣，至於訖事，皆自主焉。」即此詔所云「自終及始太后當主」也。以太后爲主，故更尊稱太皇太后，以正姑婦之禮。其下云「遷靈櫬於長陵兆西北六十步」，蓋高后先葬洛城西長陵東南，而去陵實遠，至是始爲祔葬孝文。故詔云「先帝遷奉未遂」，以此爲成世宗之志也。惟上文已言「世宗踐阼，追尊配饗」，而此詔仍有祔廟定號之文，疑世宗時止追尊后號，而祔廟尚止幽后。蓋自唐以前，廟皆一帝一后配，至唐明皇始以所生母昭成后並配，爲失禮之始耳。魏書禮志無明文，然熙平二年太常少卿元端奏云：「聖朝以太祖道武皇帝配圓丘，道穆皇后劉氏配方澤，太宗明元皇帝配上帝，明密皇后杜氏配地祇。」則郊社之配，止一帝一后，可以推之宗廟矣。北史后妃傳删去二詔，其叙事因兩「太后」字相涉，亦脱去數字，致更不可通，別見余北史札記中。

獨斷　漢　蔡邕

十四日　獨斷云：「凡乘輿車皆羽蓋，金華爪，黄屋左纛。黄屋者，蓋以黄爲裏也。」而太平御覽四百三十一引風俗通云「大禹闕百品之羞而菲庖廚，案「闕」字蓋誤，此即菲飲食而致孝鬼神意。殷、湯寐寢黄屋，駕而乘露輿」，則黄屋亦可指宮室言。

尚書大傳　清　陳壽祺

二十六日　閲陳恭甫所輯尚書大傳，廣東新刻古經解彙函本也。原分五卷，番禺陳蘭浦澧併爲三卷，較閩中舊刻爲精，然尚有誤字。其前冠以序録一卷，自史記儒林傳，至國朝嘉慶十年禮部題准山東巡撫全保咨送伏生六十五代孫鄒平人伏敬祖承襲五經博士一疏，而附以元文宗至順二年禮部尚書張起巖所撰濟南鄒平縣伏生鄉重修伏生祠記。蓋建立伏氏博士之議，創於嘉慶元年孫淵如氏署山東按察使時所請，而鄒平縣有伏生鄉，伏氏子孫僅三人，其二皆年老務農，遂以敬祖應襲。其地有伏生墓及祠，所據者亦止起巖此碑也。後附大傳辨訛一篇，辨盧氏雅雨堂本及曲阜孔叢伯廣林本之誤。恭甫氏考證精洽，條系出處，較之盧本實爲遠勝。蓋盧刻雖稱宋本，得之吴中藏書家，要出於掇拾，不足信也。吾邑樊氏廷錡亦有輯本，余舊有之，今已失，不能復記。陳氏此編，可謂空前絶後矣。

四庫全書總目提要　清　紀昀等

二十九日　四庫書目許謙讀書叢説提要云：「蔡沈釋堯典本張子『天左旋，處其中者順之，少遲則反右』之説，不知左旋者東西旋，右旋者南北旋，截然殊致，非以遲而成右也。日東出西没，隨大氣而左，以成晝夜，非日之自行。其自行則冬至後由南斂北，夏至後由北發南，以成寒暑。月之隨大氣而左，及其自行亦如之。」案，自來言天者，皆曰天左旋，日月右旋，晉書天文志乃有蟻行磨上之喻，謂磨左旋蟻右行，磨疾蟻遲，不得不西。然其分左右旋，無異説也。横渠創爲天與日月皆左旋之説，而朱子取之，蔡傳遂用其説，後儒駁之，是也。此以右旋爲南北旋，及以日東出西没爲隨大氣而左，皆出於西人之説，似非可以正元以前人之書。

四月

儀禮古今文疏義　清　胡承珙

初十日　閲胡氏儀禮古今文疏〔證〕〔義〕。此實繼段氏漢讀考而作也。漢讀考止士冠禮一卷，胡氏作此補之，而證引更密。其首一卷，亦時補正段義。

隋書經籍志考證　清　章宗源

十三日　閲湖北書局新刻諸書，有旌德姚仲虞配中周易姚氏學十六卷，儀徵劉孟瞻文淇左傳舊疏考正八卷，錢唐梁處素履繩左通補釋三十二卷，涇胡景孟承珙儀禮古今文疏義十七卷，會稽章逢之宗源隋書經籍志史部考證十三卷，嘉定朱亮甫右曾周書集訓校釋十卷附逸文一卷，嘉定錢溉之塘淮南天文訓補注二卷，其餘多習見之書，校刊不精，謬誤疊出。惟左通補釋由原版補刻景翻，尚爲審慎。隋書經籍志考證向無刊本，此事最爲有功。

閲章氏隋書經籍志考證，自史部正史類史記至雜傳類顔之推寃魂志止，其經、子、集三部皆已亡，即史部亦不載每篇叙録之文，而移地理、譜系、簿録三類本居末者爲第六、第七、第八，在舊事之前，或章氏有意改定，或稿本傳寫偶亂，皆不可知。前有錢警石識語，謂嘉慶末其從兄衎石鈔自何夢華家，今因以得傳也。其中引證極爲詳博，遠非王伯厚漢藝文志考證之比，間亦列志未著録之書，則仍王氏例也。

老學庵筆記　宋　陸游

十四日　閱老學庵筆記，亦湖北書局所刻，據津逮祕書本，而誤字頗多，不及毛刻遠甚。又止刻十卷，而闕其續筆記二卷，其草率可知。放翁此書，在南宋時足與猗覺寮雜記、曲洧舊聞、梁谿漫志、賓退録諸書並稱。其雜述掌故，間考舊文，俱爲謹嚴。所論時事人物，亦多平允。四庫提要譏其以其祖左丞之故，於王氏及字説俱無貶辭，不免曲筆。今考其書，於荆公亦無甚稱述，如云輕沈文通以爲寡學，誚鄭毅夫不識字，又不樂滕元發，目爲「滕屠鄭酤」，及裁減宗室恩數諸條，俱不置斷語，而言外似有未滿意。惟一條云：「先左丞言荆公有詩正義一部，朝夕不離手，字大半不可辨。世謂荆公忽先儒之説，蓋不然也。」則荆公本深於經學，所記自非妄説。其言字説亦祇一條，云：「字説盛行時，有唐博士耜、韓博士兼皆作字説解數十卷，太學諸生作字説音訓十卷，劉全美作字説偏旁音釋一卷，字説備檢一卷，又以類相從爲字會二十卷。」以及故相吴元中、門下侍郎薛肇明等詩文之用字説，而亦未嘗加論斷。至所舉十目視隱爲直，則本説文義也。其論詩數十條，亦多可觀。劍南於此事本深，尤宜其談言微中。

意林　唐　馬總

十七日　閱意林。亦湖北新刻本。據常熟張氏本也。凡五卷，自鬻子至楊泉物理論共七十一種，其有目無書者鶡冠子、王孫子二種，後附補遺七種，即鶡冠、王孫子等。張氏海鵬據説郛本録出者也。

左傳舊疏考正　清　劉文淇

十八日　閱劉孟瞻左傳舊疏考正，其大怡以唐人作五經正義，多用舊疏而没其名，左傳尤甚。孔沖遠序謂以劉光伯述義爲本，而劉頗規杜過，孔專申杜，因取劉之申杜者襲之，攻杜者芟之，間一二存其規語，而復駁之，以致出入紛錯，辭氣不屬。而正義成後，太宗復詔詳定，高宗又敕更正，已非沖遠之舊，而舊疏益以泯没。今取疏文之隔閡者尋其脈絡，較其從違，爲分條别出之，孰爲沈氏文阿之文，孰爲劉氏之説，孰爲孔氏增加，孰爲唐人改竄，皆援據證明，其用力可謂勤而用心亦良苦。然唐初儒學尚盛，況其時沈之義疏，劉之述議，偏佈人間，世所共習，沖遠以耆儒奉敕撰述，而盡掩前人，攘爲己有，獨不畏人言乎？太宗非可欺之君，世士亦何能盡罔？恐非甚無恥者不肯出此也。蓋正義之病在於筆舌冗漫，故複沓迂回，接續之間多不連貫。其間用舊説而失繫姓名者，或亦有之。若以爲一部書中惟駁光伯之語出於沖遠，餘皆襲舊義，毋乃言之過歟？孟瞻此書，存此一段公案可耳。

酉陽雜俎　唐　段成式

十九日　段柯古酉陽雜俎二十卷、續集十卷，雖多迂怪瑣屑，其門目如忠志、天咫、玉格、壺史、貝編之類，尤爲纖詭，然采取甚博，遺聞佚事，往往而存，實小説之淵藪。續集寺塔記二卷，據兩京新記及遊目記爲本，而益以所目見。其自序謂武宗癸亥三年夏，與同官張希復、鄭夢符約一旬尋兩街寺，以街東興善爲首遊，及慈恩，知官將併寺，僧衆草草，乃泛問一二上人，及記塔下畫，遊跡於此遂絶。大中七年，追次所記，編成兩卷。其每寺下備載塔院像設、靈蹤古跡，名木奇卉，尤詳繪事，實洛陽伽藍記之比。宋敏求長安志、李好文長安圖，皆據以考見當時街巷。近時徐氏松撰唐兩京城坊考，亦全賴此書，所采甚多，是其最可傳者也。又砭誤一卷，雖亦意在瓌異，而時足以考證史事。如一條云，相傳德宗幸東宮，太子親割羊胛，今本誤作「脾」。水澤手，因以餅潔之。太子覺上色動，乃徐卷而食。司空贊皇公案，此指李衛公德裕也。衛公武宗時由司徒遷太尉，宣宗時貶謫，懿宗時追復太子少保、衛國公，贈僕射。兩唐書、通鑑皆同。而唐會要謚法門作「司空衛國公李德裕謚忠」。余昔年日記據之，以爲衛公追復太子少保後又加司空贈謚，而史失之，觀此稱司空，益可證。著次柳氏舊聞，又云是肅宗。劉餗傳記云太宗使宇文士及割肉，以餅拭手，上屢目之，士及佯不悟，徐卷而啖。此蓋以劉記爲得實矣。

左傳舊疏考正　清　劉文淇

二十四日　鈔左傳舊疏考正自序訖，更録黄序。

二十五日　鈔黄序訖。兩序皆二千四百餘言。劉序辨正義所稱定本乃周隋以前蕭該、何妥、劉焯等所定，非貞觀中顔師古奉敕刊正頒行之書，列有十證。黄序言西漢以前傳經之學，東漢以後傳注之學，初唐以前注疏之學，源流推衍，宗旨分明。又考辨「義疏」二字之誼，皆極詳晳。

意林　唐　馬總

二十七日　古人引書多以意改，不如其本文，遇叙事者删節尤甚，唐宋人類書尚如此，其可貴者，不似明人之妄竄耳。後人據以考訂本書，得者固多，若必以後改前，則惑矣。故此事須有深識也。即以意林言之，其所載書今尚存者概删落字句，且有改屬其文、隱括其意者，於孟子尤甚，近時考據家斤斤校訂，一字不敢出入者，不可不知此義。

二十八日　意林所載書今已亡者往往有格言可取，今略録之。

黨成於下，君孤於上。

馬不素養，難以追遠；士不素簡，難以趨急。

里語曰：州郡記如霹靂，得詔書但挂壁。崔元始正論。

君子暇豫則思義，小人暇豫則思邪。阮子。

赤如雞冠，黄如蒸栗，白如脂肪，黑如淳漆，此玉之符也。言成雅馴，辭作典謨，此人之符也。正部。隋志「正部論八卷，王逸撰」。案，文選魏文帝與鍾大理書注引「赤如雞冠」五句，亦作王逸正部論。

琴瑟張而鄭衛作，五色成而綺縠生。姚信士緯。

臨死修善，於計已晚；事迫乃歸，於救已微。

行禮若火，流教若水。

讓一得百，争十失九。周生烈子。

天下之士有三可賤：慕名而不知實，一可賤；不敢正是非於富貴，二可賤；向盛背衰，三可賤。天下學士有三奸焉：實不知詳古「徉」字。不言，一也；竊他人之記，以成己説，二也；受無名者移知者，案，此謂受之無名者之人而欲自耀其學，以取信於世，詭稱得之於知者，如孟喜言獨受田王孫，趙賓言得之孟喜是也。三也。

北方寒而人壽，南方暑而人夭，如蠶寒而饑則引日多，温而飽則引日少。昌言。

録人一善，則無棄人；采材一用，則無棄材。

諺曰：己是而彼非，不當與非争；彼是而己非，不當與是争。

鏡照醜好而人不怨，法明善惡而人不恨。魏子。

天之圓也不中規，地之方也不中矩。

直木無陰，直士無徒。

水可乾而不可奪濕，火可滅而不可奪熱。

木氣人勇，金氣人剛，火氣人强而躁，土氣人智而寬，水氣人急而賊。任子。名奕。

考實性行，莫過於鄉閭；校才選能，莫善於對策。杜恕篤論。

人有厚德，無問小節；人有大舉，無訾小故。

君子居必選鄉，遊必擇士。杜恕體論。

人而無廉，猶衣服之無殺，食味之無酸鹹。

智慧多則引血氣，如燈火之於脂膏，炷大而明，明則膏消，炷小而暗，暗則膏息，息則能長久也。

古人目短於自見，故以鏡觀形；心短於自治，故以禮自防。

雄聲而雌視者，虛僞人也；氣急而聲重者，敦實人也。唐子。名滂，字惠潤，生吴太玄二年。

遠難知者天，近難知者人。秦子。

寡門不入宿，臨甑不取塵，避嫌也。鄒子。

水性雖能流，不導則不通；人性雖能智，不教則不達。孫毓成敗志。

念己之短，好人之長。

有財不濟交，非有財也；有位不舉能，非有位也。譙周法訓。

刑者小人之防，禮者君子之檢。顧譚新言。

榮辱所以化君子，賞罰所以禦小人。陸景典論。

以上三十三條，近人山陽丁儉卿輯子史粹言，偶未及録，可取補之。其曰崔元始正論者，後漢書崔寔傳作政論，隋志亦作正論，在子部法家。阮子者，魏清河太守阮武撰，阮子正論五卷，見隋志法家，注云「梁有隋亡」。正部論八卷，後漢侍中王逸撰，見隋志儒家，注云「梁有隋亡」。姚信士緯新書十卷，見隋志名家，注云「梁有隋亡」。周生子要論一卷，魏侍中周生烈撰，見隋志儒家，注云「梁有隋亡」。魏子者，後漢上虞魏朗撰，隋志三卷，入儒家。任子名奕，無可考，隋志、舊唐志俱有「任子道論十卷，魏河東太守任嘏撰」，入道家。杜恕篤論四卷，隋志見雜家，注云「梁有隋亡」。體論四卷，隋志入儒家。唐子十卷，隋志入道家。秦子三卷，吴秦菁撰，見隋志雜家，注云「梁有隋亡」。鄒子無可考。孫毓成敗志，隋志見儒家，注作孫氏成敗志三卷，云「梁有隋亡」。譙周法訓八卷，隋志入儒家。顧譚新言當作新語，舊唐志同。隋志「顧子新語十二卷，吴太常顧譚撰」，入儒家。陸景典論，隋志作典語，舊唐志作典訓，隋志見儒家，注云「典語十卷，典語別二卷，並吴中夏督陸景撰，亡」。其它所載有王孫子一卷，見隋志儒家，注云「梁有隋亡」。通語八卷，見隋志儒家，注作「十卷，晉尚書左丞殷興撰，舊唐志作文禮撰，殷奥續，「文禮」上當有脱字，「奥」蓋「興」之誤。亡」。梅子一卷，見隋志儒家，注云「梅子新論一卷，亡」。物理論十六卷，太玄經十四卷，見隋志儒家，注云「梁有」。楊子物理論十六卷，楊子太玄經十四卷，並晉徵士楊泉撰，亡，舊唐志亦入儒家，卷數悉同。考梁元帝金樓子云「漢揚雄、晉楊泉著書同名太玄，漢桓譚、晉華譚著書同名新論」，即謂此也。化清經十卷，王嬰古今通論三卷，皆見隋志儒家，注云「梁有」。古今通論二卷，松滋令王嬰撰。蔡氏化清經十卷，蔡洪撰，亡。舊唐志作清化經，蓋誤倒。鍾子芻蕘論五卷，見隋志雜家，注「鍾會撰」，云「梁有隋亡」。

考馬氏此書，本之梁庾仲容子鈔三十卷，故多隋志已亡之書。然如阮子正論、姚信士緯、周生烈子、杜恕篤論、秦菁秦子、孫氏成敗志、陸景典訓、殷興通語、楊泉物理論、太玄經、蔡洪化清經、王嬰古今通論、鍾會芻蕘論，皆隋志言已亡者，復出於唐志。蓋隋志據唐初收隋東都圖籍底柱亡失之餘，唐志據開元收書四部大備之後，詳見兩書志序。故佚書多出，不足異也。

惟意林載有纏子一卷，考纏子惟見於論衡，爲墨子之學，與儒者董無心相難。其書自漢志以來，未嘗著録，不知何所據矣。其載楊泉物理論，多主復肉刑之説。有一條云：「語曰：上不正，下參差。古者所以不欺其民也。」今吾越俗語有云「上梁不正下梁參差」，參音作初金切，正與毛詩釋文音合；差音作初何切，亦合古音。其語正本於此，而增二「梁」字，辭意更顯，疑今本意林或脱二「梁」字也。方言之可證古書如此。其載楊泉太玄經七條，共二十二句，文亦模仿子雲，刻鍊可喜，更録於此：

怒如烈冬，喜如温春。

鸞雛鳳子，養牲高峙，隱耀深林，不食滓穢。

内清外濁，弊衣裹玉。

十里九坎，牛馬低昂。

天氣左轉，星辰右行，陰陽運度，報返相迎。

强梁者亡，倔强者折，大健者蹶，大利者缺。激氣成風，湧氣成雨，濁霧成雪，清露成霜。

老學庵筆記　宋　陸游

二十九日　老學庵筆記云：「近世名士李泰發光一字泰定，晁以道説之一字伯以，潘義榮良貴一字子賤，張全真守一字子固，周子充必大一字洪道，芮國器燁一字仲蒙，林黄中栗一字寬夫，朱元晦熹一字仲晦，人稱之多以舊字，其作文題名之類，必從後字，後世殆以爲疑矣。」案，諸公皆放翁所及見，宜得其實。後人惟朱子之字仲晦，尚有知者，若先莊簡公之一字，雖譜牒亦失載也。

老學庵筆記掌故最多。其述官制者，如云：「舊制兩省，中書在門下之上，元豐易之。」案，唐制初亦中書在門下之上，大曆以後，門下居上，余别有考，在越縵堂戊午日記下卷。「舊制丞相署敕皆著姓，案，此丞相謂中書門下侍郎也，非南渡後左、右丞相之謂。官至僕射則去姓。元豐新制以僕射爲相，故皆不著姓。」

「今官制光禄大夫轉銀青，銀青轉金紫，金紫轉特進。五代以前乃自銀青轉金紫，金紫轉光禄，光禄轉特進，據馮道長樂老序所載甚詳。」案，隋、唐制皆如此。六朝後，魏則光禄大夫上更有左、右光禄大夫兩階。

「宗正卿少，祖宗因唐故事，必以國姓爲之，然不必宗室也。元豐中始兼用庶姓，而知大宗正事設官始於濮安懿王，始權任甚重，後頗鐫損云。」

「故事，臺官無侍經筵者。賈文元公爲中丞，仁祖以其精於經術，特召侍講邇英，自此遂爲故事。」

「唐人本謂御史在長安者爲西臺，言其雄劇，以别分司東都，事見劇談録。本朝都汴，謂洛陽爲西京，亦置御史臺，至爲散地，以其在西京號西臺，名同而實異也。」

「江鄰幾嘉祐雜志言唐告身初用紙，肅宗朝有用絹者，貞元後始用綾。予在成都，見周世宗除劉仁瞻侍中告乃用紙，在金彦亨尚書處。」

「自元豐官制尚書省復二十四曹，繁簡絶異。時有語曰：『吏勳封考，筆頭不倒；户度金倉，日夜窮忙；禮祠主膳，不識判硯；兵職駕庫，典了襏袴；刑都比門，總是冤魂；工屯虞水，白日見鬼。』及大駕幸臨安，喪亂之後，士大夫亡失告身批書者多，又軍賞百倍平時，賄賂公行，冒濫相乘，饟軍日滋，賦斂愈繁，而刑獄亦衆，故吏、户、刑三曹吏胥，人人富饒，諸曹寂寞彌甚。吏輩又爲之語曰：『吏勳封考，三婆兩嫂；户度金倉，細酒肥羊；禮祠主膳，淡喫齏麪；兵職駕庫，齩薑呷醋；刑都比門，人肉餛飩；工屯虞水，生身餓鬼。』」

「唐以來皇子不兼師傅官，以子不可爲父師也。其後失於檢照，乃有兼者。治平中賈黯草東陽郡王顥檢校太傅制，建明其失，自後皇子及宗室卑行合兼三師者，悉改爲三公。政和中，省太尉、司徒、司空之官而制少師、少傅、少保，皇子乃復兼師傅，自嘉王楷始。」

「今參知政事恩數比門下中書侍郎，在尚書左、右丞之上，其議出於李漢老邴，漢老時爲右丞，蓋暗省轉廳，案，宋以尚書左、右丞爲執政官，故恩數與參知等。舊制，左、右丞轉參知，參知有二人，號東西廳，故曰轉廳。可徑登揆路也。自此遂爲定制。」

「史魏公自少保六轉而至太師，中間近三十年，福壽康寧，本朝一人而已。文潞公自司空四轉，蔡太師自司空三轉，秦太師自少保兩轉而已。」

「故事，謫散官雖別駕司馬，皆封賜如故。故宋尚書白在鄜時詩云『經時不巾櫛，慵更佩金魚』，東坡先生在儋耳亦云『鶴鬢驚全白，犀圍尚半紅』，是也。至司户參軍，則奪封賜，故世傳寇萊公謫雷州，借録事參軍緑袍拜命，短纔至膝。曾丞相謫廉州司户，亦借其姪緑袍拜命云。」

「唐自輔相以下，皆謂之京官，言官於京師也。其常參者曰常參官，未常參者曰未常參官。國初以常參官預朝謁，故謂之升朝官，案，唐亦有朝官之稱，自太常博士、補闕以上常朝者曰朝官。而未預者曰京官。元豐官制行，以通直郎以上朝預宴坐，仍謂之升朝官，而按唐制去京官之名，凡條制及吏牘，止謂之承務郎以上，然俗猶謂之京官。唐所謂丞郎，謂左、右丞六曹侍郎也，尚書雖序左、右丞上，然亦通謂之丞郎，猶今言侍從官也。案，此似誤。自唐溯晉，皆以六尚書並左、右僕射（若五尚書或僕射止一人，則並數尚書令），稱八座，無稱尚書爲丞郎者。丞郎自是左、右丞六侍郎之省文。或謂丞郎爲左、右丞中書門下侍郎，非也。」

「群臣賜金魚者，執政則正透，從官則倒透。」

凡此諸條，多史志所未詳。其尤有關係者，論太祖配位云：「太祖開國，雖追尊僖祖以下四廟，然惟宣祖昭憲皇后爲大忌，忌前一日不坐朝。則太祖初不以僖祖爲始祖可知。真宗初罷宣祖大忌，祥符中下詔復之，然未嘗議及僖祖，則真宗亦不以僖祖爲始祖可知。今乃獨尊僖祖，使宋有天下二百四十餘年，太祖尚不正東向之位，恐禮官不當久置不議也。」

論宗室名行云：「仁宗賜宗室名太祖下曰世，太宗下曰仲，秦王下曰叔，皆兄弟行。世即長也，其後世字之曾孫又曰伯，則失之。」

論教主云：「本朝廢后入道，謂之教主。郭后曰金庭教主，孟后曰華陽教主，其實乃一師號耳。政和後，群黄冠乃敢上道君尊號曰『教主』，不祥甚矣。孟后在瑶華宫，遂去教主之稱，以避尊號，可怪也。」

論錢文云：「歐陽公記開寶錢文曰『宋通』，予案周顯德錢文曰『周通』，故國初因之，亦曰『宋通』。建隆、乾德中皆然，不獨開寶也。至太平興國以後，乃以年號爲錢文。」

論一州數守云：「祥符東封，命王欽若、趙安仁並判兗州，二公皆見任執政也。慶曆初，西鄙未定，命夏竦判永興，案，即今陝西西安府。陳執中、范雍知永興，一州二守，一府三守，不知當時如何分職事，既非長貳，文移書判之類，必有程式，官屬胥吏，何所稟承？國史皆不載。然當時諫官、御史不以爲非，諸公受之亦不力辭，豈在其時亦爲便於事耶？宣和中，復幽州以爲燕山府，蔡靖知府，郭藥師同知，既增『同』字，則爲長貳，與慶曆之制不同。」

論節鎮云：「韓魏公罷政，以守司徒兼侍中鎮安武勝軍節度使，累章牢辭，至以爲恐開大臣希望僭忒之階，遂改淮南節。元豐間文潞公亦加兩鎮，引魏公事辭，卒亦不拜。紹興中，張俊、韓世忠乃以扞虜有功，拜兩鎮，俄又加三鎮。二人皆武人，不知辭，當時士大夫曰，若加一鎮，即爲四鎮，如朱全忠矣。」此等卓論，皆足裨宋史。

又如「賜無畏」一條，言：「唐五代間功臣，多賜『無畏』。」韓偓金鑾密記云，面處分，自此賜無畏，兼賜金三十兩；又云已曾賜無畏，卿宜凡事皆盡言。直是鄙俚之言亦無畏。以此觀之，無畏者，許之無所畏憚也，蓋起於唐末。又「習何論」一條云：「國初韻略載進士所習有何論一首，施肩吾及第，敕亦列其所習何論一首，蓋如三傑佐漢孰優、四科取士何先之類。」二事尤他書所未聞。四庫提要所稱頗寥寂，故類而録之，以見放翁學識過人，即以此書而論，亦説部之傑出也。

五月

南齊書 南朝梁 蕭子顯 北齊書 唐 李百藥

初二日 比日幽憂不堪，鈔南齊書劉瓛陸澄傳論、北齊書儒林傳序兩首，便覺古人相對，經味油然，南齊無儒林傳，故蕭子顯即於劉、陸兩君傳論發之，其言極醇。李重規北齊書以儒林傳序爲第一文字，述北學源流升降甚備。

思適齋集 清 顧廣圻

初九日 鈔顧千里周立學古義考及經韻樓集所附刻答段茂堂第二、第三書於思適齋集後，以庚申之秋千里先生之孫河之孝廉曾爲余言原集本載此數首，爲楊文蓀削去，今寫補之，以成一家之言。

其原書次第，河之手自編輯，詳見余庚申思適齋集跋尾中。

初十日　鈔顧氏書訖，其第三書甚長，文約五千言，以分與段氏告絶，報其累書切詆之苦，辭亦甚峻，牽連詰難，頗病詞費，今依阮氏學海堂經解刪節段書之例，去其枝蔓複沓幾四之一，轉覺義據精深，詞氣嚴整，精神益出矣。惜河之久没，不克與相訂正，幽獨之中，聯以報良友耳。廿年宿諾，及今始償，言笑宴宴，逝陰如積，不禁感概之深也。鈔畢，復系長跋記之。

三禮通釋　清　林昌彝

十一日　閲林氏三禮通釋。卷十二釋辟廱泮宫校序庠，卷十三釋視學養老之禮，其論王制「西郊」爲「四郊」之誤，説文「廱」下「饗飲」，「泮」下「饗射」，即鄉飲、鄉射，皆申段駁顧。然段氏之學，固非顧所能及，而此事則以顧説爲長。顧氏周立學古義考，分晢天子諸侯之大學、小學爲一類，鄉學、州序、黨序、遂學爲一類，及鄭氏立四代之學爲一義，大戴五學爲一義，王肅、劉芳、崔靈恩等創論四郊四學爲一義，引據謹嚴，語極分明。段氏雖博辯縱横，詞鋒四出，終不免强改經注，以成其説。林氏證引甚繁，尤多意必之辭。顧氏謂若四郊有學，則大學在中，鄭注何以云「或尚西或尚東」，無「尚中」之説？林氏駁之，以爲「上西」「上東」乃注家之言，非經有明文。案，王制曰：「有虞氏養國老於上庠，養庶老於下庠；夏后氏養國老於東序，養庶老於西序；殷人養國老於右學，養庶老於左學；周人養國老於東膠，養庶老於虞庠。」鄭注：「皆學名也，異者四代相變耳，或上西，或上東，或貴在國，或貴在郊。」是則所謂上東者，明指夏之東序，周之東膠，或貴在國也。所謂上西者，明指虞之上庠，殷之右學，所謂或貴在郊也。安得謂經無明文乎？又顧氏謂虞庠在國之西郊，與大學在郊互見，一爲周制小學，一爲殷制大學，同在西郊。林氏駁之，以爲殷之大學即右學，王制何不云右學虞庠皆在國之西郊爲徑直乎？案，王制「虞庠在國之西郊」句，緊承「養庶老於虞庠」句，作王制者正以上文上庠下庠、東序西序、右學左學東膠皆明系以所在之方，可知其地，惟虞庠不系方，故足以「在國之西郊」一句，時方言周制，安得横加以「右學」二字乎？顧氏以小學在公宫南之左、大學在郊爲殷制，而周時爲諸侯之制，若養國老於東膠，養庶老於虞庠，爲周天子之制，兩不相干，未嘗謂周天子西郊更有右學也。

禮經墜佚，古制半湮，學校明堂，尤滋聚訟。要以周立四代之學言之，東膠養國老者，周學也；東序小學正詔學干戈羽籥者，夏學也；瞽宗大師詔春誦夏弦者，殷學也；三者皆大學，在國中。虞庠小學在西郊，此爲立四代之學。若謂四郊皆有虞庠爲成均，何以周於虞學獨立四處乎？且既有鄉學遂學，而又四郊分立四學，不嫌重贅乎？況東郊、南郊、北郊之學，未嘗一見於經傳，而蔡氏明堂月令論引易傳太初篇云「天子朝入東學，晝入南學，晡入西學，暮入北學」。蔡中郎集作「暮入西學」，少「北學」一句。惠定宇氏明堂大道論據柳子厚四門助教壁記引「夕入西學、暮入北學」，以爲「夕」當作「晡」，是也。又引禮記古文明堂之禮曰「日出居東門，日中出南門，日側出西闈，日入出北闈」，蔡氏以四學皆在大學明堂，與大戴保傅篇所謂帝入東學、入西學、入南學、入北學、入大學者合。夫鄭注王制「郊在鄉界之外」，則爲遠郊百里，劉芳引王肅注「天子四郊有學，去都五十里」，若謂四學分在四郊，豈有天子一日行四百里或八百里者乎？有以知四郊之義不可通矣。

通齋詩文集　清　蔣超伯

十六日　得牧莊書，以新購蔣叔起超伯通齋集詩兩册、文一册見眎。詩喜用新語僻事，以裁對工巧爲能，與俞蔭甫大略相似，而較有骨力。文則局促應酬，無可觀也

道古堂集　清　杭世駿

二十五日　閱杭大宗道古堂集。大宗之文，雅贍富麗，不愧宏詞之選，惟其考據則多不確。如謂劉歆列孟子於兵家，蓋據漢志兵家陰陽有孟子一篇，而不知儒家自有孟子十一篇，班氏自注「名軻，鄒人，子思弟子」甚明，兵家之孟子列力牧、鬼容區之後，師曠、萇宏之前，蓋三代以上人，其詳不可考，安得混之？又謂余佘各自爲姓，以余氏先訓與佘不通婚姻爲非。不知「佘」字本「余」之訛變，因轉音如蛇，猶厙氏之別爲厙音舍，刀氏之別爲刁音貂，皆本無其字。廣韻九麻尚作「余」，不作「佘」也。又謂佘之先世在漢有爲大司馬及司徒者，不知兩漢大司馬安得有佘姓，司徒亦無姓佘者，此皆其失之大也。

屠、屠岸二姓考

二十七日　終日坐聽事讀書。屠、杜二氏本爲一，蓋皆出杜伯之後。故左傳「晉之屠蒯」，檀弓作

杜蕢，而屠岸別爲複姓。國語晉語「里克及丕鄭父使屠岸夷告公子重耳於狄韋」，注「屠岸夷晉大夫也」，其後有屠岸賈，見史記趙世家，岸夷、岸賈，二名無義，自以屠岸爲氏。莊子及韓詩外傳、説苑諸書所稱楚之屠羊説，蓋亦同族，謂以屠羊爲業者，子家緣飾之臆説也。余又疑兩「屠岸」皆當作「屠羊」，岸、羊字相似而誤。屠岸賈，漢書古今人表作屠顔賈，顔、羊亦一聲之轉。晉之有屠羊氏，猶羊舌氏之比。元和姓纂、廣韻、王氏姓氏急就章皆祇載屠姓，而系屠岸夷、屠岸賈、屠羊説於「屠」下，蓋未之思也。惟通志氏族略載屠岸複姓，最爲得之。

曾文正公文集　清　曾國藩

二十八日　閲湖北重刻曾文正公文集，較舊刻增多二三十首，編年爲次，仍分四卷。然大率少年酬應之作，牽率無聊，且多膚霩，壽序、贈序居其大半，至有年伯、姻伯等之稱，榛楛雜陳，菁華並掩，視其初刻減色反多。蓋由門下依草附木之徒以編纂爲功，不知別擇，良可歎也。中有書歸震川文集後一首，言震川文格頗卑，故集中序最多，不特不足上媲曾子固，亦不能下媲方望谿。其言頗爲有識。又祭湯海秋文，筆力頗勁。嚴君伯宜墓誌銘亦可觀，其事亦有關係，嚴君名萱，湘潭人，由生員軍功至同知直隸州，加知府銜，同治八年正月殉難於貴州黄平小甕口，照按察使陣亡例贈太常寺卿者。又劉忠壯公墓志銘，爲提督劉壽卿松山作，是文正絕筆，文半未成。

騎鶴上揚州之揚州爲建業

二十九日　「腰纏千萬貫，騎鶴上揚州。」語出梁人殷芸小説。所稱揚州者，指建業，今之江寧府。六朝以揚州刺史爲宰相之職，故一人願爲揚州刺史者，猶願爲宰相也。一欲貴，一欲富，一欲仙，皆指其極者而言。千萬貫爲至富，或作十萬者，亦誤也。唐、宋以後詞章家皆誤認爲今之揚州府，聊爲正之。

六月

道古堂詩集　清　杭世駿

三十日　閲杭大宗道古堂詩集。大宗詩分橙花館集、過春集、補史亭賸稿、閩行雜録、赴召集、翰苑集、歸耕集、寄巢集、修川集、桂堂集、嶺南集、閒居集、韓江集、送老集共十四集。閩行雜録者，其未第時應聘爲福建壬子科鄉試同考官時作也。修川集者，罷官後修海寧志時作也。大宗才情爛漫，詩學蘇陸，頗工寫景。其刻秀之語，同時如厲樊榭、符藥林等往往相近，所謂浙派也。其叙事詠古之作，用字下語，亦頗横老，又與同時全謝山爲近，蓋筆力健舉，書卷尤足以副之，自非江湖塗抹輩所及。

余最愛其書漢書高后紀後一首云：「孝惠棄天位，吕氏恣傲擾。后宫美人子，一一痛孤藐。代王亦側室，非吕焉用剿。乃知平勃謀，用意甚陰狡。專心媚長君，畏忌及黄小。濟北一何愚，清宫殊草草。

異哉蘭臺史，此義未蒐討。眇眇四皇子，闌入恩澤表。」卓識雄論，獨出千古。蓋少帝及四王實孝惠子，特非張后子耳。平勃誅諸吕時，恐日後不利於己，而迎立代王，史漢吕后本紀中皆明言之，其後併加殺害，因名之爲非劉氏子，肺府如見。余向有此議，後讀俞理初癸巳類稿，言之甚詳，然此詩已先發之，夫豈尋常議論哉？文帝謂「朕高皇帝側室之子」，側室者，左傳「趙有側室曰穿」，又「卿置側室」，猶言庶子也，非後世稱妾之謂。側室之子，猶言庶生之子，非當阼之適子也，詩用「側室」字，亦見斟酌。

又邱嚴夫婦合昏詩序，述仁和民嚴輝遠女，字吴興邱天柱，天柱貧，嚴欲它昏，女恚，將自殺。其所鞠外母徐訴之縣，縣令歷城高模字彦範，爲具衣襦環珥，即日成婚於縣廷，以儀從載酒肴送至邱氏，釋輝遠弗罪，令往壻家飲食以愧之，予天柱銀五十兩營生計。因及康熙末縣民王四聘刑書馬仁女，馬更賣其女於典史蔣某爲妾，四訟之縣。時郡守蓬萊張爲政墨吏也，受蔣賕，以屬錢唐令芮復傳，芮遂匿其媒勿出，坐四誣，杖而荷校一月，女竟歸蔣。牽連書之，以見令之賢否，關於人心風俗甚大，冀後之修志者録而存之，此尤足以當詩史也。

七月

周禮説　清　馬國翰

初五日　閲馬氏周禮説。竹吾之學主薈粹而心得者少，然墨守鄭學者也。今日爲鄭君生日，欲具酒脯之祭，既無一錢，又無一客可招，念都中亦無人能爲鄭學者，絶業難紹，同志莫期，縱設牲醪，何關鼓匧？亦所謂「江上徒逢袁紹杯」而已。道光初，胡竹邨氏曾舉此祭，研六室文鈔有記，爲嘉慶甲戌，同祀者有郝蘭皋、胡墨莊、朱蘭坡、馬元伯，皆經學大師。胡玉樵、洪孟慈雖非專門，尚不失漢學榘矱，然已不免有依附之人。至己卯再祭，則墨莊、蘭坡外，若錢衎石、陳碩甫、魏默深、張彦惟，皆碩學盛名，而實與鄭君異趣，餘多録録無表見者，要不得謂非一時之盛也。兩年所記，皆無龔定盦、夏心伯姓名，而龔詩在丙戌作，夏則不言何人爲主，以與胡氏交甚深，知亦胡氏所招，在道光初矣。所招有龔定盦、夏心伯。而定盦集中有詩紀事，乃痛貶鄭君之學，心伯著庭聞録深詆同集之人，叫讙裸袒，絶無儒者氣象。夫以胡氏經學名家，又爾時承乾嘉之後，海宇晏清，人才尚盛，而召客已不能盡擇，蓋同方同術，自古爲難，何論今日耶？即如都中近日顧祠之會，大率不識一字之朝貴及翕熱奔走之少年，其胸中尚不知日知録爲何書，而儼然衣冠，春秋奠醊，奴顔婢膝，塵汙糞言，吾知亭林之靈遁逃之不暇矣。禮堂孤學，服膺畢生，束帶陳經，羹墻如見，奚必修市脯之敬、盡村酤之醑乎？

小謨觴館詩　清　彭兆蓀

初七日　閲甘亭詩，其家數雖小，然矜嚴愛好，字不妄下，運事數典，俱有鑪錘，蓋績學之言，非同恒設。且處境屯蹇，多勞者愁苦之歌，自與我心每相印合也。

宋史考異　清　錢大昕

十七日　閲錢氏宋史考異。宋史紀載繁芿，官職差互，錢氏句稽理董，具費苦心，於諸史考異中尤爲詳密。

諸史拾遺　清　錢大昕

十八日　錢氏諸史拾遺卷五考西遼、南宋、金、元事，多已見養新録卷四、卷五中，以此爲竹汀歿後其門人李許齋所刻，不及檢對故也。

鑑止水齋集　清　許宗彦

二十二日　閱許周生鑑止水齋集。周生少顯力詞章，而詩甚浮滑，其詞尤拙，中年頗事經學，而以同時魁儒輩興，自知不能並驅，遂遁而欲言性命。其答陳恭甫書，謂「經義大者數十事，前人聚訟數千年未了，今日豈復能了之？」典章制度，誠不可考，使孔子生於今世，所學不過由明溯宋而止，必不遠追三代，爲無徵之言。其小者校勘文字同異，辨析訓詁形聲，又不屑爲。其言幾於倡狂，故周生之學，深爲余所不喜。其最有名者爲廟祧考，亦全是武斷，疵謬百出。它文皆牽率應酬，絶無義法。阮文達以與丙午同年，又爲己未所取士，又申之以婚姻，故極力稱之，其名遂盛，要不得爲定論也。

惟跋天聖明道本國語云：「宋公序取官私國語十五六本，以校其宗人緘之本，實較天聖明道本爲勝。學者惟新異是尚，而不求其是，因舉『昔我先世后稷天聖本「先」下有「王」字。瞽獻典』、天聖本「典」作

「曲」。『左右免冑而下』，天聖本作「下拜」。以及『褒人有獄而以爲入』句正文及韋解之皆脱，據詩白華正義引有之，『王耕一墢』下之脱韋解，「一墢一耜之墢也，王無耦以一耜耕」等十四字，據詩載芟正義引有「王無耦」七字，文選籍田賦注引有「一墢」七字。『室如縣磬』下之脱韋解，但有『榱梁』四字，以爲此類不可悉數，俱不如公序本之善。」其説獨與余合，足以令黄蕘圃輩之以骨董爲漢學者及世之耳食宋版者去其大惑也。周生廟祧考之謬，余於學海堂經解本略舉正之。明道本國語之誤，余於辛未冬校明道本，言之甚詳。

王應麟生卒年

二十六日　得竹篔、爽秋、蓉生、紫泉書，約二十九日觴余於松筠庵，爲豫作五十生日，以取是日爲王深寧生日也。荼蓼之生，何堪齒數？前日蓉生已面致此意，曾力辭之，而諸君執意過堅，以此爲一日之息，且以厚齋相儗，祝其大年。錢竹汀據延祐四明志及陳著本堂集祭厚齋文，謂生於宋寧宗嘉定十六年癸未，卒於元成宗元貞二年丙申，爲七十四。然方回小學紺珠序，謂生於嘉定十四年辛巳，則七十六。而袁清容集謂大德初尚存，則七十七八矣。

意林　唐　馬總

二十八日　意林載風俗通云：「俗云五月到官，至免不遷。今年有茂才除蕭令，五月到官，破日入舍視事，五月四府所表遷武陵令。」案，武陵令當是武陵太守，後漢衹有武陵郡無武陵縣。且蕭屬沛國大縣，不當下遷沅湘之地；武陵所屬諸縣，亦止應有長，不應稱令。觀下文應氏自言爲營陵令，正觸太歲，五月遷泰山守，以此例之，當作「武陵守」無疑，誤爲「令」字耳。而近世刻意林者及盧抱經輯風俗通逸文，皆未及更正。

八月

三禮義證 清 武億

二十五日 閲武虚谷三禮義證，武氏説經頗謹嚴，語亦簡質，惟於鄭注時猶體會未至，故不免疑所不必疑。

九月

定盦詩集 清 龔自珍

十二日 夜偶取定盦詩略評點之。定盦文筆横霸，然學足副其才，其獨至者往往警絶似子，詩亦以霸才行之，而不能成家。又好爲釋家語，每似偈讚，其下者竟成公安派矣。然如能令公少年行、漢朝儒生行、常州高材篇，亦一時之奇作也，詞則非所知耳。

賓萌内集　清　俞樾

十四日　閲賓萌内集。凡五卷，分論篇、説篇、釋篇、議篇、雜篇，其議論雋利而頗涉膚淺，又喜新巧，而偏駁者多，文筆亦太輕滑，故爲時所詬病。然讀書既富，時有特識。如先穀論、滕文公論、秦始皇論下篇、馬援論、鄒元標論、明代爭國本諸臣論、周書明醜説、左氏春秋傳以成敗論人説、蜀漢非正統説、釋盤古、釋姜嫄、釋公主、釋佛寺諸篇，皆言之有故，持之成理。而明醜説借古之象刑，爲申明其義，尤有功於名教。以左氏之論成敗，謂不欲窮天道之變，所以著興亡之理，絶禍亂之源，深得聖人微意，亦爲有裨經學。學校祀倉頡議，欲以沮誦、史籀、胡毋敬、程邈爲四配，以司馬相如、史游、李長、揚雄、班固、賈魴六人從祀，而不祀李斯；又以書法之羲、獻，韻學之周、沈，破壞字體，變亂古音，爲六藝之罪人、八體之巨蠹；亦折衷平允。雖今之所謂帖體者，非始於二王，今韻亦非周、沈之舊，而力創新意，風俗靡然，爲古今之一大變，實自四人始也。考定文字議，謂經典之字，皆宜壹以許書爲埻，即俗之「的」字。一曰正字義，二曰正字體，悉羅列許書正字，辨俗體之誤，尤學者所不可不讀。自乾隆後通儒輩出，盧弓父等耑事校書，遂謂經典自有相承之字，不必竱依説文，於是黄蕘圃輩墨守宋版，至以骨董爲經學，豈知字之宜正者先在於經，經文既訛，何論它事？宋槧俗誤甚多，其結體多依法帖爲之，即上而唐石經及五經文字，亦不免參以俗學。再上而蔡邕一字石經，竱用隸體，已漸開碑帖臨摹之習，取便流俗，豈三代竹簡之所傳，漢初縑素之所留耶？俞氏此議，實獲我心矣。

其釋左、右二字，謂左、右對文取義，當相配。今左從工，右從口爲不倫，「工」當是「巨」之省，巨所以爲方，從巨即從方也。口是囗讀圍。帀字，非手口字。囗者圓象，從囗，即從圓也。ナ執方又執圓，天地之道也。論甚名通。然「方圓」之「方」，説文自有「匚」字，何不云左即從匚，而必從巨作省文以爲迂曲乎？外集駢文四卷，皆其舊作。俞氏亦自謂鄙薄卑下，其氣體淺俗，詞意纖佻，誠近於吴薗次一派，然終是讀書人語。如與友人謝不飲酒書、答汪蓮府書、報孫蓮叔書、謝夢漁香南憶夢圖序，亦典雅清綺，足稱佳構也。

十月

文子 周辛鈃

朔 文子九守篇「人受天地變化而生，一月而膏，二月而脈，宋本作「血脈」，蓋字誤。三月而胚，四月而胎，五月而筋，六月而骨，七月而成形，八月而動，九月而躁，十月而生」。淮南子精神訓作「二月而胅，三月而胎，四月而肌」，餘悉同。惟「七月而成」，無「形」字。説文「腜，婦孕始兆也」；「胚，婦孕一月也」；「胎，婦孕三月也」。案，淮南「胅」字即「胚」字之誤。説文「胅，骨差也」，謂骨節差忒而胅出，與此無涉。篆文胅與肧形近而誤。説文「婦孕一月」亦「二月」之訛也。其「腜」下曰「婦孕始兆」，即婦孕一月也。腜者肥也，即所謂膏也。漢書地理志上郡高奴有洧水肥可爇，肥者膏也。許於「胎」下曰

「三月」，胚在腜、胎之間，其文相次，則「胚」下當作「二月」審矣。許君嘗注淮南，所用皆淮南説也。至文子作「二月而脈」，謂始有血絡如脈耳，此亦一説也。宋惠父洗冤録云：「胎形一月如露珠，二月如桃花，三月分男女，四月形像具，五月骨節成，六月毛髮生，七月動右手，是男於母左。八月動左手，是女於母右。九月三轉身，十月滿足。」其曰「二月如桃花」者，即所謂二月血脈也；「三月分男女」者，謂陰陽胎形已分，即所謂三月而胎也；「四月形像具」者，謂肌肉形具，即所謂四月而肌也。宋氏之言，得之目諭，尤足與古書相證明。孫淵如氏釋人於此頗不明晳，爲辨正之。大戴禮易本命云「狗三月而生」、「豕四月而生」、「猿五月而生」、「禽鹿六月而生」、「虎七月而生」、「馬十二月而生」。

乾隆紹興府志　清　李亨特

初三日　校乾隆紹興府志諸圖，嘉泰寶慶志皆無圖，萬曆志始有圖而未備。國朝康熙俞志、乾隆初李鐸志，余未之見，此爲乾隆末李亨特志，頗詳晳，其圖依浙江通志例，改舊法「上北下南」爲「上南下北」，然人坐必南向以取明書對人而設，故圖爲上北下南者，以便觀閲，若轉而就書之方位，則仍下北上南，此古法不可易也。

爾雅

十六日　爾雅釋詁「替、戾、厎，待也」，又「替、戾、底、厎，止也」。注疏本於上「厎」字誤作

「底」，於下「厎」字誤作「廢」，惟釋文皆不誤，近儒多據以訂正。然邵氏正義於底、厎二字未能畫然分別，盧氏釋文考證且以「待也」之「厎」爲誤。阮氏校勘尤爲轇轕，又惑於底、厎之分。張氏福禮堂本又誤從五經文字以「底」爲「厎」。段氏說文注辨底、厎二字音義最爲明晳，又謂古祇有「底」無「厎」，「底」與「厎」争首筆之有無，末筆則從同；語尤直截。郝氏義疏本皆依段說，詮釋極明。

硯銘 清 王繼香

二十二日 王子獻以所著硯銘二十六首寄閲，詞恉清雋，句法簡雅，小品當行也。今日爲之加墨，且系評語。

南史 唐 李延壽

二十四日 閲南史隱逸、文學傳，並校梁書文學、處士傳。劉孝標之答劉沼「劉侯既重有斯難」云云，乃答書之序，非書也。自文選誤收入書類，題爲追答劉沼書，沿訛至今。考梁書文學劉峻傳，明云「峻乃爲書以序之曰」，以下所載之文悉與文選同。南史峻傳削去其文，但云「峻乃爲書以序其事」，皆不誤也。文中絶無答書之語，而人莫之察，可見讀書細心之難。

金石萃編 清 王昶

二十九日 夜再題金石萃編籤十餘册，凡魏齊以後造像、唐、宋以後題名及祠廟之牒、紀遊之詩，非文有關係或事出名人者，皆不標出。以其中多鄉里鄙言，傖荒惡札，實爲石文之累。余嘗謂收藏金石，自是好事，然須有别擇。兩漢久遠，片石皆珍，固無論矣。六朝以前，鐫刻無多，亦宜兼收並蓄。至唐以後，則不特題名等字紛糾可厭，即編户男婦之志銘，緇徒塔廟之碑碣，大率荒誕鄙俚，語無倫次，名山之産，横遭刻鑿，較梁簡文所謂「煙墨不言，受其驅染；紙札無情，任其摇擘」者，尤爲寃酷，衹足入骨董小販之行，釘村塾驅烏之壁，學者所不道也。

十一月

四庫全書總目提要 清 紀昀等

朔 四庫提要史部目録類都穆金薤琳琅下及顧炎武金石文字記下，俱引潛研堂金石文跋尾考，四庫目録以乾隆四十七年壬寅告成，其書例不引並時人之説，竹汀卒於嘉慶八年癸亥，時尚健在，而兩引其説，惟不出姓名耳。蓋當時已甚重其書矣。

蔗圃自訂詩文集　清　劉有銘

初二日　爲劉鐫山師蔗圃自訂詩文集系跋尾一首，凡文二卷、詩二卷、續集一卷，師臨没時以屬其壻陳主事授余作序，且爲删定者也。庋架上已三年，未及一展卷。今取閱之，詩文皆率意而出，然真氣流露，自爲長者之言。其詩如浙江闈中食蓴羹鱸魚一絶云：「鱸膾蓴羹未足誇，吴中原不是吾家。秋來我亦鄉心動，海蠏鮮蟶蕨菜芽。」亦極有風致。

金石萃編　清　王昶

初三日　比日多閲金石萃編，此書述庵極一生之力，又同時若錢獻之、嚴久能、黄小松、張芑堂等，皆精研小學，碑版覶門，助其搜討，而錢氏竹汀、王氏西莊、武氏授堂等收藏金石之書，先後已出，盡得取以參校，故搜羅宏富，抉摘精深，實爲此事之大觀。其推演所及，如漢建初慮傂銅尺下，詳考古尺之異同；禮器碑下，詳考漢時内緯之學；楊統碑下，詳考奚斯作廟之義；楊著碑下，詳考「至孝烝烝」之句；魏受禪碑下，詳考列名諸臣；後魏司馬元興墓志銘下，備論志銘之制；唐聖教序下，旁考觀音、勢〔至〕、心經原始；岱岳觀碑下，詳叙唐代齋醮投告之儀；開成石經下，詳考十二經文字異同；郎官石柱題名下，詳考諸人爵里；宋元祐黨禁碑下，詳考黨人本末；高宗七十二賢贊下，詳考諸賢名字異同。皆本本原原，極爲賅洽，爲考據之淵藪。其餘因事附見，足資學識者，指不勝屈，實集金石之大成。

或所采過多，卷帙繁富，亦間有不能照及之處。又述庵晚年目盲，其門下士如陶鳧薌等不免草草成編，失於檢勘，疏漏踳駁，時亦間出。如北朝有領民酋長、領兵酋長，屢見魏、齊、周、隋之書而不能記。徐長卿爲藥名，見本草及廣雅，而不能識。鉗耳爲代北姓，世有顯人；鉗耳康買見北史楊播傳，鉗耳大福，見新唐書李克用傳，而以爲無考。灰㶳字説文作「㶳」，「燼」乃俗字，而以唐孔穎達碑作「㶳」爲省文。閥閱，古衹作「伐閱」，「閥」亦俗字，而以穎達碑作「伐」爲通用。此類失之眉睫者，亦不可枚舉。要之，其書體大思精，所包甚廣，豪毛之疵，不累全體，較之近時劉燕庭、許印林輩描摹點畫，自誇精細，不過爲骨董清品，賞鑑專家者，奚啻霄壤。世人讀書惡繁重，好新異，不論實事，妄肆游談，頗有輕議是書者，故備論之。

禮記

初十日　喪服小記「久而不葬者惟主喪者不除」一節，正義引「庾云謂此字衍。昔主當作「注」。要記」，案服問曰」云云，此庾即謂庾蔚之，所引者禮記略解之文，舊唐書經籍志「禮記略解十卷，庾蔚之撰」；隋書經籍志「禮記略解十卷，庾氏撰」。庾氏即蔚之，此乃隋志駁文。齊氏召南不加深考，作禮記正義孔穎達序考證，遂謂隋志止載蔚之禮論鈔，不載略解矣。　謂「昔注要記」者，蔚之嘗注賀循喪服要記也。隋志「喪服要記十卷，賀循撰，梁有，宋員外常侍庾蔚之注」。唐志「喪服要記十卷，賀循撰，庾蔚之注」。又案，隋志別有王肅注喪服要記一卷，蔣琬撰喪服要記一卷，唐志止有王肅，而別有喪服要記五卷，賀循撰，謝微注。考兩志「王肅注」、「注」字皆當作「撰」。又引盧植云「下子孫皆不除」，蕭望之又云「獨謂子皆未善也」。考漢書蕭望之傳雖有從夏侯勝問禮服之文，然自來無言望之有著述者。庾氏，劉宋時人，當必有所本。

近人吴頊儒喪禮經傳約僅十一葉，間有小注，可謂簡之至矣。然有不當詳而詳，不當略而略者，如練與小祥，雖同在十三月而爲兩祭兩事，小祥爲殺哀之制，練爲除服之節，小記所謂祭不爲除喪也。而吴氏乃曰十三月而小祥，期乃練也，略不分晳。期喪之有禫，惟父在爲母及爲妻，而吴氏乃曰十五月而禫，期喪也，壹似凡期服皆有禫者。此等大節目尚不能全，亦太約矣。而備述檀弓兄弟之子猶子一節經文，此人人所讀者，又詳所不必詳也。

思適齋集　清　顧廣圻

十一日　閱小謨觴館集及思適齋集。思適卷十六碑跋一卷，極爲精塙，跋嘉祐二體石經一首即在其中，余夏中徧覓諸書，竟不記及此也。

小謨觴館集　清　彭兆蓀

十二日　閱小謨觴館集及思適齋集，略校訛誤。千里先生深於漢魏六朝之學，熟於周秦諸子之言，故其爲文或散或整，皆不假繩削而自合。甘亭畢力於文，駢體自爲專家，然工麗雖勝，而痕跡亦顯，此文人、學人之别焉。顧集有錢竹汀、可廬兩先生對牀風雨圖賦，彭集中有錢可廬徵君六十壽序，皆藝苑之鴻製。合之以胡竹邨先生集中錢竹汀先生入祀鄉賢記，而嘉定之學發揮盡矣。文至壽序，可謂惡道，然如甘亭此序，及胡集中王石臞先生八十壽序、龔定盦集中阮尚書年譜第一序，即文達六十壽序。是三首者，包括群言，錯綜六藝，實可作儒林傳、經籍志讀。此等皆奇絶之作，非古來所有者也。

爾雅古注斠　清　葉蕙心

十三日　閲爾雅古注斠，凡三卷。女士乃江都李賓嵎祖望之婦也。其搜采較臧拜經所輯爲多，間附案語，亦甚精密。賓嵎即刻小學類編者，伉儷孯經，唱隨雅詁，棲霞福山，並豔千載，雖不敢望惠班，恐非義成、宣文所能逮矣。書刻於光緒二年，後有賓嵎跋，言女士時年六十有二。末附刻詩一卷，則未能工也。

宋元舊本書經眼録　清　莫友芝

十九日　閲宋元舊本書經眼録，同治癸酉子偲次子繩孫所輯録者也。凡三卷，又附録二卷，共五卷。卷一爲宋槧，自毛詩要義至萬寶詩山，共四十六種。卷二爲元槧及明槧，自書傳輯録纂疏至崇古文訣，共四十六種。卷三爲舊鈔本，自明卓爾康易學至金石三例，共三十八種。間收近人著述，如朱右甫吉金古文釋、阮文達積古齋款識底本、周信之鄭堂讀書日記之類。信之名中孚，烏程人，阮文達弟子，著書甚多，皆未刻。此乃其所讀書之解題，每一書爲一篇，條其得失，凡三十四册七十一卷。於經佚其易及爾雅小學諸書，集止國朝二卷，所佚多矣。附録卷一爲書衣題識，自吕氏家塾讀詩記至貴陽潘氏八世詩集，共四十三種，皆其家藏佳本及希見之書，繩孫從所題書衣中録出者，故曰書衣筆識。卷二爲金石筆識。自秦之罘刻石摹本，至宋達州進奉大禮銀鋌，共五十一種，鋌爲同治元年皖南鎮總兵官唐義訓發休寧黄氏窖銀所得，重五十兩（款識原文），準今庫平止少一兩四錢，漕平四錢。上有款識三行，因拓存其文。金石而及藏鏹，且文至五十九字，中有權達州事任隆祖結銜，亦異聞矣。其書備載行式及收藏印記，間録序跋，時亦有所考訂。子偲本績學之士，入曾文正幕府，江南平後，爲文正收書，頗得祕籍。又備見上海郁氏及近日豐順、錢唐兩丁氏日昌、松生。新得之本，故裒然可觀。二丁皆俗吏傖夫，必不能久有，它日可因地因人以求之者也。其所載有宋明北提舉茶鹽司小字本漢書，嘉祐杭州本唐書、北宋本唐書、宋本名臣碑傳琬琰集、元大德本考古圖、元本事文類聚、元本東萊吕太史文集、劉靜修文集、樂府詩集、中州集、明刻王楨農書二十二卷本，皆不言今藏何氏。

郁氏有宋槧毛詩要義、儀禮要義、禮記要義、史記集解（三種不全），通鑑目録、萬玉堂本太玄經范注、韓昌黎集世綵堂本。元槧玉海附刻諸種皆備。丁氏有宋槧儀禮鄭注、景祐本漢書、鹽鐵論、元槧元禮部韻略、乾道本通鑑綱目、管子、書法鉤元（趙凡夫手批）。杭丁氏有宋槧晉書、唐書，永康應氏寶時有宋槧兩漢會要，海寧查氏有宋槧九經直音（孫奕著十五卷巾箱本）、元巾箱本史記集解附索隱、元槧虞伯生續編國朝諸錦、周易觀象補義略寫本，半出手書。上海瞿氏有宋槧百川學海、揮麈前録、續博物志、元槧三國志注、列子張注、道園學古録、明仿宋本野客叢書。莫氏有元大德本吴越春秋、明仿宋本太玄經范注，國朝趙紹祖字琴士，涇縣人通鑑注商十八卷。

禮記注疏　漢　鄭玄注　唐　孔穎達疏

二十日　校禮記注疏。鄭志：「檀弓曰『祥而縞，是月禫，徙月樂』，答趙商曰：『祥謂大祥二十五月，禫謂二十七月，既禫徙月而樂作，禮之正也。孔子五日彈琴，自省哀樂未忘耳。踰月可以歌，皆自省踰月所爲也。』」案，此鄭君兼答孔子既祥，五日彈琴而不成聲、十日而成笙歌之義。趙商必以是經徙月樂，與孔子既祥經文兩義爲問，而鄭答之，今本佚脱耳。檀弓是節疏引作「自省樂哀未忘耳」，其下「皆自省」作「皆自身」。今案，「樂哀」二字，當從疏本，志本誤倒耳。此以「自省樂」爲句，謂祥禫之月，暫縣樂以自省習，而不令人作之。檀弓「孟獻子禫，縣而不樂」，疏云「依禮禫祭暫縣省樂而不恒作」，是也。「哀未忘耳」爲句，皆自省踰月所爲者，謂孔子十日而成笙歌，亦在祥後踰月。蓋喪事先遠日，大祥之祭，已在二十五月之末，又十日則踰月矣。笙歌亦自作之樂，非正樂也。疏之「身」字誤。鄭君以「是月」二字不連上文爲義，「是月」猶「此月」也，謂此月禫者則徙月樂，故云禫爲二十七月，則樂在二十八月矣。孔沖遠引論語「子於是日哭」之「是日」以證之，謂亦自爲文也，見「孟獻子禫」節正義。

古既葬，虞而祔，虞主復於寢，不入廟。既練，作主遷廟，大祥始祔於廟。廟則有寢，以藏衣冠，陳平生所用器物，此大清禮猶然。嘗疑未入廟以先，衣冠器物，設於何所。今讀鄭志「答張逸云：未葬以脯醢奠於殯，又如下室設黍稷曰饋，下室内寢也」。本注：「謝兹云：下室之饋器物几杖如平生。」

乃知古人制禮之精，無事不盡善也。未葬則殯在正寢，器物在内寢，既葬則几筵在正寢，三年而畢，器物在廟，遞遷而畢。此今日士夫家稍有力者皆可以行，而禮久不講，遂無知之者矣。

漢孳室近文　清　陶方琦

二十二日　得子縝書，以所著漢孳室近文一卷、淮南許注存疑一卷屬閲。即復。閲漢孳室近文，皆説經之作，覃搜古訓，剔抉小學，備極細心，其精鋭不可及也。鄭易小學序、鄭易爻辰考序、許氏淮南説文補詁序三首，尤漢學之干城。

籌濟編　清　楊景仁

二十三日　閲常熟楊景仁籌濟編，凡三十二卷，首一卷，冠以蠲振功令、救荒總論，卷三報災至卷三十一備雜糧，共二十九門，門爲一卷，而附以救火一門，爲三十二卷。其書采取各史、通鑑、通典、通考及諸子文集，間及地志，頗爲詳贍。水利、雜糧二門，亦尚可觀。前有吴縣潘文恭、侯官林文忠二序。景仁字静閑，嘉慶戊午舉人，由中書官至刑部員外郎。

淮南許注逸文　漢　許慎撰　清　陶方琦輯

二十四日　閲子縝所輯淮南許注逸文，據文選注、藝文類聚、御覽、廣韻、群書治要所引與高注異而與許説近者，刺取之得四十餘條，其於許君此注用力可謂勤至矣。

宋元舊本書經眼録　清　莫友芝

莫氏經眼録云，海寧查氏藏宋本九經直音十五卷，共百一葉，廬陵孫奕撰，四庫收元刻明州本排字九經直音二卷，知爲宋人所著，而不知出於季昭，以未見此本也。元王楨農書二十二卷，每卷題集之一、集之二，集之二下附説云：「古之文字皆用竹帛，逮後漢始紙爲之，乃成卷軸，以其可以舒卷也。至五代後唐明宗長興二年，詔九經版行於世，俱作集册，今宜改卷爲集。」案，周秦以竹作簡册，漢以縑帛作卷。嘉靖中山東所刊，至萬曆後刊者删併爲十卷。四庫本約用王氏元卷第，重編爲二十二卷，案，四庫據永樂大典所載，已併爲八卷，乃更依原序條目，用讀書敏求記卷數，編爲廿二卷。亦未見此本也。丙寅六月，上海市出一宋本江文通集十卷，目録一卷，第一二卷賦，三四卷詩，五卷傳書奏記牋表，六卷爲始安王、建平王章表教啓行狀，七卷敕爲朝賢作書及尚書符慰勞雍州文，爲蕭驃騎諸表啓教，八九卷爲蕭太尉、太傅、齊公、齊王表啟章受禪後諸詔，第十卷誄志祭咒諸文及頌讚雜言騷辭，終以自序一篇，有云未嘗著書，惟集十卷。編次極有條理。四庫本四卷，特據明人鈔集者，亦未見此本也。皆足以廣見聞。又宋治平二年，歐陽修等撰進太常因革禮一百卷，寫本依道光中錢唐羅以智本過録，備載羅氏一跋，考證甚詳。羅氏即著七十二候表者，此書四庫未著録，嘉慶中阮文達得舊鈔本進呈，中缺卷五十一至六十七凡十七卷，當時編纂者項城令姚闢文、安縣主簿蘇洵也。揅經室外集四庫未收書提要止括其例目，不及羅氏備覈其得失。又此書明載晁氏讀書志，而阮氏謂晁、陳皆未著録，可謂疏矣。

二十五日　經眼録言，同治戊辰於金陵訪獲梁石七八事，皆在孫伯淵氏訪碑録以外，有梁文帝武帝父。建陵石闕正刻反刻二石、安成康王蕭秀東碑、西碑額各一，西碑陰字尚存，在江寧太平門東二十七里甘家巷。始興忠武王蕭憺碑，在安成碑西一里，地名黄城村。吴平忠侯蕭景神道石柱題額，在始興碑西南三里，地名花林村。案，二事諸家多已著録。臨川惠王蕭宏神道二石柱題額，在上元北鄉張庫村，東柱順讀，西柱逆讀。兩楊州牧「楊」字皆從木，足證唐以後從手之誤。南康簡王蕭績神道二石柱題額，在句容縣侯家邊。建安敏侯蕭正立石柱二，在上元淳化鎮西鳳城鄉。案，正立即宏子，宏即憺子，其謚敏謚寬，與南史合，此書皆不載。新渝寬侯蕭暎西闕。在句容。其蕭憺碑全載其文，較金石萃編增繹出千二百二十字，正其誤者十六字。又萃編所載蕭憺碑陰，實蕭秀西碑陰，蓋述庵未親至碑所，遂誤合兩爲一耳。潘孺老喜搜金石，聞江寧新出此數碑，嘗屬余求之以證南北當日書法異同，及宋以後集帖之得失，故記出之，當致書弢夫，爲購覓也。

三禮通釋　清　林昌彝

二十八日　閲三禮通釋，其後附圖五十卷，於天文晦步甚詳，而於宗廟喪服皆太略。又其圖雖兼綜諸家，而時出臆決，亦往往不可信。

二十九日　閲三禮通釋圖，其中據陳氏禮書及近儒程易疇、焦里堂、張皋文諸家者頗不少。亦有采時人者，如曰「陳慶鏞定」、「桂文燦定」，又有曰「寧德韓信同定」者，未知何時人。又有曰「龔景瀚定」，景瀚閩人，亦不知所著何書也。其圖有重出者，有繪而未成者，有所題非所圖者，且有圖無説者十之九。又繪事未工，或時染坊刻禮書之陋習。

經德堂文集　清　龍啟瑞

三十日　閲經德堂文集，内集四卷，外集二卷。文頗質實，其説春秋之文，乃多臆斷。外集末附駢體七首，甚庸下。

十二月

戴東原文集　清　戴震

朔　午坐南窗負暄，點讀戴東原文集。東原之文，醇質簡古，不肯爲一偶句。其意欲追周秦而上之，而於西漢董江都、東漢鄭司農爲近。其答彭允初書，辯程朱陸王之學甚詳，與所著原善三篇，及讀易繫辭論性、讀孟子論性、孟子字義疏證序諸篇，互相證明，發揮性命理欲之恉，極爲透徹，然亦太辭費矣。余以爲此等皆汪容甫所謂宋以後愚誣之學，實不足辯者也。其與是仲明論學書，謂：「誦堯典數行，不知恒星七政所以運行，則掩卷不能卒業；誦周南，自關雎而往，不知古音，則齟齬失讀；誦禮經先士冠禮，不知古者宫室、衣服等制，則迷於其方，莫辨其用；不知古今地名沿革，則禹貢、職方失其處所；不知少廣旁要，則考工之器，不能因文而推其制。」此則令人讀之，隆冬沍寒，汗流浹背，學者所當人書一通，置坐右者矣。

四庫未收書提要　清　阮元

初三日　阮文達四庫未收書提要共百七十五種，實多不急之書，書目無次序，多非文達所自作，故編之外集也，然頗有異聞足資考索。

藤陰雜記　清　戴璐

初十日　夜閲歸安戴菔塘侍郎璐藤陰雜記。凡十二卷，嘉慶丙辰其官太常少卿時所作。前四卷雜記國朝掌故瑣事，卷五以下分記五城郊坰居宅寺觀，自序謂舊聞考、宸垣識略已載者悉去之，而見聞殊隘，筆亦冗漫。

大夫士房室説

十五日　閲江慎修鄉黨圖考、焦里堂群經宫室圖、張皋文儀禮圖、林惠常三禮通釋所載宫室圖，皆以爲大夫士亦有東西房，房皆有北堂，以鄭君謂「大夫士止東房西室」爲非。然竊以爲鄭説不可易。即以賈誼言一堂二内證之，亦明是東房西室，二内者，謂在堂之内也。若亦如諸侯有中室及左右房，則爲三内矣。林氏謂堂之左右爲東西箱，即東西夾，以鄭君謂東西堂即東西箱。後之室爲東西夾者爲誤，尤屬武斷。

説文古本考 清 沈濤

十六日 閲沈匏廬説文古本考，共十四卷，未有刻本。近有人從其子芙江鈔得者，尚無序例，云其稿已七易矣。其書采唐、宋人所引説文以證二徐本之誤，亦有謂二徐是而所引非者，采取極博，折衷詳慎，極有功於許書，學者不可不讀也。

乃有小生方恮者妄題卷首，以其命名爲誤，且牽及東原戴氏，以爲隱括好奇，排斥前人，匏廬其再傳弟子，故深染此風。恮近年在直隸志局，雲門曾言其人爲彦聞先生之曾孫，監生，能讀書，今觀此序，乃妄人耳。自言與沈氏外孫勞玉初交，因得見其書，而序中皆直斥匏廬，不加以先生及觀察之稱；且肆口詆譏，謂「假令若在，必復有所撙節，不幸殁矣」，壹似先生長者之詞。近年後生小子謬妄不遜，往往如是。其文中虚字尚未明白，「隱括好奇」四字亦極不通用，「撙節」二字尤不通。又書「匏」皆作「匏」，書「證」作「証」，此等浮游生滅，本不足言，聊書之，爲子弟之戒耳。

光緒五年

正月

史記　漢　司馬遷　漢書　漢　班固

初四日　校太史公書及漢書張良傳。「四皓」之名，史記有之，而漢書不見。班氏於史公書雖有所删節，大率閑文不急之事，若此則非所應删，疑史記亦本無之，後人取它書附益者也。蓋「四皓」不必實有其人，所謂鬚眉皓然、衣冠甚偉者，不過一時賓客，聳動觀瞻，高帝藉以塞戚夫人之請，豈真憚其羽翼太子哉？故史家皆等之傳疑荒忽，後人侈張其事，既傅其姓號，又妄造名字，且有爲作碑祠神坐者，所謂卮言日出。而疑之者又或謂是子房所假託，或謂史公好奇傅會，皆非也。

初九日　校漢書及史記淮陰侯傳、韓王信盧綰傳。淮陰、韓王二人同名，故史公以此題篇爲别，它傳凡涉淮陰者多曰淮陰侯，涉韓王者皆曰韓王信，所以别之也。楚漢春秋謂韓王名信都，不足信也。

宋瑣語　清　郝懿行

十七日　閲郝蘭皋宋瑣語，分德音、藻鑑、吏材、綜練、機權、兵略、殘苛、風操、嫚侮、藴藉、標韻、廉退、躁競、儉素、豪奢、高趣、奸邪、清賞、穢黷、超詣、諧媚、傀異、佛事、談諧、詞贍、文藝、駢麗、言詮二十八類，皆刺取宋書，分條聯綴，雖有部居未當，或不應采者，蓋隨手掇拾之故。間附注語，頗有發明。又補宋書刑法、食貨二志，以宋書獨闕此二志，采取紀傳中涉二事者分條緝集，凡得刑法六十二條、食貨九十一條，亦略附論識。二書及晉宋書故皆嘉慶二十年所成，自序謂時以養疴廢業，流覽史書，因爲輯録，附於不賢識小之義。然編述雅馴，時存詁訓，經儒所爲，終非苟作者也。兩書皆偶附胡墨莊按語。

荀子補注 清 郝懿行

十八日 閲郝氏荀子補注，共兩卷，無序跋，其所引已及劉端臨補注、洪筠齋叢録之説，而尚未見王氏雜志，多正楊注之誤，詁訓名通，兼亦發明精理。末附與王伯申論荀子、與李月汀璋煜論楊倞兩書。

史記 漢 司馬遷

二十日 校史記秦始皇本紀，兼校王石渠、姚薑塢、梁諫庵諸家之説。

二十一日 校秦始皇本紀，三家於此紀發明最多，俱采附本書，兼及索隱、正義之説，附訂其誤。

一字平仄兩讀

二十四日　自六朝言四聲，往往一字分平仄兩讀，而牽强盭戾，在所不免，近儒多論之矣。如「使使」二字，虚字之「使令」「役使」，上聲，實字之「使命」「使者」，去聲，其分别本無理。左傳之「行李」，即「行使」也，「行使」字當讀去聲，而借「李」字則上聲矣。論語「子華使於齊」，釋文音「使」所吏反。「蘧伯玉使人於孔子」，釋文無音，而於下「使者」音所吏反，云「下同」，謂「使乎」也，是陸氏於上「使人」之「使」讀上聲，故不發音。朱子集注本則於「使人」字亦讀去聲矣。此等本古人長言短言、急氣緩氣之别，以理而論，虚字之「使令」字當讀去聲，實字之「使命」字當讀上聲，既相沿互到而又無一定，其矛盾處不勝詰也。史傳中凡「使使」兩字連者，上「使」字讀上聲，下「使」字讀去聲，六朝以來定法也。今即以史記盧綰傳言之，如云「陳豨使王黄求救匈奴」，此「使」字當讀上聲，謂使令也。「燕王綰亦使其臣張勝於匈奴」，此「使」字當讀去聲，謂聘使也。又云「脱勝家屬使得間」，此「使」字當讀上聲，謂使令也。「而陰使范齊之陳豨所」，此「使」字當讀去聲，謂聘使也。其它可以類推。此等雖易生轇轕，幾同庸人自擾，而既有此説，自當辨别幾微。張守節史記正義有發字例略，舉四十二字，「使」在其一，但云「所里反，又所吏反」，不言其義。其自言點發蓋詳，今其書不傳，然所舉四十二字中，如「從」字云訟容反，隨也，又縱容反，南北長也，又從此字誤，當作「才」，或作「子」。用反，侍從也。是史傳中凡曰「從漢王」、「從高祖」者皆當讀如字，而索隱多讀去聲，此亦難別之一端矣。發音正讀，亦何容易哉。

舊唐書　後晉　劉昫

二十九日　雜校北史及舊唐書諸傳。舊唐書楊收傳云「馬公嘉之，收即密達意於西蜀杜公」，又云「馬公乃以收弟嚴爲渭南尉」。馬公謂馬植，杜公謂杜悰，此據當日志狀之文，其不檢至此。然則謂收之十三歲工詩，吴人呼爲神童，至於造門請詩，觀者壓敗其藩，又可盡信耶？日知録舉中宗紀、玄宗紀、唐臨等傳之誤承舊文者數條，錢氏考異舉崔元翰傳之稱李勉爲李汧公一條，尚未檢及此傳也。

二月

醫醇賸義　清　費伯雄

朔　閲武進費伯雄醫醇賸義。伯雄字晉卿，今之名醫，江南人推爲徐洄谿後一人。寇亂後居武進之孟河莊，就醫者舟車湊集，遂成邑市。嘗著醫醇二十四卷，分六門，曰察脈，曰辨證，曰醫理，曰治法，曰法外意，經亂版燬，且亡其副，乃追憶緒言，録成四卷，故曰賸語也。其言以平淡爲主，於東垣、丹谿諸家，多有所駁正。所論脈象藏徵，俱有名理，所載諸方，亦多平實可依。惟不載傷寒證治耳。後附醫方論四卷，取醫方集解中所載者，各爲論其當否。自言專爲初學而設，然最爲有用之書也。其書刻於丁丑，聞其人去年已卒，而汪謝城近購得其醫醇中論脈者一卷，爲刊行於越中，不知果否耳。其言藥中升麻、柴胡、知母、黄柏、石膏、附子、肉桂七味，不可輕用，而於升、柴、知、柏四者，尤反覆言之，尤爲名言。余見京師醫生以此等藥殺人者，歲不知凡幾，深可痛也。

小謨觴館詩　清　彭兆蓀

初七日　點閲小謨觴館詩。甘亭一身坎廩，詩多鬱抑忼慨之辭，骨力遒上，采色亦足。樓煩一集，狀塞上風景，尤多名篇。乾嘉以還，莫能及也。傭書兩集多落宋調，率爾之作，時見累句，於全集中最爲下乘。蓋依人結轖，滑手應酬，故以刺促減其性靈耶？余雅不喜評抹詩詞，今日寒風掩帷，霿晦匝宇，羈苦窮悴，以遺無聊，亦以處境與甘亭頗同。窮鳥之鳴，自有合契，世之所謂工拙，不必計耳。後有得此集者，玩其品騭，於學詩亦非無補。

書目答問　清　張之洞

二十四日　蕚庭來，以張香濤書目答問相商。此書余未嘗過目，乃已有翻刻者。今日閲之，所取既博，條例復明，實爲切要之書。惟意在自炫，稍病貪多，非教中人之法。又經學諸門，所注太略。甲部爲讀書先務，既欲以誘人，宜最其菁華，條注書名之下，使人知塗轍所先，不可不讀。至其例以低一格者爲次，然如惠松崖氏之周易述及易漢學、江艮庭氏之尚書集注音疏，乃古訓專門；桂未谷氏之説文義證，爲古義薈澤。皆學問之淵海，考據之輨鍵，稍知學者，宜首從事，而皆列之低格。於集部出入，尤多不確也。

漢書　漢　班固

二十八日　校漢書韓安國等傳。安國傳：「高祖曰：提三尺取天下者，朕也。」高祖紀亦云：「吾以布衣提三尺。」師古注云：「三尺，劍也。今流俗本『三尺』下妄加『劍』字。」案，史記兩處皆有「劍」字，不必皆是妄人所加。考工記言，上士劍長三尺，中士劍長二尺五寸，下士劍長三尺，所謂上、中、下者，以形貌大小言之，則劍不必定是三尺，疑師古所見漢書本偶脱兩「劍」字，遂附會之。觀安國此傳，如論匈奴云「自上古弗屬」，史記作「自上古不屬爲人」，據索隱引晉灼云「不内屬於漢爲人」，正本晉灼漢書注，則漢書本作「弗屬爲人」，詳見王氏讀書雜志。弗屬爲人，猶弗屬爲民也，而師古本無「爲人」二字，則解曰不内屬於中國矣。又云「安國爲人多大略，知足以當世取舍」，史記作「取合」，汲本亦誤作「舍」。取合猶迎合，謂安國之智足以取合於世也。而師古本誤作「舍」，遂注曰：「舍，止也，可取則取，可止則止矣。」又云「於梁舉壺遂、臧固、至它，皆天下名士」，史記作「郅它」，索隱以爲人名，是也。「郅」與「至」通，王氏雜志亦言之。「它」即今「他」字，古人名它者，如涉它、尹公之它、項它，亦作「佗」，皆同字。不可枚舉。而師古讀「至它」爲虚字，遂注曰：「於梁舉二人，至於它餘所舉，亦皆名士矣。」此等皆望文爲説，亦猶注三尺之比耳。然則唐彦謙詩所謂「耳聞明主提三尺」者，葉少藴譏其爲縮後語，雖失檢漢書，亦非無理也。

三月

鮚埼亭詩集　清　全祖望

十五日　閲全謝山鮚埼亭詩集，共十卷，詩八百三十六首，道光十四年慈谿鄭爾齡據董小鈍校本及二老閣諸本付刻。先生詩爲餘事，而當日與杭堇浦、厲樊榭、趙谷林、意林、馬嶰谷等唱和極多，頗以此得名，亦頗以此自負。其詩學山谷而不甚工，古詩音節未諧，尤多趁韻。然直抒胸臆，語皆有物。其題目小注，多關掌故，於南宋殘明事，搜尋幽佚，尤足以廣見聞。五、七律頗有老成之作，暇當最録，以見其凡。

九史同姓名略　清　汪輝祖

十六日　作書致繆小山，借汪龍莊九史同姓名略、三史同名録、元史本證。得復。閲九史同姓名略，共七十二卷，九史者，新、舊唐書、新、舊五代史、宋、遼、金、元四史及明史也。書成於乾隆五十六年龍莊署湖南道州知州時，前有自序及例言四則。其歸田後，又著二十四史同姓名録一百六十卷，二十四史希姓録四卷，皆未見刊行。據病榻夢痕録餘自言，二十四史同姓名録再録再校，尚有脱誤，補遺之功，俟之兒輩，則其書雖成，而尚未寫定，故行世惟此本也。其書分韻編次，上一格大字爲姓名，下一格小字分注，一見某書，一見某史，與所著史姓韻編體式皆同。惟以編纂爲事，間亦有考訂，而發明者稀，蓋以爲讀史之助。董理繁碎，鈔纂之功，亦非易也。其舛誤頗不能免，姑舉一二條言之。

如「李」下有「商隱」一條，云一見舊唐書裴漼傳「御史李商隱劾崔湜、鄭愔」者。案，此「李商隱」新唐書本作「李尚隱」，舊書良吏李尚隱傳亦明載其事，漼傳作「商」，乃字誤耳。又有「暠」一條，云一見唐書藝文志「晉人，撰碑頌雜文一百八十餘卷」。案，此即涼武昭王，非有二人，「卷」當作「篇」。晉書涼武昭王傳載所上晉帝兩表、誡子文兩篇、述志賦、槐樹賦、大酒容賦、上巳宴曲水詩序、夫人辛氏誄，又云自餘詩賦數十篇，隋書、舊唐書經籍兩志皆不載其集，新唐書始見於志。此類蓋不勝僂指。

又帝諱亦皆並列，尤爲非體。且其斷代始唐，而於唐書世系表、藝文志所載者，雖三代秦漢時人，概爲牽入，自亂其例。甚至於「朱」下載入朱虎，以朱温妄造爲舜臣朱虎之後，遂據舊五代史梁紀亦掍入之。

又其例皆略載始終官位事蹟，而如「蘇轍」下云「仕仁宗，至哲宗元祐官翰林學士，徽宗朝大中大夫致仕」，竟不知子由官至黄門侍郎、尚書右丞，爲宋之執政。此等皆失之眉睫者也。此書歸時浙中多有，直亦甚廉，近則頗不易得矣。

三史同名録　元史本證　清　汪輝祖

閲三史同名，共四十卷，元史本證，共五十卷，皆龍莊晚年所撰。據病榻夢痕録餘，言兩書皆刻於嘉慶辛酉，時龍莊年七十二歲。而行世絶少，余未之見也。此本筱山得之琉璃廠，爲高郵王文簡故物。三史同名録者，遼史五卷，金史十卷，元史二十卷，分載遼、金、蒙古、色目人之同名，其有姓者著之於下，以名之首一字分韻編次，遼、金則以名爲綱，而分注氏姓，元則以蒙古、色目及遼、金部族爲主，而附存漢姓；其漢人、南人間有不繫姓者，則不書附字。又總録二卷，載三史之同名者，附録二卷，載五代史、宋史、明史人名之同於三史者。叙録一卷，則其序目也。其前有章氏學誠序一首。

元史本證者，證誤二十三卷，證遺十三卷，證名十四卷，皆取元史紀、傳、表、志之文，參稽互證，不旁及它書。兩書之成，龍莊時已老病，其子因可繼培爲之補輯，故多附繼培案語。其體例版式與史姓韻編、九史同姓名略絶不同。本證無序文，據夢痕録餘載王葆淳師即文端公杰。答書，稱兩書考訂非易，甚有益於學者，不可云讀書末節。自序二篇，極有關係。今惟三史同名録叙録卷中有自序一首，殆王氏此本偶失之也。遼、金、元三史人名糾雜，最爲讀史者所病，元史潦草舛戾，考索爲難，龍莊縷析條分，使人易瞭，非細心耐勞者不能爲此，誠如文端所言。然遼、金、元人之同名者，當合三史而編之，其見於五代、宋、明諸史者，則低一格附之。其史文本各系姓者，則不必載，庶更令讀者醒目。元史草率成書，自當參證它籍，今其書中考辨精確者，皆取之錢氏考異也。

月齋集 清 張穆

十七日 閲月齋文集八卷、詩集四卷，平定張穆著。穆字誦風，本名瀛暹，字碩洲，後以石州爲號，編修敦頤之子，道光辛卯優貢生，以教習候選知縣。己亥試順天，被誣黜革，己酉卒，年僅四十五。石州以文章經濟自負，與徐星伯、俞理初、程春海、沈子惇、苗先路、何子貞、陳頌南、何願船交遊最契，而壽陽祁文端爲姻家，交推重之，身既斥而名益高。所著蒙古遊牧記及編輯顧、閻二譜，已刊行。説文屬、魏延昌地形志、重修平定州志、元裔表、外藩碑目漢石存佚表諸書，則皆未見也。是集爲其門人吴履敬兄弟所編，前有祁文端、何願船兩序。石州長於地理，其文峻岸舒愜，善言事勢，率臆而談，絶無婞嫛之態。中如昆侖虚異同考、海疆善後、守令論、弗夷即法蘭西貿易章程書後、俄羅斯事補輯、與祁叔穎文端字樞密論夷務上書人書、與徐松龕中丞論瀛寰志略書、蒙古遊牧記自序、魏延昌地形志自序，皆考辯精皙，議論錚錚。

卷七爲會稽莫公事略，吾鄉寶齋侍郎也。編修爲侍郎督學山西時辛酉拔貢，侍郎後以内妹爲編修繼室。石州幼從繼母依侍郎居，親承教誨，故知之獨詳。所載侍郎總督倉場時，力争御史以放代盤之議，與户部兩尚書樞密抗，遂以左官，悉載其奏議劾疏，至今讀之，凜凜有生氣。而宣宗之保全侍郎，主聖臣直，尤古今僅見也。侍郎身後碑志闕如，此文當亟采入志乘。

惟石州於經學、小學本不甚深。集中卷一經説，如舜典二十二人解，以彭祖足二十二人之數；胤征序義，謂征當作正，言命胤侯往正曆候；淇奥正義糾繆，謂唐人欲文太宗殺建成之事，故曲護衛世家，以武公弒共伯爲解；翦商解，謂「翦」與「踐」通，言太王始踐商之朝。皆臆説支離，不可以訓。然如爻法之謂坤解，謂王輔嗣改「爻」爲「效」，其義淺陋，失繫辭之本恉；舜典王肅注考，謂今本僞孔傳，以釋文所引王注證之多不合，知又爲姚方興、劉炫所亂；隰則有泮解，謂「隰」當作「濕」，「濕」爲古漯水字，與淇皆水名爲對；正月瞻烏義，謂烏爲周受命之符，詩人憂周將亡，言符命將歸它姓，烏又不知何集矣。皆卓有識見。又如釋媒氏文争義，引詩摽有梅傳箋，解「奔」爲「不待備禮」，譏汪容甫以不禁奔者恥之爲失言。案，以摽梅傳箋證周官此文，江慎修、周禮疑義舉要。呂雲里周禮補注皆已言之，石州蓋未見其書，然其説固足以補汪氏之未及也。

其敍事之文簡老而奮迅，惟喜用案牘，稱謂之間，往往古俗雜出。其考妣行述中載編修典試福建時紀恩詩七律三首，既爲非體，詩又甚拙，尤爲失於持擇。編修以嘉慶戊寅科爲福建正考官，行至嚴州而卒，副考官爲内閣中書陳詩，獨蕆試事。陳字竹君，己巳進士，宛平籍，實會稽人也。卷八爲其大父泗州府君事輯，實年譜也。泗州名佩芳，字蓀圃，乾隆丁丑進士，官安徽泗州直隸州知州，著有陸宣公翰苑集注二十四卷及希音堂文集，皆已刻。詩共一百七十六首，雖工候未深，而直抒所得，氣盛詞富，亦如其文。末附詞六首，則不過具體而已。相傳陳頌南劾琦善等一疏出於石州，潘伯寅尚書爲頌南弟子，亦言頌南博學而澀於文。余幼讀此疏，雄直振厲，固石州筆也。今集中有與陳頌南先生書，謂先生以直諫聞天下，而「年來日以招呼名士爲事」，「從無閉户讀書之時」，「所談者皆泛泛不關痛蛘之言」，「經學既日荒廢，治術又不練習，一旦畀以斧柯，亦不過如俗吏之爲而已」。其言甚直。又有丙午元日送陳頌南給事還晉江詩五古五首，亦勉以讀書慎交，固足見石州之抗直。而給事年位遠過石州，其言爲平交所不堪，而絶不以爲忤，此豈今人所能及哉？

十八日 再閲月齋集中題跋諸文，考證頗密，論金石數事亦精。

汪子遺書 清 汪縉

二十一日 閲汪子遺書，吴縣汪縉大紳所著也，首有長洲王芑孫序。言大紳所爲書曰二録，曰三録，曰詩録，曰文録，殁後，彭允初爲刻其三録，而允初卒，方坳堂爲刻其詩録。至是得其二録稿於允初之門人江鐵君沅，始於嘉慶乙丑爲刻行之，而未及文録也。後附諸家評語及江鐵君跋。據彭允初評語，則三録上、中之文，經羅臺山及允初所改定也。其二録分上、下録，上録五篇，曰内王，王通。曰附陳，陳亮。曰内王附陳，曰尊朱，曰明尊朱之指。下録五篇，曰内陸，象山。曰内王，陽明。曰内陸王，曰尊朱，曰明尊朱之指。又録後四篇，曰格物説上、中、下，曰規矩説。三録分上、中、下三録，上録曰準孟八篇，以孟子爲準也；中録曰繩荀六篇，以荀子爲亞孟子而繩其出入也；下録曰案刑家上、下篇，案兵家上、下篇，案陰符家上、下篇，皆案其出入也。兩録有自叙三篇及録後叙一篇，述其家世及爲學之略，其意以二録當内聖，三録當外王。其論治雜王霸，論學宗陸王，而皆以朱子爲歸宿。文筆頗汪洋恣肆，似縱横諸子家，當時得名甚盛。然二録所言大氐出入泛衍，虛空籠罩，而實不得其要領。三録之論荀子，亦僅得其膚淺。要其議論馳騁博辯，固亦一時之雄矣。案，陰符家下篇以陰符爲道家入兵刑家之樞紐，名言也。

文字蒙求　清　王筠

二十三日　閲王菉友文字蒙求，凡四卷，道光戊戌菉友爲其友人陳山嵋所作。取説文象形、指事、會意、形聲四類中二千餘字，分類編纂，以教初學，俾識造字之原，爲讀説文者之綱領。其説解務取簡要，多有異於許君者，篆亦間取鐘鼎，體例甚善，心得爲多。惟所説亦有臆決支離者。辛未之夏，嘗爲友人有改訂之本，未及録副，今日復取一本，略舉數條，明其得失，善悟者因此類推，思過半矣。卷一象形，分十四類，卷二指事，分九類，卷三會意，分二十一類，卷四形聲，分四類。其説象形多解頤之論，如日月水火冰山[illegible]鬼鹿等字皆是，説水字當横看，如畫水紋然，尤爲創發。第三卷字最多，多守許義。第四卷多出入不確，大恉皆本其説文釋例。

過庭録　清　宋翔鳳

二十五日　閲宋氏翔鳳過庭録，凡十六卷，前有自記，謂己酉歲于役漢皋所輯，年已七十有三，末題咸豐三年二月。此本不知何人所鈔，頗多訛舛，又至卷十而止，尚闕六卷。于廷爲莊葆琛之甥，其學亦主公羊，而湛深古義，紛綸推繹，多有可觀。其卷二、卷三爲周易考異，卷四、卷五爲尚書略説，卷六爲尚書譜，卷七至卷十雜説詩、禮、春秋、論語、孝經、爾雅、孟子。其謂孔子生年當從史記作襄公廿二年，公羊在廿一年者，乃係於廿二年之首，以廿二年經文無可附麗，故先發傳，非係之廿一年也，其論甚繆。廿二年無可附，乃先書之廿一年，其所附者何經乎？又謂左氏於隱元年天王使宰咺來歸惠公仲子之賵，二年夫人子氏薨，三年君氏卒，本皆無傳，乃劉歆輩竄入，以與公羊立異，尤臆説無稽。

閏三月

四書古今訓釋　清　宋翔鳳

朔　閱宋氏翔鳳四書古今訓釋，前有嘉慶十八年九月自序。其書止采用群籍，而不更下己意，亦不全載經文。所列引用書目五十三種，然考其所采未及列者尚有五十種。所引自集解、義疏外，以閻氏四書釋地、翟氏四書考異、淩氏四書典故覈爲最多，日知録、潛邱劄記、群經補義、潛研堂答問諸書次之，而引錢獻之論語後録凡廿九條，引其自著樸學齋札記凡十一條。大氐務求古誼，爲徵實之學者也。惟於「博弈」下采文選注引桓譚新論論圍棋一條，近於無謂。考此先引見史記集解以喻薛公策、黥布事，且較選注爲詳也。論語後附其論語發微五則，强以附合公羊，小言破道，曲説侮聖，不可以訓。

五經異義疏證 清 陳壽祺

十五日 閱五經異義疏證。左傳隱元年正義引許慎五經異義、戴禮及韓詩説，「八尺爲板，五板爲堵，一堵爲雉。板廣二尺，積高五板爲一丈。五堵爲雉，雉長四丈。古周禮及左氏説，一丈爲板，板廣二尺，五板爲堵，一堵之牆，長丈高丈，三堵爲雉，一雉之牆，長三丈，高一丈，以度其長者用其長，以度其高者用其高也。」案，「八尺爲板，五板爲堵，一堵爲雉」者，言其長之數，故下云「雉長四丈」也。「板廣二尺，積高五板爲一丈」者，言其高之數，其下「五堵爲雉」句，「五堵」乃「一丈」二字之誤，蓋雉之高一丈，諸説皆同。惟長則所言各異，如戴禮及韓詩説「八尺爲板，一堵爲雉」，則雉長四丈矣。如古周禮及左氏説「一丈爲板，三堵爲雉」，案，此五板爲堵，皆以縱計，合三堵之牆而成一雉。實止三板之長數，非横接五板爲堵。則雉長三丈矣。詩鴻雁傳云「一丈爲板，五板爲堵」，正義「五板爲堵，謂纍五板也，板廣二尺，故周禮説一堵之牆長丈高一丈也」，箋云「春秋傳曰，五板爲堵，五堵爲雉，雉長三丈，則板六尺」。案，鄭君引春秋傳，即公羊定十二年傳文，其云「雉長三丈則板六尺」者，亦以堵爲縱數，五堵之長，即五板之長，五六得三丈也。何劭公解詁云「八尺曰板，堵凡四十尺，雉二百尺」，是五板爲堵，亦以横數，五八得四丈，五四得二十丈，與諸説皆不合。故鴻雁正義引鄭駁異義云「左氏傳説鄭莊公弟段居京城，祭仲曰：『都城過百雉，國之害也，先王之制，大都不過三國之一，中五之一，小九之一。』今京不度，非制也。』」古之雉制，書傳各不得其詳。今以左氏説鄭伯之城方五里，積千五百步也，大都三國之一，則五百步也，五百步爲百雉，則知雉五步，五步於度長三丈，則雉三丈也，雉之度量，於是定可知矣。此鄭以三丈爲雉之堅據，杜氏左傳集解云：「方丈曰堵，三堵曰雉，一雉之牆，長三丈，高一丈。」鴻雁正義又引「王愆期公羊注云，諸儒皆以爲雉長三丈，堵長一丈，疑五誤，當爲三。」案，此謂公羊傳文「五堵爲雉」句，當作「三堵」也。是晉儒皆知五板爲堵是縱數，非横數，三堵之長，仍三板之長，不從何氏之説，惟皆主板長一丈，欲破公羊「五」字爲「三」。鄭君則不欲破字，因爲板長六尺之説也。至鴻雁正義又引「周禮説雉高一丈長二丈」者，二乃三之誤；引韓詩説「五堵爲雉」者，「五」亦「一」之誤。其引何休注公羊云云，皆冲遠等自爲之説。而近世輯五經異義者，遂誤以爲許君之文，亦思許君豈得引劭公注乎？陳恭甫疏證止引隱元年左傳正義者，是也。孔巽軒公羊通義謂當以五堵者度長，三堵者度高，欲主公羊以爲調人，近於臆説。近人林惠常三禮通釋謂五板爲堵，計一板當長二尺，堵高廣各一丈，三堵爲雉以横言者，尤謬。周禮匠人疏引五經異義云：「古周禮説云：天子城高七雉，隅高九雉；公之城高五雉，隅高七雉；侯伯之城高三雉，隅高五雉；都城之高，皆如子男之城高。」案，此足爲雉高一丈之明證。陸農師埤雅云：「雉飛崇不過丈，修不過三丈，故雉高一丈，長三丈也。」説雖巧，亦非無理。

三禮通釋　清　林昌彝

十八日　閲三禮通釋中論隅阿雉一條，牽引衆説，出入無主，又多誤字。如云以高一丈、廣三丈爲雉，此爲不易之論，不必取六尺爲板、八尺爲雉之説。案，諸家從無有言八尺爲雉者，必是字誤。又云，鄭又云雉長三丈，是誤以堵爲雉也。案，此語不可解。雉長三丈，鄭君詩箋、周禮匠人注、禮坊記注、尚書大傳注皆同，安得云以堵爲雉？且惠常既云廣三丈爲雉，不易之論，廣即長也。匠人注「度高以高，度廣以廣」，疏引尚書大傳鄭注作「度長以長，長廣一也」。惟左傳正義引異義「板廣二尺」，「廣」字作「高」字解。何又以鄭言雉長三丈爲誤？足見林氏此書全是鈔集而成。

帝王傳序

二十二日　今日與孺初言迂儒不可與論古，尤不可與言今。帝王傳序，立適立長，禮之經也。帝王無子，必爲立子，不得立弟，禮經無此言也。公羊家謂質家兄終弟及，文家父以傳子，亦是後人揣測之言。殷之及弟，未必成湯有此訓，詩書中未嘗言之。周之傳子，何以懿王崩後立弟孝王，孝王崩後始立懿王之子夷王？且天子諸侯一也。魯爲宗國，周禮所出，何以伯禽之子考公酋薨，立弟煬公？此皆成周盛時，世臣多在，何以孝王之立，不聞太史有爭，煬公之興，不聞王人有責？其時諸侯兄弟相繼者，史記多有特據，周魯最著言之亦可知矣。蓋天生蒸民而立之君，以能守位爲重，殷周盛世，人心純壹，國家有故，以長以賢，順而立之，人無異議。後世分別文質之説，皆儒生妄生枝節也。凡嗣統者柩前即位，告廟拜服，諒闇三年，冢宰攝政，無論爲子爲弟，皆子道也，臣道也，即後世之以叔繼姪，亦子道也，子道者非稱子也。先君在時，太子亦人臣也。諸祖諸父，亦人臣也。崩而嗣位，臣子之服本一，而況國之承統猶家之傳重，傳重者繼體之禮也。至於廟數，則兄弟當同昭穆。禮云天子祀七世，世限以七，非廟限以七也。世及者七世七廟，禮之經也，弟及者七世而不限廟，禮之權而不失經者也。江慎修亦有此説。夫禮嚴適庶以辨分也，立必先適以防争也，然立子必能主器國以宗社爲先，果有神明之主，社稷之臣知適嗣之不堪，擇賢而立，誰曰非宜？而古説傳訛，儒生滋惑，誤人家國，僂指難窮，始於吕氏春秋，言帝乙立啓之争，終於明神宗時國本之議，喧呶噂沓，莫究其端。夫帝乙之事，史記止言微子長，而母賤，不得嗣，少子辛母正后也，而吕氏乃云微子生時母尚爲妾，已爲妻而生紂，紂之父欲以微子爲太子，太史據法而争之，此本出於周末雜家之言，詭造無理，而宋元諸儒之輯古史前編諸書者，以其所言有契於素恉，務取而載之。果如其説，則明神宗王皇后無子，福王之生，其母鄭固爲皇貴妃也，光宗之生，其母王爲宫人也，是福王少而貴，光宗長而賤矣，何以舉朝悻悻，以光宗爲奇貨，争出閣，争建儲，争就國，争梃擊，至争紅丸，而尚眈眈於福王鄭貴妃不止也？以均爲庶子，争一日之長，至以醜言詆其君父，幾欲滅鄭氏之家，而自詡爲數十年忠臣義士，羽翼元良，蓋隱以定策國老自居矣，豈不謬哉？吕氏語見當務篇，而駁之曰：「用法若此，不若無法。」是固以其所據爲非理也。此篇所紀凡四事，其上言盜跖之辨不若無辨，直躬之信不若無信，齊勇士相啖之勇不若無勇，蓋其事皆非情理所有，本屬寓言，而俗儒誤信之。

過庭録　周易考異　清　宋翔鳳

二十三日　夜閲過庭録、周易考異，皆明漢學各本流别，其辨析極細，於鄭讀亦多有所發明。

夕惕若厲，謂當依惠氏棟説，「厲」上增「夤」字，説文於「夤」下引「易曰夕惕若夤」者，據古文易也。「𩑁」下云「讀若易曰夕惕若厲」者，據博士易也。凡漢人之讀若者，必據通行之書，使人易曉。其説極精。

論語正義　清　劉寶楠撰　劉恭冕補

二十四日　傍晚坐藤花下，讀論語正義，共二十四卷。自十八卷衛靈以下，爲其子叔俛恭冕所續，末一卷爲何氏集解序及宋氏翔鳳所輯鄭君論語序逸文，皆叔俛爲撰。正義前有陳卓人立序，言此書之作始於道光戊子江寧鄉試時，以十三經舊疏多踳駁，欲仿江氏、孫氏尚書、邵氏、郝氏爾雅、焦氏孟子例，别作疏義，楚楨任論語，劉氏孟瞻任左傳，而以公羊屬卓人，匆匆四十餘年，於公羊疏輯成稿本七十餘卷，尚未能寫定云云。案，此序作於同治己巳，時卓人客浙撫李瀚章署，未幾聞其下世，今揚州刻其白虎通疏證，不知公羊疏稿在何所也。後有叔俛後叙，言是書於咸豐乙卯秋將卒業，而其父以病足瘇，遂不起。又及十年，至乙丑秋，始寫定。然十七卷以前所引書，有俞蔭甫群經平義及戴子高論語注等書，非楚楨所及見，則亦有叔俛所增入者。十八卷以下，采取不及以前之博，則學識又不及其父也。

二十六日　閲論語正義，其證引極博，而去取多未盡善。如左丘明，不取段茂堂氏「左名丘明」之説，而據史記自序「左丘失明」語，以左丘爲複姓，不知此以兩「明」字相犯，故變文云「左丘」，猶稱晉文公重耳爲晉重，古人屬辭所不拘也。老彭，不用大戴禮及漢書古今人表與仲虺並爲殷大夫之説，而據楚辭「彭鏗斟雉」注，謂彭祖以雉羹進堯，及史記五帝紀以彭祖與禹、皋陶並言，遂定爲堯之史官。不知天問多屬寓言，史之彭祖，亦單文偶見，或因世傳彭祖壽八百，故以爲自堯直至商時，而夫子言「竊比於我」，則必近代賢人，不當上取堯臣也。殷因於夏禮，節取戴望附會公羊之説。「加我數年」二句，取戴望説，「加」當作「假」，假者暇也，五十天地之數，謂安得數年之暇，用五用十以學易，皆曲説支離，而謬取之，尤近於侮聖言。此等皆出叔俛之妄增耳。

四月

説文引蒙　清　張行孚

初二日　張子中來，久談，以所作説文引蒙兩册、雜文一册、詩一册乞閲。説文引蒙分楬原、訂習、刊蕪、類聲、辨疑五門。皆爲上、下卷。楬原先隸次篆，舉〔五〕百四十部字原系以考證，其次序以筆畫多少，爲便初學也。辨疑皆論諸家之異同得失，其餘三類尚未脱稿。雜文亦多考據之作，其黍稷粱辨，以程易疇言稷爲高粱者非。老子非老聃辨，以老聃與作道德經之老子爲兩人，皆與余説合。然汪容甫亦有老聃非作道德經者之辨，何不取以爲證？子中不應不見述學，其或以容甫謂老子爲老萊子，不以爲然耶？抑偶忘耶？

初七日 閲張子中説文引蒙辨疑。其於許書極爲貫穿,所引大、小徐及近儒段、嚴、錢、王諸家之説,皆能有所折衷。辨析指事、象形異同之恉及讀若之例,頗有創發。其論「舊」之本字爲「久」,「難」之本字爲「乃」,「答」之本字爲「對」,皆與予舊説合,而引據獨詳。論「笑」之本字爲「媄」,「蘉」之本字爲「懋」,「履舄」之「舄」本字爲「昔」,皆前人所未言。

尚書大傳辨訛　清　陳壽祺

初九日 閲尚書大傳辨訛,其辨盧氏文弨、孔氏廣森之誤,極爲精細。然陳氏皆據他書所引,不言大傳,以證其誤,安知盧氏不別有所據乎?大約近儒之學遞考遞密,而前輩所見之書亦往往有未見者。

過庭録　清　宋翔鳳

十四日 閲過庭録,其謂子夏易傳,據漢書儒林傳言「韓嬰亦以易授人,推易意而爲之傳,燕、趙間好詩,故其易微。惟韓氏自傳之後,其孫商爲博士,孝宣時涿郡韓生,其後也,以易徵,待詔殿中,曰所受易即先太傅所傳也,嘗受韓詩,不如韓氏易深。」司隸校尉蓋寬饒,本受易於孟喜,見而好之,即更從受焉。子夏當是韓商之字,與卜子名字正同,蓋韓氏之易,至是始顯,故傳韓氏學者,取最後者題之爲子夏易傳。其説甚確,爲近儒所未及。其周易考異,謂陸氏釋文凡言某家作某者,多其注中改讀之義，非徑改經文。其言一本作某者，皆王弼注之別本。又據「或錫之鞶帶」音義云「鞶，徐云王肅作『槃』」，按徐者東晉徐邈，爲易音，知陸氏亦未能偏見諸家本，有即據舊音載之者。又據「明辯晳也」音義「晳，鄭作『遰』，陸作『逝』，虞作『折』」，按史記賈生傳「鳳漂漂其高遰」，索隱音逝。三蒼郭璞注云「古文奇字」，以爲古文「逝」，則古文易作「遰」，博士易作「逝」。虞據博士易改古文「遰」爲「逝」，而讀爲「折」，知漢以後人注經不如漢儒之謹，虞氏雖傳孟氏易，其改易經字多出後定，不可盡據爲孟氏古文。皆別白甚精。

其尚書譜以尚書皆孔子所撰集，故論衡書虛篇以「欽明文思」以下爲孔子篇家之言，而漢時所得古文十六篇，亦未必真。故伏生能引太誓之文，而所傳尚書仍闕是篇；劉歆所引諸文，太史公不著於史記，馬、鄭亦不爲逸十六篇作注，皆知其不可信。又謂舜典本合於堯典，別無佚文，大禹、皋陶謨、益稷本合爲一篇，故序云：「皋陶矢厥謨，禹成厥功，帝舜申之，作大禹皋陶謨益稷。」今經文皋陶謨、益稷本合，後人强分之，而別無大禹謨。又謂「大禹」下本無「謨」字，僞書所加，「益稷」本不作「棄稷」，篇名皆孔子所定，當諱稷名。皆意必之談，所謂「卮言日出」者矣。

籀書　清　曹籀

二十七日　仁和人有曹籀者以諸生被斥，窮老險詖，杭人皆賤之。前年以争其族人財産事，爲有司所辱，遂著三世聞見録，評論浙之官吏，分陰黨、陽黨，力詆學政黃侍郎倬、布政衛君榮光，而頗頌巡撫梅君。袖其書見巡撫，請爲序，巡撫諾之，遂刻以行。布政怒，以白巡撫，巡撫奏請究治，會其人已死，得不竟。其人固亡賴，文字亦未甚通，然及與杭之前輩游，頗讀雜書，余嘗見其所著籀書二卷，雖多荒唐可笑，不足言著述，其有釋中字者一首，以中爲男子之私，象形字，人尤以爲怪異，余謂此實有據，惟籀不能援引，其所言多妄耳。

逸周書武順解云：「人有中曰參，無中曰兩，兩争曰弱，參和曰彊。男生而成三，女生而成兩，五成以室，室成以生民，民生以度。」孔晁注云：「有中必有兩，故曰參，陽奇陰耦，五謂相配成室。」近儒謝氏墉申之云：「有中無中，即謂男女皆形體言之。男成三，女成兩，皆下體形象，合三兩而成五，交構成室以生民。」案，「兩争曰弱」者，謂兩爲陰數，陰性柔，柔相比則争，而益弱。「參和曰彊」者，謂參爲陽數，陽性剛，以陽之三參陰之兩，則陰陽和而化生陽益以彊，此易之「參天兩地而倚數」，故曰有中必有兩，蓋人道者五行之精，萬物之本，聖人不以爲諱。乾道成男，坤道成女，天地氤氳，男女構精，皆中和之理也。左傳曰「民受天地之中以生，所謂命也」。中庸曰「中也者，天下之大本也」。漢書律曆志曰「夫五六者，天地之中合而民所受以生也」。凡此皆「中」字最初之詁。説文中字从口从丨，其義本難通，近儒改从口爲从囗，音圍。説自較勝。而以此説參之，亦猶水本从巜，象衆水並流，从乚，象中有微陽之氣，而春秋元命苞以爲巜從二人，一男一女，乚者水，二人合而生水，亦以交構化生之理言之。管子水地篇云，人，水也，男女精氣合而水流形。皆三代相傳制字之精義，不可爲拘儒道者也。以中字爲象形者，較之取字爲象形者，淺深迴判矣。

復初齋文集　清　翁方綱

三十日　作書致子縝，借翁覃谿復初齋文集，得復。閱復初齋文集，共三十四卷。自卷一至卷十五爲序、記、論、説、書札、贈序、傳贊、銘志、祭文、雜考之屬，卷十六以下皆跋書籍、碑帖、字畫之文。覃谿之學，長於簿録，其評法書，尤爲專家，考求印記，辨别點畫，南宋姜、岳以來一家之學也。文亦頗有真意，議論亦有佳者。惟於經學甚淺，而好詆訶，往往謬妄。又知並世經儒輩出，力不能敵，遂遁而言宋學，以程朱壓人，實於宋學尤無所知也。

其卷十六有跋求忠祠記及書方忠文公憶釣舟詩草，言董文敏撰書松江書院方正學祠記，云「徐中丞之先有善安公者，官僉事於浙，奉詔收方氏族，脱其娠婦，事發，斷一臂，家戍保安衛，語具浦城志。」又云「僉事公於立孤事未躬閱」，又云「復姓始末，予友陳布衣能言之」；又云「吾郡之方有亢，則必是其遺孤之賢，能昌大亢宗者」。是則寧海方氏存一線之遺孤，託於他氏，後寄居松江，有復姓之事。董記作於萬曆三十九年，其文若隱約未盡者，蓋其時尚多忌諱，不敢詳也。覃谿因謂此事所關甚鉅，而惜無所考。案，明崇禎間知寧海縣盱江張紹謙重刻正學遜志齋集，首載餘姚盧文言演所撰年譜及方氏本末記略，謂洪武二十七年甲戌，正學年三十八，爲蜀獻王世子師，幼子憲生於官舍，後被匿，更名德宗。正學致命時，德宗方九歲，金陵魏司寇澤謫寧海尉，匿之，後潛託天台人余學夔航海抵雲間，捕魚以活，復走華亭，依正學門下士俞祠部允，以女妻之，尋改姓余。傳九世，有名采者，官南昌訓導。臨海葉明經琰刺得其狀，欲要之歸寧海，未果，琰著振發幽奇一書以志之，王弇州兄弟各傳其事。至萬曆己酉，南學使楊廷筠爲方氏復姓建祠，牒其裔忠枝、忠奕、樹節三人歸寧海，文學翁櫝爲謀居宅。後忠奕貢太學，官四川井研令；忠枝子振節，登崇禎己卯賢書；振節有子城及岳。其所叙正學有後事甚詳。又國朝康熙中知寧海縣淮南俞化鵬再刻正學集序，言歲戊寅，有門人葉大魁自郡攜其族祖文巖先生振發幽奇一册，及正學裔孫濬家藏文集善本，喜不自禁，是正學適裔固在寧海，俱有明證，覃谿蓋未之知。且存者即正學之幼子，非其族之娠婦，亦不出於徐善安所爲。思白之記，蓋傳聞異辭。惜寓齋無元美、敬美兩家集，不得一考也。

五月

汀鷺文鈔　清　楊傳第

十二日　閱楊氏傳第汀鷺文鈔中正祭次序備忘之記，據特牲、少牢士大夫饋食禮，以推天子諸侯之祭，證引經注，極有細心。

悔過齋文集　清　顧廣譽

十八日　閱顧訪谿悔過齋文集七卷，附劄記數葉，續集七卷，附補遺九首。其文喜言理學，私淑桐城，而以姚春木爲本師，雖邊幅窘陜，時落庸俗，而心平氣竫，頗多篤實之言。所作志傳諸文，不出村師里婦，而多紀善言苦節，足爲觀法。其與高伯平書，論寶應成心巢所著儀禮釋宫箋之得失，爲之辨正六事，多駁近儒之説，皆有據依。齊必變食説、辨志説、春秋字義三傳異同考，皆持論甚覈。金縢有亳姑逸文辨，駁孫氏星衍據史記以「秋大孰」以下爲亳姑文之非，亦有見地。兼祧説折衷古今，其誼最善，此有裨於經學者也。開卷劉向揚雄優劣論上下篇、唐李郭戰功爲中興第一論上下篇，皆言所不必言，枯率無謂。士希賢論亦浮游無著。訓練沿海水師議，亦紙上常談也。

史記　漢　司馬遷

二十四日　校史記龜筴列傳，其衍宋元君得龜事二千五百餘言，古今奇作也。其用韻或三句，或兩句，皆因其自然，多存古音，而傳寫頗有誤衍者，不能盡正也。

六月

學詩詳説　清　顧廣譽

初八日　比日讀顧惟康學詩詳説。其書雖自稱不專漢宋，然實墨守集傳，攻擊鄭箋，於鄭間有取者而不敢直言其是，於朱亦有一二異者而不敢顯言其非。蓋嘉興守張楊園、陸三魚之學者，惟恐以一語背朱爲得罪聖門，猶不出學究之見。觀其札記中稱一吴下少年著止敬編，其學於顯處都已勘透，微處都已加功。然其人余曾識之，乃一聲氣之士，好言經濟，於學實全無所解。惟康所言，尚在余識之者十年以前，而推許等之聖人，則其識卑可知矣。其説詩所采諸書，頗亦不陋，亦間涉考據。然止獺祭諸家，擇其文從字順有當於私臆者，以爲折衷，自詡實事求是，以意逆志，而於指趣之博、制度之精、名物之賾，皆未能探討。於治亂升降、風會政事之大，四始六義微言之緒，及漢儒專門授受之業，尤所未知。故其論小序亦出入依違，忽疑忽信，雖如鄭風，亦不敢斥爲淫詩，而終横一朱子之辯説於胸，謂序所指刺忽者不可盡據，其它無論矣。惟其涵文會意，亦頗有得於經指，尤甚便於初學，不可廢也。

孔子集語　清　孫星衍輯

二十四日　閲孔子集語，孫氏星衍所輯，凡十七卷，分勸學至寓言爲十四類。以宋人薛據之書不免掛漏，爲之博稽群書，分篇綴録，各注出處，其用意甚善。惟孫氏意在著明先聖遺訓，垂爲格言，自宜擇取精粹，凡莊、列雜家依託之語，悉從裁汰，或辭而闢之，不使亂真。乃別立雜事、遺讖、寓言三門，多載讖緯異端不經之談。事譜二卷，亦與集語無涉，即勸學至博物十篇中，亦有不當采而采者。蓋漢學諸家愛博之過，往往以多爲貴，不肯割棄，有寧令人譏其雜，不可令人議其漏者，此其通病也。

北史　唐 李延壽

二十八日　校北史高麗、百濟至流求、倭國傳。魏時高麗康王璉年百餘歲，魏隋時吐谷渾王夸呂在位百年，魏初北燕馮跋有子男百餘人，魏周時大將軍襄州刺史安康郡壯武公李遷哲男女六十九人，皆史册中僅見者。

七月

會稽掇英總集　宋 孔延之

朔　偶閲會稽掇英集，略爲校之。此書吾鄉杜吉甫明經丙傑據文瀾閣所録澹生堂舊鈔本手寫付刊，校讎頗精，末附札記數葉，考證極審，然尚有誤字。唐太守題名記，王奉慈永徽二年正月自潭州都督授五年拜秦州都督。案，此必是勃海王奉慈，高祖兄蜀王湛之子也。舊唐書隴西王博乂傳言奉慈顯慶中爲原州都督，薨，謚曰敬，時代正合。惟史文從略，止言其所終之官耳。此記據宋時石刻誤作王奉慈，嘉泰志踵其誤，以後諸志遂皆沿作王奉慈矣。

南唐書　宋　陸游

初二日　陸務觀南唐書後主本紀「太平興國三年七月辛卯殂，年四十二，是日七夕也。後主蓋以是日生」。舊唐書喬琳傳琳居相位八十餘日罷，爲工部尚書，德宗幸梁、洋，琳污賊泚僞命，官軍收京師，琳已七十餘，臨刑歎曰：「喬琳以七月七日生，亦以此日死，豈非命歟？」古人以七夕生卒者，有此兩事，而皆非令終。

崇百藥齋集　清　陸繼輅

初四日　閱陸祁孫崇百藥齋集，初集詩十二卷、分寒檠等十集。詞一卷、文六卷，其所生母林太孺人年譜一卷，共二十卷。續集詩二卷、分箏柱、香適兩集。文二卷，共四卷。三集詩十卷、分傷逝等集。文二卷，共十二卷，附其婦錢惠尊誂宜五真閣吟稿詩一卷，都爲三十七卷。祁孫少交其同邑張翰風、惲子居、洪孟慈諸君，及後入都，又與徐星伯、包慎伯諸君遊，聲氣偏海内。由嘉慶五年舉人官合肥訓導，爲阮文達、鄧嶰筠諸公所稱重，以修安徽省志保舉，升江西貴谿縣知縣，病歸。道光甲午卒，年六十三。嘗修郯城縣志，有名於時，余未及見也。其文筆頗簡老，法度亦謹嚴，而平生最致力者在詩，自憙特甚，其詩亦頗有風力，近體學晚唐者亦清婉可誦，而痕跡未化，意趣太淺，實不能遠過常流也。

方望谿先生集　清　方苞

初六日　望谿集有贈右副都御史趙公神道碑，云公諱良，字維林，浙江紹興府瀝海所人，處士臨若公之子。國初避亂，東游齊魯，遇族父於泰安，遂旅其地，以醫自活。娶淮陰江翁女，康熙癸丑生子國麟，甫數月，而臨若公來就養，公與江夫人力致魚菽。雖居窮巷，遠方畸人老宿多造門。豫章吴慎庵嘗歎曰：「臨若之室僅容膝，可旋身，而入其中，則曠如也。」康熙二十三年臨若公卒，公及江夫人相繼没。又二十餘年，國麟巡撫安徽，以乾隆元年覃恩誥贈如其官。案，國麟字仁國，康熙四十八年己丑科進士，乾隆四年正月拜文華殿大學士，兼禮部尚書，六年六月降調，七年正月起爲禮部尚書，七月免，十六年卒。其事國史名臣傳不具，亦未見其碑志，而全謝山鮚埼亭集方侍郎神道碑，言河督高君案，高斌。思傾公，會新拜泰安爲輔臣，而召河間魏尚書案，魏廷珍。爲總憲，朝廷爭相告曰：「是皆方侍郎所爲，若不共排之，將吾輩無地可置身矣。」是趙公固一時之名臣，與望谿爲摯友，望谿稱之爲君子，惜其事未有表見者。瀝海所屬會稽，而越人無知有趙公者，幸望谿此碑著之。當向山東人求其碑狀及泰安郡縣志考其行事，補入吾邑志傳，即望谿此文述贈公窮約養親之樂，亦自油然而有真味，當附載趙公傳中者也。

詞律拾遺　清　徐本立

十六日　子縝贈詞律拾遺四册，今人德清徐本立誠庵所纂，前有俞蔭甫序，共八卷，以拾萬紅友之遺也。卷一至卷六爲補調及補體，補萬書未收之調、未備之體也，凡補一百六十五調、四百九十五體。卷七、卷八爲補注，訂萬注之未盡也。綴輯考證，俱有據依。

老學庵筆記 宋 陸游

十七日 老學庵筆記中有「賜無畏」一條，謂「唐季五代功臣，多賜『無畏』」，引韓偓金鑾密記」云云，當是始於唐末。案，唐孟棨本事詩載玄宗召李白賦宫中行樂詩，白頓首曰：「寧王賜臣酒，今已醉，儻陛下賜臣『無畏』，始可盡臣薄技。」是唐初早有此語也。無畏，蓋即漢時入朝不趨等事之遺意。

唐詩及小説可證古訓

二十一日 唐詩及小説往往有可以證古訓者。如詩桑柔「誰能執熱，逝不以濯」，「執熱」猶言「當暑」，故左傳北宫文子之釋詩云：「禮之於政，如熱之有濯也。濯以救熱，何患之有？」言當熱時必濯水以求涼也。杜甫集中有多病執熱奉懷李尚書詩云：「衰年正苦病侵淩，首夏何須氣鬱蒸。」可知唐以前皆如是解矣。

漢書張良傳「良閒從容步遊下邳汜上」，服虔注：「汜音頤，楚人謂橋曰汜。」今本皆改作「圯」，由宋初張佖妄校改。此以「汜」通作「圯」也。太平廣記卷二百九十八神部引廣異記「垂拱中太學進士鄭生曉度洛橋下，見一豔女欲赴水，遂載與歸，號曰『汜人』」，是亦以得之橋下故曰汜矣。

太平廣記　宋 李昉

二十八日　太平廣記卷三百十六鬼部引陳國張漢直一事，卷三百十七鬼部引鄭奇一事，皆本風俗通怪神篇。近時盧抱經氏風俗通拾補，於張漢直條僅據元槧校，於鄭奇條僅據御覽校，皆未及引廣記。其文頗有互異可訂補者。

八月

荀子　周 荀況

初九日　荀子成相篇，盧抱經氏引禮記「治亂以相」，「相乃樂器，所謂舂牘，古者瞽必有相，審此篇音節，即後世彈詞之祖。篇首稱『如瞽無相何倀倀』，其義已明。漢藝文志『成相雜辭十一篇』，大約託於瞽矇諷誦之詞，亦古詩之流也」。按盧説甚確。爾雅「和樂謂之節」，即書之「搏拊」。古用以爲歌舞之節，故曰節；以其相樂之成，故曰相；以其可拊而擊，故曰拊。鄭君注書及周禮俱曰「拊形如小鼓」，蓋猶後世之鼓板。古者瞽矇諷誦，皆取法戒之語，爲有韻之文，以音節感人，使其易入。禮言「瞽之無相，倀倀何之」，後世皆解爲相師之人，古説蓋不如是。太師、少師所屬者隸於公家，其散在民間者，亦如今之以諷誦覓食。其以相者，猶今之或以弦，或以鼓，非此則人不得知，故曰「倀倀何之」。若云相師之人，師始有相，瞽不能皆有相也。此篇成相三章，第一章首云「請成相」，末云「成相竭辭不蹶」；第二章首云「請成相道聖王」，中云「願陳辭」，末云「治亂是非亦可識託於成相以喻意」；第三章首云「請成相言治方」；則相自爲樂名。「成相」蓋古有斯語，猶鐃歌鼓曲之比。劉子政叙録言孫卿「遺春申君書，刺楚國，因爲歌賦，以遺春申君」，歌即成相篇，賦即此篇下之賦篇也。楊注及盧説皆引漢志「成相雜辭」爲擬，可謂切證，而王氏引之駁之，以「成相」爲「成治」，斯不辭矣。

植物名實圖考　清　吴其濬

二十一日　子縝、敦夫、仲白來，下午偕至琉璃廠閲市，見植物名實圖考六十卷，固始吴瀹齋中丞其濬著，蒙自陸稼堂中丞蔭穀校刻，有道光二十六年陸所作序。圖繪極精，考亦援證博雅。其三十八卷以上，分穀、蔬、山草、隰草、石草、水草、蔓草、芳草、毒草、群芳、果、木十二類；以後爲長編，别爲卷數，分類如前。

籀經堂集　清　陳慶鏞

二十四日　閲晉江陳頌南侍御慶鏞籀經堂集，十四卷，其門人光澤何比部秋濤所編，補遺二卷，其同邑龔編修顯曾所編，而以活字版印行之。何氏所輯在道光丙午，有跋，言先生所作恒爲人持去，匧中僅存數十篇，又得乙巳冬至丙午夏所作數十篇，合而綴之，蓋不復別擇。故其第二卷所載奏疏，雖寥寥數行，公事公摺，亦具列之。又詩文共百三十七首，而第十卷載壽序至十九首。顯曾所補詩文共十七首，時侍御已久殁，而僅得此數，蓋遺佚者多矣。侍御一代偉人，窮經博覽，所著有三家詩考、穀梁通釋、古籀考、説文釋文校本、齊侯罍銘通釋，皆未見於世。是集雖僅一斑，而所收策問、鐘鼎、考跋諸篇，湛深古義，彌可寶貴。其與李子迪檢討光彦書，論等韻雙聲之學，尤晐洽絶倫。

九月

墨池編　宋　朱長文

初二日　閱朱伯原長文墨池編，雍正間吴下刻本，猶二十卷之舊。其中「真」字皆缺筆，避宋仁宗嫌名，蓋本宋槧翻刻者。四庫僅收六卷合併本，未見此本也。然亦多誤字，前有王若霖澍序，後附明朱象賢印典八卷。

韓詩外傳　漢　韓嬰

十一日　韓詩外傳九所載孔子聞皋魚哭聲事，説苑敬慎篇作丘吾子。蓋皋、丘雙聲，魚、吾疊韻，古皆通用。南史孝義韓懷明傳云，懷明師南陽劉虬，「虬嘗一日廢講，獨居涕泣。懷明竊問虬家人，答云是外祖忌日，時虬母亦已亡矣。懷明聞之，即日罷學還家就養。虬歎曰：「韓生無丘吾之恨矣。」正用丘吾子云「吾少好學問，周徧天下，還後，吾親亡」之語。梁書孝行傳作「虞丘」，虞、吾亦同音通用，本當作「丘虞」，校刻者不知其義，妄乙爲「虞丘」耳。周書及北史儒林樊深傳云「嘗讀書見吾丘子，遂歸侍養」，亦是誤倒。梁書孝行傳論云：「至如丘吳終於毀滅，若劉曇淨、何炯、江紑、謝藺者，亦二子之志歟？」吳、吾亦通用字；惟云「二子」，則似分丘吳爲兩人，蓋姚氏偶誤耳。

小爾雅訓纂　清　宋翔鳳

十二日　閱宋于廷小爾雅訓纂，浮谿精舍叢書之一也。凡六卷，其第六卷爲序録及逸文之類。其書視王氏疏雖較精密，然王氏逐字爲疏，無一遺漏，此則於習見及不可强通者略之。又在王氏之後，繼起者易爲功，亦猶郝氏爾雅疏繼邵氏正義而作，雖視邵加精，而邵之用力爲尤難，此非鄉里之私言也。王氏於本書字字謹守，務申其誼，宋氏則謂此書既掇入孔叢僞書，必有竄亂，須别擇言之，此其用意之少殊耳。近儒爲小爾雅學者，王汾原氏及此書外，胡氏承珙有義證，嘉定錢氏東垣有校證，葛氏其仁錢氏同邑人。有疏證。胡氏墨莊遺書早刊行，葛氏書近日姚彦侍刻入咫晉齋叢書，惟錢氏書未見刻本耳。

周書　唐　令狐德棻　北史　唐　李延壽

十三日　校周書及北史宇文護、尉遲迥、獨孤信、王雄、楊檦、此俗「標」字，然北朝皆如此作，碑版可證。

楊在當時公私書名亦必作此，不得以俗字改「標」。達奚、武齊、王憲、王軌、宇文孝伯、神舉等傳。終日考索，以細書附注，入夜不息，頗覺疲勞，咳嗽復劇。

隋書　唐　魏徵

二十日　校隋書音樂志及牛弘、鄭譯、何妥傳。據音樂志下卷，牛里仁等議樂，引東觀書馬防傳、「大予丞案，今本誤作「太子丞」。鮑鄴等上作樂事」，凡一百八十二言，一字爲一言。今東觀記輯本，止「防上言聖人作樂」云云五十四言，而後漢書馬防傳「惟是冬始施行十二月迎氣樂防所上也」一語。又引順帝紀云「陽嘉二年冬十月庚午至作樂器如舊典」，共四十九言，而今本東觀記乃無一字，知掇拾遺落，蓋亦多矣。馬防傳云云，續漢書律曆志注引作薛瑩書，其文較隋志尤詳而微異，知里仁等所引實出東觀記也。薛瑩晉散騎常侍，撰後漢記一百卷，見隋唐志。

玉谿生詩詳注　樊南文集詳注　唐　李商隱撰　清　馮浩注

二十七日　閲桐鄉馮孟亭御史浩玉谿生詩詳注三卷、樊南文集詳注八卷。詩有錢香樹尚書序及自序，文有錢茶山尚書序，又有王西莊閣學詩文注總集序。詩集前爲史傳、藝文志、年譜、贈詩、詩話，曰首卷。詩文各有發凡。其書極一生之力，多正朱長孺、徐藝初兩家之誤，屢有補訂，極爲細密，文後又附輯逸句，然頗傷蔓引，又多辨舊注不甚關係之事，且喜推測詩意，議論迂腐，筆舌冗漫，時墮學究之習。至求詳太過，往往複沓瑣碎，轉淆檢閲，其弊亦與其子星實鴻臚應榴所注蘇詩正同。自宋迄國初錢蒙叟、朱長孺，注詩文家，皆斷制簡括，不如是也。然考玉谿詩文者，詳博無逾之矣。

二十八日 閲玉谿詩注。馮氏不通訓詁，所解時失之鑿，又未深知義山詩恉，蓋用力勤而識不足也。

二十九日 閲樊南文集，此書余於甲寅、乙卯間觀之甚熟，意頗輕之，今已二十五年，殊覺其可取者多也。

十月

翠薇山房數學 清 張作楠

初九日 閲金華張丹邨太守作楠翠薇山房數學，共十五種，爲量倉通法五卷、方田通法補例六卷、倉田通法續編三卷、八線類編三卷、八線對數類編二卷、弧角設如二卷、弧三角舉隅一卷、揣籥小録一卷、揣籥續録三卷、高弧細草一卷、新測恒星圖表一卷、新測中星圖表一卷、新測更漏中星表三卷、金華晷漏中星表二卷、交食細草三卷。其弧三角舉隅爲全椒江雲樵臨泰所撰，揣籥續録之中下卷，亦江氏所撰。高弧細草，丹邨與江氏合撰。弧角設如，江氏爲補對數。其倉田通法諸圖，皆江氏所補。恒星表之圖，亦出於江氏，蓋與丹邨論算最相契合者也。

丹邨之學，雖兼中西，然自八線類編以下，皆專明西學，大恉以八線馭弧角，以對數馭八線，謂八線以加減代乘除，最爲簡妙直截。凡古之開方、三乘方、求矢、重差、綴術諸法，皆可不用，即其倉田通法，雖以少廣、句股、御粟、布方田，亦多以三角、八線、借根方釋之，實西學之專門也。西人借根方即古立天元術，錢、戴、李、阮諸通儒皆言之矣。丹邨更謂歐羅巴名借根方爲「阿爾熱巴拉」，即華言「東來法」也，是西人本不諱所自。所著倉田通法續編，專明立天元與借根方相通之例，爲答麗水俞愛山俊之問而作。

兩漢六朝石刻小品　清　陳昌沂輯

二十三日　陳昌沂以所拓兩漢六朝石刻小品三十二種求題，中有北魏崔鴻兄弟題名一種，無年月，云在青州某山，其文云：「魏員外散騎常侍中堅將軍三公郎中中散大夫高陽王右司徒府右長史崔鴻、平西府益州長流參軍盪寇將軍齊州別駕司徒府城局參軍東中郎九州二郡賈板臺□使徐州倉曹參軍崔鶡、齊州録事參軍廣川太守崔鶡」。案，魏書崔鴻本傳，鴻以世宗延昌四年「加中堅將軍、常侍，領郎中如故，鴻先以永平中徙三公郎中，加輕車將軍，遷員外散騎、常侍，領郎中。遷中散大夫，高陽王友，仍領郎中。其年爲司徒長史，正光元年加前將軍」。考世宗以延昌四年殂，肅宗立，明年改元正光，此石結銜云「中堅將軍中散大夫高陽王友」，則爲延昌四年無疑也。王字偏左而右石剥泐，蓋先誤書而後磨去之。友作𠂇，亦誤字。寇即寇字，北朝俗體。司徒府城局參軍下當更有一人姓名而缺損者。「東中郎九州二郡」，「九」、「二」字當有誤，當時東中郎將所統州或有九，然繫銜無此法。「賈板臺□使」，「賈」蓋即「假」字，自晉以來，有正參軍，板參軍，朝命者爲正，公府板授者爲板也，以後又有板正參軍、板行參軍。假板者，蓋即板行參軍也。「臺」下泐一字，臺使爲當時朝命銜使者之通稱。鴻之兄弟，魏書、北史惟云鴻子子元爲其叔鵾所殺，餘俱不載，亦不言鵾爲何官，此可以補史闕。

頤志齋叢書　清　丁晏

二十六日　閱丁氏頤志齋叢書，凡二十一種：周易述傳二卷、周易訟卦淺説一卷、尚書餘論一卷、禹貢集釋三卷、禹貢蔡傳正誤一卷、禹貢錐指正誤一卷、毛鄭詩釋四卷、詩考補注補遺三卷、鄭氏詩譜考正一卷、毛詩陸疏校正二卷、周禮釋注二卷、儀禮釋注二卷、禮記釋注四卷、孝經述注一卷、北宋二體石經記一卷、金天德大鐘款識一卷、子史粹言二卷、鄭司農、陳思王、陶靖節、陸宣公年譜各一卷、石亭紀事二卷、百家姓韻語三編一卷、讀經説一卷，共四十卷。今日先畢其周易述傳二卷，述程子之傳也。北宋二體石經考一卷，咸豐丁巳五月得之淮安書肆者。周易二十八紙，尚書四十二紙，毛詩二十紙，春秋二十四紙，禮記二百十二紙，周禮二十八紙，孟子三十七紙，共三百九十一紙，每紙八行，每行十字，一行篆書，一行真書，約存三萬三百字有奇，裝爲四大册，蓋汴宋石經之存，莫多於此矣。丁氏爲記一首，略考其與唐石經及今本之異同，而附何子貞紹基長歌一首、丁氏和韻一首、葉潤臣名灃跋一首。汴宋石經之有孟子，宋史及玉海無言之者，尤足以廣異聞也。金天德大鐘款識一卷，道光壬寅得之淮安北門城樓者，丁氏爲之考，且繫以詩及黄樹齋爵滋詩各一首，又附淮安府學元鑄祭器録，並至正蓮華寺大銅爐大銅爐瓶款識。淮安府城南宋古磚記、淮安府署東報恩寺高麗古鼎歌、淮河銅鼓歌、元移相哥大王銅印歌，皆以類編入者，事關地志掌故，非爲苟作。百家姓韻語三編一卷，因明人周九煙名星。户部原文，重加綴緝，凡爲三編：其一以複姓列之篇後，其二以複姓散附文中，其三不因周氏而自爲之文，然三篇皆以「咸豐萬壽」句起，文字亦大略相同。前有自序，言命其第三子壽辰爲之注釋，蓋亦授意爲之者。又讀經説一卷，僅不盈三葉，示人讀書之法，兼取漢宋，簡而有要，切而不苛，乃其道光庚寅主講鹽城表海書院時，作以勸學者也。

禮記釋注　清　丁晏

二十八日　夜閱丁氏禮記釋注，至四更始寢。丁氏此書辨析詁訓，最爲典密。其第四卷中犧象辨，駁王肅之妄；王制非漢文博士作辨，正盧植之誤，尤持論精審。又禮記六國時作論，以爲多七十子之徒所記，非出漢儒，亦援證明通。

十一月

方田通法補例　清　張作楠

初二日　閱張丹邨方田通法補例，論畝法云：「梅勿庵謂古法步百爲畝，畝百爲夫，今二百四十步爲畝，相傳起於唐太宗。楠按鹽鐵論桑弘羊曰：『古者制田百步爲畝，先帝哀憐百姓，制田二百四十步爲畝。』又唐書突厥傳，杜佑謂『周制步百爲畝，商鞅佐秦，以爲地利不盡，更以二百四十步爲畝』。則秦漢時已然矣。又竇儼云：『小畝步百，周制也；中畝二百四十，漢制也；大畝三百六十，齊制也。今所用者漢之中畝。』又明史食貨志亦有大畝、小畝之名。國朝畝法，凡丈量按部頒弓尺，廣一步、縱二百四十步爲一畝，見大清會典。又論步法云，按司馬法、前漢志均稱『六尺爲步』。小爾雅『跬，一舉足也；倍跬謂之步』。白虎通『人踐三尺法天地，人再舉足爲步，備陰陽也』。又考工記『六尺有六寸與步相中』，鄭注謂緣外六尺六寸，内弦六尺，應一步之尺數。案，此指車人爲耒，庇長尺有一寸，中直者三尺有三寸，上句者二尺有二寸，自其庇緣其外以至於首，以弦其内六尺有六寸。鄭注謂此數據緣外而言，緣外得六尺六寸，則内弦六尺應一步之數。皆足爲古步之證。古積步皆起於車，秦車六尺，即以六尺爲步；漢車六尺四寸，亦以六尺四寸爲步；王制出於漢儒，故云『今以周尺六尺四寸爲步』。商君治秦，步過六尺者有罰，是因古八尺爲步則畝寬，改爲六尺，則田數增而賦税加益。史記始皇本紀稱『數以六爲紀』，六尺爲步，實祖鞅法也。周尺當今營造尺六寸四分，則今方五尺爲步，在周尺止方三尺二寸。周步百爲畝，今二百四十步爲畝，則周百畝當今二十五畝六分。」此兩條考證詳晳，有裨經學，張氏算書中所僅見。至其解王制周尺爲畫十尺之數，故謂之周尺，非周代之尺；於十尺中去二尺，故以八尺爲步；十尺中去三尺二寸，故以六尺四寸爲步；則不特無此文法，亦未有稱一丈爲周尺者。且如其説，何必加「周尺」二字自爲累贅乎？近於臆決無理矣。

古今錢略　清　倪模

倪豹岑太守文蔚贈新刻其從曾祖迂存進士模古今錢略一部。迂存號韭瓶，望江人。嘉慶己未進士，官鳳陽教授。卷首一百四十葉，爲國朝錢法。卷一至卷二十三，備載古幣、鏟、布、古刀、齊刀、古布、古圜錢，分正品、副品、僞品、奇品、外國品、雜品，而冠以國朝制錢。卷二十四、卷二十五爲古錢存疑、存異，卷二十六爲錢範，皆圖其式而檃其文。卷二十七爲楮幣源流，卷二十八爲歷代譜録，卷二十九、卷三十爲歷代錢制，卷三十一爲古錢附録，卷三十二爲古今收藏姓氏，卷末爲叙傳。

尚書餘論　清　丁晏

初七日　閲丁氏尚書餘論，凡二十三條，條爲一篇，皆明古文尚書及孔傳之爲王肅僞作。曰「餘論」者，以申閻、惠諸君之説，暢發其所未及也。

鄭氏詩譜考正　清　丁晏

初八日　閲丁氏鄭氏詩譜考正，以歐陽文忠詩譜補亡爲本，而録正義所載譜文於前，其下旁行之譜，據正義所言鄭氏左方世次，排比綴緝，正歐本之脱誤，又譜其所闕三頌之譜，而末别爲總譜。據史記年表，起共和以來，上溯厲王元年，下迄定王八年，以附於後。於鄭君譜學極爲有功，考詩之世次者，莫詳於此矣。

毛詩草木鳥獸蟲魚疏校正 清 丁晏

十二日 閱丁氏毛詩草木鳥獸蟲魚疏校正，以毛晉津逮祕書本爲主，參考群書所引，補正闕誤，比列異同，甚爲詳密。

毛鄭詩釋 清 丁晏

十四日 閱丁儉卿氏毛鄭詩釋，兼釋傳箋之古義雅訓也。此爲丁氏少年所輯述，本曰毛詩古學，後以兼申鄭恉，改題今名。其首仍冠以毛詩古學原序，備載毛詩之本於子夏、荀卿，及所采古文尚書、周官、儀禮、禮記、左傳、孟子之文，又與國語合者七條，與吕覽、淮南合者各一條，又兼取韓詩者十四條，皆羅列證明，以著其學之最古而尤博，治毛詩者不可不讀此序也。

詩考補注 清 丁晏

十八日 閱丁儉卿氏詩考補注，以王厚齋詩考乃草創之本，或前後重出，或編次失當，或援據未精，且多傳寫訛舛，世無善本，因爲之補正，著其所出，詳其所略，加「案」字以别於舊，復爲補遺一卷，較王氏原書詳密過倍。

續黔書　清　張澍

十九日　閲張壽穀澍續黔書，共八卷，續田綸霞侍郎雯黔書而作也。前有自序及朱文正珪題辭五古一首，其詩有云：「十四歌鹿鳴，十九登麟囿。」考壽穀爲嘉慶四年進士，此書序題嘉慶九年，則年僅二十四也。所紀自星野、形勢、風俗、古跡，以至草木鳥獸蟲魚，共一百條，多飾以文語，間亦效田書，而體例頗病錯雜，多附遊記及所作詩，尤近蕪漫。然考證詳密，文章爾雅，每取古事，比附儷語，博麗自喜，情旨斐然。其中如茂學篇，勉黔士以學，辭極詼瓌。竹王、盤瓠二條，化虎一條，俱證佐紛綸。其辨建置沿革，亦皆精確。刻狀山水，多用水經酈注及六朝麗語，俱有可觀。惟十八先生墓論，責吴貞毓等之於永曆，不能如召公之衛姬靖、丙吉之養病已，雖義烈可稱，而惜其未能弢晦，則殆全未知當日安籠事勢，幾如寱語。遊白雲山記附建文帝君臣論，不特輕信從亡、致身諸録，且謂當成祖崩於榆木川，俺答外闚，高煦内覦，可藉沐氏以圖興復，尤近無稽兒戲之言。

川字一條，言黔人呼牛馬之竅爲穿，當即「川」字，引山海經北山經「倫山有獸，其川在尾上」，郭注「川，竅也」及廣雅「川，臀也」，釋名「川，穿也」爲證，而以畢氏沅山海經校本，據爾雅「白州驠」改「川」爲「州」爲非。不知州、涿一音之轉，「涿」亦作「豚」，説文「涿，流下滴也」，三國蜀志周群傳「諸毛繞涿居乎」，正以下體爲戲。又去陰之刑曰斀，龍尾曰豝，皆是同音義近。相馬經有「馬白州」，與爾雅正同，廣雅釋親本作「州，豚臀也」，「州」即「涿」之借字，「川」乃「州」之誤文也。

鼈字一條，言黔人呼「不來」爲「鼈」，古「鼈」字本有來音。儀禮鄭注曰「貍之言不來也」，即反切之音，其學起於高誘呂氏春秋、淮南子注，而韋弘嗣注國語亦有音切，非始於孫叔然。按高氏但云急氣閉口，未嘗云反切，弘嗣、叔然本同時，亦不免失之眉睫也。

讀書雜釋　清　徐鼒

二十二日　閱徐彝舟鼒讀書雜釋，其聞見雖不甚殫洽，然實事求是，於經典名物詁訓之牽互者，亦頗能鉤析分明。如籧篨戚施一條，謂說文「籧篨，粗竹席也」，「䵶鼀，即「戚施」正字，䵶本作奄。詹諸也」。薛君韓詩章句，戚施，蟾蜍，喻醜惡也。蟾蜍即詹諸之俗。此爲第一義。國語「籧篨不可使俯、戚施不可使仰」，韋注：「籧篨偃人，戚施僂人。」毛傳用國語。此爲第二義。爾雅「籧篨，口柔也。戚施，面柔也」。鄭箋用之。此爲第三義。言其輾轉相生之故，極爲明晢。

禹貢集釋　清　丁晏

二十三日　夜閱丁儉卿氏禹貢集釋，凡三卷，節取自馬、鄭注、僞孔傳，以至國朝諸儒之說，而後低一格，爲之疏通，或加辨正，務取簡明切要，便於循省，初學所宜首從事者也。末附禹貢蔡傳正誤一篇，又胡氏錐指正誤一篇，大恉以胡氏之言三江、九江皆爲非是。謂胡氏於「三江」引鄭注左合漢爲北江，會彭蠡爲南江，岷江居其中爲中江，本於徐堅初學記；以書疏引鄭云「三江分於彭蠡爲三孔東入海」證之，則初學記所引實非鄭注。初學記本作鄭玄、孔安國注，語不可解。三江自當以漢志所言爲確。胡氏於九江主宋人胡旦謂在洞庭之説，東陵亦取宋人説以爲巴陵，據史記河渠書「余南登廬山，觀禹疏九江」，則九江在尋陽無疑。班志廬江郡尋陽，「禹貢九江在南，皆東合爲大江」。應劭注云：「江自尋陽分爲九派。」水經淮水注「秦立九江郡，治壽春縣，兼得廬江、豫章之地，故以九江名郡」。則宋人謂在洞庭者，自爲臆説。慈銘案，三江之説，紛如聚訟，鄭注是非，不能輒決。九江之辨，自爲確覈也。

二十四日　閲禹貢集釋。「雲土夢作乂」，古本作「雲夢土作乂」，沈括言宋太宗得古本始改之。近儒王西莊以「雲土夢」爲是，謂雲、夢二澤名，雲在江北，地尤卑，故始見土；夢在江南，地稍高，已可耕治。僞孔傳連言雲夢之澤，蓋始誤「夢」字於「土」上。今注疏本作「雲土夢」，又是後人所改。段茂堂則謂作「雲夢土」者古文，作「雲土夢」者今文，史記、漢志皆用今文，本皆作「雲土夢」，據索隱本作「雲土夢」。今作「雲夢土」者，後人誤改之。又謂「雲土」即「雲杜」，古土、杜字通用。漢有雲杜縣，雲土與夢爲二澤名。王、段皆經學大師，而此事則同爲意必之談。王又誤以宋太宗爲唐太宗，謂所得必馬鄭古本。段以史、漢作「雲夢土」皆後人妄改，尤爲武斷。丁氏分析言之，以雲夢爲一澤，或連言雲夢，或單言雲，或單言夢，實一而已，且謂唐以前無作「雲土夢」者。慈銘案，其説甚確。若如王説，謂雲始見土，夢已作乂，全襲蔡傳，正丁氏之所謂支離。若如段説，謂伏生以「雲土」連言爲澤名，亦甚不辭。丁氏謂自沈括、羅泌等創江南爲「夢」、江北爲「雲」之説，於古無徵，是也。

二十五日　閲禹貢集釋。解經有不可一例求者。「揚州之厥包橘柚錫貢」，此當從孔傳謂「錫命乃貢」，以橘柚難致，不可常也。鄭君注以錫爲金錫之錫，自不必從。「豫州之錫貢磬錯」，「錫貢」二字，當連上「厥篚纖纊」讀之，與「厥包橘柚錫貢」句一例。以纖纊是細巧之物，故亦不爲常貢，其下「磬錯」二字自爲句，上文「厥貢」二字直貫此句言之。顔師古漢書注及林之奇尚書全解，謂磬錯亦待錫命而貢者非也。治玉石之錯，並非珍異，何致慎重乎？至「荆州之九江納錫大龜」，馬注「納，入也」，史記作「入賜」，錫、賜義同音轉，古皆通用。命龜，國之重寶，世不易得，故别異之。言若天錫者然，不敢同之於貢，此屬辭之體也。蘇子瞻書傳謂若以下錫上者，則不辭矣。丁氏於三者概指爲錫命而後貢，亦欠分明。

求闕齋讀書録　清　曾國藩

二十七日　閲求闕齋讀書録。皆於文正所閲書籍中録其隨時評識之語，雖多非經意，或雜録舊説，頗不免淺近複出之病，然時有心得，亦有細密可取者。

求闕齋弟子記　清　王鼎丞編

夜閲求闕齋弟子記。分恩遇、忠讜、平寇、剿捻、撫降、李世忠事。馭練、苗沛霖事。綏柔、洋務。志操、文學、軍謨、家訓、吏治、哀榮十三門。每門仍按年編輯，皆從文正軍書、公牘、文集、日記中采綴而成，頗爲詳盡。然「弟子記」之名，始於宋之劉公是，乃論語之支流，自宜詳言而略事。阮文達年譜稱雷塘盦主弟子記，本爲不恰，鼎丞意以事略爲綱，而此書分爲目，尤近駢枝。恩遇、哀榮兩門，本可於事略包之，哀榮僅載碑志祭文，尤爲無謂。碑志宜附事略之後，祭文或亦擇其一二佳者附之。平寇、剿撚、撫降、馭練、綏柔五事，可叙入軍謨、吏治兩門。文正剿撚無功，天津洋務，晚節大玷，其於苗逆，亦無甚設施，三事皆宜於事略見之。即欲著其深慮，表其苦心，或取其書牘、日記中語，綴於軍謨、吏治中可矣。至文集奏議業已刊行，此書不容複贅。王君孖耆雖勤，惜尚未知著書體例，所編事略，亦多詳略失宜。

敦藝齋遺書　清　鄒漢勛

二十九日　得張公束九月十九日南昌書，並寄來攸縣龍汝霖所刻新化鄒叔績敦藝齋遺書，共六種，爲讀書偶識八卷，五韻論二卷，顓頊曆考二卷，文三卷，詩一卷，紅崖刻石釋文一卷。叔績名漢勛，其事蹟已見余癸亥日記，其讀書偶識中書周禮、儀禮、禮記及説文諸條手稿共三册，余於癸亥春得之廠肆，至辛未再入都，周荇農言與叔績故交，謀刻其遺書，因屬徐壽蘅、張薌濤求余所得以付梓，余已語潘伯寅將刻之，以伯寅方刻它書，而荇農求之切，遂付薌濤以轉畀。有妄人趙□□者，無賴險詐，素不知書，以從戴望、胡澍等遊，略知一二目録，謂漢學可以當腐鼠也，亦竊購奇零小書，以自誇炫。嘗得錢竹汀庸言録寫本，不知其已刻也，深祕之，改造書名，冒爲己作以示人。又嘗購得陳碩甫毛詩疏，書賈索直十金，乃以五金購其所附毛詩音、毛詩説等四種，而還其疏，且告人曰：「陳氏菁華在此，其疏不必讀也。」薌濤既得叔績書，不遽畀荇農，妄人一日詣薌濤，見其爲寫本，以世人多未見也，直篡以去，荇農屬薌濤固索之，不肯還。余亦頗怒薌濤之好怪召侮，致此書遭墮溷之污，屢責還於薌濤，薌濤窘甚，然卒無如何也。今龍君刻之南昌，其跋言與叔績故相知，録得其副，近官江右，遇趙某，言在京師日嘗得殘册於周荇農閣學，因屬其校勘而刻之。蓋妄人得此書，既不能句讀，又知龍君有副本，不得據爲己作，其技遂窮，而猶詭言得之於荇農，以自誇其與二品官往還，是鬼蜮之面而狗彘之心矣。此等委瑣，本不足宼楮穎，以世之愚而售其欺也，聊附記之。

紅崖刻石在貴州永寧州東諸葛營旁紅巖矖甲山最高處，約二十餘字，非篆非籀，黔人目爲諸葛碑，叔績爲之釋文，謂是殷高宗伐鬼方還，紀功所刻，亦荒怪無稽之言。

十二月

初二日　閲鄒叔績文集，其王制周尺解、三江彭蠡東陵考、九江考、漢長沙零陵桂陽武陵四郡考、汝淮泗注江説、貳軫釋，皆足以自持其説。寶慶疆里圖説，備言方志續圖之法及舊圖之病，極爲精確，它文亦多有本之言。其家書有云，年三十有畸，尚未青一衿，則其入學甚遲。又有云榜發落解，四十年守經，不能寸進。考叔績爲咸豐辛亥舉人，癸丑從江忠烈殉難，年當已五十許矣。遺書前刻楚人王閩運所爲傳，意求奇崛，而事蹟全不分明，支離蕪僿，亦多費解。此人盛竊時譽，唇吻激揚，好持長短，雖較趙之謙稍知讀書，詩文亦較通順，而大言詭行，輕險自炫，亦近日江湖傖客一輩中物也。日出冰消，終歸朽腐，姑記吾言，以諭後來而已。

有正味齋集　清　吴錫麒

初八日　夜閲吴穀人祭酒集中遊泰山、焦山、西山記及諸書論、碑銘。自二十一二歲時閲有正味齋集，意便輕之，後遂絶不廜懷。今老矣，客氣盡去，頗覺其辭旨清切，亦有過人處，今日即所見論之。穀人才弱，筆不能舉其氣，蹊徑亦太凡近。焦山境窄，尚能傳其幽峭，摹其蔥蒨，惟收處二語云「依依相送，脈脈有情」，全是俗筆，亦結不住，最爲通篇之累。岱、西兩記，瑣碎散漫，絶不相稱，間有考據可取耳。與人書善於言情，頗有佳篇。論亦病在體弱，碑銘尤不知唐以前人法。

周禮釋文　唐　陸德明

十一日　閲周禮釋文。「以擾萬民」，鄭音擾，而昭反。此因「擾」本從夒，故與犬旁之「獿」同音，此音最古，鄭君本不作反語，蓋相傳爲鄭學者作此讀也。又云「徐李音尋倫反」，則是讀作馴，鄭注「擾，猶馴也」，是李軌、徐邈據注義爲音耳。擾向無馴音，未必即改讀馴也。

東塾叢書　清　陳澧

十七日　詣弢夫，邀之閲市。見南海陳蘭浦澧新刻東塾叢書初函，凡四種，曰漢儒通義七卷，取漢儒之言性理者分條編輯，蓋本阮文達性命古訓而推廣之，然不下己意，以待人之自悟。曰音律通論十卷，曰切韻考六卷，曰漢書地理志水道圖説七卷，附辨正胡朏明禹貢圖一卷，索直三金，詣價不成。

周禮故書疏證　清　宋世犖

二十日　閲臨海宋确山縣令世犖周禮故書疏證六卷、儀禮古今文疏證兩卷，蓋未見段茂堂氏之周禮漢讀考、胡墨莊氏之儀禮古今文疏義兩書。掇拾補苴，罕所貫通，以視段、胡，無能爲役。然硜硜考覈，亦篤好之士矣。其書成於嘉慶戊寅，考段書成於乾隆癸丑，儀禮漢讀考一卷成於嘉慶甲戌，宋氏遠宦滇南，故不能知。胡書成於道光乙酉，又在其後，益不及見耳。

光緒六年

正月

禮記訓纂　清　朱彬

十二日　至火神廟，以錢十千購得朱武曹禮記訓纂四十九卷，前有侯官林文忠序及自序，此書朱氏成於晚年，故學海堂經解未收，雖卷帙無多，而簡絜雅覈，讀本之善者也。惟大學、中庸無注，以意主鄭學，而又壓於紫陽，不敢爲異耳。又於書攤上以錢三千買得周理衷柄中四書典故辨正二十卷，百文敏刻孫文定南游記一册。

廣川書跋　宋　董逌

十七日　閱廣川書跋，毛氏津逮本，凡十卷。此書考據家多稱之，然辭筆冗拙，意恉多晦，所論三代彝器，多揣測武斷，引據不確。又好違鄭注，時或臆造制度，當分别觀之也。

四書典故辨正　清　周柄中

十九日　閱周氏柄中四書典故辨正，其書雖采取未博，而反復詳盡，多折衷於義理，間駁朱注，皆有據依。末附録其弟姪問答之辭十餘條，亦頗精審。

説文引經考證　清　陳瑑

二十八日　閲陳氏説文引經考，凡七卷，末附説文引經互異説一卷。其書大體謹嚴，較吴氏雲蒸書爲詳，而亦不似吴氏玉搢之泛雜。

二十九日　閲陳孝廉説文引經考證，略爲附注數條。孝廉，嘉定人，素以小學名。道光甲辰，平湖徐惺庵侍郎士芬典試江南，與孝廉素識，出都日以此行必得陳君自任。及入闈，以「庠者養也，校者教也，序者射也」命題，物色其文，榜發果雋，一時傳爲佳話。其文闈墨中曾刻之，詁訓紛綸，洵佳作也。

二月

隋書　唐　魏徵

初六日　兩日校隋書地理志一卷。此志於小注分述梁、陳、齊、周四代沿革，譌脱彌甚。錢竹汀氏隋書考異，於此志訂正最多，然尚不及十之四。余復參考各書，爲之補訂，計兩卷中不下三十餘條，亦未能盡正也。

初七日　校隋書禮儀志一卷，汲本此卷多誤字。

初八日　校隋書禮儀志。其禮儀一，言隋代夏至之日祭皇地祇，從祀有神州、迎州、冀州、戎州、拾州、柱州、營州、咸州、陽州九州，又云「神州東南方，迎州南方，冀州、戎州西南方，拾州西方，柱州西北方，營州北方，咸州東北方，陽州東方」。按淮南子墬形訓云：「何謂九州？東南神州曰農土，正南次州曰沃土，西南戎州曰滔土，正西弇州曰并土，正中冀州曰中土，西北台州曰肥土，正北泲州曰成土，東北薄州曰隱土，正東陽州曰申土。」隋志所言，大略本此，即鄒衍所謂大九州也。而其中州名不同者五，拾州蓋即台州，周禮夏官職方氏疏云：「自神農以上有大九州，柱州、迎州、神州之等，至黃帝以來，德不及遠，惟於神州之内分爲九州。」此等皆出緯書，其從祀地祇實始隋代。北周始於方丘之外別有神州之壇，以當古之北郊。舊唐書禮儀志一云太宗初，房玄齡等議：「禮有益於人則祀之，神州者國之所託，餘八州則義不相及。近代通祭九州，今除八州等八座，惟祭皇地祇及神州，以正祀典。」是八州之位，唐初尚存，至高宗永徽中，並廢神州之祀矣。

又禮儀二云：「春迎靈威仰者，三春之始，萬物稟之而生，莫不仰其靈德，服而畏之也。夏迎赤熛怒者，火色熛怒，其靈炎，至明盛也。秋迎白招拒者，招集拒大也，言秋時集成萬物，其功大也。冬迎叶光紀者，叶拾光華，紀法也，言冬時收拾光華之色，伏而藏之，皆有法也。中迎含樞紐者，含容也，樞機有開闔之義，紐者結也，言土德之帝，能含容萬物，開闔有時，紐結有法也。此『五帝』之號，皆以其德而名焉。」案，「五帝」之名出春秋緯、文燿鉤，鄭君周禮小宗伯注首稱之，惟「叶」字作「汁」。此云叶拾也，叶、汁皆從十得聲，古音本同，故以拾爲訓。拒訓爲大，則「拒」乃「鉅」之借。禮記曲禮正義引作

「矩」，亦借字也。曲禮正義、周禮天官掌次疏及大宗伯疏皆云本文燿鉤。惟隋蕭吉五行大義謂出河圖，蓋易緯、河圖括地象亦有此文，其義訓則惟此志有之，雖所釋亦近望文生義。要之，五帝之名不過如爾雅歲陽歲名、月陽月名之比，有此古稱，非同名號，故掌次疏「赤熛怒」作「赤奮若」，尤爲顯證。宋以後人不知古義，以緯書爲怪誕，妄詆鄭君，亦夏蟲之見矣。

拜經樓藏書題跋記　清　吴騫

初十日　閲拜經樓藏書題跋記，共五卷，海寧吴虞臣壽暘録其父槎客騫題跋所藏書之文，其同邑蔣生沐光煦録得其副，刻入別下齋叢書。槎客本收藏賞鑒專家，以校勘目録、辨別版印爲事，不甚留心考據，其所校書亦於別集、説部爲多，故此書縷述卷數、印記、傳鈔、翻刻源流舊聞，與錢、顧諸家，殊判優絀。然承平好尚，多資雅談，徵引所及，時有考證，其版本異同、收藏先後，亦足以裨聞見。末爲附録一卷，載虞臣所作宋、金、蒙古印記考三首，云見富春軒雜著。又雜詩十五首，云見蘇閣吟卷。又虞臣子之淳詩五首，云見雲根室偶存稿。蔣氏刻書時，以虞臣父子已逝，故録存其詩文，寓懷舊之思也。此本章碩卿去年翻刻於成都，誤字甚多，今日略爲勘正。

經籍跋文　清　陳鱣

十一日　閲陳簡莊經籍跋文一册，亦別下齋本，章碩卿翻刻者。所記皆經典文字異同，考辨致精，極爲有用。

先聖生卒年月日考　清　孔廣牧

十七日　閱孔力堂先聖生卒年月日考。其書上卷考生年月日，下卷考卒年月日，備列衆説，而後折衷之，謂生年當從史記，爲襄公二十二年，月從穀梁，日從公羊、穀梁。又據成氏蓉鏡字芙卿。經義駢枝，取周曆古四分術、三統曆推之，爲十月二十八日庚子，於今爲八月二十八日也。卒年據見四書大全所引，吴氏程取大衍曆推之，爲哀公十六年四月十一日己丑，於今爲二月十一日也。

廣經室文鈔　清　劉恭冕

十八日　閱叔俛廣經室文鈔，多考據之作，甚有可取。

三月

澮災蠡説　清　范鳴龢

初三日　晤金甫及范鶴生鳴龢，由吏部郎改官江西觀察者，以所著澮災蠡説一册爲贈，言湖北樊口建聞事也。范君武昌人，習知其地勢利害，謂樊口所以泄湖水，非以泄江水，余詢之湖北士大夫，多同此論，未必皆務鄉里之私，故右彭而左李也。

東觀餘論　宋　黄伯思

二十七日　坐藤花下閲黄長睿東觀餘論，其首爲法帖刊誤二卷，甚有名言。

五月

求古録禮説　清　金鶚

二十四日　得朱桂卿書，贈金誠齋求古録禮説一部，吴縣孫同知憙新刻，黄巖王士駿及王子莊、子裳諸君所校，凡禮説十五卷、補遺一卷、鄉黨正義一卷，附校勘記三卷。即復謝，槁使二千。

誠齋字風薦。其書本二十卷，手寫定者十卷，道光庚戌陸立夫即陳碩甫所藏其子城編輯本十四卷，碩甫又從胡墨莊所録及詁經精舍文集中輯成一卷，又胡氏所録鄉黨正義一卷，合刻之江寧，其版遭寇旋燬，今孫君更據何氏鈔本及潘尚書所刻補遺一卷，刊成完書，而諸君復能悉心補校，致詳且慎，可謂有功經術矣。

六月

柳南隨筆　清　王應奎

十三日　閲常熟王東溆應奎柳南隨筆，乾隆間諸生也，短記瑣聞，兼及詩文，亦小有考證，凡隨筆六卷、續筆四卷。

桯史　宋　岳珂

十九日　閲岳倦翁桯史。其「克敵弓」一條，謂本於种詵所上鳳皇弓，非即太祖之神臂弓，以容齋三筆爲誤。然洪氏親試詞科，用之入賦而得雋，所紀當得其實。倦翁或别存一説耳。

香祖筆記　清　王士禛

二十一日　王阮亭香祖筆記成於康熙癸未、甲申兩年官刑部尚書時，所記自論詩外，可觀者尠。惟論陳子昂爲唐室罪人一條，最爲有識。其淺謬者，不特四庫提要所駁强解特健藥名義一條也。如謂方勺，引劉中壘謂泥中、中露衛二邑名，此説甚新。不知毛、鄭説皆如此。謂馬永卿云李西臺書小詞「羅敷」作「羅紨」，後讀漢書昌邑王賀妻嚴羅紨，紨音敷，「羅敷」作「羅紨」，必有據依。不知漢書武五子傳本作嚴羅紨，顏注「紨音敷」，並不作「紂」，李建中誤書作「紂」，馬永卿又誤記之耳。謂唐時郎官直宿，有「侍女新添五夜香」之句，侍女當是何色人？不知此乃東漢之制，唐時郎官與漢異，無有此事，詩家用漢事耳。謂段成式諾皋記天翁張堅竊據劉翁位一條，類於病狂，不知此乃南北諸朝時之寓言，爲曹馬以來篡竊者發之，柯古此記多用舊文耳。謂詩話類編載高適官兩浙觀察使，過清風嶺，題詩「前山月落一江水」句，駱賓王改「一」字爲「半」字，辨其詩語時代之非。不知唐豈有兩浙觀察使之官，即五字已可知其妄，不待更辯。

而其最謬者，莫如唐修隋書不爲文中子立傳一條，謂仇俊卿通史它石論謂王凝次子勮劾貶侯君集，君集與長孫無忌善，因而惡及其祖，修史者畏無忌，不敢爲通立傳，此本於文中子關朗篇，言通弟凝嘗爲御史，劾侯君集，而誤爲勮事。又謂通子凝，凝子福畤，真癡人説夢。通子福畤，福畤子勮，安得謂凝子？福畤於高宗咸亨三年壬申許敬宗死時方爲太常博士，駁敬宗之謚，而侯君集於太宗貞觀十七年癸卯已以謀反誅，乃其子勮先已劾貶侯君集，其荒謬不足辯。仇俊卿亦不知何人，通史它石論亦不知何書，觀其立名，可笑已甚，而阮亭以爲快論，可破千古之疑，是並新、舊唐書俱未寓目矣。

二十四日　香祖筆記有四事，爲寫出之，以證今日，亦「觚不觚」之類也。阮亭云：「京官舊例，各衙門稱謂有一定儀注，如翰詹稱老先生，吏部稱選君、印君，員外以下稱長官，科稱掌科，道稱道長是也。自康熙丙子後，各部司及中行評博無不稱老先生矣。」按今則翰林十三科以前之前輩稱後輩爲老先生，七科以前則稱後輩爲館丈，皆施之文字而不怪，所謂名不正而言不順者，無過於此，其餘則絶無此稱。各部掌印者皆稱印君，然不以相呼及入文字。長官則從未聞也。

阮亭云：「翰林故事，坊局已上乃得用紅柬爲刺，編檢庶常刺止用白，雖元旦賀壽等吉禮亦不用紅，不喻其義。」案，今則編檢初轉坊局者，先須遍拜前輩，用一紅一白帖，謂之拜斷白帖，此後不用白刺。修撰以下則皆用白，然惟相施於前輩，如非翰林則不用。於庶常之散館者，則初見用一紅一白，雖謁坐師、房師，亦止用白刺，曰「某頓首拜」，謂之拜斷稟帖。其坐師、房師之不由翰林者，則仍用紅帖，單書姓名。近科恐或致相形之絀，於坐師不問翰林與否，概用白刺，而爲師者亦靦然受之，其可笑已甚。余今年決計不入庶常，亦深惡此等事也。

阮亭云：「宋故事，進士唱名，宰執從官侍立左右，有子弟與選者，唱名之後，必降階謝。康熙庚辰科選庶吉士，大學士王文靖公之孫、桐城張公敦復、禮部尚書韓公慕廬之子，皆中式，及唱名，皆自陳奏，皆得邀恩入翰林，然不降階謝也。」案，今則凡三品以上大員子弟朝考後引見，例得碰頭，近年復停止，而軍機處别進牌子矣。

阮亭云：「詹事府左右春坊、司經局皆東宫從官，雖居同署，而各有印信，不相統攝，今文移章奏往往稱詹事府春坊者，謬也。亦如十三道御史例不冠以都察院，今或稱都察院監察御史者，謬也。」案，今則庶子、中允由吏部開單請簡，而内閣票籤處擬旨進者，必曰詹事府左春坊左庶子、詹事府右春坊右庶子、詹事府左春坊左中允、詹事府右春坊右中允，尚存左、右春坊之名。至贊善例由吏部帶領引見，則旨中止曰詹事府左右贊善，並去「春坊」之名。滿缺庶子、中允，亦多由吏部擬定正陪帶領引見，旨中亦並無「春坊」字矣。惟洗馬，則旨中止曰司經局洗馬，不冠以詹事府也。定例，庶子得具摺謝恩，與翰林侍讀、侍講學士同，蓋始儕於京堂，亦不入京察保舉道府之列，而自洗馬以下，則京察由詹事舉劾。至大考引見，則少詹事以下皆由詹事帶領，是不得謂非統攝矣。

柳南隨筆　清　王應奎

柳南隨筆中亦有一事及稱謂沿革，並寫出之。王東序云：「明時縉紳惟九卿稱老爺，詞林稱老爺，外任司道以上稱老爺，餘止稱爺，鄉稱老爹而已。今則内而九卿，外而司道以上，俱稱大老爺矣。自知府至知縣，俱稱太老爺矣。又舉人、貢生，俱稱相公，即國初猶然，今則並稱大爺矣。」按東序之言，爲乾隆二十年以前言之也。今則京官自五六品翰詹以上，外官自道以上，皆稱大人；自通判以上皆稱大老爺；知縣稱太爺，咸豐以前已皆如此。近年知縣皆稱大老爺，雖微末如典史，亦稱老爺，或至稱太爺矣。舉人、貢生皆稱老爺，近則生員稱相公，或致怒矣。惟京官則郎中以下皆止稱老爺，修撰編檢稱老爺，一得學差則稱大人，雖任滿歸而不改，近或得試差歸者亦稱之矣。給事、御史稱都老爺，大學士稱中堂，各省將軍稱將軍，有爵者公、侯、伯稱公爺、侯爺、伯爺，子、男稱爵爺，俱不敢止稱大人矣。京官無大老爺、太爺之稱者，以權任不屬，故諂媚不至也。都下以稱爺爲重，南中以稱爺爲輕。老爺之名，實起南宋，而元史始見之，爺者父也。官稱大人，始於後漢書烏桓傳，其國有勇健能理決鬥訟者推爲大人，而魏晉時匈奴遂有南北部大人之稱。中國則自漢至唐，皆以大人稱其父，亦或以稱其母，稱其翁姑，蓋至今而上下無不以父相事也。部屬稱長官曰大人，長官稱部屬曰老爺，是彼此以父相呼也。名不正則言不順，而京師至優伶亦稱相公，尤爲怪異矣。

七月

文中子　唐　王通

二十九日　文中子之書，謬妄可笑，前人論之已詳。四庫提要謂其書爲福畤等所纂，「當唐之初，明君碩輔，不可以虛名動；又老師宿儒，布列館閣，不可以空談惑，故其書不得行。」唐末漸遠無徵，始得售其欺，後世聚徒講學，釀爲朋黨，實起於此，録其書以著儒風變古之漸，尤爲定論。近人俞理初云：「中説短書也，王凝父子謂凝與福時等，古稱叔姪亦曰父子，後漢書蔡邕傳等可證。誇誕可憐人也。」二語亦斷定。

余謂此書所造事實之妄，不足復論，其言亦一無精實之理，其文亦十九支離可笑，宋人雖陋，何至稱重是書？蓋由其中如周公篇云「劉炫見子，談六經，唱其端，終日不竭。子曰：『何其多也？』炫曰：『先儒異同，不可不述也。』子曰：『一以貫之，可矣。爾以尼父爲多學而識之耶？』」此等議論，深便空疏不學之徒，爲伊川門下賤儒所深喜，故轉相表彰。至阮逸之注尤陋，洪容齋謂即逸所僞撰，亦未嘗徧觀之言。如事君篇：「或問湘東王兄弟，子曰貪人也，其文繁。」注以湘東王爲南齊世祖之子子建，與兄竟陵王子良、隨郡王子隆皆有集傳世。不知子建被殺時，年僅十三，安得有集？子良雖傳云

「有内外文筆數十卷」，而云「雖無文采，多有勸戒」，内者謂釋典也。此湘東王自指梁元帝兄弟也。又周公篇：「太原府君曰：『温子昇何人也？』子曰：『險人也，智小謀大。永安之事，同州府君常切齒焉，則有由也。』」注謂永安切齒事未詳。案，温子昇與孝莊帝密謀誅爾朱榮，嘗手抱詔書，遇榮，詭對，魏書及北史本傳皆言之甚悉，而逸俱不能知，它可見矣。至子昇始終爲魏室忠臣，而通言如是，則亦其妄謬之一端。魏相篇云：「嚴子陵釣於湍石，爾朱榮控勒天下，故君子不貴得位。」以爾朱與子陵相衡，其支蔓牽綴，無聊可見。又如周公篇云：「詩書盛而秦世滅，非仲尼之罪也。虚玄長而晉室亂，非老莊之罪也。齋戒修而梁國亡，非釋迦之罪也。」秦焚詩書，何反云盛？以三句文例推之，「秦」爲「周」字之誤，顯然可見，而逸亦不能知，妄注云秦不用詩書致滅，則文義不可通，尚得謂其自撰自注耶？然容齋之識，高出王厚齋輩多矣。

八月

七十二候表　清　羅以智

十三日　閱錢唐羅鏡泉以智七十二候表，前有項梅侶名世、胡書農敬、姚伯昂元之三序。其書取時憲書及夏小正、月令、時訓解、吕氏春秋十二月紀、淮南時則訓、易緯通卦驗、歷代史志通爲之表，著其沿革同異，而博采諸家之説，以爲之注，於名物多所訂正。其考據詳覈，足與蔡鐵耕蔡氏月令並傳。鏡泉錢唐諸生，爲阮文達詁經精舍中弟子，咸豐初卒。此書僅有寫本。昔年褆盦以見眎，今來索還，爲書一跋歸之。

説文解字注　清　段玉裁

二十七日　讀説文段氏注。心部於憯、悽、恫、悲、惻、惜、愍、慇，皆訓痛也。段氏曰：「憯者，痛之深者也；恫者，痛之專者也；悲者，痛之上騰者也；各從其聲而得之。」今請申之曰：憯者，痛之深而如熸者也；悽者，痛之入微而淒其者也；恫者，痛之專達而洞洞乎者也；悲者，痛之舒長而不能已者也；惻者，痛之直而迫者也；惜者，痛之散而可寬藉者也；愍者，痛之公而漫漫然者也；慇者，痛之隱而不得泄者也。段氏謂詩之「憂心慇慇」，謂憂之切者也，亦此意。至於憂，則愁心見於顔面，本字作「㥑」，從頁從心。較痛爲緩而彌久。怛則憯之輕而澹澹者，愴則傷之外見而倉皇者，皆視痛爲稍次也。愁者㥑之結者也，痛者悲之踴者也，痛急而愁緩也。形聲非盡含義，而大率如此。

九月

顯志堂集　清　馮桂芬

二十三日　閱馮林一顯志堂集，其中言考據者，衹釋鶪一首。碑志書事之文，筆力孱弱，敘次尤拙，惟論事諸篇，尚有可取。序記多近應酬，亦鮮可觀。蓋中允本以時文入手，中歲以後，從事公牘，於古文本非所長，雖亦講經學，而根柢尤淺，故所就止此也。集爲其子所刻，首列諸序及祭文，皆蕪泛不體，吴雲一序尤劣。

十月

范家相著述

朔　鄉人錢桀組孝廉來，言其師范秀才寅家藏其先世蘅洲先生著述，如家語證僞、韻學考原、今韻津、廟制問答、刑法表諸書稿本具在，近擬以活字印行之，此甚可喜也。

顯志堂集　清　馮桂芬

初八日　閱顯志堂集，其諸記及與人書有關時事掌故者，多通達治體，熟於沿革，有用之書也。

廣韻　宋　陳彭年

十一日　閱明内府本廣韻，前僅孫愐唐韻序一首，亦不載其論。其書於目録注同用者，皆連綴之，如二冬下即綴三鍾，但以魚尾隔之，不別提行。韻下注文，刊削甚多。如開卷「東」字下即删十之七八，而廣韻所最詳者氏姓，考據家所寶貴，此本芟削尤甚。如「東」下原本云「又姓，舜七友有東不訾，又漢複姓十三氏」，以下自東門、東郭至東方、東里，皆列數之，或並詳其得姓之故。而此本云「舜之後有東不訾，又漢複姓，東方朔」，謬誤蓋不可言。而近人頗有稱之者，謂澤存堂本多經毛斧季、張力臣等改竄，此本轉得其真。此亦如今之議抱經盧氏所校釋文，遠不若通志堂本者，皆眯目一孔，好爲大言，徒見其妄而已。

三國志　晉　陳壽

十五日　點閲三國志烏丸、鮮卑、東夷傳，注引魚豢魏略西戎傳，其言西域諸國道里最詳，惜奪誤太多，無從校正。然其最詳者大秦一國，而此國境古今沿革，獨爲茫昧。班書僅於烏戈山離國下云「西與犁靬、條支接」，其下但言條支，不言犁靬。而條支亦小國，爲安息役屬，又稱條支善眩。而安息國下云「以犁靬眩人獻於漢」，是犁靬與條支實二而一者也。范書亦言條支爲安息役屬，置大將監領之。魏略亦云安息役屬條支，號爲安息西界，而范及魚氏並云「大秦國一名犁靬」。范作「鞬」字，通。魏收魏書謂波斯國古條支國，今西印度界中尚有波斯一國，號白頭回，而敖罕亦作浩罕，又作霍罕。國西之布哈爾「哈」亦作「噶」國，相傳以爲即古大秦。其地距葉爾羌四十驛，西北界俄羅斯。道光二十二年，或言其並滅敖罕之地，蓋非實也。范書西域傳皆本安帝時班勇所記，已盛誇大秦。孟堅爲勇之諸父，其撰漢書在章帝時，相距匪遙，何以一無紀述？且所載宮室、制度、民物、技藝，語皆近誇，魏略尤極形容。而蔚宗云，桓帝延熹九年，「其所表貢，並無珍異，疑傳者過焉」，則已疑其説矣。又魏略言從安息界乘船，凡渡大海六，乃到其國。考安息一國，今亦不知何地，或以爲即回教祖國默克「默」亦作「墨」。等部，亦在西印度，則轉在布哈爾之西，而自伊犁以西，踰蔥嶺，至各回部，何處須渡大海？是其道里皆不合也。班書但言條支國臨西海，范書亦言大秦國以在海西，亦云海西國；且載自安息西南行八千里，乃渡海至大秦。魏收書云「大秦國從條支西渡海曲一萬里」，從安息西界循海曲至四萬餘里，雖與魚略言稍殊，而皆云渡海，則在海外可知。今合諸書所記觀之，知大秦實即今歐羅巴洲大西洋諸國也。魏收書云，其海傍出，猶勃海也，而東西與勃海相望，蓋自然之理，此正明言東西洋之別也。范書、魚略皆言其王無常主，國有災異，輒廢而更立賢人，受放者甘黜不怨，此正今法蘭西諸國王皆民建廢立不常之事也。魚略言其别枝封小國，有驢分王，驢分即古西洋之羅馬大國，見於艾儒略等書，作羅汶或作羅聞者是也。

范書言「以石爲城郭，列置郵亭，皆堊塈之，宮室皆以水晶爲柱」，此正如今西洋諸國之制。魚略言其「宮室爲重屋」，范書言其城邑周圜百餘里，又皆言其人民連屬，終無盜賊，今英、法諸國皆然。魚略言其别分諸國，如澤散、驢分、且蘭、賢督、汜復、于羅諸王，皆分治海中，不知里數。范書亦言其小國役屬者數十。此正知昔之羅馬强時，統一歐羅巴洲之地，今英、法諸大國亦各役屬小國也。魚略言其國有織成細布，用水羊毳，名曰「海西布」，或曰野蠶繭所作，范書亦云。又織成氍毹毾㲪罽帳之屬，皆好，其色鮮於海東諸國所作。此正如今西洋呢錦、洋布之屬。范書言合會諸香，煎其汁以爲蘇合；魚略言有草木十二種香。此正如今西洋之香水。魚略言其常利得中國絲以爲胡綾，此即今猶然。

魚略言大秦道既從海北陸通，又循海而南，與交阯七郡外夷比，又有水道通益州、永昌，故永昌出異物。前世但論有水道，不知有陸道。案，范書已云從安息陸道繞海，北行出海，西至大秦。今西洋自地中海出印度北境，可由陸道至蔥嶺東西諸路，而歐羅巴東境正當俄羅斯國都，皆陸道也。水道由緬甸通雲南，達安南，正其明證。魏收書所云「從條支西渡海曲一萬里」者，「曲」字涉下文而衍，此言其水道也。所云從安息西界循海曲至四萬餘里者，此即言其陸道也。范書言「其人民皆長大平正，有類中國，故謂之大秦」。魏收書言「其人端正長大，衣服車旗擬儀中國，故外域謂之大秦」。

案，自漢以來所見諸夷國名，皆本其方言，略無文義，大秦必非當時國名，蓋其商賈之人誇於中國，以漢承秦後，自謂大秦，以見其大於漢，猶今之稱泰西、稱大西洋也。范書言有飛橋數百里，可渡海，亦其誇誕之言，至今猶然。

蓋西漢及東漢之初，商舶不通，故言西域者，至條支、安息、今印度之境而止。范書云「前世漢使皆自烏戈以還，莫有至條支者」。和帝永元九年，都護班超遣掾甘英窮西海，始抵條支，臨大海，欲度至大秦，而爲安息西界船人所勸止，終不知其國之何若。安順以後，商貨忽通，產物奇異，故班勇所記以及華嶠漢後書、范書多用華書。魚豢、魏收之流，遂盛相誇美其國，蓋亦於漢、晉時爲盛，至南北朝後已衰，故隋書已不見。唐時爲拂菻國，舊唐書西戎傳云：「拂菻國一名大秦，在西海之上，東南與波斯接，地方萬餘里，列城四百，邑居連屬。」其所載大率與後漢書、魏略同。又云王宮「第二門樓中懸一大金稱，以金丸十二枚屬於衡端，以候十二時。爲一金人，大如人，立於側。每至一時，其金丸輒落，鏗然發聲引唱，豪釐無失。」此即今西洋鍾錶之制，拂菻蓋即佛郎機，今稱法蘭西。拂、佛，法、菻，郎、蘭皆同音遞轉，西、機其餘音。是則大秦爲今之歐羅巴洲諸國無疑也。

近人魏源海國圖志、徐繼畬瀛寰志略，皆謂歐羅巴之意大里亞國即古之大秦，其説近矣，而未以諸書相證明，故世多不信。且意大里亞爲昔羅馬建都之地，蓋即魏略所云驢分王，僅大秦之別國，不若以歐羅巴全境該之。若徐星伯等但據漢書犁靬一語，求之於西域諸國，遂以爲布哈爾即大秦，景響附會，覈之今西域回部至印度之地，何處容此一大國？更何有如諸書所稱者乎？惟大秦蓋萌芽於周，海國圖志等書皆云羅馬崛起於周幽王時。興於秦，極盛於東漢之世，至晉以後漸衰。唐書所紀，亦多本魚、魏諸書，而云貞觀後大食强盛，遂爲臣屬，蓋唐時亦惟因其貢使間至，言貞觀、乾封、大足、開元時凡五貢。略有所聞，其商舶貿易往來，當已久絶，故究不知其國境所在，幸魏略言之最詳，得以疏通證明焉。羅馬衰後，分併不恒，至元以後，始復漸强，故明世大西洋商販富庶，珍物流溢，至今日而又極盛矣。機巧日出，侈麗滋生，瑰奇怪誕，不可思議，不可究詰，而其國亦内耗，俗亦日敝。日中則昃，月盈則食，理之常也。

春秋集傳辨疑 唐 陸淳

二十七日 閱陸質春秋集傳辨疑，其書大半臆説，然其駁左氏固多妄，其駁公、穀則頗近實，以公、穀亦多臆説也。文筆峭簡，非宋以後所能。

十一月

考工記世室重屋明堂考　清　俞樾

十二日　閲俞蔭甫考工記世室重屋明堂考，專駁鄭注，所謂言之成理、持之有故，似是而甚非者也。其謂四堂内爲五室；四堂各有内霤，皆注於太室中，而上爲重屋，以避沾濡。臆必之談，殆同兒戲。

群經平議　清　俞樾

二十三日　閲俞蔭甫左傳、論語、孟子諸經平義，其中愜心者甚少，亦有强立新義而仍與舊説無大異者，又有經注極明晳無疑義而故求曲説者，然穿穴證佐，皆有心思，終勝無本空談也。

舊唐書校勘記　清　羅士琳等

二十七日　閲舊唐書校勘記，六十六卷，道光癸卯甘泉岑建功紹周刻舊唐書，屬句容陳卓人立、儀徵劉孟瞻文淇及其子伯山毓崧、江都羅茗香嗣琳，據沈東甫合鈔本、張登封宗泰舊唐書考正及册府元龜、太平御覽、文苑英華、唐六典、唐會要、通鑑、通典、通考、太平寰宇記諸書參互成之。建功又取御覽諸書所載有與今本不相附屬者，别爲逸文十二卷，阮文達爲之序，刻於道光戊申。今此本乃同治壬申定遠方濬頤所補刻者也。

十二月

舊唐書逸文　清　岑建功輯

初二日　閲舊唐書逸文，其所輯以御覽爲主，而附注諸書異同於下。然御覽誤字最多，凡與唐會要、册府元龜互異者，皆以兩書爲長，自宜取其詳當者爲主，而附注它本異同，不必執定一書也。至其字之筆畫異同，如「並」作「竝」，「麒麟」作「騏驎」，「帕」作「帊」之類，亦不必一一悉出。

春在堂隨筆　清　俞樾

初四日　閲俞蔭甫春在堂隨筆五卷，其中喜述與曾、李諸公及江浙顯官酬酢之語，頗爲世病。然其議論考據亦自有可觀者。如記日本物茂卿所撰論語徵諸條、戴子高所擬續皇清經解書目及考證新出漢唐碑數條，皆有關實學。

湖樓筆談　清　俞樾

初五日　閲俞蔭甫湖樓筆談七卷，其書甚可觀，遠出隨筆之上，余昔年日記已論之。其談經二卷，喜爲新説，多不可訓。談史漢二卷，考證多啓。談小學一卷，尤爲精致。談詩文一卷，亦多解頤之言。

初七日　夜取湖樓筆談略爲加墨，附注其説經者數條，不敢自信所見之果是也，硜硜之意，期於墨守而已。

楊守敬談日本國藏中國古籍

二十四日　得楊惺吾十一月十九日日本書，言其國中古籍甚多，所見有唐人寫本玉篇，尚是孫强增加之舊，其次第與今本多不同，引説文尤備。又有釋慧琳一切經音義一百卷刻本，引證古籍，今不存者甚多，引説文並及從某從某聲，幾於無字不引，次及字林、字統、三倉、古今正字、文字典説、開元文字音義諸書。書成於唐元和間，其重刻序文謂周顯德時中土已佚，此本蓋得之契丹者。又有續一切經音義十卷，補慧琳所遺。又有隋杜臺卿玉燭寶典、隋楊見善太素經三十卷，皆鈔本。其餘祕笈尚多。隋、唐以下金石文字，亦美不勝收。彼國自撰之書，與中土可互證者尤夥。聞之神往，有懷鉛浮海之思。

光緒七年

正月

舊唐書　後晉　劉昫

初二日　校舊唐書睿宗諸子、讓皇帝等傳，案，讓皇諸子嗣，寧王琳謚曰景，漢中王瑀謚曰宣，而汝陽王爲嫡長子，官至特進，薨於天寶之世，不應無謚，蓋史之闕者多矣。琳與瑀之謚，幸於唐會要見之。

鶴泉文鈔續集　清　戚學標

十二日　袁爽秋來，午後偕游廠市，自廠甸至火神廟，攤場不多，人物寥落，一無所得。惟以錢四千買得太平戚學標鶴泉文鈔續集而已。戚氏博學好辯，而無家法，文不能工，間附考證，亦多臆決不近理。

二月

英軺私記　清　劉錫鴻

初十日　閲劉雲生錫鴻英軺私記二卷，雖辭筆冗俗，不如郭筠仙使西紀程之簡潔，而敍述甚詳，於所見機器、火器、鐵路、鐵船，皆深求其利弊，言之備悉。英人謀利之亟，講武之勤，以及收貧民、教童子，監獄之有法，工作之有程，國無廢人，人無棄物，皆能言其實，而風俗之陋，習尚之奢，君民不分，男女無别，亦俱言之不諱。至言中國外交之道，當據理直言，不可爲客氣之談，尤不可爲陰陽之論。凡自誇强大，不憚用兵及中外一家、懷柔遠人等語，皆彼所共識，傳相姍笑。而或自相輕薄，詆華媚夷，至效其衣冠、習其禮節，尤彼所深鄙。此則持邦交者之至言，使四夷者之切戒，古今不易之理也。雲生番禺人，以舉人貲郎，好爲大言，依託貴要，得薦副郭嵩燾侍郎使英吉利半年，後改爲使德國正使。其居德頗有口舌功，聞尚有德軺私記，當再借觀也。

舊唐書　後晉　劉昫

二十四日　校舊唐書郭孝恪、張儉、蘇定方、薛仁貴等傳一卷，劉仁軌、郝處俊、裴行儉及子光庭傳一卷，唐臨及孫紹、張文瓘及兄文琮等、徐有功傳一卷，高宗、中宗諸子傳一卷，裴炎、劉禕之、魏玄同、李昭德傳一卷，鉤校補正，以小字密書，頗費心力，至夜四更方罷。

東華續録　清　王先謙輯

二十五日　閲東華續録。故事，庶吉士散館列三等者歸原班銓選。己卯散館，强克捷子望泰、趙文哲孫榮皆列三等，特旨以克捷、文哲皆死王事，加恩望泰、榮俱用内閣中書。吾鄉章知縣棨以丁丑庶常，是年散館三等，歸班十餘年後始選直隸沙河縣知縣。

三月

易緯通卦驗　漢　鄭玄

初四日　易緯通卦驗「立春楊柳梯」，莊氏述祖夏小正音義：「柳梯，梯也者，發孚也。下引之謂『梯』，即『梯』之誤。」案，「梯」亦假借字，或作「稊」者，後出字。本字作「荑」，亦作「苐」。荑爲茅之初生，引申爲凡草木葉之初生。

玉函山房輯佚書　清　馬國翰

初七日　閲玉函山房輯本小學諸書，其開元文字音義、義雲章、李商隱李氏字略三種，有録無書，擬補輯之。

古微堂集 清 魏源

二十九日 魏默深古微堂内集三卷、外集七卷，前年戊寅始刻於揚州書局。古微堂詩集十卷，同治庚午刻於長沙。今日從爽秋借閲内集，卷一爲默觚上，皆分條説理，如子家語録之類；卷二爲默觚中，分學篇十三，卷三爲默觚下，分治篇十六，亦仍條繫説之。外集皆其雜文也。詩集分體編之，前有羅汝懷、郭嵩燾兩序，後有鄒漢池跋，漢勛之弟也。

四月

朔 閲古微堂外集。默深爲經世之學，其文筆兀奡，在並時包慎伯、張石舟之上。此集卷一皆論經學、小學及諸序，卷二爲孔子、孟子年表、孟子年表考五首及諸儒贊，卷三爲子史諸書序，卷四爲碑志、銘、傳、書後，卷五爲籌河三篇，卷六爲各省河渠水利書議及史論，卷七爲論漕鹽海運諸文，其中如明代食兵二政録叙、海國圖志叙、擬進呈元史新編序、苗疆敕建傅巡撫祠碑銘，最爲佳作，其餘議論多可取。而於經學實無所解，乃大言自矜，援西漢諸儒，託於微言大義，掊擊鄭、許，於乾嘉諸儒痛詆不遺餘力，猖狂無忌，開口便錯。其史學亦甚疏，駁之不勝駁也。

初二日　閱古微堂外集。自道光以來，經學之書充棟，諸儒考訂之密，無以復加，於是一二心思才智之士，苦其繁富，窮年莫殫，又自知必不能過之，乃創爲西漢之説，謂微言大義汩於東京以後，張皇幽眇，恣臆妄言，攻擊康成，土苴沖遠，力詆乾隆諸大儒，以爲章句餖飣、名物繁碎，敝精神於無用，甚至謂海夷之禍、粵寇之亂，釀成於漢學，實則自便空疏，景附一二古書，竄語醉囈，欺誑愚俗。其所尊者逸周書、竹書紀年、春秋繁露、尚書大傳，或斷爛叢殘，或悠謬無徵，以爲此七十子之真傳、三代先秦之古誼。復搜求乾嘉諸儒所輯之古易注、今文尚書説、三家詩考，攘而祕之，以爲此微言大義所在也。又本武進莊氏存與之説，力尊公羊，扶翼解詁，卑穀梁爲輿皁，比左氏於盜賊，蓋幾於非聖無法，病狂喪心，而所看之書不過十餘部，所治之經不過三四種，較之爲宋學者尚須守五子之語録、辨朱陸之異同，用力尤簡，得名尤易，此人心學術之大憂，至今未已也。

默深才粗而氣浮，心傲而神很，恥於學無所得，乃遁而附於常州莊氏，遂作書古微，謂馬鄭之古文，與梅賾同作僞，而伏生、歐陽、夏侯之今文絶也。又作詩古微，謂毛公之詩傳與鄭箋皆俗學，而齊、魯、韓之古誼亡也。於説文之轉注，謂部首所隸之字是轉注，而痛詈戴、段之説，並謂説文亦有俗誤，且集矢於許君。於論語，謂十篇中不及子思一字，是記者之疏。於孟子，謂其門人自樂正子外皆不堪問，而孟子不敢斥，其七篇中不免迂妄之言。蓋臆決竅談，無待駁辨。兹姑舉其考據之謬者略系於左。

治篇十五「光武之才，豈勝伯升？孫權之才，豈勝伯符？姚萇之才，豈勝姚泓？」案，姚萇兄爲姚襄，非姚泓。

又十六「司馬氏既言天下者景王之天下，吾身後大業，宜歸齊王攸。果能守此信，則平吴之後，傳位於皇弟齊王攸，而以長沙王乂爲太子，遹爲皇孫，令其遞傳至遹可也。不然，即及身立遹，而輔以攸乂，亦可也」。

案，宜歸攸者，昭私其少子之言，非武帝之言也。昭本欲以攸爲嗣，何曾等固争而止。及武帝立，昭與其后臨殁時，方深憂攸之不保，並無更傳於攸之言也。平吴者，武帝也。長沙王乂者，武帝之少子也。遹者，惠帝之子、武帝之孫也。既欲傳位於攸，何得又立乂爲太子，遹爲太孫？天下有此兒戲事乎？且遹爲惠帝子，武帝及身，何能舍惠帝而立遹？古今有此事乎？此似全不讀晉書者。

又「高洋滅拓跋之族，宇文周武帝滅高氏之族，隋楊堅復滅宇文之族，皆不旋踵而天以逆子報之」。

案，高洋無逆子，此文之疏駁也。洋之太子殷，於高氏爲最賢，而以與周天元、隋廣同被逆子之名，不太冤乎？

又「晉亡於莊老，而漢以黄老得之；秦亡於申、韓，而子産、孔明以申、韓治之」。

案，漢之得天下者高帝，其刑法峻急而慘刻，非知黄老者也。文、景之治，號爲休息，文帝尤長者，然亦閒族人，未嘗言用黄老也。惟曹參相齊，用蓋公，治黄老言；景帝、竇太后好黄老，史文兩見而已。且莊老與黄老異，漢之用黄老，清靜無爲也；晉之尚老莊，玄虚縱放也。孔明之治蜀也，以開誠布公爲要道，非用申韓也，惟爲後主爲太子時，寫申、韓、管子、六韜，此與昭烈之敕後主觀六韜、商君書，皆見先主傳注引諸葛亮集。皆以後主柔弱，故令觀兵、刑、名、法之書，益其意智耳。子産雖有水懦不如火烈之言，亦迥與申韓不同，且在申韓前數百年，而云用申韓，亦有語病。

説文轉注釋例：「初、哉、首、基，可訓爲始，而始不可爲初、哉、首、基，烏在其爲考老之互訓也。推之而弘、廓、宏、溥、介、純、夏、幠、厖、墳、嘏、丕、奕、洪、誕、戎、駿、假、京、碩、冢、昄、將、席可訓爲大，而大不可訊爲夏、幠等十餘字；賚、貢、錫、畀、予、貺可訓爲賜，而賜不可訓爲賚、貢、錫、畀；衎、豫、妉、般可訓爲樂，而樂不可訓爲衎、豫、妉、般；遹、遵、率、循、由、從可訓爲自，而自不可訓爲遹、遵、由、從。」云云。

案，爾雅一書，所以通經訓，博異名，本不爲六書而設，而六書中之轉注一門，因之以傳。戴氏、段氏以轉注、假借爲六書之用，以爾雅爲轉注之法，聖人不能易也。且即以「始」字言之。始，初也，見於國策秦策「今日韓魏孰與始强」高誘注及吕覽有始覽「天地有始」注「始，首也」，見於論語泰伯「師摯之始」鄭君注及皇侃義疏。蓋初、首者，始之互訓也；哉、基者，始之異名也。哉從才聲，才者始也，故假哉爲才，此即六書之假借也。基從土，牆之始也，故引申爲凡始之稱。此即六書之轉注也，其餘可以類推。至自之訓由、訓從，乃經籍之恒訓，見於詩箋、三禮注者不可枚舉，何並忘之邪？

又「齊，禾麥吐穗上平也」。部内只一亹字，即等齊之齊，當以齊入月部，而以亹爲「齊」之古文，則齊部可廢。朿，木芒也。部内只棗、棘二字，朿本從木，當入木部，而朿部可廢。即克字，肩也，古

文作[illegible]，並無相隸之字，應入合部，不當別立部。尢部只一皋字，麻部有縻、䵕、䵗三字，𣏟部有𣪚字，當以尢部、麻部併入𣏟部，不必別立部。垚，土高貌，堯字從之，當併入土部。」

案，[illegible]上象形，下從二，二即土也。月是何字？許書有此部乎？齊即[illegible]也，齍誼自別，何得爲齊之古文？合是何字？許書並無合部。朿入木部，則棗、棘二字將即附朿下乎？尢是象形單體字，不得反隸重尢之𣏟部；且皋字將即附尢下乎？麻入𣏟部，則縻等三字從麻者亦將即附麻下乎？垚入土部，則堯將附垚下乎？許書皆絕無此例也。

又「庚部、壬部均無一字，然賡字從庚，妊、望、聖、任、衽、飪、紝等字從壬，何以不爲收入？此部中字之應收不收者也」。

案，「賡」乃「續」之古文，安得入庚部？妊、任、飪、紝皆以壬爲聲，默深方持錢氏塘之說，以許書鉤、笱入句部，糾、糾入丩部，舍形從聲爲非，何以妊等可以聲爲部乎？望、聖下皆從王音挺，不從壬，此則並未識字矣。

説文假借釋例：「舊本黄離而假爲新舊之舊。」

案，舊爲雖舊，即鵂鶹，非黄離。

又「説文中亦有俗體濫收者，如喿旁加口爲噪，尊旁加木爲樽，嘫字加口，此與『馬頭人爲長，人持十爲斗』何異」。

案，許書並無「噪」字、「樽」字，不知默深所見何本？「然」爲火然，與「嘫否」義絕不相通，必加口方別。「然」之加「口」爲「嘫」，猶「不」之加「口」爲「否」也。「嘫」字，經典仍假「然」爲之，猶「否」字亦多假「不」爲之也。

孟子小記：「信陵君將五國之兵，大破秦師，使不聽魏王之召，咸陽必破，秦滅，而各國必皆戴爲盟主，不數年，趙武靈王少長争國，李牧以讒死矣。」

案，趙武靈王少長争國，在信陵將五國攻秦之前四十餘年，李牧死而趙亡，何以屬之武靈之世？此必誤記幽繆王遷與其兄代王嘉争國，而以爲武靈也。

書古微序：「後漢杜林傳言林『得桼書古文一卷』，桼書竹簡，每簡一行，若四十五篇之書，竹簡必且盈車，乃謂僅止一卷，不足欺三尺孺子。」

案，簡可編爲册，不能合爲卷。卷者縑帛之類也，漢世簡縑並用。見後漢書宦者蔡倫傳。此云一卷，蓋本桼書竹簡而以縑素寫之可知矣，默深未識卷策之别耳。

又「東漢諸儒亦謂佚十六篇，絶無師説。夫東漢既自有桼書之本，力排今文之説，而自有其師説，則此佚十六篇，何以今文無之者，古文亦無師説乎？十六篇既無師説，則其二十九篇之師説既不出於今文，又出自何人？」

案，後漢書杜林傳云，林得桼書古文尚書於西州，以授東海衛宏、濟南徐巡。儒林傳云「杜林傳古文尚書，同郡賈逵爲之作訓，馬融作傳」，不言林所受之人。考前書儒林傳云，孔安國以古文尚書授都尉朝，朝授膠東庸生，庸生名譚，見後漢書。庸生授清河胡常，常授號徐敖，敖授平陵塗惲。而後書賈逵傳云，逵父徽，受古文尚書於塗惲，今本范書誤作「憚」。逵傳父業。是東西京古文相傳之正脈也。又後書儒林孔僖傳言自安國以下，世傳古文尚書，以至於僖，僖又傳其子季彦，季彦於安帝世舉孝廉。此尤古文之適嗣也。又尹敏傳言初習歐陽尚書，後受古文。周防傳言師事徐州刺史蓋豫，受古文尚書，皆在光武之世。又丁鴻本從桓榮受歐陽尚書，而楊倫傳云師事司徒丁鴻，習古文尚書，是東漢之初，古文師傳甚廣，皆出於安國。安國於十六篇無師説，諸儒慎守，不敢出入，無有如後世之以意説者也。林所得本，以桼書之，故文字更真，諸儒寶愛而傳之，要惟考其經文，未嘗易其師説也。且東京諸儒，何嘗力排今文？鄭君嘗爲伏生大傳作注，其三禮注中多用今文説，默深何足以語此乎？經典釋文叙録云「今馬、鄭所注，並伏生所誦，非古文也」。按陸氏時馬、鄭兩家注見存。言必無誤，是馬、鄭雖兼傳古文，而所注仍用今文之本，然則近儒之述鄭注尚書，必别爲古文者，説亦未確。

書宋名臣言行録後：「紀文達不喜宋儒，其撰四庫總目云，兹録於安石、惠卿皆節取，而劉安世氣節凜然，徒以嘗劾程子，遂不登一字，以私滅公，是用深慼。是説也，於兹録發之，於元城語録發之，於盡言集發之，又於宋如珪名臣琬炎録發之，於清江三孔集發之，於唐仲友經世圖譜發之，昌言抨鬬，迄再迄四，昭昭國門，可懸南山不易矣。然未知文達所見何本也。兹録前集起宋初，後集起元祐，而劉公二十餘事在焉，文達殆徒睹董復亨繁露園集之瞽説，適愜其隱衷，而不暇檢原書，遂居爲奇貨。至書目於慶元黨禁謂南宋亡於諸儒，不得委之侂胄；於楊龜山集，謂東林起於楊時，遂至再屋明社，則固無譏焉。」

案，文達誠不喜宋儒，書目中於通鑑綱目、伊雒淵源録、小學集注等書，亦或有言之小過者，然皆循其終始，反覆折衷，雖至語録諸編，最爲蕪雜，亦深求其編輯之先後，去取之是非，未有不檢其書輕肆詆詰者。蓋名臣言行録傳刻者多，衆本雜出，四庫所收，或非足本。今考提要於史部傳記類載宋名臣言行録，但云於安世不登一字，而載趙普、王安石、吕惠卿等，終所未喻，並無「以私滅公，是用深懲」之言。史部奏議類載盡言集，子部雜家類載元城語録，皆無是語。宋如珪名臣琬炎録並無其書，蓋是杜大珪名臣碑傳琬炎集之誤。然提要惟以朱子之取安石、惠卿，例大珪之載及丁謂諸人，未嘗言安世也。亦見史部傳記類。清江三孔集，提要無一語及之，惟於孔平仲珩璜新論，略言平仲與安世、蘇軾皆不協於程子，未嘗及朱子之言行録也。亦見子部雜家類。至慶元黨禁，亦在傳記類。提要本高宗御題詩章，以趙汝愚爲開門揖盜，因謂黨禁諸人聲氣交通，賢奸雜糅，釀成門户，遂使小人乘其瑕隙，蘭艾同焚，國勢馴至於不振，春秋責備賢者，不能以敗亡之罪，獨諉諸韓侂胄。其言最爲平允。龜山集在集部別集類。提要謂時受學於程子，二傳而及朱子，開閩中道學之派，其東林書院存於無錫，又爲明季講授之宗，乃盛推其淵源廣遠，身繫學統，並無再屋明社之言。要之，官書自有體裁，況四庫總目稟承高廟睿鑒，朱子之學，國朝所尊，豈有任臆放言，攻擊先哲，如文士私家著書之比？默深亦未嘗喜宋學，集中偶有一二推闡理學之言，皆掇拾皮毛，裝點門面，以自附於真儒，而其譏彈朱子者不可枚舉。此不過自知考據非其所能，嫉忌近世漢學諸家，乘間肆詈，學問自有公言，無取妄詆也。

趙汝愚擁立寧宗論：「錢詹事大昕謂汝愚此舉冒險徼幸，萬一宫中有奉帝出門者，何以禦？幸而不勝，爲秦王從榮，猶可言也，不幸而竟勝，爲公子商臣，不可言也。夫秦王從榮之起兵討武三思也，兵從外入，其敗固宜，彼豈有中宗念欲退閒之旨，豈有皇太后之命乎？情事懸絶，比擬不倫。」案，秦王從榮者，後唐明宗子也，事見五代史。討武三思者，唐中宗子節愍太子重俊也，節愍非欲代中宗者，錢氏自用五代史事。

以上皆其誤謬之顯然而關繫鉅者，略條辨之。其餘文字之疏，引據之失，不及僂指。又詆諆先儒，指斥近獻，尤多違戾很愎之言，亦不足與辨。即此十四條，於經史之學亦甚淺，所以齗齗及之者，以近日之一二自謂名士者，頗深憙其説而尊行之，以其易於欺人也，而此一二名士者，已爲世之所難得，故冀以祛其惑。且默深之文，亦實有不可磨滅者。其經世之學，議論多名通，其説理亦有精語，是集必傳於後，故抉其瑕以全其美，亦愛護古人之意也。

古微堂詩集 清 魏源

初七日 竟日坐紫藤花下，閲古微堂詩集，卷一至卷三皆五古，而冠以四言二首。卷四皇朝樂府十八首、古樂府二十首、新樂府二十三首。卷五至卷七皆七古。卷八，五律。卷九，七律，而附以六言絶五首。卷十，五、七言絶。默深詩非當行，而才力有餘，多超邁警卓之語。平生蹤迹半天下，耆奇好游，故述山水者多可當游記。近體亦時有性情風致之作。惟粗獷太甚，竟有不成詩者。七古尤無一合作，七律亦尟可取。

道古堂集　清　杭世駿

十二日閲道古堂集。堇浦詩亦秀爽，而風格太卑，無一真際語。

五月

赤城集　宋　林表民

初九日　偶取架上宋臨海林表民逢吉所編赤城集閲之，凡十八卷，皆輯台州掌故，文字大半冗漫，罕可讀者。文至南宋，蕪雜已甚，平生不喜鄙薄古人，要亦不能爲違心之言也。表民嘗續其父名師藏，號竹村居士，以布衣終。詠道所編天台詩集及陳壽老耆卿赤城志，此編所載以洪适分繡閣記、尤袤玉霄亭柱記、節愛堂記、唐仲友中津橋碑爲最佳。

十三日　赤城集載元祐中天台令鄭至道所作劉阮洞記，言洞在護國寺東北二里，斜行山谷，隱於榛莽。景祐中寺僧明照采藥還，見金橋跨水，光采眩目，二女未笄，戲於水上。至道因植桃數百本，以追遺跡，由寺沿澗而上，名其澗曰鳴玉澗。澗東之隖曰桃花隖，隖北攢峰疊翠，左右回擁，中有流水，隨山曲折。水盡有潭，清鑑毛髮，群山倒影，浮碧摇蕩。中有洞門，潛通山底，其深不測，即寺僧見金橋之地也，名其潭曰「金潭」。潭之南滸，水淺見沙，中有磐石三，不没者數寸，可坐以飲。自上流浮杯盤，必經三石之間，俯而掇之，如在几案，名曰「會仙石」。其上三峰鼎峙，峻極雲漢，東曰雙女峰，西曰迎陽峰，中曰合翠峰。三峰之間，林麓疏曠，草木瑰異，左連瓊臺雙闕之山，右接石橋合澗之水，曰「迷仙隖」。自隖以出，至於迎陽峰之下，有巨石偃於山腹，廣袤數丈。寺僧因石爲阯，構亭其上，前臨清泚，瓦影浮動，魚跳圓波，浮杯在目，名曰「浮波亭」。其文頗能狀泉石之勝。是集所載涉台嶽者甚少，惟此約略言之，靈山麗景，仿佛在目，足令羈客悦魂，逸侶企踵。

嘯亭雜録　清　昭槤

二十三日　寶森書坊送嘯亭雜録兩帙來。凡雜録八卷、續録二卷，禮親王昭槤著。雜録作於嘉慶末，續録至道光初。向止有寫本，去年夏，醇邸始屬侍郎耀年等校刻之。前有耀年序。

二十四日　閲嘯亭雜録，所載國朝掌故極詳，間及名臣佚事，多譽少毁，不失忠厚之意。其中爵里字號間有誤者，而大致確實爲多，考國故者莫備於是書矣。

學詩詳説　清　顧廣譽

二十八日　閲顧惟康學詩詳説。宋人解經，每以後世文法繩改古人，朱子之移大學、孝經章句，分中庸章節，皆不免此病。其論詩關雎序，謂當於「風以動之，教以化之」下直接「然則關雎、麟趾之化」句，以至於末爲小序，而自「詩者，志之所之也」至「是謂四始，詩之至也」爲大序。不知此篇爲關雎之序，即爲全詩之序，首尾貫串，包藴衆誼，古人文成法立，無可間然。故梁昭明以爲卜子全製，編入文選；陸元朗、孔沖遠皆以爲詩之綱領，無大小序之分，誠知言也。即舊説以自「用之邦國焉」以上爲小序，以自「風，風也」以下爲大序，亦仍諸篇之例，以首一句爲小序，下爲大序，分而不分，文氣仍聯爲一也。蓋「風，風也」，正承「風之始也」句，以下備言詩之教化聲音及「六義」「四始」之指，推言詩之至極，然後自「然則關雎、麟趾之化」句以下又歸本二南，以見二南之所以爲風始，而云周南、召南正始之道，王化之基。下乃云「是以關雎樂得淑女以配君子」，又歸本關雎本詩，以見關雎之所以爲詩始，而結之云「是關雎之義也」，正以明此篇之爲關雎序，古人文法之密如此。朱子徒以兩「化」字可粘合，强以接之，而不知「然則」二字語氣之不接。蓋上方云「風以動之，教以化之」，而下忽云「然則關雎、麟趾之化，王者之風」，不特氣促詞迫，亦全無義理。此南宋以後古文家及近世時文家湊拍無聊、掉弄虚字之故智，豈秦漢以前所有乎？而大序又突以「詩者志之所之也」句起，無根立論，此後世作詩文集序者脱頭文字，其末又以「詩之至也」句截然而止，無所歸宿，古人皆不任受也。蓋宋人文章，委苶已極，而好以私臆裁量古人。豈知文從字順亦談何容易邪？余不喜駁斥宋儒，而此等是非，自不可泯，聊一發之。惟康謂朱子説視舊説益爲允當，真村夫子之見矣。此書用力甚勤，亦頗平心求是，而不知古義，識解卑近，惟便於初學而已。

詩經

二十九日 宋人説詩不知言外之指，故所作詩亦無漢魏以來比興諷諭之法。即如漢廣之詩云

「之子于歸，言秣其馬」，鄭箋：「謙不敢斥其適己，於是子之嫁，我願秣其馬，致禮餼，示有意焉。」其義明白曲鬯。蓋上云「不可求思」之「求」，即關雎「寤寐求之」之「求」，其求游女與求淑女無異也。至不敢求而慕之無已，猶之「寤寐思服」也。乃不敢斥其歸己，而云其歸也，我願秣其馬，以致禮餼，此發乎情止乎禮義，忠厚悅懌之至矣。而歐陽文忠更之云「出游而歸，願秣其馬，猶古人言雖爲執鞭，猶欣慕焉」。此則韓冬郎詩之「自憐輸廏吏，餘暖在香韉」，爲香匲媟辭矣。朱子、吕成公皆從之，不可解也。

嚴華谷謂秣馬指將來親迎之人，尤無謂。

六月

夷艘入寇記　清　魏源　庚申北略

初二日　得爽秋書，以近所鈔得夷艘入寇記上下篇及庚申北略借閲。即復。夷艘入寇記傳是魏默深作，即聖武記目録所載之道光征撫夷艘記。或又云張亨父作。觀其文筆殊沓拖，不及前記之叙次簡老，惟上下篇之論皆似默深所爲。上篇之論，頗引春秋公羊義，亦默深家法。然其文過長，無廉悍横峭之勢，或出亨父手也。

庚申北略不知何人所作，記咸豐庚申英夷入京師事。文拙俗而簡率，其事亦頗不覈。如云八月初八日閉城後米蔬皆不得入，二十九日夷酋巴雅里於安定門樓駕炮内向，居民盡爲灰燼，皆絶無其事，余時在都，知之最真耳。

明通鑑　清　夏燮輯

初四日　閲夏氏明通鑑，以元至正十二年太祖起事至二十七年爲前紀四卷，自洪武元年至莊烈帝十七年四月爲紀九十卷，以後紀三王事爲附記六卷，共一百卷，首有義例二十六則，亦自爲考異。

初六日　閲明通鑑。夏氏此書用力甚勤，采取諸書雖不甚博，而嘗得明實録，用以參校事迹之真僞，月日之先後，又博問通人，有所諮益，多著於説。其首有同治壬戌與朱蓮洋明經論修此書書，具見大指。惟據明史黄子澄傳周王、燕王之母弟一語，及沈德符萬曆野獲編言解縉等重修實録，以懿文爲諸妃所生，成祖疑其故留罅漏，駭人聽聞；又李清三垣筆記言於南京太廟啟出碽妃一主，遂謂成祖本高麗碽妃所生，篡後自誣爲高后子；恐亦惡而甚之之詞，不足徵信。又如以元順帝爲瀛國公子，謂余應、權衡皆元末明初人，其言可信，此事予別有辨。皆非史體。以建文爲遜國遯荒，極辨朱竹垞諸説之非，而直載其爲僧行歷之事，俱可議也。

賈琴巖詩文　清　賈樹誠　耕煙草堂詩草　清　平疇

十三日　傍晚坐庭中，偶取平景蓀所寄賈琴巖詩文一册及其族祖平種瑶疇耕煙草堂詩草二卷閲之。琴巖學淺才弱，詩不能工，亦不多作。文規橅桐城，稍勝於詩。種瑶爲故常州知府翰之弟，以貲爲丞簿，平生未嘗知其人。其詩雖根柢極淺，又不知聲韻律法，而頗有俊健語，乃遠勝琴巖也。

十六日　紱丈來，還平種瑶耕煙草堂詩鈔二卷。因摘其佳句於此。五言如：「鳥聲答遠磬，漁夢棲孤汀。」游鄂州洪山。「亂山圍破屋，牀上有峯巒。」竹雨捎衾濕，松濤打枕寒。」廣水驛夜雨。「村郊兵燹後，瓦礫築煙墩。驛馬馱商槖，山猿卧縣門。設關依峻嶺，出峽近中原。群盜今如洗，時平識聖恩。」由李家寨至武勝關。「牙檣經水驛，刁斗壓花叢。」滕王閣。「樹空山轉月，波静棹飛煙。」月夜游小雲棲。「湖青無暝色，七十二峯秋。」嶺曲藏官舍，松陰結寺樓。」游洞庭山。「静喧村郭分，蒼翠一氣貢。」游虞山。「江南棹江北，一夕判仙凡。」兵堡支民柝，官旗補客帆。」瓜洲道中。「楚山青未割，送過玉屏城。兄弟聯雙騎，黔滇第一程。」玉屏縣。「兩崖逼成峽，束月一弦勁。」響琴峽。「一鞭枲山起，四蹄破蒼煙。」牟珠洞。「千盤雲裏髻，一樹鏡中桃。」小孤山。「冷翠浮佛頂，暮煙墮鐘聲。」青浦憑虚眺遠樓。七言如：「門懸一塔瘦於筆，江湧數峯青到牀。」游鄂城七竹園。「檻外濤聲來驟雨，尊前帆影落輕雲。」黄鶴樓餞别。「春水半篙漁艇活，夕陽一角寺樓晴。」小河道中。「偶栽黄菊開三徑，爲愛青山起一樓。」里門秋思。「枕上功名春夢裏，馬前山水夕陽時。」將赴蘇州别鄔雪舫。「出林小閣如延月，近郭空山不受雲。」虎邱。「夕陽影瘦扶高柳，秋雨聲粗點敗荷。」移居。「十里一橋河漸直，已知鄉路近臨安。」自蘇杭回里。「陡點一篙分白浪，絶無兩岸不青山。」辰州道中。「又看春事隨流水，漸覺秋山戀夕暉。」五十初度。「門外緑鋪鳩唤雨，巖前紅墜蝶馱花。」摩泥道中。「樹邊路繞羊腸險，巖頂雲從鳥道開。」歸州。「夜纜萊公樹柏鄉，朝開帆已入宜昌。詩人典郡清如許，爾雅臺邊柳數行。」維舟宜昌贈陳西橋太守。「巖浮塔影層雲活，樹漏湖光一掌寬。」靈巖山。「垂楊緑覆隄邊艇，老杏紅分樹裏家。」山塘即景。「春城柳鎖千家月，煙渚花飛一棹風。」賈樓夜眺。「江聲直入山中寺，帆影平臨樹杪樓。」青谿道中。「兩槳殘醺寒碧沼，一村晴雪粉紅山。」探梅至跨塘。「畢生汝竟成朝露，催老吾原近夕陽。麥飯一盂墳草緑，此心猶有幾年傷。」哭德女。「曲沼藕花雙鷺雪，平隄楊柳一蟬風。」重登湖海樓。皆秀健可誦。惟不能爲古詩，七古尤無一合作，七律亦無完善者。自所取之外，大率拙劣。亦有極惡者，蓋讀書太少，不免弇陋也。

賈琴巖詩，惟夜坐寄雪甌戲效其體一聯云：「殘燈引飢鼠，壞壁聚寒蟲。」小小有致。

國喪内剃頭案

十七日　是日始剃頭，已及百日矣。剃頭本不在服制中，大清律例亦本無之，自國初來遭帝后之喪，惟京官百日不剃頭，以有百日與祭之禮也。外官無論滿漢大小皆二十七日釋服即剃頭。雍正中有漢軍佐領李斯琦，以孝恭仁皇后之喪二十七日後剃頭，擬斬監候，旋釋之。乾隆十三年三月，孝賢純皇后之喪，奉天錦州府知府金文醇於二十七日後剃頭，文醇故翰林，素不禮同城旗員，於是，防禦某訐之於副都統，副都統亦故憾之，遂以聞。而山東巡撫阿里袞劾沂州營都司姜興漢貪婪諸款，有在國服内剃頭一語，其意亦不過以爲不應爲而爲，特數及之，非重劾也，内閣票本亦不及之。高宗謂貪婪罪輕，違國制罪重，當治其違制罪。於是，與文醇俱被逮，論斬立決。時高宗眷后甚，哀悼逾恒。先是以后喪至京時大阿哥後封定親王。以哭臨不如儀被嚴旨罰師傅諳達等俸。又以翰林院奏册文内有「皇妣」字，清文繙爲「先太后」，革掌院學士刑部尚書阿克敦職，下刑部獄治罪。又以刑部讞輕尚書侍郎俱革職留任，而改阿克敦爲斬監候。又以工部製册謚册寶粗陋，尚書哈達哈、趙宏恩、右侍郎三和、何國琮俱革職留任，左侍郎索柱、涂逢震俱降調。至是定制，國恤百日内剃頭者立斬。載入會典、律例，而諭各督撫等凡見在剃頭已發覺者嚴參勿縱，未發者免究，旗人則概究不少貸。繼又密詔督撫，凡官員剃頭者密上其名。時滿刑部尚書盛安，長厚君子人也，當金文醇獄上時，盛安爲左都御史，獨不肯署牘，諸大臣强之始署。及長刑部，召見日，言金文醇之剃頭沿漢人故習耳，且先請之上官而後剃，情可恕。高宗首肯之，及欲改擬斬候，同官恐獲罪，持不可，久之，或爲蜚語聞上，上召詰之，力援李斯琦例爲請。上大怒，下之獄，論斬監候，戍其子喀通阿於熱河披甲，此戊辰七月間事也。至閏七月，而南河總督周學健、湖廣總督塞楞額俱事發，時福州將軍新柱入都，道淮安，學健以巡河不見之，淮安官吏薄其餼，新柱怒，及見上，言學健以二十七日後剃頭故不敢相見。而江蘇巡撫安寧本内務府旗人，久在内廷供廝役，以后喪進奉不如旨，上怒，有旨責其僅飾浮文、全無哀敬，將嚴譴，中臣有與交關者報之，令其發學健事可自贖。安寧遂劾學健及所屬官吏俱於后喪二十七日後剃頭，惟淮徐道定長一人不剃，遂逮學健下刑部獄，命管河大學士高斌籍其署中財物，江西巡撫開泰籍其家。未幾，而塞楞額及湖北巡撫彭樹葵、湖南巡撫楊錫紱各疏自陳，及兩省文武官員均於二十七日後剃頭請治罪。詔重責塞楞額，以滿洲大臣而所爲如此，更何論於漢員？逮下刑部獄，籍其家。彭樹葵、楊錫紱以順從總督薄其罪，僅革職留任，罰修直隸城工，並免學健逮問，發直隸城工效力。金文醇先已改斬監候，至是釋之，亦發直隸修城，旋賜塞楞額自盡。周學健復以開泰籍其家得兖沂曹道，吴同仁致其弟學伋書有薦舉謝二千金之語，兩淮鹽政藴著又劾其在任贓私狼籍，仍逮下獄，賜自盡。高斌以瞻徇且給還其眷屬衣飾十八擔，嚴旨詰責，令其不必入京。兩江總督尹繼善先以不發學健剃頭革職留任，繼善疏言河員内漢軍旗人亦有違制者，請察劾，詔勿問。楊錫紱旋以先請檢舉免修城，安寧先解任入都，且查其家産，旋復用爲侍衛。此國卹百日剃頭之故事也。

七月

史可法與多爾衮書

初二日　史忠正復睿親王書，近人考定以爲桐城何亮工所作。亮工乃大學士如寵之孫，以諸生入忠正幕。而彭躬庵恥躬堂集謂樂平王綱字乾維所爲，禮親王昭槤嘯亭雜録又以爲侯朝宗作，皆傳聞異辭。朝宗亦嘗在忠正幕，躬庵爲當時人，亮工與綱它無所見，疑未必能爲此文。惟朝宗文筆頗相似，王亮生國朝文述竟題爲何亮工，非傳疑之慎也。睿忠親王原書云出李舒章手，相傳無異詞，蓋當不謬。然原書簡嚴正大，遠勝答書，蓋開國之辭直、亡國之辭枝，舒章蓼齋集中亦未有能及此作者也。

詩經

初四日　温詩經，時有所得，寫出數條。大雅板之詩曰：「攜無曰益，牖民孔易。民之多辟，無自立辟。」箋疏以下多不得其解。上云：「天之牖民，如壎如篪。如璋如圭，如取如攜。」皆喻其感應之速，而下句忽以「攜」字連之，古人文義無此例也。「攜無曰益」之「攜」，當是「上」字之誤，古文上作丄，而古於重文皆作〃，此詩承「天之牖民」，而曰「上無曰益，牖民孔易」。上者君也，君之於民，無求多也，其牖民亦孔易也，善者民化之，不善者亦民化之，今民固多辟矣，無更立辟也。辟者，邪也。毛訓爲法，亦爲未審。而於「攜無曰益」句無傳，蓋毛所見字猶作「上」，故不煩加釋；至鄭君時已誤作「攜」之重文，遂曲解之耳。至難易、變易，古無二音，吕氏讀詩記引李氏説，謂多求於民，則牖民之道變易，蓋泥於韻而不知古音，説轉支離。然其解「無曰益」，爲無多求於民，與朱子集傳兩「辟」字皆訓爲「邪」，均爲至確。若近儒段氏，謂上「辟」字本作「僻」，下字作「辟」者，非。今人俞蔭甫謂「益」即「隘」，「隘」與「阸」通，謂如取如攜，無有所阻阸也，則卮言日出矣。

桑柔之詩曰：「好是稼穡，力民代食，稼穡維寶，代食維好。」兩「稼穡」字，毛、鄭本作「家嗇」，段氏玉裁、馬氏瑞辰皆主之，是也。惟「力民代食」，諸家説皆迂回。蓋力民，猶勞民也，言王惟好嗇斂於家之人，勞民力而代之食，下云「家嗇維寶，代食維好」，皆刺王之任貪病民也。下章所謂「貪人敗類」，首章所謂「捋采其劉，瘼此下民」，語意皆同。鄭箋「好是家嗇」爲「居家吝嗇」，毛傳「力民代食」爲「無功者食天祿」，義尚未盡。王肅妄於「無功」上加一「代」字，遂不成語。近人陳碩甫主王說，謂當作稼穡者，非也。顧惟康謂韓詩外傳載晉平公藏寶之臺燒事引「稼穡維寶」二語，亦正是戒聚斂之意，本作「家嗇」，後人以今詩改之。是也。

「進退維谷」，阮文達謂「谷」乃「穀」之假借，穀善也，因上韻爲「不胥以穀」，故假谷字。此謬說也。「進退維谷」，正以朋友相譖，無可自明，前卻俱窮，並林中之鹿之不若。小雅之「跼天蹐地」，易之「不能退不能遂」，皆同此意。阮氏引爾雅「東風謂之谷風」，郭注「谷之言穀」，書「昧谷」，周禮注作「柳穀」爲比。不知谷之言穀，猶天顛也，日實也，同音相訓之例，不得用顛作天，用實作日也。昧谷、柳穀，古今文字，同音異字，非此之比。此詩作「谷」之義，傳箋甚明。小宛云「惴惴小心，如臨於谷」，漢晉六朝文字有云「若墜淵谷」、「若墜冰谷」者，不可指數。晉書賀循傳元帝嘗問其父齊被禍事，循流涕曰「臣進退維谷」，可知古無異解。阮氏又引晏子春秋對叔向言「進不失忠，退不失行」，引此詩爲證。不知晏子此事亦以齊衰晉亂，各憂其身，爲事惰君者之法，正喻其進退俱難。至引韓詩外傳，則載齊家石他、楚申鳴之死，兩引此詩，正與毛鄭同義。阮氏强傳其曲說，而云詩有此例，古人文字有此苟且者乎？今市肆書「穀」作「谷」，書「薑」作「姜」，起於趙宋之世，而謂西周人避重韻者已爲之，亦厚誣古人矣。馬元伯以阮說爲確，好新之蔽也。

「既之陰女，反予來赫」，陰猶隱也。漢書霍光傳贊「陰妻邪謀」，顏注謂「不揚其過也」。赫者，顯相恐猲也，毛訓炙，鄭讀作嚇，其義相成。赫與陰爲反對之詞，「既之陰女，反予來赫」者，謂予既爲女隱，不揚其惡，而女反顯相鑠炙，更暴其過也。此承上指朋友言，謂女等貪殘敗類，闇冥之事，自極詭祕，予豈不知？如彼飛蟲，時亦弋獲者，飛蟲亦喻小人，言女所爲雖如飛蟲，倏忽變亂，然亦時有爲人弋獲者。箋義本如是。自宋儒以飛蟲爲芮伯自喻，以弋獲爲千慮一得，甚爲不辭。馬氏瑞辰説此詩最近是，惟以「陰」爲「諳悉」也，則尚未盡箋以「陰」爲「蔭」，失之。陳氏毛詩疏專違箋義，而此獨從鄭解，其説此章最迂曲，以「赫炙」爲「侵削」，尤非。

「涼曰不可，覆背善詈」，與「既之陰女，反予來赫」，詞意相成也。蓋始爲之隱，後薄言不可，而女反背極詈之也。「雖曰匪予，既作爾歌」者，匪同非，猶詈也；既遂也，廣雅釋詁「遂，竟也」，禮記玉藻注「既，猶畢、竟也」；謂女雖非詈予，予遂爲爾作歌，不能復爲女隱也。與「予豈不知而作」語遥相貫應。「既作爾歌」，與卷阿末章結句「維以遂歌」，文法正同。鄭箋及朱子集傳皆以「雖曰匪予」爲女雖言此非我所爲，而我已爲爾作歌，「既」字皆訓已然，近於不辭。毛詩疏訓既爲終，亦非。以爾爲指厲王，此誤沿正義説。

毛詩傳箋通釋　清　馬瑞辰

初五日　馬元伯毛詩傳箋通釋云，韓奕詩「溥彼韓城，燕師所完」，釋文引王肅、孫毓並音燕，烏賢反，云北燕國。潛夫論：「周宣王時有韓侯，其國近燕」。路史云「北燕伯款亦姞姓」，則燕與蹶父爲同姓，蹶父疑即北燕之君，入爲王卿士者。慈銘案，左傳宣公三年：「鄭穆公有賤妾曰燕姞，夢天使與己蘭曰：余爲伯儵，余爾祖也。」杜注：「姞，南燕姓。伯儵，南燕祖。」若北燕爲召公之後，自是姬姓。揆王肅等意，以此燕爲北燕者，以韓地近北燕而非南燕，今順天府固安縣東南有韓侯城是也。若南燕，則今河南衛輝府延津縣地。左傳隱五年「衛人以燕師伐鄭」，注：「南燕國，今東郡燕縣。」正義引世本云「燕姞姓」。漢書地理志東郡燕縣今本「燕」上衍一「南」字。「南燕國，姞姓，黄帝後」，以地去漢之方城即今固安。遠，故以北燕當之耳。然南燕是姞，而北燕非姞，馬氏誤據路史而忘左傳，亦可謂疏矣。至梁山，傳箋皆主禹貢之梁山，鄭君更明言在馮翊夏陽，蓋皆以韓國後遷今陝西之韓城縣後爲晉所滅者，然此詩言「奄受北國，其追其貊」，是宣王時韓尚未遷，則梁山自當從水經濕水篇注「良鄉縣北有梁山，高梁水出焉」，爲韓國鎮山之確證。陳氏毛詩疏以梁爲呂梁，尤臆説無稽。

江漢詩「無曰予小子，召公是似」、「無如無念」、「爾祖之無」，無者語詞也，詩語皆如此。鄭箋及正義皆解爲「有無」字。陳氏疏引韓詩外傳以「予小子」爲宣王自稱，此呂氏讀詩記引李氏、陳氏説皆同，然皆曰「女無以我爲小子」，則更不辭。予小子，天子對祖考言之，三字合讀，不能分也。「無曰予小子，召公是似」者，言無亦曰予小子敢文武是似，女惟召公是似也。文不具者，古人省文簡質而語意已自足。

「觚、甓」考

二十五日 論語「觚不觚，觚哉觚哉」，此聖人歎當時字體之不正，與「必也正名」恉同也。觚者木簡也，其形方，古人所以書，見文選文賦注。急就章云「急就奇觚與衆異」，漢書云「操觚之士」，西京雜記云「傅介子棄觚而歎」，説文「幡，書兒，拭觚布也」。觚爲書用，古之常語。春秋兵争，詐僞萌興，書字不正，多昧名義，故夫子欲正百事之名，而歎今之觚不復成觚，即言字不復成字也。「公子陽生」爲「伯於陽」，「己亥」爲「三豕」渡河，當日簡牘滅裂可知，觚哉之歎，並言書策之不足據也，亦與及史闕文之歎相發明也。特言觚者，觚方也，方者法也。太玄注兩言「觚者，法也」，其誼蓋古名法相應，歎觚之亡，即歎法之亡也。若如漢注以禮飲受酒二升之觚言，則爵、觶、散、角之類多矣，何獨言觚？且當時禮器具存，尊壺不改，何獨有不觚之歎乎？

左傳昭公九年「又飲外嬖嬖叔」，兩「嬖」字文不成義。檀弓作「李調」。竊意下「嬖」字當作「𡰪」，説文「𡰪，治也」，引書「有能俾𡰪」，今堯典作「乂」。乂者本乂草字，古文假乂爲𡰪也。𡰪叔爲調之字，調者治也，名字相應。「外嬖𡰪叔」與「外嬖梁五」文法正同，因「𡰪」字少見，遂亦誤爲「嬖」耳。「外嬖」對「内寵」言，當是近臣贄御之流，注謂「外都大夫」，亦非。

漢書補注 清 王先謙

二十六日 閲王益吾祭酒漢書補注武五子傳一卷，采取矜慎，體例甚善，其附己見亦俱精確，尤詳於輿地。張守節史記正義所長，即在此一事。又多采沈文起漢書疏證之説。此書聞稿本在上海郁氏，余尚未見，不知祭酒何從得之，晤時當詢之也。

閏七月

養素堂文集　清　張澍

初二日　閲張介侯養素堂文集，此書共兩帙三十五卷，去年春借之繆筱珊，粗閲一過，庋閣經年，頃將還之，因復緟覽。其學極博洽而未有家法，好刺新奇，其文之病亦在此，然淵雅實不可及也。集中解經者惟六馬説一篇，據月令、公羊説、王度記、石鼓文、王會解、荀子、漢書禮樂志注、文選西京賦注、白虎通、獨斷諸書，證古制天子六馬，以申許難鄭，而駁近人姚姬傳、武虛谷等言六馬爲秦制之非，最爲詳悉，餘俱以臆見浮辭説經，多不可訓。它文則多可喜。其第三、第四兩卷皆其所撰輯諸書之序至四十二種，洵涼士之傑出矣。其文如茂學篇、釋衣篇、鄭司農弟子録、名字録，尤考古之淵藪。平襄侯姜伯約論、建文帝君臣論、遊紫氣山記、在貴州玉屏縣城西。梵淨山記、龍關樓銘、在四川屏山縣城東。羅睺山銘、在四川銅梁縣城東。弔龍丘萇文、譙國冼夫人論，亦駢文之佳者。其第三十二卷爲魯齊晉秦楚宋鄭衛陳大夫名字釋，國爲一篇；又吴越萊大夫名字釋一篇，蔡曹郳紀大夫名字釋一篇，孔門弟子名字釋一篇，其時尚未見王文簡周秦名字解詁之書，雖謹嚴不及，而亦時有獨見，可以參考也。介侯以乾隆甲寅舉陝甘鄉試，年止十四，嘉慶己未進士，由庶吉士改知縣，歷宰貴州之玉屏，四川之屏山、大足、銅梁，江西之永新、瀘谿，皆有治聲，可謂本末兼晐者矣。

初三日　閲養素堂文集，其書廣韻後謂廣韻引姓氏多舛，錢竹汀、武虚谷糾之未盡，因條舉三十七事。書玉篇後謂玉篇引經有與今本異者，足徵古人訓詁，因條舉四十五事。此二首最精確，惜其所駁姓氏，往往不載所徵引之書，於經文之異，亦未及疏通證明耳。又書玉篇後云：「法苑珠林云梁顧野王，太學之大博慈銘案，當是「太博」，六朝、唐人稱太學博士爲「太博」。也，周訪字原，出没不定，故玉篇序曰，有開春中君墓得其銘文，皆是隸字，春中是周末六國時人，隸文則非併吞之日也。今本無此序。」此亦足以廣異聞。余嘗閲法苑珠林一過，未能舉出此條，讀書粗疏，甚愧前哲。

五韻論　清　鄒漢勛

十四日　閲鄒叔績五韻論，其大恉以陽、陰、去、上、入爲五音，不出顧亭林氏之説，而以上平爲陽，下平爲陰，屬商角，上聲爲宫，去、入爲徵羽，力闢前人以上平爲宫、下平爲商、上爲徵、去爲羽、入爲角之非及守温字母之謬。

江氏四聲切韻表補正　清　汪曰楨

十六日　閲汪剛木曰楨江氏四聲切韻表補正，江氏酷信守温三十六字母之學，謂七音不得稍有出入，而尚調停古音，以祈古今相濟。剛木則謂言等韻者不必復言古音，而謂周沈之配合四聲，天造地設，不容再出私意。其中糾正江説甚多，且改其所表之等次及入聲之分配，實自爲一家之書也。

夷舶入寇記　清　魏源

十七日　再閲夷舶入寇記及庚申北略。余初以入寇記多支詞，似非默深所爲，頃觀其叙次語氣，亦與魏氏近，其上下兩論尤近出其手，蓋晚年才力稍遜，文筆漸頹唐，故不免夾雜，不及其前之雋悍耳。烏虖！使我今日幾爲左衽者，琦善之肉，真不足食。今其子如恭鏜、恭鎧、恭鈞等，尚儼然爲都統道府，而穆彰阿之子薩廉去年入翰林，奕經之孫溥嵲去年成進士，天道亦烏可論哉？

八月

漢書　漢　班固

二十三日　校漢書天文志訖，史天官書多舛誤不可理，更校隋書天文志。計漢志是正二十餘條，又采前人説三十餘條，尚多脱誤。余老矣，入海量沙，何時已哉！

尚書

三十日　書堯典之「敬授人時」，本作「民時」，衛、包所改，段懋堂氏論之詳矣，且引正義所載洪範孔傳及皋陶謨正義以證唐初本尚作「民時」。今又得一證云。隋書天文志言中宮六甲星「所以布政教而授人時」，晉書天文志作「授農時」。隋志成於高宗永徽時，晉書亦至高宗時始行，而一作「人」，一作「農」，可知當日所據尚書本尚作「民」，故史臣避諱，改之不一也。

春秋元命包

春秋元命包說「刑」字曰：「荆，刀守井也，飲水之人，入井爭水，陷於泉，刀守之，割其情也。」段氏謂其說不經。說文「荆」在井部，易說「井者，法也」，以視元命包說，如摧枯拉朽。慈銘案，緯說自有所本。晉、隋天文志皆云：「東井八星，法令所取平也。王者用法平，則井星明。鉞一星，附井之前，主伺淫奢而斬之，故不欲其明。明與井齊，則用鉞於大臣。」此即元命包說荆之意也。蓋陷入於泉，非專指水言，凡溺於名位貨利皆是也。井所以養人，無刀以守之則爭便利而不知止，遂陷於荆，此制字之本誼也。

九月

文選李注拾遺　清　王煦

十三日　光甫來，以其同邑王汾原先生煦所著文選李注拾遺二卷、文選臆言一卷稿本屬閲。汾原所著小爾雅疏、説文五翼甚爲精塙。此二書考訂亦實事求是，而援引未廣，所據亦非善本。其賸言中「枚乘七發越女侍前」一條，至不知鄭巴之即鄭旦；「干寶晉紀總論」一條，至以賈充之父逵謂即漢儒之賈景伯；可謂疏矣。後有其邑人錢世叙跋，言所撰尚有文選七箋二卷，與此二種多同，蓋其初撰本。光甫言其書已刻者尚有國語釋問，余亦未之見也。

十月

恪靖遺稿 清 左宗棠

初十日 校恪靖疏稿，自同治十年七月至十一年二月共八册，其中惟陳金積堡戰功一疏，言回逆馬化隆創立新教，三世盤結，所據爲唐靈武、宋西夏及明河套全境，極言諸軍攻取之捷。又陳軍鑲奇絀一疏，極言河南等省欠解協鑲之膜視及其轉運挹注之難。撫綏諸番僧俗一疏，言循化、洮岷、河州、西寧皆諸番連界，即古之枹罕，羌人生山谷，地産良馬，樸野善騎，土司楊元爲宋將楊業後裔，厲志殺賊，戰績甚偉，今加意撫諭，益爲我用，分命番族守槐樹諸關，斷逆回出路。此三疏爲可取也。

後漢書 南朝宋 范曄

十四日 後漢書巴郡南郡蠻傳注引代本曰：「廩君之先，故出巫誕御覽引世本作「蜑」，古無「蜑」字。

也。」又引代本曰：「廩君使人操青縷以遺鹽神，曰嬰此即相宜，云疑當作「子」。與女俱生，宜將去，御覽引世本「宜將」上有「弗」字，惠氏棟謂「去」即「弃」字。鹽神受縷而嬰之，廩君即立陽石上應青縷而射之，中鹽神，鹽神死，天乃大開也。」又傳文自「巴郡南郡蠻本有五姓」，至「廩君於是君乎（鹽）〔夷〕城」凡二百有二字，章懷注云：「此已上並見代本。」所云代本即世本，章懷避太宗諱改之也。惠氏補注言御覽引世本文大略相同，世本有傳有記，又有别録，見新唐書藝文志，此當是傳記或别録之文，蓋本載有四裔事也。自來輯世本者，自明及國朝吴氏、雷氏、孫氏，皆不之及。嘉慶中江都秦氏嘉謨據洪氏詒孫輯本，更延顧千里氏補訂考正，較舊增十之六七，裒然成帙，而此尚見遺，蓋不知代本之即世本也。記之以見讀書之難。

寶祐四年登科録

閲宋理宗寶祐四年丙辰登科録，共五甲六百一人，末缺二十四人，後附一甲第一人廷對策，其格式皆與今登科録同。惟每人下有字有小名、小字且有號，有行第，有具慶下、亦作「雙侍下」、「雙愛下」。嚴侍下、慈侍下、偏侍下、蓋生母也。永感下。有生之月日時，有外氏某，有治某經或治賦幾舉，有兄弟幾人，有娶某氏，三代有官者皆書，本貫下有某鄉某里某爲户，皆較今爲詳，而亦有缺不具者，蓋今以有齒録及各人行卷履歷詳之也。

是科一甲第一名文天祥，第九名王應鳳，厚齋之弟，其下注兄應麟從事郎，而宋史言應麟是科爲覆考官，亦僅有事也。二甲第一名謝枋得，第二十七名陸秀夫，四甲第一百五名黃震，年四十四。五甲一百二十一名胡三省，其餘鮮表見者，而趙氏宗子至七十五人，皆貫玉牒所或宗正寺。又有趙與种、趙若琲、趙若琟、趙孟櫄、趙若琹、趙崇回、四甲二百一名，有趙崇回，字國老，第千六，曾祖不懦，祖善得，父汝訓，本貫玉牒所。此在四甲二百五名，字希道，小字回老，第四十，曾祖不枯，祖善睢，父汝隋，本貫慶元府，僅隔三名，而姓名同，恐有誤字。趙崇湁、趙若玤等八人，不言貫宗牒，而詳其名字及三代行次，實皆宗子也。當日偏安一隅，而進士之多如此。此外尚有特奏名及上舍釋褐者復數百人，皆一例稱登科，以今視之，轉難數倍。蓋科舉之冗濫，關防之瑣碎，皆始於宋，而南渡以後尤甚也。

此録以文、謝、陸三公傳，而黃、胡二公博洽爲南宋冠，名皆在四、五甲。文山年僅二十，東發年倍過之，名第後先，概不足據。且宋世登科録傳者惟此及紹興戊辰，此以第一人傳，彼以五甲中有朱子而傳，人豈系乎科名哉？第四甲二百三十八名有王剛中，台州寧海人；第五甲三十四名又有王剛中，字子濳，吉州泰和人。此於孝宗初樞密王恭簡公剛中外，又有同姓名者二人，亦自來輯同姓名録者所未及也。

儀禮管見 清 褚寅亮

十五日 閱褚搢升氏寅亮儀禮管見，分上、中、下三卷，而上卷又分爲六，中卷又分爲五，下卷又分爲六，仍如十七卷之數，故諸家序或稱爲三卷，或稱爲十七卷也。其書專明鄭注，務申古誼，於敖繼公集説之故與鄭違而實背經訓者一一訂正，先摘録敖之妄改經文者四十二事，又冠以笙詩有聲無詞辨、拜下解、旅酬考、宫室廣修考四篇，前有自序及王西莊序。褚氏於士禮肉貫髮梳，精心體會，可謂專門名家之學，驟讀之不能得其要領。其中亦間有舍鄭從敖者，尤非黨護者比。然如謂大夫士有西房，大夫士無主，庶人妻衣用錦，外加禪縠，其名曰褧，爲文之太著，士妻緇衣纁袡，不爲文著，故外加者爲景，轉取鮮明；笙詩有詞，金奏九夏亦有辭，而九夏夫子删之。數説皆鄙意所未安也。九夏之亡，自以鄭君周禮鍾師注謂「此歌之大者載在樂章，樂崩，亦從而亡」，其説最確。褚氏謂夫子當以無所關繫而删之，則臆説無稽。豈有樂之大歌，頌之族類，爲祭祀宴饗鐘鼓之所奏而其詞轉無關繫者？至謂六笙之詩皆有詞，故夫子録之三百篇，至秦以後始亡者，非本無詞者，是也。

東塾讀書記　清　陳澧

二十六日　夜閲東塾讀書記，分孝經、論語、孟子、易、書、詩、周禮、儀禮、春秋、小學、諸子、三國志、朱子書各爲一卷。經無禮記，史止三國，蓋未成之書。其學折衷漢宋，實事求是，而獨不取荀子，蓋未知蘭陵之學者也。又其意實不滿宋學，而故爲門面之語，亦可不必。朱子書後又有論西漢數葉，編次頗無序。

讀書雜識　清　勞格

二十七日　閲勞季言讀書雜識，共十二卷。季言名格，仁和諸生，入貲爲訓導，以同治甲子歲卒，年四十五，無子。此書其兄青主檢及其友歸安丁寶書所編刻者也。季言之父笙士，爲臧在東氏弟子，嘗校刻歸安嚴修能元照爾雅匡名一書，著有唐折衝府考，未成，季言續完之。其學尤熟於唐代典故，所手校者有元和姓纂、大唐郊祀録、北堂書鈔、文苑英華諸書，又鈔得大唐類要，爲曝書亭舊物。此書自卷一至卷六，皆雜校群籍，爲之補正，一書或不過一二條。卷七亦雜綴，而附以唐杭州刺史考。卷八爲讀全唐文札記。卷九、卷十爲宋人世系考。卷十一、十二亦雜考群書，頗乏倫次，蓋編纂之失。其學氾博無涯涘，强識過人，勤於搜采，不愧行祕書矣。又唐御史臺精舍題名考三卷，仁和趙星甫名鉞，嘉慶辛未庶吉士，官泰州知州。所創，季言足成之者。此外尚有唐郎官石柱題名考二十四卷，亦趙氏創稿而季言成之，已刊行，當與唐折衝府考並購之。

十一月

東塾讀書記　清　陳澧

朔　閲東塾讀書記中春秋、諸子兩卷。其言皆極平實，惟謂左傳多後人增入語，取姚姬傳、吴起輩附益之説，謂荀子所謂學者止欲求勝前人，其非十二子中尤專攻子思、孟子，蓋其失甚矣。又謂荀子詆子游氏之言甚於子張、子夏氏，或以子思、孟子之學出於子游；則誣説遊辭，不足與辨也。又閲小學一卷，雖簡而不枝。論三國一卷、西漢一卷，皆寥略，其標題止曰「三國」，曰「西漢」，殊非是。又閲朱子一卷。

爾雅經注 清 龍啟瑞輯

初五日 閲龍氏所刻爾雅經注附音釋一卷、集證三卷，皆翰臣所輯。集證引用者，自經典釋文至宋翔鳳過庭録共二十一種，皆習見之書，務在簡明，不取博辯也。間下己意，亦甚謹嚴。又采同時山東人潘澤農克溥説數條，頗有新意，而根據殊確。龍氏此書成於道光戊申任湖北學政時，自言就正於潘，潘時爲興國州知州，不言其爲山左何郡縣人，亦不知其所著更有何書也。

論語義疏 南朝梁 皇侃

初六日 朱蓉生來，偶與論論語皇侃義疏。蓉生甚疑其僞，謂文辭多近鄙俗，甚類日本人文法，間有似六朝者。殆彼國有佚存六朝人著述，因參雜爲之。余謂其書與釋文所引不合者，孫頤谷已舉其「子行三軍則誰與音餘」、「子温而厲子上有君字」兩條，然釋文引皇本共五條，其三條皆合，「曾是以爲孝乎」，皇云：「曾，嘗也。」「子疾，子路請禱」，皇本作「子疾病」。「德行」以下，皇别爲一章。「又患不知也」，俗本作「患己不知人也」，今皇本正同俗本。則似非全僞也。

論語平議 清 俞樾

初七日 閲俞蔭甫論語平義。俞氏熟於音詁，善於比例，故説經多解頤。惟論語之文平實簡嚴，誤文既少，舊解亦多確實，俞氏喜出新意，往往轉失支離。二卷中惟言「由誨女知之乎」之「知」當讀「志」，有荀子子道篇及韓詩外傳可據。「喪與其易也寧戚」，「戚」當讀「蹙」，有南史顧憲之傳可據。雍也篇「今也則亡未聞好學者也」，「亡」字涉先進篇而衍，有釋文引或本可據。餘尠可述。至解「君子懷德」四句，以君子小人爲在上在下之稱；「懷」字訓「歸」，言君子歸於德，則小人懷其鄉土，若歸於刑，則小人歸它國之有惠者。則皇疏引李充已有此説，且亦引老子「鄰國相望不相往來」之文，然謂君子歸於德、歸於刑，終屬不辭也。

昌陽石文

初九日 爲孫鏡江跋中殿第廿八等四石拓本一通，永寧紅崖刻字釋文一通。爲臨桂同年王右遐舍人跋昌陽石拓本一通，即作書致鏡江，並前詒十三行帖還之。

跋昌陽石文

右八分書，曰「昌陽㽄㽄陽宮」六字，徑約慮虒尺八寸。山左碑貢云新出自登州城外土中者。昌陽，兩漢志皆屬東萊郡，縣以昌水得名，地在今登州府城外昌山南。㽄字，觀者皆讀爲「嚴」，而細審右旁實無字畫，疑是「𠂤」古文㽄之變體，然無所據也。班志東萊郡下載祠祀最多，史記封禪書所稱八神，其陰主、陽主、月主、日主四神祠皆在所屬縣。又有松林萊君祠、百枝萊王祠等名。史之「陽主」即班志所謂「日祠」也。昌陽雖不言有祠，而新莽改縣曰夙敬亭，夙者早也。蓋其地或亦有日祠，故有陽宫之稱，史偶遺也。然則曮曮或爲崇嚴之意，或即巖巖之省文耳。臨桂同年王舍人鵬運以此屬題，聊以意説之。

同時同姓名之人

初十日　同姓名之有書在辨别時地，不致溷淆，故必其時代略同、名位不遠，如漢之兩陳咸、宋之三李定，易相亂者，方著於録。近人取各史附傳及世系表中凡士庶雜流，皆兼載之。識者謂户口册中名氏同者，不知其幾，斗筲何算。言誠是也，然亦有不可概論者。即以今日言之，同鄉有兩王鵬運，一廣西籍，官内閣中書，一順天籍，官刑部主事，皆舉人，皆祖籍會稽，同時爲京官。前日邸鈔有教習王開運遞封奏，初以爲湖南王壬秋也，今日知爲江西人，亦皆舉人也。九月間見邸鈔，楊昌濬奏已革道員王夢熊被控避匿事，次日邸鈔又有已革員外郎王夢熊敏闍。四月間有陳慶桂來投刺，以爲是鄉人曾任廣西右江道者，大興籍舉人。後知是庚辰同年，廣東人。此則載之不勝載，亦辨之不勝辨也。

魏書　北齊　魏收

十二日　校魏書刁雍、王慧龍等傳一卷，兼校北史、宋書、晉書。慧龍之爲太原王愉孫，蓋無可疑。觀其生一男一女，遂絶房室，布衣蔬食，不參吉事，且作祭伍子胥文以寄意，及臨殁乞葬河内之言，此豈假託貴門一時苟且者？乃魏收系之曰，自云太原晉陽人，既爲其元孫松年所訴，復激怒時主，鞭配松年。今傳中有云魯宗之子軌歸國，云慧龍是王愉家豎僧彬所通生，蓋又松年被罪後誣加之詞。其前既云慧龍與僧彬北詣襄陽，魯宗之資給慧龍，送之渡江，假使非真，何以資送？其後又云慧龍卒後，吏人將士於墓所起佛寺，圖慧龍及僧彬象讚之，前後矛盾，不符已甚，其爲醜詆無稽可知。夫以慧龍志節如斯，而任情污衊，收之穢史，誠可惡也。北史盡削此等語，可稱卓識。至晉書王愉傳後但云「子孫十餘人，皆伏法」，不載姓名。其後有愉子綏傳，云拜荆州刺史，坐父愉事，與弟納並被誅，而慧龍父散騎侍郎緝之名不見。又愉傳言愉之誅以潛結司州刺史温詳謀作亂，而宋書武帝紀言綏以高祖起自布衣，甚相淩忽，又以桓氏甥，有自疑之志，遂被誅。又王諶謂其兄謐亦曰王駒無罪而誅，此是翦除勝己，以絶人望。駒，愉小字也。是潛結謀亂之言，亦劉裕所誣，非其實事，此皆晉書之疏也。安帝紀亦止言劉裕誅王愉、王綏等，不云愉等謀亂。

十三日　校魏書敦煌宣公李寶家傳一卷，兼校北史。魏世隴西李氏人才實勝趙郡，而魏伯起作史時，趙郡之希宗爲齊文宣后父，故於趙郡多爲佳傳。其論有曰：「宗族扶疏，人位盛顯，李雖舊族，其世唯新。」讚美之如此。隴西以爲魏孝莊帝外戚，彧與義，邕又豫誅爾朱榮之謀，高氏藉榮而起，魏書於榮多恕辭，伯起揣摩時旨，又素爲神儁所輕，故於隴西諸傳多致不滿。

其傳末云：「李氏自初入魏，人位兼舉，因冲寵遇，遂爲當世盛門，而仁義吉凶，情禮淺薄，期功之服，殆無慘容，相視窘乏，不加拯濟，識者以此貶之。」而於承傳言其以爵讓弟茂，於産之傳言其「撫訓諸弟，愛友篤至」，皆互相矛盾，此其信口抑揚，所以爲穢史也。

冲之名德宗臣，而譏其見寵文明太后；或之忠勇奮發，而詆爲輕薄無行，見外戚傳。故通鑑皆不取之。神儁學行風流，當官守正，人倫歸重，魏世一人，而譏其典選無稱，不持檢度，褻狎少年，求婚相闞，其卒也，但載贈官而不舉其謚，神儁官至侍中、驃騎大將軍、儀同三司、開國公，贈都督三州軍事、左僕射、司徒公，必非無謚者。皆有意貶之。

十九日　校魏書房伯玉、崇吉、士達、景伯、景先、景遠傳及羅結、伊馛、苟頹、薛虎子等傳一卷。房景先五經疑問十四篇雖頗淺近，亦有意理。薛虎子徐州所上屯田減賦二疏，甚切邊計，北史概芟之，非也。

二十一日　校魏書韋閬、韋珍、蘇湛、杜銓、裴駿、裴修、裴宣、辛紹先、辛祥、辛少雍、辛穆、辛子馥、柳崇等傳一卷，竇瑾、許彦、李訢傳一卷，盧玄、盧度世、盧淵、盧義僖家傳一卷，兼校北史。

讀盧氏家傳云：「房崇吉母傅氏，度世繼外祖母兄之子婦也；兖州刺史申纂妻賈氏，崇吉之姑女也；皆亡破軍途，老病憔悴，而度世推計中表，致其恭北史作「供」，竊意恭恤乃敬恤之謂。恤，每覲見傅氏，跪問起居，隨時奉送衣被食物，亦存賑當作「振」，此據北史，魏書誤作「販」。賈氏，供其服膳。青州既陷，諸崔墜落，多所收贖。及淵、昶等並循父風，遠親疏屬，叙爲尊行長者，莫不畢拜致敬。閨門之禮，爲世所推。謙退簡約，不與世競。父母亡後，同居共財，自祖至孫，家内百口。在洛時有饑年，無以自贍，然尊卑怡穆，豐儉同之。親從昆弟，常旦省謁諸父，出坐别室，至暮乃入。朝府之外，不妄交遊。其相勖以禮如此。淵兄弟亡，及道將卒後，家風衰損，子孫多非法，帷薄混穢，爲論者所鄙。」往復其言，爲之三歎。國無常治，家無恒理，君子之澤，五世而斬。象賢之堂構，紹之甚難；不肖之箕裘，墜之甚易。如漢之萬石，梁之馬蕃，唐之花樹，皆不數傳而隕。房杜辛勤作門户，一世而敗；柳氏家法，乃育賊璨。是以達人哲士，懔懔畢生，整暗室之衣冠，戒惰容於妻子，片言無苟，小節必矜，凡以覲法子孫，導迎善氣，觀盧氏之所爲，尊行者疏親必拜，遭亂者敬禮無愆，長者家風，誠可尚也，以之式俗，百世當原。而伯起必備著不才，發揚中冓，可謂聞善若驚、聞惡若崩者矣。小人不樂成人之美，所以爲穢史也。今日所校尚有可觀感者數事，並列於後。

「寇治兄弟並孝友敦睦，白首同居。父亡雖久，而猶於平生所處堂宇備設帷帳几杖，以時節開堂列拜，垂淚陳薦，若宗廟然。吉凶之事，必先啓告，遠出行反，亦如之。」寇讚傳。案，此即禮下室之遺制也。時南朝臧榮緒著適寢論，亦同此意，實良法也。竊謂凡士夫家室宇稍寬者，皆宜仿而行之。陳設常御衣物及平生所愛，更代則易。

「房景伯性淳和，涉獵經史，諸弟宗之如事嚴親。及弟妓誤，此當是弟之名，北史亦誤。亡，蔬食，終喪期不内御，憂毁之容有如居重。其次弟景先亡，其幼弟景遠期年哭臨，亦不内寢。鄉里爲之語曰：有義有禮，房家兄弟。」「及母亡，景伯居喪，不食鹽菜，因此遂爲水病，積年不愈。」「景先沈敏方正，事兄恭謹，出告反面，晨昏參省，側立移時，兄亦危坐，相敬如對賓客。兄曾寢疾，景先侍湯藥，衣冠不解，形容毁瘁，親友見者莫不哀之。」房法壽傳。

「裴修愛育孤姪，同於己子。及將異居，奴婢田宅，悉推與之。」裴駿傳。

「裴安祖少而聰慧，年八九歲就師，講詩至鹿鳴篇，語諸兄云：『鹿雖禽獸，得食相呼，而況人也？』自此之後，未曾獨食。」同上。

「辛紹先丁父憂，三年口不甘味，頭不櫛沐，髮遂落盡。故常著垂裙皁帽。」「孫少雍少聰穎，尤爲祖父紹先所愛，紹先性嗜羊肝，常呼少雍共食。及紹先卒，少雍終身不食羊肝。」「少雍妻王氏有德義，與其從子懷仁兄弟同居，懷仁等事之甚謹。閨門禮讓，人無比焉。士大夫以此稱美。」辛紹先傳。

右五事皆人倫之極則也，士夫家當書此類作屛風，非特教家子弟，亦可令内外姻黨觀之。

二十四日　校魏書高允傳一卷，李靈、崔鑒兩家傳一卷。高傳汲本誤字最多，宋本頗足諟正。高允徵士頌有云「祖根運會，克光厥猷。仰緣朝恩，俯因德友。功雖後建，禄實先受。班同舊臣，位並群后」。以猷讀上聲，與友、受、后爲韻。

二十五日　校魏書尉元、慕容白曜傳一卷。白曜功高寃死，本傳載其被誅事甚略，幸有太和中成淹追理一表，稍著其坐獄之由，詞氣抑揚，文采甚壯，魏代之佳疏也。北史芟之，非是。又校韓茂、皮豹子、皮喜傳。

二十六日　校魏書封敕文、吕羅漢、孔伯恭傳，又趙逸、胡方回、胡叟、宋繇、張湛傳。讀胡叟傳，覺箕潁風流，去人不遠，然其人宜入之隱逸，魏書作逸士。雖賜散勳散爵，未嘗一日仕魏。收以其與趙逸等俱自它國來，遂以同傳，然叟未嘗受姚氏及沮渠氏官也。密雲叢邑，有此寓公，黍谷鮑丘，跂懷芳躅。

二十七日　校魏書宗欽、段承根、闞駰、劉昞、趙柔、索敞、陰仲達等傳。宗欽贈高允詩云「味老思冲，翫易體復」，以「復卦」之「復」讀去聲，與茂、秀、宙爲韻。段承根贈李寶詩云「衢交問鼎，路盈訪壐」，壐即璽字，璽本從土作壐，說文入土部，此詩讀作獮，與緬、踐、揃爲韻，皆可以徵古音。劉昞傳北史稱其字延明，避唐世祖諱。云「李暠好尚文典，書史穿落者親自補治」；又云沮渠蒙遜令昞「專管注記，築陸沈館於西苑，躬往禮焉」。趙逸傳云「神䴥三年三月上巳，世祖幸白虎殿，命百寮賦詩，逸製詩序」。胡方回傳云「爲赫連屈丐即夏世祖勃勃。統萬城銘、虵祠碑諸文，頗行於世」。皆可想見霸朝文事斐然之美，立國一隅，必有與也。趙柔傳云「隴西王源賀采佛經幽旨，作祇洹精舍圖偈六卷，柔爲之注解」，亦足見秃髮家風，文采照人。暠補治書史事，蒙遜築陸沈館事，晉書載記及十六國春秋皆失采。方回爲統萬城銘事，載記以爲其父義周所作。魏太武上巳賦詩，又晉書涼武昭王李玄盛傳亦載「玄盛居酒泉，上巳日讌於曲水，命群寮賦詩而親爲之序」，此兩事月令輯要俱未及收。

同姓名譜　清　陳棻

二十八日　偶閲吾鄉陳士莊先生棻同姓名譜李姓兩册，採取極多，而舛謬不可勝言。即以北魏一朝論，隴西之李冲、李茂，范陽之李訢，頓丘之李嶷、李獎、李構，皆誤分爲兩人。而李崇不知北魏有二，一字繼長，頓丘人，有傳。一范陽人，即訢之父，見訢傳。李肅不知東漢有二，一桓帝時南郡太守，見桓帝紀及南蠻傳；一獻帝時騎都尉，見董卓傳，止載後一人。李暠不知有東漢兩人。一魏郡人，爲大司農，見蘇不韋傳；一下邳人，爲汝南太守，見單超傳，皆桓帝時人。李恂不知有東漢之武威太守。安定人，范書有傳。李充不知有北魏之中散大夫。字德廣，隴西人，見北史叙傳。李平不知有南唐誅死之衛尉卿。本姓楊，名訥，馬、陸兩唐書皆有傳，馬紀傳及陸傳俱作衛尉卿，知司農寺事，惟陸紀作户部侍郎。甚至不知唐初有涼王李軌，而以爲司竹園盗，不知唐芙蓉人鏡下及第之李固言，而以爲李固同名。至於明永樂、洪、宣間有順天順義人李慶字德孚，由監生歷官左都御史、工部兵部尚書、加太子少保，征交阯戰没，而誤分爲兩人，云一兵尚，一刑尚。成化間有順天香河人李太，此與先大夫同姓名，謹依後漢書書郭太、鄭太例。字文通，正統十三年進士，歷官翰林院侍講學士、少詹事、詹事，卒贈禮部左侍郎，而亦誤分兩人，云一詹事，一翰學。此類蓋不可數。然如晉有兩李矩，一山陽人，有傳；一江夏人，充之父，見充傳。北魏有兩李構，一趙郡人，華之子，見李靈傳；一頓丘人，獎之子，見李平傳。北齊書有傳，稱名士。有兩李熙，一趙郡人，封元氏子；一唐高祖之高祖，後追尊爲獻祖宣皇帝。皆已枚舉無遺，其搜羅亦云勤矣。

南齊書　南朝梁　蕭子顯

二十九日　讀南齊書高逸、孝義傳。余最喜讀南、北朝時兩流之傳，以其際暴君接踵，亂臣代出，天地睢剌，非此則人道幾乎熄也。然諸史隱逸傳中亦鮮全節，蕭齊世促，完美尤難。而褚伯玉、臧榮緒、劉虯、庾易、宗測諸人，絶意人寰，皭然雲表。臧劉兩子，實兼孝義。榮緒母喪之後，著適寢論，埽灑堂宇，置筵設席，朔望拜薦甘珍。靈預母亡之後，逢外祖忌日，生徒輟講，閉門垂泣。此事不載虯傳中，見梁書孝義韓懷明傳。此二事可以補禮經之未及，垂永感之恒規。正不獨庚子陳經，著尊聖之盛典；雲香導磬，想精梵之高蹤耳。

漢書補注　清　王先謙

三十日　閱王益吾祭酒漢書補注司馬遷傳一卷，采輯極詳，已附著鄙説三條，今日又附識七條。

司馬遷傳「談爲太史公」。案，太史公自是當時官府通稱，固非官名，亦非尊加，如後世之稱史氏，亦未嘗有此官名也。東漢稱尚書曰大尚書，隸釋祝睦碑曰「拜大尚書」，隸續劉寬碑陰有「大尚書河南張祇」。尚書郎曰郎官，亦皆非官名所有。魏晉稱中書令曰令君，唐稱御史曰端公，皆不必爲尊官也。

「陰陽之術大詳而衆忌諱。」案，「詳」，史記作「祥」，詳之通假字也。易「視履考祥」，釋文「本或作詳」；孟子「申詳」，檀弓亦作「祥」，説文繫傳「祥之言詳也」。

「名家使人儉而善失真。」梁曜北史記志疑以「儉」字爲未的，引評林董份説爲「檢」字之誤。案，董梁説是也。名家出於禮，不得云使人儉，且與上「墨者儉」義相犯。蓋檢即斂也，孟子「狗彘食人食而不知檢」，趙注：「檢，斂也。」班書食貨志作「不知斂」。名家以繩墨檢察人，使各約束於禮而不得肆，故曰「使人檢而善失真」。

「有法無法，因時爲業；有度無度，因物興舍。」王懷祖氏謂「興」當從史記作「與」，與上「爲」字相對，是也。至「舍」字，史記作「合」，是「舍」之形誤。此文「法」、「業」爲韻，「度」、「舍」爲韻，舍古音如舒，故余、悆字皆從舍省聲。詩何人斯以「舍」與「車」、「盱」韻，易乾文言以「舍」與「下」韻，下古音如户也。「聖人不巧，時變爲守」，巧古音如朽，與「守」爲韻。

十二月

東塾讀書記 清 陳澧

朔 近人番禺陳蘭浦澧東塾讀書記云：「莊四年『紀侯大去其國』，公羊以爲賢齊襄公復九世之讎，此蓋有激而言，未可爲公羊病也。下文『公及齊人狩於郜』，公羊以爲譏與讎狩，讎者無時，焉可與通，可見公羊深惡魯莊公不復讎，遂以爲賢齊襄公復讎，故云襄公事祖禰之心盡矣，九世安得云禰？明譏魯莊公忘其禰也。」慈銘案，此真善讀公羊者，然猶未盡也。莊九年「公及齊師戰於乾時，我師敗績」。公羊云：「内不言敗，此其言敗，何？伐敗也。曷爲伐敗？復讎也。」何注：復讎以死敗爲榮，故録之。「此復讎乎大國，曷爲使微者？公也。公則曷爲不言公？不與公復讎也。曷爲不與公復讎？復讎者在下也。」何注：時實（今本此下衍「不能」二字）爲納子糾伐齊，諸大夫以爲不如以復讎伐之，於是以復讎伐之，非誠心至意，故不與也。則公羊於此事不啻反覆言之深切著明矣。夫敗而猶爲榮，何況能復？以名復者猶足録，何況以實伐者誇大也。亦解詁文。其復既非以實，又以致敗，而猶誇大之，其責臣子之復讎，言至痛而意至切矣。邵公解「在下」爲「臣下」之「下」，是也，以莊公一生絶無讎齊之心也。近儒孔巽軒氏解「在下」爲「在後」，以爲不於襄公而於桓公之世，非也。復讎論世，則與大九世復讎之説相矛盾矣，與「百世可也」之語益相戾矣。陳氏此説，非特善説公羊，亦甚有功名教，故爲申釋之。扶經植義，後之君子，或有取焉。

邵青門集　清　邵長蘅

初六日　作書致殷蓴庭借邵青門集，止篋稿、旅稿，即還之。青門文以李忠肅邦華、盧忠烈公象昇兩傳爲最佳。李傳在旅稿，盧傳在賸稿也。青門旅稿序云：「己未客都門，寓保安寺街，與阮亭先生衡宇相對，愚山先生相距數十武，案，愚山寓宣城會館，在鐵門，雖與保安寺街近，然南北相距亦半里許，此云數十武，蓋愚山亦嘗寓此街。陸冰修僅隔一墻，偶一相思，率爾造訪，其年寓稍遠，隔日輒相見，常月夜偕諸君扣阮亭門，坐梧樹下，茗椀清談達曙。」案，己未爲康熙十八年，時漁洋官户部郎中，愚山以前任江西參議道與其年皆來試鴻博，當日風流戠集，茶煙相望，令人艷想。余居此街七年，連衡對宇者皆貲郎閑子，市井下流，梧樹清陰亦不知所在。每至日暮，晚霞在天，樹色四接，徘回閒步，輒留連門巷，放悲清芬琴烏之音，猶若去人未遠也。

管子　春秋　管仲

向寶森堂取嘉定瞿氏新刻宋本管子閲之，本黄蕘圃所藏，於嘉慶甲子購之都門者，每半葉十二行，行廿四字，前有大宋甲申楊忱序，後有紹興己未張嵲記，以己未推之，甲申蓋孝宗隆興二年也。橅刻頗工，末附瞿氏書目一首，考證異於趙文毅本者凡一百六十五條。

趙進美詠畫竹詩

初七日　益都趙韞退按察進美詠畫竹云：「記得君山古廟前，沙鷗如雪水如天。數叢惟在蒼崖下，風雨纔晴便有煙。」李武曾良年評云：「佳處不可言傳。」蓋以寄意蕭寥，取神遺跡耳，然詩中無事在也。余前夕夢歸越中，負郭有山，蒼翠矗起，屋隨山爲高下，其外大湖，煙水萬頃，遠見青山如髮。醒而記之，得一絶云：「繞郭湖光萬頃煙，樓臺都似鏡中懸。分明一髮青山外，著我孤舟暮雨邊。」惝怳迷離，而其境如繪，似較清止詩有實際。後人必有能辨之者。

金石綜例　清　馮登府

初十日　偶閲馮登府金石綜例四卷。自黄梨洲氏金石要例出後，文之義法已括其凡，爲碑版者謹守不渝，即爲定則。朱竹垞氏欲緝隸釋、隸續所載爲例，以補潘、王、黄三家之缺，意在存古，實爲好奇，可以取廣見聞，不必定爲義法。於是馮氏及梁曜北、郭頻伽等皆掇拾瑣碎，分綴奇零，例愈廣而愈繁，采愈多而愈惑。蓋漢代碑碣不重文章，魏齊石刻多出村野，名字月日信手而書，年號官稱亦間致錯。至於子姓所叙詳略失宜，得氏溯張柳之星，方外有公羮之號，其爲鄙繆，不可勝言。馮氏等皆非能文之人，又不甚通史學。如此書有書前官名一條云：「楊著曾拜思善侯相，而碑額及楊震碑止書高陽令，聞拜後即以兄憂去官，故仍書前官。韓仁遷槐里令，而銘額書聞憙長，古金石例也。」案，漢縣有大小令長之别，以長遷令爲美擢，凡侯國多小縣，侯國相即小縣長也。楊著先已爲定潁侯相，擢拜議郎，始還高陽令，以母疾去官，服終後，復辟公府，舉治劇，爲思善侯相。定潁、思善皆小縣，著又未至思善，故仍稱高陽令，以秩尊且實任也。韓仁遷槐里令，未聞命已卒於聞憙長，其碑乃司隸校尉嘉其聞憙治縣之續，移河南尹，爲之立碑，自應稱聞熹長，皆文字一定之例。馮氏未聞官制。其它如以西魏文帝大統之號爲魏孝文帝太和之號，以金章宗泰和之號爲宋，其史學可知矣。

詩經四家異文考　清　陳喬樅

夜閱陳樸園喬樅詩經四家異文考，依經次彙拾諸書所引異文，不分别何家，間附考證，蓋其述魯齊韓詩遺説之緒餘也。其魯詩遺説考六卷、齊詩遺説考四卷、韓詩遺説考五卷，不知已刻否，惜不得讀之。

京師酒令

十一日　都中酒令，有於口字外加二筆各成一字者凡三十字，又篆文八字，其事最雅，且有益於小學，爲記出之。司、台、叺、見龍龕手鏡，即「呻」字。又漢隸「以」字亦如此。叨、召、卟、占、兄、号、説文嘑号本字，今作啼號。加、另、見玉篇，音髀另，别也。叮、古、叶、只、可、叵、右、叴、古信字。同、石、二字皆非從口，借用之。叩、邔、本從邑，見説文邑部，云京兆藍田鄉。玉篇作邔，廣韻在上聲四十五厚，隸變邑旁成阝。句、叫、叱、見類篇，從匕，即古「化」字，音化，開口貌也。亦見集韻去聲四十禡。叱、音昌栗切，亦作尺栗反，呵也。此正音正義。又音七，聲也，見莊子釋文。今俗書作叱，與叱混。台、叭、見玉篇，普八切，聲也。類篇同。㕣。又篆文八字、、、、、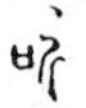、笑貌，今以「听」爲俗「聽」字。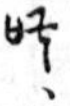、即「叱吒」之「吒」，亦作「咤」。。字有重恠貤繆至不可詰者，如「另」字本冎之隸也，冎爲剐人肉置其骨，音古瓦切。咼字從冎爲音，咼在口部，音苦媧切，口戾不正也，即今俗「歪」字。玉篇以咼爲即冎字，其謬一也。别字從冎，本作𠝢，隸作别，其後轉寫作「别」，從口下力。玉篇口部遂有「另」字，云「音髀另，别也」，其謬二也。髀，説文作𩩓，在冎部，云别也，讀若罷，孫愐音府移切，玉篇音補解切，龍龕手鏡遂入卑部，出𩩓、髀二字，云𩩓俗髀正，不知咼即冎之訛，另即冎之變，而强分正俗，其謬三也。髀以卑爲聲，智光不知偏旁聲義之别，其書出入淆亂，不勝枚舉，固不足怪。另即冎字，本無從力之「另」字。玉篇是宋人增益者謬收，其云「音髀另」，蓋當時俗間有此語。然另字究不知何音，韻書皆不收，而今人讀若零去聲，不知何本，其謬四也。龍龕手鏡一書所收蕪濫訛繆，多不可訓，而口部獨以爲另即咼字，咼即冎字，可知宋

以前尚無「另」字訓别之説也。其骿下亦衹云「音彼，相分解也」，並無「骿另」之語。

孔子擊磬畫象

十三日　孫鏡江來，以武梁祠近出孔子擊磬及程嬰杵臼兩畫象拓本見贈。夫子擊磬象所畫六人，其二有榜，一曰孔子，一曰荷蕢，而有二人跽伏夫子前，其左方題詞則云：「何匧見説文匚部，云田器，蓋「莜」之古文。杖丈字通。人養性守真，子路從後問見夫子，答以二字上半俱模糊。勤體，煞漢隸「殺」或作「煞」，白虎通亦如此。雞爲黍，子路拱立無辭□語。此字左缺。」乃與畫不相值，不可解也。其「荷蕢」作「何饋」，「何」本字，「饋」借字。

晉書　唐　房玄齡

十九日　夜閲晉書。勞季言謂周處傳中「弱冠爲鄉里所患」及入吴尋二陸事，采自世説，以處傳及陸機傳考之，處長於機二十五歲，知小説妄傳，非事實也。此真善讀書者，因此並可證世傳陸機所撰周處碑亦僞作。

舊拓比干銅槃銘、武梁祠嗾獒圖、釋慧影造像

二十三日　爲孫鏡江題金石舊拓本三事。

跋舊拓比干銅槃銘

此拓紙墨甚舊，字畫渾厚，頗與各家所憮詰曲細折者不同。叔苐得之苕中，書賈以爲宋拓也。此銘真僞，聚訟紛紜，然不特比干無據，篆法茂密姿致，亦必非三代物。銘凡四句十六字，其首四字，舊釋作「左林右泉」，或作「右林左泉」。今按第三字作，古人右作，左作，此從作偏旁，則爲「左」字無疑。下已有工形，是借左助字爲之，亦非三代文字之一證。其首二字及第二句釋作「前岡後道」四字，惟「道」字略具形，餘不敢質矣。後二句釋作「萬世之齡，於焉是寍」，字畫皆尚可辨。古無「齡」字，或假「軨」假「令」爲之。此文作，左似上作止，下象古文形，右明作「令」，可知秦漢間已有「齡」字。禮記「與我九齡」，不必穿鑿曲説，然即此更可證非比干時字矣。舊釋作「靈」，謂靈、齡通借，亦是一説。或釋作「寧」作「藏」，蓋不識字。「於」字古文象鳥形，亦可放悲。或釋作「兹」，亦謬也。然玩此二語，豈殷周人語邪？要之此銘自是秦漢人所爲，此本蓋宋政和間鳳翔新出土時所拓，不特非明萬曆間重刻本，亦非元延祐間臨憮本，是亦可寶也。

跋舊拓武梁祠喉獒圖

此象在王陵見漢使下方，義士范贖左方，右畫殿屋，下一人榜題靈公，後立一人似侍臣，柱下一犬，上有榜字，已磨滅。殿外一人作跛犬狀，上有榜，亦曼患，蓋題「彌明」二字也。左人祇存半身，作戧斜狀，有榜題曰「靈輒、趙宣孟」，蓋畫輒抱盾上車象也。諸家無著録者。近日山東碑賈來，始有此象。旁刻「庚午補入」四字，云同治九年始出土，然同年孫叔苐吏部兒時得此圖於其外家章氏，已云舊拓難得，紙墨亦甚古。其石與上方、左方並無斷裂痕，人物車馬，俱有生氣，與黄氏小蓬萊閣所橅唐拓相似，豈明以前本相連，至國朝斷落薶没，故諸家皆不之見，近又出土邪？其右殿柱有題字二行，曰「宣孟晉卿，餔輒翳桑。靈公憑怒，伏甲嗾獒。車右提明，趁犬絶項。靈輒乘盾，爰發甲中」，凡三十二字。憑者盛也，厚也。趁蓋即「𧺆」之異文，或即「趀」字，趀者蹶也。「趁犬絶項」及「靈輒乘盾，爰發甲中」，皆用公羊傳語。公羊云「祁彌明逆而踆之，絶其頷」，何氏解詁：「以足逆蹋曰踆；頷，口也。」案，頷，説文作「顉」，云「低頭也」。左傳「頷之而已」，杜注：「頷，摇頭也。」是絶頷者，絶其頭，即絶項也，不當訓口。公羊云「有起於甲中者，抱趙盾而乘之」，此所云乘盾也。惟公羊無靈輒之名，又「翳桑」作「暴桑」，「提彌明」作「祁彌明」，此皆用左氏傳。漢世重公羊，東京以左氏爲古學，此能參用之，亦經師佳證也。乘作椉，與「椉」字衹争一筆。此文卿、椉爲韻。怒從奴聲，古音如呶，與獒爲韻。項從工聲，古音如貢，與中爲韻。趁或亦即迮字，迮者迫也。左傳「桓子咋謂林楚」，「咋」即「迮」字之借，考工記亦作「祚」，杜注云暫者非。從走與從辵一也。

跋梁釋慧影造象

此象同治戊辰元旦石門人李嘉福始得之於吴門。北朝造象甚夥，南朝惟齊永明元年一石，論者猶疑其僞，亦衹寥寥數字耳。此象背文云「梁中大同元年太歲丙寅十一月五日，比丘釋慧影奉爲亡父亡母並及七世久遠出家師僧並及自身，廣及六道田生一切眷屬，咸同斯福」，凡五十四字。記辭詳雅，字有漢魏八分遺意，較永明象記鋒棱秀出者迴不相侔。蕭梁象教最盛，得此足傲北土。田者衆也，故玄田爲畜，足徵古誼。中大同之號起於丙寅四月，至次年丁卯四月即改元太清，時武帝方再捨身同泰寺，未幾而侯景變作，然則奉佛之效何如邪？

論語正義　清　劉寶楠

二十七日　讀劉氏論語正義，其解「告朔餼羊」必用駢枝之説，以「告朔」爲即班朔，不信鄭注「牲生曰餼」，而必以爲饋客之餼，已屬强辨。至俞蔭甫又謂告朔與告月異，吉月當作告月，别造一典故矣。

光緒八年

正月

守默齋雜著　清　何應祺

初四日　閲善化何鏡海應祺守默齋雜著及詩集共四册，去年平景蓀所寄者也。應祺以監生從曾文正軍中得官，後爲文正所斥，需次江西，嘗署吉南贛寧道，後改廣東，又署惠潮嘉道，旋卒。頗以古文自負，而不知學。前二册爲江西忠義録，自張文毅芾至江西士民，人各爲傳。巡撫沈文肅葆楨、劉坤一等設局採訪，其稿創之夏嗛父，而應祺繼之，文雖不工，足備參考。一册爲雜文，其中有王壯武鑫傳，叙戰功甚詳，云其事實得之壯武之兄勳，蓋可信也。文亦頗有筆力，惜用字無根柢，多不如法。詩亦微有才情，惟太淺俗耳。

左海經辨　清　陳壽祺

初六日　陳恭甫先生左海經辨中有説文經字考一首，補竹汀錢氏答問所遺也。江都李氏刻入小學類編，衹從學海堂經解本録出，未及考陳氏原書。經解本多誤字，轉刻又有誤者，寓中亦無原刻左海諸書，今日據説文各書爲之是正三十九處，並改正經解本別爲附注十條。陳氏古義湛深，然不及錢氏所舉之密。蓋錢氏惟舉僻字以曉世之疑説文者，陳氏則習見如西、但、豐、勿、豈、萊等字，重文如訊之古文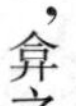，弁之古文覍，糟之籀文⿱棘酉，輗之或文輡棿等字本易曉者亦兼載之。又如𠷎本讀如卷，大徐本云古文以爲「醜」字，小徐本「醜」作「⿰酉見」，蓋「醜」實誤字，而陳氏謂𠷎即易「獲匪其醜」之「醜」。駔，大、小徐本俱云「牡馬也」，近儒段氏注以「牡」爲「壯」字之誤，蓋「驚」下云「牡馬」，與爾雅同，駔古字通奘，故有駔儈之訓，其字又不與驚相次，段氏據「牙牡齒」改「壯齒」之例，改爲「壯馬」。其説是也。而陳氏謂駔即爾雅「牝曰騇」之「騇」，皆考之未審也。今年讀書，惟此一事耳。

初七日 陳氏經字考云，摯即詩「如輊如軒」之「輊」。案，摯當作⿱執車，車部。⿱執車，抵也，從車執聲，陟利切。小徐繫傳引潘岳曰「如⿱執車如軒」，考今本文選射雉賦作「如⿰車重如軒」，説文無「輊」及「⿰車重」。集韻六至陟利紐云：「⿱執車，説文抵也。或作輊、輖、⿱執至、⿰車重，通作摯。」云「通作摯」者，考工記「大車之轅摯」，又「平地既節軒摯之任」，鄭注：「摯，輖也。」釋文：「輖音周，或竹二反。」周禮多故書，故軒輊字作摯，古文假借也。正字作⿱執車，抵者不進，即前重之謂。懋堂段氏説文「騺」下注云：「車之前重曰⿱執車，馬重曰騺，其音義一也。」楚金引潘賦作「如⿱執車」，蓋所見唐季文選本有作「⿱執車」者。李善注引詩「如輊如軒」，亦以今毛詩本釋之，古本及三家或有作「⿱執車」也。

論語「井有仁焉」，自來注説家皆不得其解。井讀如「驅而納諸罟擭陷阱之中」之「阱」，省借作「井」。井者法也，刑也，刑字從井。「井有仁焉」者，謂若明知其事干犯罪法，而中有仁道，其從之也者，謂忘身以殉之，如尾生之信，專諸、聶政之勇。孟子趙注所謂「藉交報仇」，後世朱家、劇孟任俠之流皆是也。故夫子答以「君子可逝不可陷，可欺不可罔」，陷正與阱對。逝者如夫子之見陽貨，應不狃、佛肸之召，可以一往而不可輕身從之，蓋其人求親於我，或有向善之心，故往以試之，若見其不義，則決然舍去，所謂「可欺不可罔」也。經文本甚明白，後儒泥於「井」字，遂多生異說。俞蔭甫欲翻漢宋舊注，乃謂井中有仁道。此據劉氏正義。俞氏平義駁孔注「仁人墮井」之説，而解爲「於井之中而有仁焉」，蓋意以井中有爲仁之道，而語不分明，劉氏爲添補「道」字。夫井中何以有仁道？更不辭矣。又云「逝」當讀「折」，謂殺身成仁，夫逝訓往，與從字相應，若摧折則已陷矣；且殺身亦不得謂之折也。

汪曰楨著述

初八日　閱汪剛木歷代長術輯要及古今推步諸術考，歎其用心之密，平生於此事未嘗問津，六十將至，日戴天而不知天之高，良可媿也。剛木爲吾邑校官，家居時略一往還，未相款密，去秋邸鈔見已出缺，蓋已作古人。逝者如斯，碩果將盡，其二十四史月日考不知已刻否？當寄書平景蓀一問之。

兩漢金石記　清　翁方綱

初十日　以京錢四十五千購兩漢金石記，江西新印本也，末册隸釋急就章注已曼患，余於甲子購得初印本，直僅十餘千，出都後失去，癸酉於廟市復購一本，更佳，帙面紬紙，裝潢精絶，價銀四兩。嗣以其書間有識語，標舉筆畫，等之法帖，又素不喜覃谿之學，遂屬寶森書坊轉賣。近頗思之，以覃谿於碑帖終屬專門，此書不可無也。今本視昔本不啻康瓠之於寶鼎，而價銀亦幾三兩矣。

二月

春秋繁露　漢　董仲舒

十六日　讀春秋繁露第七十七循天之道篇，校正數條，附記於此。

「是故東方生而西方成，東方和生北方之所起，而西方和成南方之所養長，起之不至於和之所不能生養，長之不至於和之所不能成。」案，兩「長」字本皆「養」字下校者旁記字，蓋一本作「長」也。上云「北方之中，用合陰而物始動於下，南方之中，用合陽而養始美於上」，謂冬至物動於下，夏至物所養美於上。此云「東方和生北方之所起」者，謂至春分而物之動者始發生也；云「西方和成南方之所養」者，謂至秋分而物之長者始成就也，故下云「起之不至於和之所不能生」，謂不至春分中和之處，物雖起不能生也。云「長之不至於和之所不能成」，謂不至秋分中和之處，物雖長不能成也。以文義論，兩「養」字皆作「長」字爲勝。故校者記之，而後人誤並連寫，遂不可讀矣。

「高臺多陽，廣室多陰，遠天地之和也，故人弗爲，適中而已矣。法人八尺，四尺，其中也。」案，「法人八尺」上有脱文，尚書大傳多士曰「士堂廣三雉三分，廣以二爲内，五分内以一爲高」，鄭注：「雉長三丈，高穹高也。」然則古人宫室以士制言之，高一丈二尺，此云「法人八尺，四尺其中」也，謂宫室高於人四尺，僅一身之中，使不遠天也。

「是故君子甚愛氣而游於房，以體天也。氣不傷於以盛通，而傷於不時、天并。不與陰陽俱往來，謂之不時；恣其欲而不顧天數，謂之天并。」案，「盛通」上當有「時」字，以時盛通，與下「不時天并」句對。「天并」當作「天弁」，「天弁」與「盛通」反對爲文，以形近訛作「天并」。

華山碑

二十八日　下午詣周荇翁，坐於根福軒，徐壽蘅侍郎、益吾祭酒、瞿子九學士已俱至，同觀華山碑，即全謝山所謂豐學士萬卷樓物，後歸范侍郎天一閣，傳云唐拓者也。嘉慶中，阮文達得之，後歸完顔麟〔慶〕見亭河督，今荇丈借之河帥孫嵩犢山光卿者。然朱竹垞言宋牧仲本缺十字，王山史本缺百餘字，皆宋搨。謝山謂萬卷樓本不缺不爛，而此本缺爛至百餘字，則疑非全氏所藏豐本矣。其碑全幅裝成，款式具備，篆額「西嶽華山廟碑」六字，爲兩行居中，額左有題字云：「劍南西川節度使檢校兵部尚書成都尹兼御史大夫李德裕、判官殿中御史内供奉崔知白、觀察支使兼監察御史張嗣慶、浙江西道都團練判官監察御史裹行李商卿。大和五年九月十三日華陰縣。」皆真書，右行内數字稍曼患，而皆可辨。額右又有題字，今載其式於左：

銀青光禄大夫行尚書

兵部侍郎李德裕

大和三年八月十六日自此字碑本不可辨，今據朱笥河文鈔。

浙西觀察使檢校禮

部尚書兼御史大夫拜

判官監察御史崔知白支使監察御史

崔瑨巡官協律郎王式

右皆真書左行。考舊唐書李德裕傳，德裕以長慶二年九月由御史中丞出爲浙西觀察史，凡八年，文宗就加檢校禮部尚書，大和三年八月召爲兵部侍郎，四年十月檢校兵部尚書，成都尹劍南西川節度副大使知節度事，與此皆合。崔知白始爲浙西觀察判官、監察御史，後遷西川節度判官、殿中御史。王式蓋即播之子，後於咸通中爲浙東觀察使者，播傳但云以門蔭官監察御史，此云爲浙西觀察巡官協律郎，又其最初之官也。崔知白之兩御史，王式之協律郎皆兼官，猶之檢校官也。此碑顧亭林、趙子晒、翁覃谿、朱笥河、王蘭泉考之備矣，未有及衛公題名者，故略考之。

明孝純劉太后像

二十九日　傍晚入長椿寺，坐佛殿前，暝色在花，穠艷尤絶。寺僧出所藏明孝純劉太后像，絹繪甚舊，戴毘盧帽，衣紅錦袈裟。左幅黏一紙，云「乾隆二十八年癸未編修蔣士銓、刑部員外郎王顯曾稽首重裝」。右幅黏一紙，云「嘉慶六年實録館校對官宮史收掌官刑部郎中查有圻重裝」，有圻即世所稱「查三儦子」，以長蘆鹽商致富數百萬，大庾相國戴文端之戚也。朱竹垞日下舊聞、吴穀人還京日記俱云「上題宏慈極聖智上菩薩，下注崇禎庚辰年恭繪」。案，崇禎中嘗尊孝純爲智上菩薩，與九蓮菩薩皆構殿於泰山碧霞元君宮，後改曰聖慈天慶宮。欽定舊聞考已云此像並無題字，今更無從問矣。考劉太后爲光宗在儲位時宮人，以小過忤意致死，本無像，莊烈帝時以同太后爲淑女者傅懿妃言，取宮人貌相類者，令太后母瀛國太夫人指示爲之，當時已或言似或言否，是后像本已非真，此本亦不〔知〕其所從來。至竹垞言寺又有一軸，繪九朵青蓮花捧一牌，題曰「九連菩薩之位」，以爲神宗母李太后，穀人及舊聞考已云無之，而此軸於道光甲辰有人題籤，竟曰「明孝定李太后像」，寺僧遂謂即九蓮菩薩，士大夫群然和之，俗語不實，流爲丹青，此之謂矣。

長椿寺舊有之九朵青蓮花捧一神牌書「九蓮菩薩」者，竹垞以爲即李太后，亦相沿之誤。九蓮菩薩本李太后夢中所見授經者也，或以爲即太后前身，故慈壽寺在阜成門外八里莊，亦李太后所建。奉有九蓮菩薩塑像，爲一菩薩跨九首鳳之形，非即李太后也。惟紀載諸書不言慈壽寺有后畫像，今所繪者爲一菩薩，袒胸具天人姿，下蹋九朵紅蓮花，不知何時爲之，疑出緇流坿會耳。

三月

韓非子　戰國　韓非

初四日　夜閲顧校韓非子，明趙文毅刻本，乃過臨惠松崖氏校本，而惠氏又過臨孱守老人馮已蒼本。兩家俱有校補增入處，朱筆蓋顧臨惠語，墨筆乃顧語也。據卷二及卷二十後顧氏有三跋，皆言未見宋本，時爲丁巳六月，在所作識誤始乙丑終丙子者之前。惟今識誤序中不言及馮、惠兩本，蓋既見宋槧，遂略之耳。惠氏頗稱趙刻之善，顧氏識誤序中極詆趙本，亦由惠氏未見宋刻，不知趙本之多以臆改也。今録惠顧兩家跋語於後。

惠跋：

文毅此書，從宋本校刻，舊版缺者此皆有之，可謂善本，故馮已蒼校韓子，兼用趙本。癸酉四月校畢書。松崖。在第二卷後

馮已蒼曰，借葉林宗道藏本及秦季公又元齋校本對過，癸酉四月校臨。松崖。在第二十卷後

顧跋：

韓子訛舛殊甚，宋本弗得一見。孱守老人曾用以校第三一卷，是當時已無全豹矣。又用葉林宗道藏本、秦季公校本及趙此刻校張鼎文本，而惠松崖先生復用此刻校臨。今兩本皆爲周薌巖收藏。

丁巳夏六月借録一過，用松崕先生本爲主，評閲語悉著之。惟張本雖缺和氏、奸劫、説林、六微等處，而字句頗多長於此刻者，松崖先生略而未及，今一一補入。道藏本宜善而校出者亦未詳盡。秦本最劣，不足用，讀者詳焉。澗蘋顧廣圻記於士禮居。在第二卷後

凡文有複出而張鼎文本少數字，皆脱爾。二十三日覆校一過畢。馮稱迂評者，蓋凌氏刻本多臆改，不足據也。澗薲又記。

九月十八日，從綏階袁氏借正統十年刻本道藏勘過，其本與張鼎文刻本多合，而與孱守老人所據葉林宗道藏本大不相同，故不復一一標出，當俟得見葉原書時再定之。澗薲又記。俱在第二十卷後

惠氏經學，東南大宗，而此書過臨馮校，不增一語，雖評文字者亦一一録之，前輩虚心好學，不可及也。

墨竹畫詩卷　宋　蘇軾

初八日　閲蘇文忠墨竹畫詩卷。以極厚紙爲之，寬約二尺，長至五丈許。竹僅十餘竿，大葉横掃，蒼勁如鐵，而風趣横生，逸氣四出，真奇筆也。其後書「斯人定何人，游戲得自在」一詩。後有跋云：「故人文與可爲道師王執中作墨竹，且謂執中勿使他人書字，待蘇子瞻來，令作詩其側。與可既殁八年，而軾始還朝。見之，乃賦是詩。今羅浮鄧道師乞余臨與可畫一卷，並求寫此詩於上。援筆應之，似與與可用筆頗合，安得起故人使見之也？元符元年七月廿日，東坡居士蘇軾記。」下有「子瞻」一

印、「東坡居士」一印，皆陽文。其書字行楷約寸餘，筆法俊逸，力透紙背。後有黄大癡、貢南湖、方正學題詩三首。黄云：「一片湘雲濕未乾，春風吹下玉琅玕。强扶殘醉揮吟筆，簾帳蕭蕭翠雨寒。」下題「至正十二年八月六日，仲權以東坡公墨竹見示，敬賦此詩。大癡學人黄公望」。貢云：「玉堂罷直獨歸遲，墨瀋將秋入硯池。坐到夜深清不寐，瑣窗涼影碧參差。」末題「貢性之」。方云：「内翰何年寫畫圖，眼中驚見鳳毛孤。一枝潤帶江南雨，遂使眉山草木枯。」末題「後學方孝孺拜觀因題」。黄、貢皆行楷書，貢書稍大，而瘦硬鋒出，無少骫隨。可想見高蹈山陰躬耕風節。正學字徑寸許，端楷凝重，尤肖其人，皆平生僅見者也。圖前有「真賞」一印，「直指繡衣御史之章」一印，「信公真賞」一印，「神品」一印，「孫氏承恩」一印，「錢吉家藏，子孫世寶之」一印。書後有「都尉耿信公書畫之章」一印，「希直」一印。題詩後有「耿會侯鑑定書畫之章」一印，又有「錢吉」一印。

廣韻 宋 陳彭年 **元和姓纂** 唐 林寶

十九日 雜校廣韻中氏姓及洪輯元和姓纂、秦輯世本，諸書謬誤甚多，略出數條。廣韻二十三魂孫下云「漢複姓二十三氏，左傳秦大夫逢孫氏」云云，「何氏姓苑有經孫、新孫、古孫、牟孫、室孫、長孫、叔孫等氏，望稱河南之者，是虜姓也」。案，此所舉自逢孫至姓苑所舉七氏，共二十四氏，而叔孫、長孫已見前，云叔孫氏出魯桓公，又齊大夫長孫修，是皆所謂漢複姓也。「等氏」二字，當在「室孫」之下，「長孫、叔孫」四字，當在「望稱河南之」「之」字之下。後魏書官氏志獻帝次兄拓拔氏，後改爲長孫氏，叔父之允曰乙旃氏，後改爲叔孫氏。凡代北姓，皆孝文遷洛後所改。太和中詔代北人並爲河南洛陽人，故望稱河南。元和姓纂三十六養云：「長孫，河南洛陽，後魏獻帝拓拔與鄰七分其國，兄弟各統領之。第三兄爲拓拔氏，案，今本「拓拔」誤爲「長孫」。孝文帝以嵩宗室之長改爲長孫氏。」又一屋云：「叔孫河南，後魏獻帝命叔父之後爲乙旃氏，後改爲叔孫氏。」王氏應麟姓氏急就章云：「長孫氏，齊長孫修。又後魏虜姓拓拔氏改，叔孫氏，魯公子牙之後，又後魏虜姓乙旃氏改。」皆可據以訂正者也。自逢孫至姓苑所舉室孫，共二十二氏，「三」亦筆畫之誤耳。

姓纂「長孫」下云：「道武時有上黨王長孫道、北平王長孫嵩、上黨靖王道生。後魏司空旃，旃生觀，爲殿中尚書。」案，「上黨王長孫道」六字當衍。魏書北平宣王長孫嵩生安王頹，頹生簡王敦，敦生慎公道，道生悦。又嵩從子上黨靖王道生。嵩當道武時，位司徒，封公，泰武時進王，遷太尉。道生当泰武時位司空封王，是道武時無上黨王長孫道也。道爲嵩之曾孫，當宣武、孝明時，由嗣北平王例降爲公，非道武時上黨王也。道生爲司空，其子抗官少卿，未襲爵卒。抗，姓纂與新唐書宰相世系表俱作「旃」，未知孰是。至姓纂「後魏司空」四字乃屬上「道生」讀，惟「空」下脱一「生」字耳。又道武時尚有盧鄉武公長孫肥，姓纂失載。

姓纂一屋「叔」下云：「叔牙今本誤作「叔于」。之後，孫叔仲彭生亥，亥生帶，帶生叔仲職今本叔仲職上又衍一「仲」字。及寅，代爲魯大夫。」案，杜氏春秋釋例世族譜叔牙孫叔仲惠伯名彭生，惠伯孫昭伯名帶，即叔仲風，昭伯子穆子名小昭伯，孫定伯名志。禮檀弓正義引世本云：「僖叔牙生武仲休，休生惠伯彭生，今本皆脱「生」字。彭生生皮，爲叔仲氏。」是此當於「之後」下補「叔牙」二字，「彭生」下補「彭生生」三字，曰叔牙孫叔仲彭生，彭生生亥，傳寫誤脱也。武仲休與公孫戴伯兹爲兄弟，兹子莊叔得臣始稱叔孫氏，休子惠伯始稱叔仲氏。姓纂及世族譜俱失載。武仲休一代，亥與皮爲兄弟。鄭君檀弓注以叔仲衍爲皮弟，以子柳子碩爲皮子，當必有據。而昭伯爲亥子，亦可補世族譜之缺。帶之字虺，莊子「即且甘帶」，帶者蛇也，故帶以虺爲字。叔仲職疑即定伯志，蓋本當作「帶生小，小生職及寅」。職、志字同義，或名志而字職耳。左傳正義於叔仲氏獨略而弗言，鄭樵通志氏族略乃云惠伯亦公孫兹子，其謬甚矣。

左傳九世之卿族解

二十日　左傳襄二十五年「九世之卿族」，杜注：「甯氏出自衛武公，及喜九世。」考古人世數皆連祖言之，杜氏世族譜云武公曾孫甯跪文仲，跪孫莊子速以下武子俞、成子相、惠子殖、悼子喜，俱不言世數。然武子以下，左傳杜注皆言其系，惟成十四年甯惠子無系。而國語韋注云「甯莊子，甯穆仲靜之子甯速」，則文仲之子爲穆仲。甯莊子當衛懿公時，而左傳莊六年「衛放甯跪於秦」，雷氏學淇謂當是文仲。以時代言之，跪當惠公初，速當懿公末，祖孫代仕，亦事之恒。哀四年又有「衛甯跪救范氏」，蓋悼子之疏族。世族譜雜人内亦有甯跪，當即指此人。姓纂四十六徑「甯」下云：「衛武公生季亹，食采於甯。弟頃叔生跪，跪孫速生武子俞，俞生殖，殖生悼子喜，九世卿族。」案，如姓纂，則跪爲武公孫，與杜氏言曾孫不合。古無弟承兄之采邑爲氏者，且頃叔爲季亹弟，亦是公子，何得蒙兄之氏？蓋「弟」字上有脱文，頃叔當是季亹之子，或「弟」是「生」之誤，則跪爲武公曾孫。杜氏於成二年「甯相」注云「甯，俞子」，於十四年「惠子」止注云「甯殖」，疑殖是相弟，故姓纂謂「俞生殖」，當有據也。如此則武公至喜，正合九世。洪氏瑩、秦氏嘉謨皆以殖爲相子，離武公數之爲九世，非也。

甯氏孫氏，同出武公。左傳成十四年正義引世本云：「孫氏出於武公，至林父八世。」新唐書宰相世系表云：「武公和生公子惠孫，惠孫生耳，爲衛上卿，食采於戚，詩「從孫子仲」，毛傳「公孫文仲也」。秦氏疑「耳」即公孫文仲，故詩稱孫氏。生武仲乙，以王父字爲氏，生昭子炎，炎生莊子紇，紇生宣子鰌，鰌生桓子良夫，良夫生文子林父。」姓纂二十三魂云「武公生惠孫，惠孫生耳，耳生武仲，以王父字爲氏，元孫良夫」，世數皆同，蓋皆出於世本。是所云八世，亦連武公數之。世族譜云「孫莊子級，武公三世孫；昭子，武公四世孫」。雷氏學淇謂「三」是「五」字之誤，是也。級、紇字形音俱相近，未知誰是。孫莊子見左傳哀二十六年，與甯武子並稱，靖成公之難。甯跪之被放，亦是忠於黔牟，與二公子同心；是孫、甯並公族世臣，功在社稷，獻殤之難，兩族俱亡，故太叔文子謂「九世之卿族一舉而滅之」者，亦並孫氏言之。孫與甯本一也，喜欲納獻公則必仇孫氏，孫亡而甯與之俱亡也。殖與林父爲輩行，喜與嘉蒯等爲輩行，武公至嘉等亦九世也。此上當別出題目，曰左傳九世之卿族解。

北齊校書圖　北齊　楊子華

二十四日　爲荇翁題北齊校書圖。圖是絹本，横卷，長七尺許，廣一尺餘。右一人坐胡牀脱帽，長髯緋衣，執筆題卷，山谷跋所謂若中書省官長者也。一吏對立持卷，一吏旁立吮筆，侍女二人。又一人背立觀書。中設榻，一人坐而一手持筆，一手持卷，旁立侍女二人。前列酒果琴及投壺矢，一人對坐而飲，一人側背坐，挾卷題字，一人坐榻邊欲逃酒，對坐者手持之，一童子踞逃酒者掖下爲之著韡。四人皆縠衣袒裼，有須。榻左立侍女三人，一奉琴几，一持投壺之壺，一挈酒缾。左立兩馬，奚奴二人，又一吏執鞭作立竢狀。後有范文穆、郭見義、陸渭南三跋、韓南澗、謝□□〔一〕兩詩。范云「右北齊校書圖，世傳出於閻立本，魯直畫記登載甚詳，尚欠對榻七人，當是逸去其半也。諸人皆鉛槧文儒，然已著韡、坐胡牀，風俗之移久矣。」石湖居士題韓詩爲七言柏梁體長歌，頗健麗，惟通首用魚、虞、模韻，末四句忽用真韻爲可議。後有長跋，言「齊文宣天保七年詔樊遜校定群書，供皇太子事」。末題「淳熙八年正月庚申潁川韓元吉題」，下有「潁川郡侯」朱文一印。陸云：「高齊以夷虜遺種盜據中原，其所爲皆虜政也。雖强飾以稽古禮文之事，如犬着方山冠，而諸君子迺挾書從之游，塵壒膻腥，污我筆硯，余但見其可恥耳。淳熙八年九月廿日陸游識。」此用縮臨。謝詩爲七言柏梁體八句，末題「淳熙十六年八月十日臨江謝諤書」。

注釋

〔一〕據末句「謝諤書」，此闕蓋指謝諤之字昌國或號艮齋。

四月

文信國墨蹟　宋　文天祥

十一日　爲荇翁題文信國墨蹟。信國手書作寸許行草，兹節録數條。一，「唐仁臣不測有申述，宜速應之，或渠得章貢捷劄，宜即率二謝兵馳入城，與之共守」。一，「徐妳同柳娘在劉千户下，傳佺已親案，此下當脱二「見」字。之，但虜榜不載，想徐妳託以爲别人女，不直指爲吾女也。徐妳有夫，此項可託其夫往贖，幸圖之」。一，「環娘十歲，虜中既無名，想亦在民間，此項須徧劄永豐諸隅物色方有出場」。一，「黄州周都統死於瑞金，可惜可惜」。一，「在瑞金時賤體一病，甚可憂，入汀以來，幸已勿藥」。以上縮臨，略得放悲而已。其云「唐仁臣」者，見明泰和尹文和公直信國祠記有唐仁，在袝祀幕僚内。此作仁臣，蓋其字也。又書中婁言民章，民章爲劉子俊字，後從信國至潮陽五坡嶺被執，自稱信國，爲元人所烹者。其云「黄州周都統」，不知何人，蓋當時從義殉身湮没者多矣。一峰跋謂此書在空坑敗後，爲尹氏所藏。明人鄭少谷謂此書有兩本，一見之於吴門，述空坑兵敗事甚詳，其後大略相同，蓋此是真本，脱去前幅耳。王西莊跋疑爲臨安亡後所作，鮑以文據信國所作紀年録辨正之，是也。張芑堂、朱吉人皆詳言之。

玉函山房輯佚書　清　馬國翰輯

十三日　閲馬氏玉函山房所輯易學諸書，其於子夏易傳，據劉歆以爲子夏、韓嬰同作，荀勖以爲丁寬作，阮孝緒並列韓嬰、丁寬，遂並輯爲三種，分題子夏易傳、丁氏易傳、韓氏易傳，而一字不易，古今有此體例乎？蓋近儒臧氏庸謂子夏當是韓嬰之字，崔氏應榴謂漢書儒林傳鄧彭祖字子夏，宋人趙氏汝楳周易輯聞已有此説。傳梁丘易，有鄧氏之學，則子夏易傳，當是鄧作。其説皆有據。馬氏既未能深考，而貪多務博，緟複支離，其所輯往往犯此病也。

四六叢話　清　孫梅輯

二十四日　書玉送來敦叔所寄四六叢話一部，乾隆中烏程孫松友梅所輯，凡三十三卷，附選詩叢話一卷，捋集各家之説，如宋人苕谿漁隱叢話例也。胡元任仔亦居湖州，故以苕谿名書，其體本之阮閎休閲詩話總龜，而孫氏此書序例未嘗及之。其論四六，推重歐、蘇而薄徐、庾，其序以駢行之，亦不工，蓋非深知此事者矣。康熙時有歸安人吴景旭，字旦生，著歷代詩話八十卷，體例亦與此書相似。此書第三卷論騷，第四卷論賦，吴氏乙集六卷論楚詞，丙集九卷論賦，而序例亦不引及吴氏。

克勒馬圖卷　清　張問陶

二十八日　再得鄭盦書，以禮烈親王克勒馬圖卷屬題詩。克勒者，華言枣騮也，惟黑尾青鬉爲異。馬本無圖，嘉慶初，其嗣王屬張船山仿宋摹唐昭陵六馬中特勒驃圖補畫爲卷，有翁覃谿、法時帆、吳穀人、吳蘭雪、湯敦甫、張皋文、陳恭甫、金朗甫、聶蓉峰兄弟及質郡王綿慶等題詩，鮑覺生爲之賦。翁、法、二吳、陳、湯、質郡王詩皆七古，法用翁韻，蘭雪前後兩首，皋文七律六首，皆佳。趙味辛題五言長律亦佳。

五月

求闕齋讀書録　清　曾國藩

十四日　臥閲曾文正求闕齋讀書録，分讀經、讀史、讀子、讀集，共十卷。文正通聲字轉借之法，故於此頗有得，其讀周禮、儀禮數條，亦見細心。其論史記專在文法，蓋囿於桐城議論，雖未知史公深處，亦自有見地。論三國志有數篇學史記處，亦確。此老固可愛也。前有合肥相國序，不知何人所爲，其首云："札記者小説家之枝餘，自王伯厚、顧亭林輩以通儒爲之，於是其業始尊。"謂札記出於小説家，又曾見王伯厚以前人札記，皆奇談也。

"意億"解

十五日　億，安也，從意。意，滿也，十萬也，從啻。啻，快也，從言中，會意。慈銘案，啻即論語

「億則屢中」之本字也。言而皆中故快，快其引申誼也。段茂堂氏謂「億則屢中」之「億」本「意」字。案，意，志也，志即識，故引申爲記意，今作憶者，意之俗也。若「億則屢中」及「不億不信」之「億」，本字皆當作𠶷。快者，決也，𠶷決而中爲快，故加心作𢡃爲滿，滿亦快足意也。詩毛傳伐檀楚茨豐年皆同。國語韋注、鄭語。九章算術皆言「萬萬曰𢡃」，此今數也。詩鄭箋及説文皆言「十萬曰𢡃」，此古數也。衆經音義卷六引算經云下數十萬曰𢡃，中數百萬曰𢡃，上數萬萬曰𢡃，蓋𢡃者數之成，故上中下數皆由此計數，以𢡃爲滿，故借意字爲之。滿足則安，故加人作億爲安，聲義孳生，本皆一貫。論語之「億則屢中」，即左傳之「不幸而言中」，以言中爲𠶷之本誼，無可疑也。

穀梁補注　清　鍾文烝

二十三日　閱鍾子勤穀梁補注。鍾氏用力勤至，足成一家之學，而時失之拘牽。如僖二十八年「春，公子買戍衛，不卒戍，刺之，先名後刺，殺有罪也。公子啟曰不卒戍者，可以卒也，可以卒而不卒，譏在公子也，刺之可也。」慈銘案，成十六年十有二月乙酉，刺公子偃。大夫日卒，正也，先刺後名，殺無罪也。范武子於公子啟下僅注「魯大夫」。楊士勛疏引舊解云：「公子啟即公子偃。啟書日者，啟無罪。」是「公子啟曰」之「曰」，乃「月日」之「日」，非「云曰」之「曰」。古人作日月字皆方闊象形，作云曰字則瘦小，後人反之。唐以前隸皆不如此。於是以此傳「公子啟日」，誤作公子啟云解。士勛唐人，尚認日月字，故引舊解説之，舊解是也。啟蓋偃之字，以相反爲義。公子啟日者，傳引刺偃書日以證此不書日爲買之有罪，下云「譏在公子也，剌之可也」。言此爲罪買當剌，故不書日，其理甚明。鍾氏不信舊解而申疏，言上下文勢，理恐不然，猶襄二十三年傳引「蘧伯玉曰」。今案，彼傳云「冬十月乙亥臧孫紇出奔邾」，其日正臧孫紇之出也。蘧伯玉曰「不以道事其君者其出乎」，此是傳引伯玉平日論出奔之事，非謂伯玉説此經也。伯玉年輩遠過宣聖，豈得與春秋筆削之辭？亦不必是論武仲。鍾氏乃謂伯玉當夫子修春秋時年近百歲，是比之於尸子、沈子，亦不達甚矣。又謂「不卒戍」句，是當時斷獄議罪之辭，「公子啟解其義而事可知，左氏、公羊徒滋曲説。後世史書但云某官某有罪棄市，或云有罪自殺，以實事爲虚辭」。案，左傳謂公畏晉殺之而以不卒戍告楚，公羊謂買不肯往戍而以不卒戍爲内辭，揆之事理，左氏爲長。晉伯方興，釋憾於衛，楚救不克，魯先與楚，又親於衛，不知晉文之强，故先戍衛。既知楚非晉敵，懼而殺買，託辭以謝楚人，此必左氏親見魯史，故能爲此言，公、穀皆傳聞臆測，不足爲據。其以先名後剌爲殺有罪，先剌後名爲殺無罪，亦非通例。鍾氏乃欲後世史書皆以爲法，反以稱有罪爲虚辭，則先剌後剌，豈足見實事乎？其傎甚矣。

六月

竹初文鈔　清　錢維喬

初二日　閲竹初文鈔，武進錢維喬樹參著。樹參爲文敏公維城季弟，乾隆壬午舉人，官浙江鄞縣知縣。文凡六卷，筆近冗俗，學識亦淺。惟跋臧在東束脩説一首，據周書武帝紀詔諸胄子入學，但束脩於師，不勞釋奠，以「束脩」與「釋奠」對舉，明以物言；唐書禮樂志釋奠之禮，「皇子束脩，乃束帛一篚，脩一案」，分爲二物。北史馮偉「門徒束脩，一毫不受」，隋書「劉炫嗇於財，不行束脩者，未嘗有所教誨」諸文，謂當從禮記、穀梁、前、後漢書，以脩脯爲本義。鄭君「束帶修飾」，乃古人展轉借訓之義。兩漢以後，亦多用作檢束自好之稱，皆非實義。王莽傳云「自初束脩」，伏湛傳云「自行束脩」，猶云自初就學。延篤傳云「吾自束脩以來」，猶云吾自幼學以來。行者，行此禮也。曰以上者，就其卑以起例也。人能束脩其躬，雖大賢不外乎此，何至言之至易？其論甚通。

又紀雲巖相公軼事章佳文成公阿桂。一篇，多它書所未及。如云乾隆十三年公以軍機章京從大學士訥親視師金川，總督張廣泗與訥親不相能，公語頗輕廣泗，其屬吏莊學和聞之，以告廣泗，怒，欲中公法，學和願爲左證，乃以漏泄軍情劾公，械至京，論斬。時公父文勤公方爲相，聞公逮至，大驚，遣老僕覘公，則公方熟寐鋃鐺間，聲如雷。還白，文勤稍安，曰「兒器度若此，當不至死」。翼日文勤召對，顔頓悴，純皇帝知其以子故，憫之，卒赦公。越二十年，公以定西將軍平兩金川凱旋。時學和先爲蜀守，以事謫戍，其子不知前隙，以故人子謁公，告困，公款接之，以三百金資之歸。甘肅回蘇四十三叛，公時奉使越中，被詔往剿，行至潼關，遇侍郎和珅亦銜命佐軍事。公知珅難共事，陽疾作，珅曰：「公憊矣，事方亟，我請兼程先往。」公諾之。珅馳抵蘭州，至之日，即督諸將出戰，兵大挫，總兵某死之。

海蘭察力護珅得脱，純皇帝已逆慮珅不知兵，累詔趣還京。初，逆回攻蘭州，布政使王廷瓚悉力守禦兼旬，城得完，純皇帝嘉其功，加一品銜，和珅視師至，聞甘省有振災積弊，陰索廷瓚賂二十萬金，廷瓚故木强，不予。珅既慚僨兵，無以覆命，又怒廷瓚，遂偵得冒振顛末，還朝面奏，有旨密諭公查辦。公念獄過大，以軍事方亟，請姑緩之。未幾，誘困回衆數千人於石封堡，斷其水道，以克日可禽奏，忽時雨頻降，回得爨，殊死拒。事聞，純皇帝以每年輒如期告旱，今乃雨，益知報災之詐，詔趣公案其事。時回逆已平，公不得已，斷自乾隆三十九年監糧既停復開爲始，監糧者令各直省人得就，甘肅郡邑納粟，准作監生，以所入爲振災用。以付總督李侍堯治之，於是廷瓚逮斬西市，自監司至守令坐死及戍極邊者各籍其産，凡百餘人。向非公定斷年之例，獄更蔓衍不可窮，公後語及此案，每不勝蹙頞也。緬甸之役，公以副將軍督造戰艦，於蠻暮諸路兵多挫，公獨完師，以待經略傅文忠自猛拱還，所率精鋭二萬盡喪，僅存二十七騎，賊復大集來犯，公擊敗之，然力勸文忠乘捷受緬酋降以蕆事。先是，公爲章京，文忠極器之，後驟相抗衡，公不稍爲之下，文忠久嗛之。至是復心愧，還朝，乃面論公，有旨嚴責，令斥去翎頂辦事。公手摺云：「傅恒罷兵，臣實贊成之，皇上以無能罪臣，逮治可也。若仍令統師，去翎頂，無以肅觀瞻，臣未敢奉詔。」純皇帝亦不復問。文忠忌公甚，病劇，密奏公且有跋扈狀，純皇帝特信任之。文忠没後，公保護其後人甚力。陳輝祖之以墨敗也，純皇帝命公按之。先是，將軍王進泰暫攝總督，因籍陳並及其姻故直隸總督周元理及童某兩家産，周，公同年友也。公抵驛，進泰曩以偏裨荷公拔，迎候舟次甚恭，甫進謁，以所治案告，公勃然曰：「咄！炎涼奴！梁國治非陳兒女戚耶？何以不籍之也？」立叱之出。蓋是時梁方參政也。公至，盡釋株連者。

以上四事，皆足補國史。

又云：「先是，文勤艱於嗣，嘗夢刺麻手折桂一枝以贈，已而生公，故名桂。公五十初度詩云：『洞中老衲記前因，巖桂花開示夢真。四十九年前一日，世間原未有斯人。』」文成詩不概見，此亦可傳矣。

又文敏公家傳言公本名辛來，字稼軒，十餘歲時其父夢至官府，聞臚傳進士，其第三名錢維城。旁一吏曰：「是爲若子。」因改今名，字宗磐。乾隆乙丑年二十六，中進士第一人，戊辰散館，殿三等末，上疑之。五月召至圓明園，試以璿璣玉衡賦、五月鳴蜩詩，日中命題，申時當納卷。公振翰如飛，甫昳而就。卷入稱旨，賜克食，自是欲大用公。己巳擢右中允，入直南書房、懋勤殿行走，旋擢翰林院侍讀學士。案，文敏以辛未十二月由學士擢内閣學士，故云「釋褐七年階二品」，此傳失載。丁丑擢工部右侍郎，釋褐七年，遂階二品。辛巳，調刑部右侍郎。壬辰丁父憂歸，遂卒，年五十三。所叙平古州逆苗香要事極詳。

尚書篇目

初八日　書之篇目，不可强言。伏生今文二十九篇，以連序一篇言之，則今文似無序，故不知有百篇也。以有大誓一篇言之，則大誓出武帝時，不應伏生便有也。以分康王之誥爲一篇言之，則陸元朗明言歐陽、大小夏侯同爲顧命也。段氏玉裁、陳氏壽祺皆言今文有序，陳氏列十七證以明之，朱氏彝尊亦言伏生二十九篇合序數之。然漢儒謂「二十八篇應二十八宿」，語見論衡正説篇。又漢書劉歆傳言「博士以尚書爲備」。今文選本誤作「不備」。則不知書本百篇，其爲不見序甚明。俞氏正燮謂使西漢經有書序，則古文多出之篇，博士何以不肯立學？論最破的。故王氏鳴盛、戴氏震皆言今文無書序，序亦孔壁中所得，太史公從子國問故，故得載之者，其言是也。龔氏自珍及俞氏皆謂伏生已分「王若曰庶邦」以下爲康王之誥，然釋文、正義皆謂馬、鄭本始分，豈能妄造？然則謂武帝既得大誓，博士起傳教人，因入之今文爲二十九篇者，其言差近理，蓋其語大傳已述之，婁敬、董仲舒皆稱其文，足見漢初其篇雖亡，而軼説時在人口。及書既出，印證悉符，故人主深信而不疑，博士奉詔而恐後。若謂燎魚流火，事近於誕，則堯典之「釐降二女」，皋謨之「率舞百獸」，亦爲恒情之所怪、習見之所驚。帝王之興，禎祥之告，非拘虚之士所能測也。龔氏乃謂其氣體文法皆不類，目爲戰國大誓，亦武斷甚矣。陳氏謂史記所載如原命、般庚等，間與序説不同，知是本今文家言，故與古文序異。然史公正以得之子國祕授，外無傳本，故所記或殊。使當時博士傳業，明有序文，人人傳誦，則如文侯之命，古今家説並同，何以史公誤爲襄王使王子虎命晉文公乎？

炳燭編　清　李賡芸

初九日　閱李許齋炳燭編，其論音韻頗精，竹汀家法也。

漢書注校補　清　周壽昌

初十日　閲荇丈漢書注校補本紀一册，其用力甚精專，自言第十八次寫本矣。引證確覈，於音訓文義尤詳慎。其辨秦及漢初用亥正一條，謂皆改月改時，駁王伯申先生謂秦、漢以十月爲歲首而不改時月，有十七證之非，其説最辯。又謂粤、越雖一字，然春秋後越國之「越」無作「粤」者，猶「鄚」之不作「鄭」，「許」之不作「鄦」，故百越之「越」可通作「粤」，吴越之「越」不可通作「粤」，所以重别國名，其論亦確。今日爲附籤四條，又校誤脱三條。

六藝綱目　元　舒天民

十四日　閲六藝綱目，四明舒藝風天民撰，其子自謙恭爲之注，同郡趙彦夫宜中又加附注，凡兩卷，皆以四字爲句，言禮、樂、射、御、書、數之事，以教初學，亦蒙求、急就類也。於書數頗詳，爲宋、元間人之留心小學者。道光末劉燕庭布政取朱笥河校本付梓，並屬徐莊愍有壬改正算數中脱誤字。末附六藝發原五葉、字原八葉。今柳門取劉本重刻仿宋字樣，古雅可愛。

毛詩後箋　清　胡承珙

得弢夫五月二十一日江南通州試院書，並寄甬上翻刻胡墨莊氏毛詩後箋一部。弢夫書言其祖太夫人已棄養，今仍從黄閣學襄試事。詞翰斐然，其學蓋進。毛詩後箋是去年鎮海人方某所刻，前有其同邑張壽榮序，方蓋市人，爲賈於滬上者。張爲余庚午同年，其人全不知學，序文拙劣，校戡粗疏，視原本遠遜，可惜也。

十五日 閲毛詩後箋。胡氏此書，體例與並時馬元伯之傳箋通解、近出之顧訪谿學詩詳説大恉相同，不載經文，依次説之，兼采諸家，古今並列，微不及馬，而勝於顧。蓋馬專於漢，顧偏於宋，多識達詁，終爲詩學專家。若其取義興觀，多涉議論，後人之見，未必果得古人之心。此紬繹經文，體玩自得，乃宋歐陽氏以後之法。唐以前家法皆重訓詁，而不爲序外之説，所以可貴也。

十九日 得沈子培書，以江氏小學書八種送閲，歙江晉三有誥所著也。一詩經韻讀，二群經韻讀，三楚詞韻讀，四先秦韻讀，五唐韻四聲正，六諧聲表，七入聲表，附等韻叢説，爲八種。其未刻者尚有漢魏韻讀、唐韻再正、唐韻更定部分、廿一部韻譜、説文六書録、説文分韻譜、説文質疑、説文更定部分、説文繫傳訂訛、經典正字、隸書糾謬十一種。首有段氏玉裁序及江氏寄段茂堂先生一書、寄王石臞先生兩書，王氏致江氏二書，皆往復論古音分合之指。又凡例二十三則，古韻總論二十三則。江氏後執摯於段氏，而其説時有不同。其唐韻四聲正首載祁門教官錢師康一書，云是辛楣先生孫，蓋亦究心經韻者。

七月

詩經

初四日 鄘風「騋牝三千」，毛傳謂「騋馬與牝馬」，其實詩人特形容其馬之多，謂騋馬之牝者有三千耳。馬七尺以上爲騋，舉此以見馬之壯大，牝馬至三千，極言其字畜之盛。千者都數之名，三者積數之辭，非實有三千，不必分騋牝爲二也。爾雅釋畜古本作「騋，牡驪牝玄」，此以釋詩「騋牝」爲「騋馬之牝玄」者。釋文引孫叔然注本及鄭君周禮夏官、禮記檀弓注引爾雅皆同，此古讀古義也。今二禮注皆誤作「牝驪牡玄」，幸有周禮釋文及爾雅釋文可證。爾雅凡言牝牡，皆先牡後牝，其釋鳥亦後言雌，此正名一定之例。今爾雅郭本作「騋牝驪牝」，以「玄」字屬下「駒」字爲句，此以驪牝釋詩之「騋牝」也。驪騋雙聲，蓋以詩言「騋牝」爲黑色之牝耳，今本誤作「騋牝驪牡」，則不可通矣。幸釋文云「牝頻忍反，下同」，可證上下皆「牝」字也。雪窗本亦不誤。

毛詩考證 清 莊述祖

初六日 閱莊氏述祖毛詩考證，其第一條「鐘鼓樂之」云石經「鐘」作「鍾」。慈銘案，唐石經及宋刻本鐘鼓多作「鍾」，雖曰同音，古或通用，實經典相承之誤也。鐘、鍾二字迥別，又非有古今先後之殊，何以鐘鼓字必作「鍾」以淆人目乎？此等説出於臧拜經、嚴鐵橋諸家，乃佞宋之癖，名爲好古，適以亂經，余所最不取者。其第二條「我馬虺隤」云：「何焯曰：『虺』作『𡯂』，與『仲虺』之『虺』不同。」慈銘案：説文無𡯂字，玉篇尣部有𡯂尵，集韻十五灰有𡯂，十四皆、十五灰皆有尵，俱訓馬病，實後出俗字也，廣韻尚無之。虺隤本字當依説文作瘣，爾雅作穨，今經典作「虺隤」，是假借通用字。今説文無「瘣」字，爾雅釋文瘣，字林云「病也」，不稱説文。然詩周南釋文云「虺，説文作瘣」，必有據。義門不通小學，故有此説，莊氏采之，過矣。陳氏啟源謂當依爾雅作𡯂穨，考爾雅各本祇作「虺穨」，無有作「𡯂」者，亦誤。其餘雖頗簡略，罕所發明，然謹嚴得漢學家法。惟「先祖匪人」一條，謂「匪」即「頒」，「頒」即「㚘」，「㚘」即「便」，先祖指后稷，「先祖匪人」，即禮表記所云「后稷自謂便人」，則迂曲幾不可訓，余已於庚申日記中論之。

太平廣記 宋 李昉

十九日 太平廣記中杯渡道人傳，言黄門侍郎孔寧子病痢，請杯渡祝即俗「呪」字。治。杯渡云難瘥，見家有四鬼，都被斬截。寧子泣曰：「昔孫恩之難，父母伯叔都遭痛酷。」案，寧子會稽人，宋書附王曇首傳。此事傳所不載，然其兩世死難，可裨史闕。吾越志乘爲寧子傳者當采輯之。

天下名山遊覽記

二十二日 再作家書屬季弟卜湖塘居宅，並購名山游覽記。四庫存目載明人何濱巖鏜古今游名山記十七卷，慎山泉蒙删增何氏書爲天下名山諸勝一覽記十六卷，亦稱游名山一覽記，後墨繪齋又增廣何氏書爲名山記四十八卷，首爲圖一卷，然王弇州有名山記廣編，余丁卯憂居時曾於越中書肆見天下名山遊覽記，爲王元美元本，曹能始學佺增輯，圖繪精致，四庫亦未著録也。暮年多病，思專一壑，首丘未得，且圖卧游。

八月

詩卷耳考

初七日　作詩卷耳考。此草有苓耳、爾雅。枲耳、本草。務、説文。葹、廣雅。常枲、廣雅。胡枲、廣雅、本草。地葵、本草。蒼耳、爾雅釋文引廣雅。葈、淮南子。白胡荽、陸璣詩草木疏引鄭康成説。檀菜、淮南子高注。常思名醫别録。耳璫草、陸疏。爵耳、陸疏。常思菜大觀本草引陶弘景説。及卷耳，凡十六名。

東塾讀書記　清　陳澧　評點金石三例　清　王芑孫　陶淵明集　晉　陶潛

十一日　同年梁星海庶常自粤來，贈陳蘭浦東塾讀書記、王惕甫評點金石三例、翻刻汲古本仿宋寫陶淵明集、吴中滄浪亭石刻名宦先賢像拓本及近人馮竹儒焌光西行日記，槅使二千。陳蘭浦以今年正月卒，年七十三。讀書記較昔年所見者又增禮記一卷、鄭學一卷，尚有未成者，東漢以下至通論九卷。王念豐評點金石三例，馮竹儒所刻，用朱色套版。淵明集傳是東坡手寫刻本，曾在常熟明相國嚴文靖公家，後歸絳雲樓，被焚，嗣太倉顧伊人湄有一本，亦仿蘇體，有紹興十年一跋，無姓名，毛斧季謂是依北宋本翻雕，因屬其師錢梅仙臨橅刻之。此本是近年湘潭人胡伯薊重橅者，字浸失真，然大字疏行，爽朗可喜。

西行日記 清 馮焌光

閱馮竹儒西行日記。其丁丑五月在上海道任請假赴伊犁覓其父名玉衡，候選知州，咸豐初隨故相賽尚阿廣西大營，還京後，其僕訐其通賊，戍伊犁。柩，十一月至安西州而回，戊寅三月達樊城，紀其道途間事也。竹儒以舉人入上海製造局，未從一役著一效，而不數年擢任上海道，加二品銜。其父以罪人於咸豐辛酉病死伊犁，至是已十七年，始往迎柩，而先遣其族父單行探覘，據言尸柩已失，於土中掇拾殘骨馱之以歸，竹儒一路逗留，甫出玉門，即與偕反，竟未一履其地。此記中惟誇其將迎之盛，聲氣之廣，所至宴會，流連風景。及歸抵上海，遽卒，督撫遂以孝行請旌，國史竟列之忠義傳，而其父以大辟未減者至稱之曰忠魂，此真今日之忠孝矣。竹儒南海人，余甲子冬在都，曾遇之若農師坐上，粵中鄉評多不滿之，孺老嘗言馮竹儒是反面孝子，必有知其深者。此記僅一卷，自鈔撮地理書外，俱拙俗不足觀。

吴郡名宦先賢像

敦夫來，與之偕詣爽秋，不值，以雨歸寓齋，共閱吴郡名宦先賢像拓本，始於延陵季子，訖於國朝初尚書彭齡，共五百餘人。自道光丁亥安化陶文毅撫吴時，將樂梁中丞章鉅爲布政，於滄浪亭旁建五百名賢祠，刻石嵌壁中，後又續刻侯官林文忠至吴學士信中十二人，亂後存者大半。同治癸酉，江蘇布政使恩錫補刻晉散騎常侍顧彦先至吴學士百五十二人，緟建祠亭，以復舊觀，亦疆吏之好事者矣。余嘗謂先賢遺像流傳觀感，最爲有益，如能於吾越湖雙、三山間即康熙時詩巢遺址建會稽先賢祠，坿詩巢及柳姑祠、方干祠於旁，近賀監之賜湖，鄰放翁之舊宅，其自漢至唐無像可求者繪其事蹟，宋元以來廣訪子係，覓其遺像，刻寘於壁，巖壑映帶，邨落回環，想前哲之風流，存舊邦之文獻，起敬起教，式舞式歌，正不止瞻仰衣冠，流連桑梓也。

東塾讀書記　清　陳澧

十二日　夜閱陳蘭浦讀書記禮記一卷、鄭學一卷，皆能知其深者。

十三日　閱東塾讀書記中易經一卷，真實事求是者也。

校禮堂集　清　凌廷堪

十六日　晚讀校禮堂集，其縣象賦、復禮三篇、七戒、氣盈朔虚辨、覲義、詩楚茨考、射禮數獲即古算位説、儀禮釋牲上下篇，俱不可不讀也。

十八日　閱校禮堂集。凌氏周禮九拜解多改舊注，又歷詆顧亭林、毛西河、閻百詩、惠半農、江慎修諸家之説，吕氏飛鵬周禮補注全取之，然其以頓首爲相敵者之拜，云禮經賓主相敵之拜皆頓首，則猶沿賈疏「首頓地即舉爲頓首，頭稽留至地多時爲稽首」，及宋人易彦祥祓周官總義謂「至尊稽首，其次則頓首，敵以下用之」之説。以肅拜爲婦人拜，不跪，如左傳郤至之三肅使者，則亦沿先鄭注「肅拜但俯下手，介者不拜」之説。段懋堂氏謂鄭注頓首爲「頭叩地」，注士喪禮及檀弓稽顙爲「頭觸地」，叩、觸一也。周禮之頓首，即它經之稽顙，頓首未有不用於凶者。

慈銘案，謂頓首用於凶者，是也。左傳言頓首者二，皆非常之事。史記謂「西周君犇秦，頓首受罪，盡獻其邑三十六」。秦漢以後至六朝，人臣上書者皆言頓首死罪，則頓首固凶事也。謂頓首即稽顙，非也。賈疏謂「稽顙還是頓首，但觸地無容」，是也。蓋稽首者，首至地而不叩，頓首者首叩地而無聲，稽顙則有聲矣。陳氏喬樅禮堂經説以九拜之四曰振動爲稽顙，是也。杜子春注振讀爲「振鐸」之「振」，動讀爲「哀慟」之「慟」。記問喪曰「稽顙觸地無容，哀之至也」，此爲振動之義甚明。鄭大夫以爲兩手相擊，後鄭以爲戰栗變動，易氏以爲施於事變之不常，皆未得其解。凌氏謂即喪禮之「拜而後踴」。夫喪禮之云「拜稽顙成踴」者，拜稽顙一事也，踴一事也，踴何與於拜乎？至肅拜則以段氏説爲致確。段云：「凡不跪不爲拜。跪而舉其首，惟下其手，是曰肅拜。」程氏瑶田曰：「肅拜言舉首者，以别於䭫首、頓首、空首，三拜之必下其首。」是也。肅拜與左傳郤至之三肅使者不同，肅不連拜，所謂介者不拜，今之長揖而已。肅拜爲婦人之拜，古婦人拜，亦無不跪者。

慈銘案，荀子大略篇云：「平衡曰拜，下衡曰稽首，至地曰稽顙。」以拜與稽首等並言，而曰平衡則拜必跪可知。平衡即肅拜，其不下首亦可知。楊倞注以平衡爲磬折者，甚謬。左傳但言肅而不言拜，則肅乃今之揖，異於肅拜可知。賈疏及淩氏、陳氏皆以肅拜與肅爲一，而謂肅拜不跪者，非矣。吉拜凶拜，陳氏引雜記曰：「三年之喪，以其喪拜；非三年之喪，以吉拜。」逸奔喪禮曰『凡拜，吉喪皆尚左手』，注云：『尚左手，吉拜也。』吉喪故吉拜。然則凶拜爲尚右手矣。」其説亦最確。鄭注以「拜而後稽顙」爲齊衰不杖以下者之吉拜，稽顙而後拜爲三年喪之凶拜，似由未知振動之即稽顙，故有此説。士喪禮及喪大記皆云「拜稽顙」，無言稽顙拜者。而檀弓本文兩事，皆指三年之喪言，故鄭君又以「拜而後稽顙」爲殷之喪拜，義頗出入，自以尚左尚右之説爲得也。奇拜者，鄭注引或云奇讀爲倚，倚拜謂持節、持戟，拜身倚之以拜者，是也。褒拜者，「褒」讀如「褒衣大袑」之「褒」，尚書大傳所謂「拱如抱鼓」。蓋褒之爲言包也，圓拱舒張而拜也。褒拜與奇拜對文，奇謂偏倚，褒謂舒博也。若如舊注以奇爲一拜，褒爲再拜，則䭫首、頓首、空首等拜皆有之。段氏謂褒拜不止於再拜，則頓首等拜亦有之，不得列之爲九。於是賈疏始有䭫首、頓首、空首、肅拜四種爲正拜，餘五者附之之説。段氏、淩氏皆各分經緯，言人人殊。段氏又謂振動者本不必爲䭫首等三拜，而以變動故爲之，則拜非由禮，大祝安得職而辨之？又謂吉拜者拜之常，當拜而拜，當䭫首而䭫首，則上所云諸拜，豈皆不當拜而拜乎？且如其説，則九拜實祇七拜，尤不合矣。大抵九拜惟䭫首、頓首、空首，鄭注確不可易，餘當參伍證之。陳恭甫氏謂辨九拜下云以享右祭祀則九拜，皆當主祭時言。慈銘案，鄭注雖以享爲朝獻饋獻，以右爲侑勸尸食，然享實當包燕饗，右亦當包侑賓，義疏謂「享右祭祀」，舉其重者，其實五禮皆該，是也。

介庵經説　清　雷學淇

二十四日　雷學淇介庵經説謂天官鼈人共蜃蠃蚳以授醢人，醢人、内則俱有蚳醢，注以蚳爲螘子。然鼈人云「以時簎取」，則非螘子也。其所掌魚鱉龜蜃蜃蠃皆水族，不應蚳獨在陸地。蓋蚳即爾雅釋魚貝屬之餘貾，釋文作「餘蚳」，乃黿貝之小者耳。其説有理。又謂古無蚳字，説文妄分蚳爲螘子，蚳爲蚩名，則謬矣。説文以蚳蚩爲截蠆毒蟲之屬，與黿黽之黿字迥異，不得混爲一也。

東塾叢書　清　陳澧

二十五日　上午答詣粱星海庶常，見贈陳蘭浦所著書四種，曰漢儒通義，曰切韻考坿外篇，曰聲律通考，曰漢書地理志水道圖説坿考正德清胡氏禹貢圖。此書余於己卯冬見之廠肆，爾時新出，印刷甚佳，今圖已不甚晰矣。

二十八日　閲陳蘭浦切韻考，共六卷，據廣韻切語以考陸法言切韻，取上一字爲雙聲，下一字爲疊韻，分類爲表以明之，又爲論其得失。其外篇三卷，則考宋以後字母等韻之學也。

九月

曲園雜纂　清　俞樾

初二日　閲曲園雜纂，每卷爲一種。今日閲其艮宧易説、達齋書説、達齋詩説。曲園者，俞氏寓居吴門馬醫巷所築之園，艮宧、達齋，皆園中室名也。其説經解頤，仍是平義本色。

夜倦甚，閲曲園雜纂卷四十二梵珠，取佛經語爲連珠一百八首；卷四十三百空曲，廣尤西堂駐雲飛十空曲爲百首；卷四十四十二月花神議；卷四十五銀瓶徵，以岳忠武小女銀瓶投井事不見宋史及金陀粹編、忠武行實，亦岳珂撰。而周密癸辛雜識已載之，今杭人乃强以張憲爲之配，因爲之考以徵其實；卷四十六吴絳雪年譜；卷四十七五行占；卷四十八八卦葉子格；卷四十九隱書，爲廋辭百事，先隱後解，以漢志有隱書十八篇也；卷五十老圓，取蔣清容四絃秋曲意，演老將老妓而老僧爲之説法，效王船山全書後附龍舟會雜劇也。此九種爲遊藝之餘，然梵珠詞采斐然，百空曲亦清雅可誦，即十二月花神議事近遊戲，而敷佐典雅，終非檀几叢書等比也。

初三日　閲曲園雜纂卷四達齋春秋論，卷五達齋叢説，卷六荀子詩説，卷七何劭公論語義。其春秋論多取證史事，爲成敗之鑑，具有深意。叢説皆説經史，事爲一篇，多出新義。其大夫强而君殺之義也由三桓始也説，以上九字作一句讀，「殺」字讀去聲，與余甲子日記中舊説同。荀子詩説取荀子中引詩者釋之。何劭公論語義取公羊解詁中引論語者次列之。皆足備一家之學。惟據北堂書鈔引何休曰「君子儒將以明道，小人儒則矜其名」，是不知此本出何平叔集解引孔安國説，書鈔以其出集解，遂作「何晏曰」，而鈔本又誤作「何休曰」，俞氏猶沿劉申甫誤説而不知審正也。

初四日 閲曲園雜著卷二十七改吴，改吴虎臣能改齋漫録也。卷二十八説項，説項安世項氏家説也。卷二十九正毛，正毛居正六經正誤也。卷三十評袁，評袁質甫甕牖閑評也。考訂多精確。

初五日 閲曲園雜纂卷三十一通李，通李冶敬齋古今黈也；卷三十二議郎，議郎瑛七修類稿也；卷三十三訂胡，訂胡鳴玉訂譌雜録也；卷三十四日知録小箋。項、毛、袁、李、郎、胡諸家，學問皆不甚深，毛言小學尤多疏舛，俞氏辟之，綽有餘力。其於日知録謂體大物博，未能涉其藩籬，故自謙曰小箋，然所訂正七十餘條，亦多有依據。惟大原一條，引史記匈奴傳「南逾句注攻太原下晉陽」，以證詩之「薄伐玁允，至於大原」，當從朱子説爲今太原陽曲縣，則非也。無論周漢時事不同，宣王時晉穆侯方盛，慎固疆圉，玁允無由出入；且詩人方誇武功之偉，而薄伐僅至晉陽，何足云乎？夫薄伐者征之也，征必至其國，晉陽豈玁允之地乎？若謂玁允入侵，而驅之僅至晉竟，是以寇詒諸侯矣。顧氏以涇陽屬安定地望準之，而知大原即原州平涼縣，其説不可易也。又閲卷三十五芩子，分内性等十章，學法言、太玄，故爲艱深之詞。卷三十六小繁露，皆溯小事俗語之原，亦自典雅。

初六日 閲曲園雜纂卷三十七韻雅，取廣韻中不經見之語，以類編纂，略如爾雅之例，分釋天、釋地、釋人、釋物四篇，極有裨於小學，惜未載音釋，如有人更加以疏證，尤可傳也。又如有人能取集韻中語，如爾雅篇目，編纂成文，爲之疏證，則更足爲六經資糧，非僅助小學矣。又閲卷三十八小浮梅閑話。「小浮梅」者，其曲園中臨池小檻名，録其與配姚夫人閒話俗傳小説真僞之事。卷三十九續五九枝譚，續尤西堂作也，而較有名理。卷四十閩行日記，卷四十一吴中唱和詩，皆不足觀。

俞樓雜纂　清　俞樾

初七日　閲俞蔭甫俞樓雜纂，亦每卷爲一種，共五十卷。俞樓者，其詁經精舍弟子爲築樓於孤山之麓，在六一泉之西，名曰俞樓也。其第一卷爲易窮通變化論，第二卷爲周易互體徵，第三卷爲八卦方位説，第四卷爲卦氣補考。余素不喜論易之變互反對卦氣，尤不喜言方位。今日閲其卷五詩名物證古，取朱子集傳中所釋名物，證以舊説之異，不加辯論，而義自見。卷六禮記鄭讀考，以段茂堂氏撰周禮鄭讀考而不及禮記，故補爲之。得此及胡墨莊氏儀禮古今文疏證，而鄭君三禮改讀之義發明過半矣。以人事未及徧究而止。

初八日　閲俞樓雜纂卷十三論語鄭義，取鄭君詩箋、禮注中有及論語者詮次之，以存鄭學。卷十四續論語駢枝，續劉端臨氏作也。又閲卷三十九廣楊園近鑑，廣張氏之書而兼陳善惡，以爲勸懲。卷四十壺東漫録，亦隨筆劄記之屬，曰「壺東」者，猶陸友仁雜志題「研北」也。卷四十一百哀篇，其己卯悼亡之作爲七絶一百首，曰「百哀」者，取元微之「貧賤夫妻百事哀」語也。卷四十三五五，取國朝諸家記載新異之事，分義奇愚逸悲五事，事各五類，各系以序論，其意亦主風世，而奇零掛扁，太覺不倫，其名尤近於戲，然讀之殊足感人。卷四十五廢醫論，分本義、原醫、醫巫、脈虛、藥虛、證古、去疾七篇，具有名理，其脈虛、藥虛二篇，析理尤精。

初九日　閱俞樓雜纂卷七禮記異文箋，取鄭注所引異文，爲之疏證，得此更足發明鄭君禮學。惜徐氏養原周禮故書考尚未得見也。卷八鄭君駁正三禮考，其中亦頗糾鄭失，蓋俞氏不深信鄭學也。此卷尚讀之未竟。

曲園雜纂　清　俞樾

初十日　閱曲園雜纂，卷十七讀韓詩外傳，卷十八讀吴越春秋，卷十九讀越絶書，卷二十讀鶡冠子，卷二十一讀鹽鐵論，卷二十二讀潛夫論，卷二十三讀論衡，皆篇葉無多，每不過二三十條，而辨誤析疑，多有據證。外傳及潛夫論亦兼舉趙懷玉校、汪繼培箋之失，俞氏熟於經、子，精於詁訓，固非諸家所及也。

俞樓雜纂　清　俞樾

十一日　閱俞樓雜纂卷九九族考，卷十玉佩考，卷十一喪服私論，卷十二左傳連珠。其九族考謂當從尚書今文家説，合母族妻族數之，以古文家説上至高祖下至元孫之説爲不然，而又分别爲父族四、母族三、妻族二，亦足自成一義，然族不當合母妻言之，余别有論。其喪服私論，謂後世婦爲舅姑之服既加至斬衰三年，則妻父母之服宜加至小功；外祖父母之服，宜如唐開元制加大功，使輕重略稱。又謂婦爲夫之祖父母，宜加期；爲夫本生父母，亦宜服期。又謂爲舅之妻，亦當如開元制服緦，皆本人情以爲言也。然此等事要當别論之。

光緒壬午順天鄉試題名録

十三日　是日順天鄉試揭曉，閲題名録。解元天津人黄耀奎，第五、第六、第十皆天津人，第三江西人文廷式，云是近日有文譽者。浙江衹四人，紹府僅山陰朱仁輔一人，見官兵部主事。南官卷二名，一張樹聲子刑部主事張華奎，一雲南按察使新陽人李德莪子兵部主事李傳元。北官卷一爲桑柏儕尚書孫桑寯，庚午優貢也，柏翁道光壬午舉人，亦足稱佳話。

俞樓雜纂　清　俞樾

閲俞樓雜纂卷十五論語古注擇存，卷十六孟子古注擇存，皆辨何解趙注之優於朱注處，多折衷平允。卷十七孟子高氏學，以高誘吕氏春秋序自言嘗正孟子章句，因取高氏吕氏春秋、淮南子、戰國策注中涉孟子者略詮次之，以存高氏一家之學。卷十八孟子纘義内外篇，取「我善養乎浩然之氣」等三節及「養心莫善於寡欲」一章爲内篇，取「仁者無敵」及「善戰者服上刑」一節、「今天下之地」一節、「王如施仁政於民」一節、「今王發政施仁」一節、「尊賢使能」一章爲外篇，而暢其論説，使文義相貫，意似專爲今之客氣用事及慕效西器者而發，固有託之言也。然持議有本，不墮矯激，亦足爲中流一壺。

十四日　閱俞樓雜纂卷十九四書辨疑，辨元人陳天祥撰四書辨疑十五卷，專辨朱注之誤，俞氏頗稱其善，而舉其説之未合者復爲之辨，僅十五條。其湯盤爲盥器一條，昔人已言之。

曲園雜纂　清　俞樾

十五日　閱曲園雜纂卷八士昏禮對席圖，卷九樂記異文考，卷十生霸死霸考，卷十一春秋歲星考，卷十二卦氣直日考，卷十三七十二候考，卷十四左傳古本分年考。其士昏禮對席圖，謂以經注觀之，夫婦對席對饌一一如繪，賈疏亦明白。而自敖繼公後好爲異説，今取張氏惠言儀禮圖之「夫婦同俎」，鄭氏珍儀禮私箋圖之「特俎縱設」，而更移夫之菹醢醬湆於少北，婦之菹醢醬湆於少南，以合經言「俎設於豆東」，注云「菹醢之東」。設黍於醬東」之文，而各爲圖説以明之。樂記異文考取史記樂書及漢書禮樂志、荀子樂論篇、家語辨樂篇、説苑修文篇，考其文句之異。

生霸死霸考，以霸説文云「月始生魄」爲假字，鄉飲酒義云「月三日則成魄」，康誥釋文引馬融注云「魄，朏也」，謂月三日始生兆朏名魄，而漢書律曆志引劉歆三統術以朔日爲既死霸，次日爲旁死霸，望日爲載生霸，次日爲既旁生霸，始以霸爲月之無光處。於是孟康注漢書遂云：「月二日以往月魄死，故言死魄，魄月質也。」枚氏僞古文尚書武成篇又造「哉生明」之文，以爲月之三日。其説甚辯。

七十二候考備載夏小正、易緯通卦驗、禮記月令篇、周書時訓篇、魏書律曆志、舊唐書曆志所載李淳風麟德曆、開元太衍曆新舊二法，附王冰素問注，而終之以國朝時憲書。以七十二候入曆始於北魏，其候用易軌，與周書不合，一行始改從周書，至今沿用之，而爲注其同異，較近人錢唐羅氏以智七十二候表又加詳焉。

左傳古本分年考，謂傳文如「惠公元妃孟子至隱公立而奉之」，本連下「元年春王周正月不書即位攝也」爲文，「衛莊公娶於齊」，至「桓公立乃老」，本連下「四年春衛州吁弑桓公而立」爲文，自編次者必以某年建首於其前，所有文字皆截坿上年之末，如此之類，凡三十二條，皆爲之訂正，以存左氏之舊。

俞樓雜纂　清　俞樾

十六日　閱俞樓雜纂卷二十群經賸義，言初欲作續群經平義，以衰老不復能成，因舉所得者刻之。

二十一日　閱俞樓雜纂卷二十一讀文子，卷二十二讀公孫龍子，卷二十三讀山海經，於山海經誤文奧義訂正甚多，亦時舉畢校之失。

光緒壬午浙江鄉試題名録

二十二日　聞浙江以十一日揭曉，今日見題名録，解元慈谿陳翊清，第三山陰陳庚，第五山陰朱秉成，皆不知何人也。紹郡共中二十四人，山陰七人，撥府學者二人，會稽二人，撥府學者一人，大半乳臭槍替者。聞今年浙闈縱弛非常，試卷有在外寫進者。順天榜廣東中三十人，惟六人真姓名，餘皆頂冒，至有一人而顧倩六人入闈者，科場之敝極矣。

十月

俞樓雜纂　清　俞樾

初二日　閱俞樓雜纂卷二十四讀楚辭，卷二十五讀漢碑，卷二十六讀昌黎先生集。

拙存詩集　清　劉焞

初六日　負暄坐聽事看菊花，因閱劉拙庵拙存詩集。其近體頗有佳者，古體太率爾，惟述浙中辛酉之變諸樂府詩，雖不工，而事由目擊。其言王壯愍之偵賊被紿致驟失江干，被絶糧道；杭州知府麟趾恃才驕倨，非賄莫通；提督饒廷選之畏賊不戰，往援諸暨，遇賊七騎而遁，遂失蕭山；布政使林福祥之信賊僞降，屢賞金幣亡算；以余所聞證之皆合。又其述近年臺灣事，言新建延平王朱成功祠，祔祀其孫監國克壓。又建寧靖王朱術桂祠，沈文肅葆楨題聯云「鳳陽一葉盡，魚貫五星明」，下句指王妾袁氏等五人同殉也。又有寧靖王介圭，農人耕土得之，今藏法華寺中。詩注引臺灣府志言王五妾爲袁、洪、張、鄭、李氏，死葬魁斗山，今號五妃墓，王與元妃則合葬竹滬，徐氏鼒小腆紀年則云王五妾爲袁氏、王氏、秀姑、梅姐、荷姐。亦頗資考證。

求闕齋讀書録　清　曾國藩

十二日　閲求闕齋讀書録。文正於儀禮用力甚深，其言史記曆書「疇人子弟」，疇與儔通，儔者類也，文選束晳補亡詩序云「晳與同業疇人肆修鄉飲之禮」，則凡同術相聚者皆得稱爲疇人，非專指明曆者言。此條亦從來未正之隱。

二十七松堂文集　清　廖燕

十五日　夜半不睡，閲廖柴舟二十七松堂文集。柴舟名燕，國初曲江布衣。集凡十六卷，其文頗疏儁，欲以幽冷取勝，自負甚高。前題寧都魏和公閲，文後多系評語，蓋山野聲氣之士，而議論偏譎，讀書無本，不脱明季江湖之習。其爲金聖歎傳，極口推服，稱爲先生，言聖歎本名采，字若采，鼎革後更名人瑞，字聖歎。則宗尚可知矣。中有上吴制府乞移李研齋柩歸金陵書，言李官至兵部尚書，國變後隱居金陵，復避亂至韶州仁化縣，卒於萬山中。據全謝山氏鮚埼亭外集達州李侍郎長祥事狀言卒於毗陵。然柴舟親與其子交，吴制府即吾鄉留邨尚書，時以粤督行部至端州。李公子言吴公與其父有文章交誼，因謀還柩金陵，柴舟爲之上書，自當得其實也。

又有南陽伯李公傳，言元胤字源白，淅川縣人，世居縣西鶉鴿谷，本姓孫氏，少孤遭亂。崇禎中李成棟駐防淅川，往依之，及從成棟入粵反正，因以爲子。後至欽州，爲靖南王所執，百計誘降，不少屈。一日諸將校射，笑謂曰：「汝曹何不以我爲的叢射之，令汝曹快心，我亦得見汝曹高下？」聞瓊州瓦解，痛哭三日夜不絕，與弟源赤同日遇害。臨刑，語持刃者令面西，曰：「我君在西也。」二妾亦相率赴海死。所叙較諸稗史爲詳。源赤蓋李建捷之字，建捷真定人，亦成棟養子，後封安肅伯者。

又有祭澹歸和尚文，首題庚申十一月二十八日。澹歸即金道隱，釋名性因，澹歸其字。是道隱卒於康熙十九年冬也。皆足以資考證。其兩上吴制府書及謝吴侍郎書，皆指留邨尚書，以獻所爲文極被嘉獎。又附刻吴公與韶州守令兩書，譽之甚至。尚書以戎幕起家，而禮下文士，謙若不及，其風流可想。

是集爲日本監察妻木氏所刻，前有江門鹽谷世弘序，末題文久二年壬戌，妻木、鹽谷皆姓也。世弘下有「字毅侯」一印，知東國名字相配儗於中華矣。此爲去年何學士如璋使彼得之，歸以贈鐵香，鐵香以粵中久無板，謀更刻之，屬余爲之序，故志其略於此。

大藏經音義　唐　釋慧琳

十六日　得子縝是月五日武昌書，言今年於越中舊肆得唐慧琳大藏音義一百卷，内包四部，所引古籍甚備，孫淵如、馬竹吾諸公輯倉頡篇，任幼植輯字林皆未及見。子縝於其中又輯得許君淮南注五十餘條，又韓詩五六十條，皆在臧拜經輯本之外，洵可寶也。前年楊惺吾自日本寄書，言彼國有此書，其序謂周顯德時中土已佚，得之契丹，今子縝所得不知何時刻本。阮文達四庫未收書，玄應一切經提要謂宋高僧傳云唐釋慧琳撰大藏音義一百卷，今久不傳，是異書之出固有時矣。

夢餘詩鈔　清　邵颿

十七日　光甫來，以近刻邵無恙夢餘詩鈔見詒。無恙名颿，吾邑龍尾山人，乾隆舉人，知江蘇桃源、阜寧等縣，以事落職歸。邵氏世以詩名，余家舊有無恙名媛雜詠，自皇娥至明秦良玉詩，皆七絶，各有小序，寫刻精工，詩亦甚佳，經亂失之。其集向未刻，有手鈔八卷，在其門人常山梁鉞所，梁以嘉慶戊午舉人官諸暨縣丞，至咸豐癸丑梁年已八十，以集付天津張鶴賓，至光緒丁丑，天津沈兆淇始刻爲兩卷，共五百五十餘首，以乾隆間越人，更五朝而刻於燕沽，文字之傳，固有數也。其詩秀朗，多情至語，亦鄉邦風雅所系，故備述之。

三陶文集　清　陶元淳　陶貞一　陶正靖

十八日　閲三陶文集。三陶者，常熟陶元淳字子師康熙戊辰進士，官廣東昌化縣知縣。及其子貞一字改之、本字駿文，晚號退庵，康熙壬辰進士，官翰林院編修。正靖字稺朿號晚聞，雍正庚戌進士，官太常寺卿。也。凡子師先生文集四卷，南崖集四卷。南崖集者，其令昌化日官私文書也。退庵先生集二卷，上卷雜文，下卷虞邑先民傳略及自敘。晚聞先生集十卷，又補録一卷。三陶皆粹然君子，學有本原，其文真實和平，而詞藻斐然，抑揚往復，俱於廬陵爲近。南崖集所言民情利弊，洞悉豪髪，殷殷請命，切於家事，循吏用心，令人觀感。退庵集中有讀易偶識四十三則，讀漢書雜説四十則，皆平情析理之言。明史紀傳論十三首，乃其修明史時稿本，亦醇實可翫。

陶晚聞先生集　清　陶正靖

十九日　閲陶晚聞先生集，晚聞晚年得第，深悉世變，故其文剴切，多裨實用。第一卷經史説摺子九篇，乾隆初輪奏所進者，皆推經義以言時事，反覆詳盡，侃侃有古大臣風。第三卷周官辨僞，駁舉桐城方氏「載師廛人」文劉歆竄入之説，條而駁之，極爲明晳。詩説二十五條，雖不甚信序傳，亦多任臆之談，而涵泳經文，出之娓娓，多切於國政世變，全謝山氏比之范逸齋、嚴華谷，不虚也。春秋説七十八條，體段亦如詩説，而所得較多。論班史八條，頗不滿孟堅。不如其兄退庵所得之深，而文甚條暢。議官制三事，極言郡守之權當重，道員之官可省，佐貳當各舉其職，經歷、照磨等當以代幕賓，使自相辟召，而以名聞銓部，視守令之殿最而黜陟之，皆鑿鑿可行。第四卷明史張居正傳及衛青、張璁等傳贊，皆史館擬稿。第五卷靖海侯、施襄壯公等傳九篇，亦國史擬稿，其體例與今稍異。太常年十五從其父之昌化任，以縣有浮糧銀六百兩，屢請上官，不能革。及太常爲御史，具疏言之，竟得請。以九卿歸田，至課讀自給，孝思清節，奚媿古人？觀其自序，可謂有始有卒者矣。此集爲正甫從兄貴池縣知縣同福所刻，去年冬始刊成，惜於子師、晚聞兩集有所删削，不能無恨耳。子師汰十之四，尤可惜。

二十七松堂文集　清　廖燕

二十日　廖柴舟集有陸烈婦傳，云烈婦會稽人，年十五歸同邑王廷祐，廷祐父之臣爲廣東某縣尉，結縭未及旬，烈婦隨其姑歸會稽，凡十有餘年。之臣爲新會縣尉，烈婦復至粤，而廷祐已久病瘵，烈婦割股肉以進。廷祐旋卒，烈婦屢引刀自裁，家人謹防之。忽一日，與侍婢陽争博歡笑，至夜四鼓伺婢熟寢，手書絶命詞一紙，藏襟帶間，有「及早相從歸地下，免教人唤未亡人」之句，遂自經死，時年二十七。烈婦性聰敏，讀書識章句大義，喜吟詠，嘗楷書内則一卷自儆，尤工繪事。方廷祐已就斂，烈婦於靈前含淚撫廷祐像，並寫己照與廷祐側面相對坐，極肖，又數屬人寬爲殯宫。及烈婦死，雙棺並厝焉。烈婦母趙惟育烈婦一人，苦節二十餘年，與其姑及祖姑三世以節聞，此事吾鄉郡縣志皆不載，所當亟采以光越紐者也。

禮論　清　凌曙

二十一日　閲凌曉樓禮論，考辨精晰，卓然鄭學干城。惟大夫士無主一篇，必申許、鄭而駁徐邈、元懌之説，則非也。

二十四日　閲凌氏禮論。其駁金輔之氏禮箋「陰厭陽厭」之説，不特爲鄭注功臣，亦足深明禮意。金氏謂「陰厭陽厭」，因「陰童陽童」而名，不得通於成人之祭。凌氏謂「陰童陽童」，即因「陰厭陽厭」而名，真破的之論。至成人之祭，尸謖之後必備「陰厭陽厭」者，「孝子求神非一處」之道，尤名言也。

高陶堂遺集　清　高心夔

二十六日　得爽秋書，以新刻高陶堂遺集屬閲。陶堂名心夔，字伯足，號碧湄，湖口人，咸豐庚申進士。朝考以詩出韻置四等歸班，先以己未會試中式，覆試詩亦出韻置四等，停殿試一科，其出韻皆在十三元。湖南人王闓運嘲以詩云「平生雙四等，該死十三元」，京師以爲口實。久館故尚書肅順家，肅待之厚。庚申殿試，肅方筦權張甚，必欲爲得狀元，詢之曰：「子書素捷，何時可完？」高曰：「申酉間可。」至日，肅屬監試王大臣於五點鐘悉收卷，以工書者必遲，未訖則違例，而高可必寘第一矣。然高卷竟未完，於是不滿卷者至百餘人，概置三甲，而仁和鍾雨人學士素不能書，自分必三甲者，竟擢狀元，説者以爲有天道焉。然高實名士，文學爲江右之冠，己未、庚申兩榜中人罕能及之者。後爲令於江蘇，兩署吴縣知縣，無政聲。其後任也在庚辰冬，嘗斷一富人買妾事，誤信市魁誣爲它姓逃妾，致妾及其母皆縊死，富人傷之，亦自縊。巡撫吴元炳將嚴劾，會以憂去，高遂病失心，一年卒。吴中刻其遺集爲陶堂志微録古今體詩五卷，陶堂遺文一卷，附恤誦七十四章、漢碑執一卷。詩文皆橅擬漢魏六朝，取境頗高，而炫奇褥采，罕所真得。自謂最喜淵明詩，故號陶堂，然其詩絶不相似。大抵詩文皆取法於近人劉申甫、魏默深、龔定盦諸家，而學問才力皆遠遜。然思苦詞艱，務絶恒蹊，文采亦足相濟，固近日之卓然者矣。恤誦者，述其家世之作；漢碑執者，取孔宙、韓勑、史晨三碑字集爲七言楹帖五百聯，取太玄「謹於嬰執」語，名曰三漢碑執，以「執」爲古「仇」字也。繼又取孔、韓二碑陰字集五言百聯，名爲執倓，雖近遊戲，亦典雅可觀。

二十七日　閲高陶堂遺文，其文亦多橅近儒張皋文氏，而學力更遠不逮，佳者可仿佛皇甫持正、孫可之，下者遂墮小説。文僅二十一首，如灌園記、代理江蘇嘉定縣知縣劉君墓志銘，其佳者也。次則貞烈蕭宜人祝文、許氏玉芝園記、丁徵君書庫抱殘圖記，詞意已不免稍雜。石鍾山銘銘辭工而序之文亦稍雜。然此六首固可傳矣。灌園記爲山陰傅懷祖作，又灌園先生集序皆極推重之。余嘗見劉彦清履芬紅梅閣駢文一稿，首刻傅所與一書，論駢文甚有名理。陶堂志徵録亦有傅序，奥特可喜。又嘗於人扇頭見其古詩數首，亦不落庸俗。聞其人以布衣老於幕府，吾鄉之畸士也。代理嘉定知縣劉君即彦清，江山人，由户部主事改江蘇同知，升知府，己卯秋代理嘉定縣，一夕忽以翦自斷其咽死，遠近駭之。其駢文學洪北江，亦時之能手。玉芝園爲許仙坪作，書庫圖爲杭人丁丙作。

禮經釋例　清　凌廷堪

二十八日　閲禮經釋例。此書條綜貫穿，已無遺誼，惜其未及申釋制禮之由，俾人知等威節文俱有精意。如能融會注疏以下諸説，反復推明，覺繁重之儀，實本簡易，尤有益於來學。余老且病，不能爲矣。

十一月

毛詩注疏 唐 孔穎達

初二日 閲毛詩注疏及諸家。「春日遲遲，采蘩祁祁。女心傷悲，殆及公子同歸。」箋以公子爲豳公之女公子，謂春女感陽氣而悲物化，有與公子同嫁之志，是也。古人爲政，先以男女及時爲急，故桃夭以宜家爲美，摽梅以迨吉相期，周南之風，尚承豳公之澤。其後周禮有「中春會男女」之文，周之先公先王，禮教所由興也。春日采桑之女，感遲日之來，知嫁期之至，故「女心傷悲」者，所謂「女子有懷，遠父母兄弟」也。「殆及公子同歸」者，見其時君民一體，國無失時，所謂「好色與民同之」，「内無怨女，外無曠夫」也。毛傳謂「豳公子躬率其民同時出，同時歸」。夫古者男女不同行，國君之子雖勤於民事，亦何至親率采桑之女同出同歸乎？鄭君易之，自爲致確。朱子謂此女將嫁豳公之子，則非矣。陳氏啟源謂嫁言「于歸」，無言「同歸」者，豈知「帝乙歸妹」見於易經，「伯姬歸宋」書於魯史，謂嫁曰歸，古今通誼。故連文則曰「于歸」，單文則曰「歸」，何容疑也？至輔廣謂女感春陽而欲與公子同歸，事近於褻。不知男女之情，古所不諱，懷春有女，亦詠召南。若謂公子省耕，遊女群集，夕陽曠野，逐隊同歸，不更褻乎？

「制彼裳衣，勿士行枚」。正義引定本云「勿士行枚無銜字」。臧氏琳經義雜記謂據此知孔本經作「勿士銜枚」，箋作「初無銜枚之事」。今正義本依定本及釋文改經「銜」作「行」，箋「初無」下增「行陳」二字，當以孔本爲是。太平御覽卷三百五十七引詩「勿士銜枚」與孔合。慈銘案，臧説極確。毛傳「行」字無訓，於「枚」訓「微」。胡氏承珙謂「微」即「徽」字，徽者止也，銜枚以止言語者，是也。毛以「銜」字人所盡解，不煩爲訓，鄭箋即申毛誼，「行陳」二字，明是後人妄加，蓋必「銜枚」二字連文，方能成誼。若經文本作「行枚」，而鄭箋以「行陳」釋「行」字，「銜枚」釋「枚」字，夫不曰陳，則行者何事？不曰銜，則枚者何物？古人有此文誼乎？阮氏校勘記及胡氏、馬氏瑞辰皆以臧説爲非，殊不可解。至「制彼裳衣」，箋云「女制彼裳衣而來，謂兵服也」，蓋言在家婦女方爲征人制裳衣遠寄，而東國已平，無有銜枚之事。所謂兵服者，即征人所服，非必戎服；所謂無事銜枚者，不過謂無事征戰，故箋云「言前定也」，謂衣方來而事已定也。馬氏謂「制彼裳衣」，是制其歸途所服之衣，亦非。

「蜎蜎者蠋，烝在桑野。」毛傳「烝，寘也」，鄭訓「烝」爲「久」，云「古者，聲、寘、填、塵同也」。「有敦瓜苦，烝在栗薪」，毛傳「烝，衆也」，鄭箋「烝，塵也」。慈銘案，常棣「烝也無戎」，毛訓「烝」爲「填」，鄭亦訓爲「久」，復云「古聲填、寘、塵同」。是鄭以塵、久爲烝之本字，以填、寘爲聲近誼通字，以烝爲假借字，兩云「古聲寘、填、塵同」者，皆所以力申毛誼。蓋「蜎蜎者蠋，烝在桑野」者，蠋是桑中蠃蟲蛩蟺，在野以喻士之露宿車下，故云「敦彼獨宿，亦在車下」，憫士之勞也。「有敦瓜苦，烝在栗薪」者，栗讀如「東門之栗」之「栗」，謂行上栗也。古者以栗表道，苦瓜而繫積栗薪之上，以喻征人之婦無所繫屬，日夜望夫之至。必云瓜者，左傳言「瓜期而往，及瓜而代」，蓋古以瓜熟爲戍歸之期。栗在家巷之前，婦望歸人之處，故云「自我不見，于今三年」，言思婦之苦也。毛訓「烝」爲「衆」，凡物塵積者必衆，誼亦相申。胡氏謂語同訓異者非。

「倉庚于飛，熠燿其羽。之子于歸，皇駁其馬。親結其縭，九十其儀。其新孔嘉，其舊如之何。」箋謂「倉庚仲春而鳴，嫁取之候，歸士始行之時，新合昏禮，今還，故極序其情以樂之。其新來時甚善，至今則久矣，不知其如何也，又極序其情樂而戲之」。此真善言物情，極得詩人之旨。古人三十而娶，周初必無失時未昏者。其從戎役，皆取壯者，膂力方剛，能勝軍旅，必無少弱充數者。故東山四章皆以夫婦相思爲言。首章言「獨宿車下」，結章以夫婦之情樂之，云「其新孔嘉，舊更如何」，所謂婉而多風也。自王肅以倉庚羽翼鮮明喻嫁者之盛飾，孔、晁遂謂倉庚二語非紀時。見周禮「媒氏」疏引孔、晁申毛傳義。蓋始以爲士歸而取妻，而此詩所言時物皆在夏秋，故以「熠燿其羽」爲喻嫁娶之盛。夫「九十之儀」，何至取喻於小鳥之有文？古人霜降逆女，冰泮殺止，先王制禮，一定不易，不得以歸士有勞，夏秋爲昏。且方言新娶，何忽慮及久長，豫言其舊？於情爲不合，於詩爲不詞。胡氏力申王孔之說，而以箋誼爲迂，失之甚矣。

「狼跋其胡，載疐其尾。公孫碩膚，赤舄几几。」箋謂「周公進則躐其胡，猶始欲攝政，四國流言，辟之而居東都也。退則跆其尾，謂後欲復成王之位而老，成王又留之。孫之言孫遁也。周公攝政七年，致太平，復成王之位，孫遁辟此成功之大美，成王以爲太師，履赤舄几几然」。慈銘案，序言「周公攝政，遠則四國流言，近則王不知，周大夫美其不失其聖也」。箋皆本此爲說。故通其前後攝政，綜公一生言之。其始攝政，若聞流言而不辟，則無以自明，將如狼之躐其胡。其後攝政，若已致太平而不復子明辟，則爲王所疑，將如狼之跆其尾。惟公遜成功而不居，以太師終老，履赤舄而安固，說文「掔，固也」，引詩「赤舄掔掔」。其誼甚明晳，無可易者。毛傳誤以「公孫」爲成王，王肅遂云「周公所以進退有難者，以俟王之長大，有大美之德，能服盛服」。正義申鄭說，又謂既遜而留爲太師，是退有難也。夫美周公而言及成王之盛服，已爲辭費，且於狼跋疐之誼，何所取興？留爲太師，何爲有難？皆害經旨而違鄭誼。胡氏謂：「專指周公初攝，四國流言時事，二叔不咸，冲人未悟，周公欲進不能，欲退不得，正跋前疐後之狀。」以箋爲非。不知此詩次東征西歸之後，殿豳風之末，自據公始末之事，美其不失其聖。所云「近則王不知」者，成王雖因風雷之變，悔悟迎公，然使公久固其權，則始疑未必不復萌。後世假託公事，所謂延登受册假王涖政者，或宵小讒構，因之以起，是如狼之疐尾，公亦終失其聖矣。惟孫其碩膚而反政，故受太師之位，優遊履道，詩人以「赤舄之几几」，反形狼之跋疐，皆以足容行步爲言，是體物之工，屬辭之妙也。馬氏從孫毓說，以傳「公孫」指成王爲非，而謂周公亦豳公之孫，以碩膚爲膚革充盈，異於狼之跋疐，亦病纖鑿。

鄭君箋詩，成於晚年，最爲純粹。略舉五則，以見箋之不易讀而鄭學之可貴也。

李善蘭著述

二十日　是日李壬叔開弔，以其喪在東四牌樓十錦花園胡衕，路遠日寒，不及往弔。然心甚歉之，余與壬叔未嘗往還，而曾識面，且蒙以所著新譯幾何原本見贈，今缺此一束之奠，它日當悉搜其遺書，爲作傳以報之。壬叔名善蘭，海寧人，附貢生，久游戎幕。曾文正公開算學機器局於江寧，延之爲總校。同治五年冬，京師設同文館，薦之充天文算學總教習，八年五月，授中書科中書，十年十二月加内閣侍讀銜，十三年四月升户部主事，加員外郎銜。光緒二年十月升員外郎，五年四月加四品銜，八年五月升郎中，自中書至今官，皆以教授諸學生有成效，叙年勞得之。然皆額外候補，未嘗一真除也。以是年十月二十九日卒，生於嘉慶十五年十二月八日，年七十有三。所著有則古昔齋算學方圓闡幽一卷、弧矢啟祕二卷、對數探源二卷、垛積比類四卷、四元解二卷、麟德術解三卷、橢圓正術解二卷、橢圓新術一卷、橢圓拾遺三卷、火器真訣一卷、尖錐變法解一卷、級數回求一卷、天算或問一卷、新譯幾何原本十三卷、續補二卷、代微積拾級一卷、曲綫説一卷，皆刊行。妻米氏，子一，繼光。

河東先生集　宋　柳開

二十八日　閱柳仲塗河東先生集，共十四卷，前爲宋史列傳及其門人張景序，又國朝盧氏文弨序，末附景所撰柳公行狀及國朝何氏焯兩跋、浦陽戴殿海跋。仲塗初名肩愈，字紹先，其自爲東郊野夫傳及景行狀皆同。而宋史作名肖愈，字紹元。仲塗以子厚爲其祖，必無用「元」字之理也。文頗嶄岸有筆力，勝於穆參軍，而好爲大言則與之同，蓋唐末江湖之氣猶未能盡洗矣。

十二月

朔　閱柳仲塗集，其文言理及自譽者皆甚可厭，又喜多用語助字，或支離詰曲，唐季之惡派也。論事叙人頗有佳者，又可以證史者三事。

上主司李學士書云：「開之大王父，諱璨。唐光化中趙公諱光逢。司貢士也，賓來應舉，趙將以榜末處之。有移書於趙公毁我先君者，趙公始得一書乃遷其名而進一等，前後得謗書二十六通，每得一書，必進一名。是歲也，趙下二十七人，故我先君名止於第二，苟是時未止於二十六人之毁也，即必冠乎首矣。我先君後果作相於唐，而有力扶大難之美陷乎身，而君子到於今稱之。」案，「大王父」者，蓋曾祖也。張景爲仲塗行狀，言「曾祖佺、祖舜卿，皆不仕；考承翰，爲監察御史」，「世居魏」，宋史及東都事略皆言開「大名人，父承翰」。考唐代亦無柳璨爲相者，「璨」又不成字，疑即柳璨也。璨傳言光化中登進士第，昭宗末同平章事，後與蔣元暉等同爲朱全忠所殺。惟璨爲公綽從弟公器之孫。舊唐書公綽傳云「京兆華原人」，而璨傳云「河東人」，蓋舉其郡望，皆與魏不相涉。仲塗以子厚爲祖，是亦出河東，而其曾祖自名佺，此書乃稱爲大王父，又屢稱爲我先君，且以負國賊而謂以力扶大難陷身，皆不可解。蓋以同宗之祖行，强相攀附，即其祖子厚亦然，文人虚誇之習也。然此一節，可以存唐代科名故事。

又宋故開府儀同三司檢校太師贈侍中孟公墓志銘及滁州祭孟太師文，皆爲孟昶子玄喆作，宋故和州團練使李侯墓志銘爲李筠子守節作。孟志言玄喆字遵聖，母趙妃，早殞。蜀昶卒後尚有楚、齊、越國三夫人。玄喆歷守兖州、貝州、定州，加特進，以功封滕國公，授金吾統軍，知滑州，最後知滁州，以淳化三年九月卒，年五十六，贈侍中。有子十五人。隆証，曹州觀察推官；隆詁，知□豐縣事；隆説，吉州軍事推官；隆詮，秀州軍事推官；四人皆登進士第。隆諲，供奉官；隆諫、隆諤、隆讜、隆諗、隆詢，皆殿直；隆諰、隆譯、隆謐、隆護，皆幼。案，以上祇十四人，蓋脱其一。李志言守節字得臣，曾祖植，贈太尉；祖益，贈太師。守節以開寶四年二月卒，年三十三，無子，有弟曰鈞，皆史所不及詳。仲塗由第進士至殿中侍御史，雍熙中與侍御史鄭宣等五人並以文臣有武略改右班，出知州鎮。仲塗改崇儀使，後加如京使，終於知滄州，而行狀系銜曰「金紫光禄大夫、檢校司空、兼御史大夫、上柱國、河東縣開國伯」。蓋宋初武臣州任階勳檢校官，猶沿中唐以後藩鎮之制，超越數等，至軍州必兼御史大夫，則邊鎮多同，元豐未改官制以前猶如是也。其卒在咸平三年三月，年五十有四，宋史作四年誤。又宋史言開兄肩吾至御史，肩吾三子，湜、灝、沆，並進士第。考集中贈大理評事柳公墓志銘及故贊善大夫柳君墓志銘，則肩吾實仲塗仲父天雄軍都教練使承昫之子，官至太子左贊善大夫，知鄄州，未嘗爲御史。有六子，湜、滉、液、潀、濬、潯，湜第進士，官中牟尉，無名灝、沇者，蓋滉等後改名又第進士耳。史文疏舛，大率如此。

尹河南集　宋　尹洙

初二日　閲尹河南集，據嘉慶間長洲陳氏刻本也。詩一卷，文二十四卷，五代春秋二卷，共爲二十七卷，附録一卷，爲本傳、墓表、志銘、祭文之屬。師魯文筆警特，議論通達，似唐之杜牧之，而平正較勝，色澤差減耳。然宋人如張、晁以下皆不及也。歐陽文忠稱其簡而有法，知言哉。

初五日　閲尹河南集。其卷二考績議，云：「國朝考績之制，自五品已下悉自上功狀，有司程殿最覆奏以升退之，所以甄年勞而重禄賞也。」「按唐貞觀故事，門下置具員，以次補庶官。建中三年，中書上言貞觀故事，常參官外官五品以上，每有除拜，中書門下皆立簿書，謂之具員，取其年課以爲選授，此國之大經也。今諸刺史四考，郎中、起居、侍御史各兩考，餘官各三考與轉，餘並準故事，宜循其制，申命有司，自五品而下，謹其官簿，取歲月當遷者，籍其治行於朝而命之。有司失舉與自上功狀者鈞其罰。」據此，是宋制五品以下官皆自陳年勞，以乞遷轉，故東坡未嘗以歲課乞遷，其後至尚書承旨而階止於朝奉郎也。

卷四王氏題名云：「陝郡開元寺建初院有進士登科、題名二記，其一題云天復四年左丞楊涉下進士二十六人，實唐昭宗遷洛改元天祐，歲駐蹕於陝所放榜。第十四人王公諱澥之，第十一人劉岳，後官太常卿。開寶二年王公嗣子工部某所追書。」此事可采入唐代科名考。徐星伯嘗輯此書，其稿本在故大理卿朱修伯學勤家。

又題祥符縣尉廳壁云：「縣治都門外，所部多貴臣家。前世赤縣治京師，不以城内外爲限制，事廣而勢任亦重。今京城中禁軍大將領兵徼巡，闤市之民不復知有赤縣，此乃因循權制，豈前世法哉？」據此則宋時京縣已治都門外，然開封尹及南宋後知臨安府者，猶治城内事，至明而順天府尹亦不與城内事。國朝因之，故京尹但取具員，無有以政稱者矣。

其卷十五大理寺丞皮子良墓志銘字漢公。云：「其先襄陽人，曾祖日休，避廣明之難，徙籍會稽。及錢氏王其地，遂依之，官太常博士，贈禮部尚書。祖光業，佐吴越國，爲其丞相。父粲，元帥府判官，歸朝，歷鴻臚少卿。公幼能屬辭，淳化中以家集上獻。初，尚書以文章取重於咸通乾符世，及丞相鴻臚，皆以文雄江東，三世俱有編集，總百餘卷，至是悉以奏御。得召，試對便殿，賜出身。仕至巢縣令，監筠州酒税。子仲容，官太常寺博士。」四庫全書提要已據此及放翁老學庵筆記證新唐書言日休降黄巢被害所説全異，趙雲松陔餘叢考亦辨之。此又言日休移籍會稽，子孫世居越，至子良卒後始葬河南，則光業以下已爲會稽人。吾鄉郡縣志宜以日休入流寓、光業入人物，而自來無及之者，蓋是集世固罕得見也。

方望谿先生集 清 方苞

初九日 閲望谿文續集。近日周瑞清等入刑部獄，索費至三千金，龍繼棟等羈管關帝廟中，亦費至二千金。周得小室三間，龍止一間，可自攜僕作食，且通家人賓客往來，否則僅一小土炕，以兩獄卒敝衣穢垢者夾持之，不許家人内一勺飲矣。望溪獄中雜記五首言老監之害及職官本應居板屋，而貧者轉繫老監，其訟之未結正者本應居現監，而亦繫老監，甚至左右鄰保干證牽連，悉械手足入老監，然後導以取保，中家以上皆竭其資，得出居於外，其次求脱械居板屋，費亦數十金，否則械繫不少寬，而大盜有居板屋者。又言自韓城張公廷樞復入爲大司寇，静海勵公廷儀繼之，諸弊皆除。烏虖！今安得有張、勵其人哉？南唐李後主時，獄囚夏施幬帳，冬厚衾褥，時其飲食，至經赦出獄者皆涕泣，宋太宗笑其愚，而不知此實仁者之用心也。今西洋英法諸國獄室甚潔，食常有肉，而課以工作，其法尤善。至望溪言獄所索費，官與吏剖分之，今利止歸吏與隸卒，而官不與，則今之勝於昔者矣。

陳永定造像記

十三日　閲陳永定造像記。上層爲佛像及兩侍者陰文，下層字八行陽文，皆有界畫，首云：「永定二年歲在戊寅秋七月廿五日，周文有於大莊嚴寺爲衆姓弟子一切衆生敬造無量壽佛一區，衆姓弟子一心供養。」凡三行，行十六字，其後横列「衆姓弟子」四字陰文，下列張春發至李本亨五人姓名，又横列「一心供養」四字陰文，下列王銘見至白淳抽五人姓名，又横列「無量壽佛」四字陰文，下列陳文勦至侯卞志五人姓名，其下爲黑界，似無字。下又列高少之至林石中五人姓名，凡姓名皆陽文。此記沈子培新得之都中碑賈，不知所從來。南陳一朝本無片石流傳，得此可寶，而有言是蜀人僞造者，近爲王廉生之弟某買其石歸山東，其字全似北碑。又陳時已無蜀，如出彼土，誠爲僞矣。當再訪之。

劉平國碑

十七日 閱劉平國碑。此施均甫所贈者也。據均甫原跋，言已卯六月得之阿克蘇所屬賽木里城東北二百里山上石壁，文共八行，行約十五六字，漢隸，頗曼患。稍可辨者弟一行有「龜□似是「兹」字。左將軍劉平國」字，弟二行有「秦」字，弟三行有「阿」字，弟四行有「曰始斵山石作此」字，弟五行有「慈父民喜長壽億年」字，弟六行有「永壽四年八月甲戌朔」字，弟七行有「直逮□屯東烏累關城」字，弟八行有「將軍」字。又一紙三行，行約三四字，首一行似有「一「安」字，二行似有「于伯」二字，三行有「作此誦」三字。阿克蘇在漢爲温宿國，賽里木爲姑墨國地，後漢桓帝永壽四年六月改元延熹，此在八月，猶紀永壽者，西域距洛陽甚遠，改元詔書猶未到耳。是年五月甲戌晦日食，六月爲乙亥朔，七月爲乙巳朔，是月小盡，八月爲甲戌朔，通鑑目録以及近人汪謝城歷代長術輯要所推皆同，其山在賽木里城東北二百里，則已接庫車竟，庫車即漢龜兹國，故有「龜兹左將軍」之稱，惟漢書西域傳龜兹國有左右將、左右都尉、左右騎君等官，無左將軍，且所載皆龜兹所設之官，非漢吏。而此所云劉平國，必是漢人，其文字亦是漢制，漢官有左將軍，上不應冠以龜兹，疑龜兹上當有「領護」或「使」字也。「斵」即「斸」字。

窆石殘字

十八日　閱窆石殘字。心雲所拓頗精，似於「日王石[illegible][illegible][illegible]文真黃」九字外尚依稀可得數字，其右宋人「會稽令趙與陞來遊男孟握侍」十二字八分書頗有筆力，其左此據石之左右爲定，不論字之左右。題七律詩行楷一章，字已曼患，詩本不佳，又無姓名，不知爲宋爲元，可任其有無耳。

續古文辭類纂　清　王先謙輯

二十四日　得王益吾祭酒九月十七日長沙書，並詒新刻續古文辭類纂三部，屬以二分致鐵香、爽秋。此益吾所纂，專續桐城家法，取姚南青、朱梅崖、彭秋士、彭尺木、羅臺山、姚姬傳、魯山木、吳澹泉、名定，字殿麟，歙人，著紫石泉山房文集十二卷。秦小峴、惲子居、王濱麓、名灼，字悔生，桐城人，乾隆五十一年舉人，官教諭，著悔生文集八卷。張皋文、陸祁孫、陳碩士、姚碩甫、鄧湘皋、名顯鶴，字子立，新化人，嘉慶九年舉人，官訓導，著南村草堂文鈔廿卷。周星叔、名樹槐，長沙人，嘉慶十四年進士，官知縣，著壯學齋文集十二卷。吕月滄、名璜，字禮北，廣西永福人，嘉慶十六年進士，官浙江同知，嘗知山陰縣，著月滄文集八卷。姚春木、毛生甫、吳仲倫、管異之、梅伯言、方植之、張石舟、朱伯韓、馮魯川、曾文正、吳子序、名嘉賓，南豐人，道光十八年進士，官編修，同治三年殉寇難，著求自得之室文鈔十二卷。龍翰臣、彭子穆、名昱堯，廣西平南人，舉人，著致翼堂文集。王少鶴、邵位西、魯通甫、戴存莊、名鈞衡，桐城人，舉人，著未經山館文集七卷。孫芝房、管小異、名嗣復，同子，諸生。吳南屏名敏樹，巴陵人，舉人，官訓導，著梓湖文集十二卷。三十八家之文，得四百五十六首，分體一依姚氏，惟無奏議、詔令、辭賦三門及説與頌，甄别審慎，多有可觀。然尺木、臺山、茗柯、碩洲四家，實與桐城無涉，梅崖、碩士殊無足取，植之尤庸妄不學，以之充數，頗病續貂。而嘉興之錢衎石、吾邑之宗滌甫師與桐城桴鼓應和，乃反不録。即魏默深宗恉雖别，亦不菲薄桐城，文筆卓然，足爲諸家生色。包慎伯雖病蕪雜，亦有佳篇，似亦不得遺之。惜祭酒在都時未及與之商榷也。

光緒九年

正月

東都事略 宋 王偁

初二日 點閱東都事略。宋制，狀元多授將作監丞通判某州，如吕蒙正、陳堯咨、孫何、李迪、王曾、蔡齊、王拱辰、王堯臣、吕溱、賈黯、鄭獬、馮京等皆然。然亦有以它官爲通判者，如宋庠以大理評事通判襄州是也。有授推官者，如梁顥爲大名府觀察推官，孫僅爲蘇州推官是也。吕蒙正對太宗言「臣忝甲科及第，釋褐止授九品京官」，考將作監丞、大理寺丞、光禄寺丞皆京官九品，故陳堯咨之兄堯叟亦以第一人授光禄寺丞，至南宋始授承事郎、簽書節度判官廳公事，爲狀元定制。而北宋時凡進士甲科，皆授將作監丞通判某州，或大理寺丞通判某州，如韓琦、趙槩、楊察等皆第二人，蘇易簡、李至、趙昌言、田錫、宋湜、周起、李沆、王隨、向敏中等皆僅甲科，而俱授將作監丞通判某州。王珪第二人，丁謂第四人，皆授大理評事通判某州；又李昌齡、王化基、夏侯嶠、温仲舒、張齊賢、馮拯、李諮、薛映、孫抃、劉敞等，亦皆以甲科授大理寺丞通判某州。錢易亦第二人，授光禄寺丞通判蘄州；宋祁以第十人授復州推官。吾越如杜正獻以第四人授揚州觀察推官，陸農師以第三人授蔡州推官。凡通判、推官，皆帶京官，史不言者，省文。可知甲科分授通判、推官，無第一第幾之差，惟第一人至次科狀元出，則入爲史職，謂之對花召，是非第二人以下比耳。

初六日 點閱東都事略。王文穆、丁謂，南人多右之，蓋以宋初北士甚盛而南士少，兩人又俱有文學，故論者頗左袒，然實僉邪不可掩也。文穆之傾趙安仁、李宗諤甚可畏，不止軋寇萊公。謂之請劉后專政，罪尤大。然其貶也，乃以庇雷允恭擅移陵寢皇堂二十步，坐以不道，則轉失其平。皇堂之移，欲利天子多子孫耳，而劉后欲並誅之，王沂公等亦以爲意在無君，下流之歸，亦已甚矣。當時如晏元獻草葬李宸妃，志言其無子，仁宗語張士遜云：「人言范仲淹嘗欲乞廢朕。」英宗言入立時蔡襄有異議，使在漢唐之世，皆有湛族之禍，彼譖人者亦已太甚。然則謂明肅臨朝時程文簡嘗獻武后臨朝圖者，以文簡爲人大概觀之，其事亦烏足信哉？

史記 漢 司馬遷

初七日 夜爲甥姪輩講史記荆軻傳，刺客曹沫事不足信，聶政則盜也，專諸乃亂賊，惟豫讓、荆卿不失爲義。燕秦敵國也，丹與荆卿出萬死一生之計，冀存社稷，非嚴仲子以一己之憾仇其國相，幾並死其君者可同年語也。故聶政真盜，史公於六國表亦明著之，綱目以荆卿與政同科，其謬已甚。今之自附講春秋之義者，尚拾紫陽之餘唾，是夏蟲之語冰矣。丹與荆卿、田光、漸離諸人事，足以增長氣義，故爲甥姪言之。

史叙荆卿事較國策爲詳，卿與漸離皆具本末。其論曰：「始公孫季功董生與夏無且遊，具知其事，爲余道之如是。」則史記此傳非取之國策，而中壘戰國策叙言取「中書餘卷」及「國別者八篇」，以次相補，除其複緟，其書名又有國策、國事、事語短長等之異，是戰國策一書本雜掇而成，疑燕策此篇即取之史記而芟其首尾，以國策之體非紀一人之事，故删去荆卿始事，而徑以「燕太子丹質於秦亡歸」句起耳。史記索隱謂此傳雖約戰國策而亦别記異聞，非也。史公謂又言荆軻傷秦王非也，使國策先有明文，何必辨之？

續古文辭類纂　清　王先謙輯

十二日　姚姬傳儀鄭堂記爲其門生孔顨軒作也，其文以説經精善爲末，又謂「雖古有賢如康成者猶未足以限吾撝約」，其言可駭。儀鄭堂駢文中有上座主桐城姚大夫書，即爲此記而作，其詞頗峻，蓋顨軒學問遠過其師，又服膺高密之書，宜其聞之怫然也。姬傳又爲金輔之作禮箋序，有曰「大丈夫寧犯天下之所不韙，而不爲吾心之所不安，其治經亦若是」，所言尤誕。儒者於前賢之説有所補正，公是公非，無取忿争，何至犯天下之所不韙？金氏本治鄭禮，其書頗有辨正，不過掇拾緒餘，以相發明，非顯然背馳、悍然攻擊也。然如「陽厭陰厭」之義，最違康成，而其説實不然，淩曉樓已駁正之。足知舍鄭言禮所失必多矣。姬傳於學實無所知，恃其齒耄名高，浮游撼樹。今禮箋刻本皆無此序，蓋輔之惡而去之也。湘人過尊桐城，賢者不免。曾文正集中有復吳南屏書，極稱惜抱兩作，謂義精詞俊，夐絶塵表，不可解也。

尹河南集　宋　尹洙

十四日　尹師魯卒時年僅四十七，而樹立卓然，文章亦底於成，非特論事深切可喜，其言多類知道者，此杜牧之所不及也。集中答王仲儀書云：「才者容有小人，而不才者不害爲君子。君子而才不至，其進也於世不甚益，亦不甚損；小人才而進，雖樹功立事，其蠹益深。」與李仲昌書云：「賢而適不與己親，不肖而適與己親，足下雖能辨其賢不肖之異，而皆用其親疏而親疏之，豈以人厚己，棄之不祥，不己親而强附之爲佞耶？君子之親賢，非以發其禄仕，振其名譽，蓋將以立身而至於道者也。焉有親賢而爲佞乎？若不肖者業與之厚，不當絶之，毋自昵焉可也。世復有以附己者爲賢，異己者爲不肖，不獨置親疏其間，又從而反其賢不肖之實，此所謂朋黨者也。」皆不刊之論。其答王仲儀又一書云：「某到隨州城東得一僧居，竹樹甚美，頗有隱者之趣，所愧者以罪來耳。」乃其貶漢東節度副使時，所言灑然，絶無怨尤，非知道者不能也。今日爲書其好惡解後云。

書尹河南先生文集好惡解後

余讀尹師魯好惡解曰：「甚矣，世人毁譽之亟也。觀人之色辭，則是非紛焉。其色之莊也，譽之則曰重而有守，毁之則曰很而自恃；其色之和也，譽之則曰易而兼容，毁之則曰諂而求合；其辭之寡也，譽之則曰慎而讓善，毁之則曰險而伺過；其辭之博也，譽之則曰通而適理，毁之則曰夸而尚勝。」烏虖！由尹氏之言，人之處世也，不能無酬酢，一嚬笑，一出口，無不爲世訴者，則君子難乎免於今之世矣。其人而不能自立者，與必將闚覘揣摹爲戚施之面柔，籧篨之口柔，脂韋巧佞，隨人俛仰；其賢智之過者，必將遁於莊周氏之言，謂彼亦一是非，此亦一是非，終紛然而無所定也。於是曰爲嬰兒者，吾與之爲嬰兒；爲無町畦者，吾與之爲無町畦；爲無崖者，吾與之爲無崖，一出於陽狂玩世，涣然無禮義之畔。不幸而爲嵇康、王僧達之流，其取禍愈速。即幸而如阮籍、劉伶、畢卓者，亦已爲名教之罪人，身雖完而節裂矣。

然則君子之處世也，將奈何？夫子曰：「居處恭，執事敬，與人忠。」卜子曰：「君子敬而無失，與人恭而有禮。」此數言者，持身之要，造次顛沛必於是者也。夫人心之不可測，與所遇之不能一，吾無術以知之，惟竭吾之誠與敬，率性而行之。而一人之好惡與一時之毁譽，皆可以不計。故孟子言横逆之來，君子必自反，曰：我必不仁也，必無禮也。至再三自反，而横逆猶是，則君子亦不能不比其人於禽獸。夫以吾相人偶之人而禽獸之，此君子之所甚痛。而聖賢不免爲是言者，誠以吾之事已無可加，而不能不與人相接。使稍移吾意，而冀人之盡吾諒，則必漸變其誠與敬，而高者入於玩世，下者馴至媚世以説人，將日畔於禮，而與彼相安者，吾亦儕於馬牛，故不得不以禽獸絶之，而曉然於彼之好惡於人無與，雖日相接而人禽判焉。所謂君子之異於禽獸者幾希也。烏乎，可不畏哉！

一鐙精舍甲部稿　清　何秋濤

二十九日　夜得心雲書，以揚州新刻何願船一鐙精舍甲部稿見眎。願船名秋濤，福建光澤人，道光甲辰進士，官刑部主事。咸豐庚申，尚書陳孚恩進其所著北徼彙編八十五卷，晉員外郎，在懋勤殿行走，賜其書名朔方備乘。次日詔毋庸入直。旋以憂去官，主保定蓮池書院。同治元年六月卒，年三十有九，所著多散佚。此稿僅五卷，卷一孟子編年考，卷二周易爻辰申鄭義及爻辰圖説，卷三禹貢鄭氏略例，卷四經解五首。有目無文者五首，其周禮故書考一首，亦不全。卷五考據雜文九首，有目無文者二首。其祁大夫黄羊字説，備載苗先鹿、王蓂友、何子貞、陳小蓮瑑，嘉定人。諸家之文，而附以己説，壽陽相國已別刻之。

二月

初三日　閱何願船禹貢鄭氏略例，分爲十三門：曰援東漢圖籍，曰駁正班志，曰地理證實，曰地理志疑，曰導山釋義，曰導水釋義，曰言過言會皆水名，曰言至於者或山或澤皆非水名，曰改讀正字，曰明書法，曰政令，曰禮制，曰名物。其所采鄭注，大抵本於王、段、江、孫四家，間有補正，亦多駁王、江、孫之説，而頗取胡氏錐指，鉤擿異同，殊爲邃密。又閱周易爻辰申鄭義一首，凡列「十六難」「十六申」，於高密之學，可謂盡心焉矣。

何棅行卷

十五日 鄉人何秀才濬爲其子新舉人棅送行卷來，秀才治鋒之子，竟山之弟也，本峽山邨人。其履歷云六世祖明南京工部尚書贈太子少保詔，詔生府君鎬，鎬生前軍都事景昂，景昂生明萬曆癸未進士江西參政分巡湖西道繼高，繼高生生員光道，光道生明選貢生兵部員外郎育仁及崇禎乙丑進士御史宏仁，育仁生國朝順治甲午科湖廣舉人曾栗，曾栗生康熙丙午舉人浙江嘉興府知府鼎，鼎生貴州黎平府知府經文，經文生總督銜河南巡撫贈太子太保謚恭惠煟及廣西右江兵備道炌，煟生江西巡撫裕城及安徽池州府知府裕均，裕城生山東武定府知府鐘、陝西布政使太僕寺卿銑、乾隆甲辰召試舉人貴州按察使金。自煟始以任杭州府東防同知時引見奏歸浙江原籍，詔歷官有清名，宏仁、育仁明末皆以忠節著，煟、裕城父子皆能吏，皆嘗任東河河道總督，以勞聞，煟尤稱名臣，吾越世家自餘姚孫氏、會稽陶氏外推山陰何氏，而孫氏國朝無顯者，陶氏近世科名，非明之故家，何氏自按察以後名位雖微，然尚有咸豐壬子進士廣西梧州府同知謹順、道光癸卯副榜彬，今棅复登科，蓋衣冠莫之先也。

又其履歷載詔三妻，唐及孫皆封夫人，郭以子貴封太夫人，郭蓋明世宗時刑部尚書鰲之母，以司寇頗蒙清議，故不載其名。吾越有明以來鄉評之嚴如是。司寇爲分宜門生，楊忠愍之獄附會分宜，其實非司寇殺之也，特不能争耳。司寇少有清望，嘗諫武宗南巡，及嘉靖大禮被廷杖，歷官六卿，以廉幹聞，未老致仕，卒贈太子少保，世宗實録稱其忠清公正，有古大臣風。萬曆紹興志亦爲立傳，自明季東林、復社諸君子出，清議益嚴，蕺山講學越中，風俗丕變，士夫以名節爲己任，至今雖鄉愚父子皆知司寇爲小人，此則司寇之不幸耳。以司寇平生大略論之，蓋國朝鄉先達中陳尚書大文、余尚書文儀之儔匹，遠在近日譚端恪之上。而越俗愈下，士論不立，今且爲不肖之所群趨矣。使司寇而在今日，有不以名臣碩彦奉之者哉？閱此有感，聊埒論之。

臺灣雜詠　清　王凱泰　馬清樞　何澂

二十六日　得何竟山正月晦日福州書，並寄所刻臺灣雜詠一册。先爲閩撫王文勤七絶四十四首、閩人馬清樞七律三十首，而埒刻竟山七律二十四首，詩皆有注，足備參考，而辭皆不工。惟竟山詩注引夏琳閩海紀録，言鄭成功初封延平王，尋晉潮王，爲它書所未載。使果晉潮封，何以鄭氏始終皆以延平自稱？且其晉爵必出自永曆，不容述桂王事者，於孫可望王封一字二字之分，多詳言之，而於延平之晉潮封，概未之及。況明代一字王封，皆取古名，即郡王亦不取今地，似不得有潮王之稱，疑此不足據。成功於同治十三年以沈文肅之請，賜謚忠節，足稱曠典，惜無人更爲寧靖王朱術桂言之。

漢書注校補　清　周壽昌

二十九日　閱荇丈漢書注校補百官公卿表、藝文志、地理志。荇丈貫洽全書，於表志甚精，尤用力於地理，可卓然不朽矣。

三月

唐奉國軍節度使

初四日 得孫鏡江書以漢鏡及唐奉國軍節度使印一枚屬轉致梅卿。案，新唐書方鎮表宣宗大中二年置蔡州防禦使，兼龍陂監牧使，僖宗中和二年升爲奉國軍節度使。蔡州今河南汝寧府也，唐自憲宗元和十三年克蔡州，平吴元濟，廢淮西節度使，至此復爲節鎮，以蔡州刺史秦宗權爲之。三年，宗權反，昭宗文德元年，牙將申藂執宗權降，即以藂權知留後。乾寧二年以壽州團練使朱延壽爲之。又案，吴越備史宋太祖建隆元年升明州爲奉國軍節度使，明州，今寧波府也，以錢俶弟宏億爲之，終宋世軍號不革，南渡後趙鼎以奉國軍節度使出知紹興府，見宰輔編年録。

禹貢集釋　禹貢錐指正誤　清　丁晏

十三日 夜閲丁儉卿禹貢集釋及錐指正誤。其集釋太略，然甚便於初學，駁錐指之詞太峻，學者不可因此輕視胡氏也。

虞氏易消息　三國　虞翻

十四日　讀虞氏易消息。虞氏誠不免支離，然王氏引之謂易無旁通，恐非也。至謂仲翔取象多不合彖象，實有廓清推陷之功。

十國春秋　清　吴任臣

二十三日　閲十國春秋吴及南唐。志伊以杭人懷措大之見，内吴越爲故國，頗右錢氏而薄南唐。凡各國春秋，於它國君皆直稱姓名，惟遇吴越則稱某王，已自亂其例。於南唐從五代史記之謬説，以烈祖爲妄祖吴王恪，三代之名皆有司僞撰，予已於咸豐丙辰日記中論之。至引劉恕十國紀年謂烈祖曾祖超、祖志，乃與徐温之曾祖、祖同名，知其皆附會。按舊、新五代史、馬陸南唐書皆不載徐温先世名，劉氏不知何所本，且其名果出僞撰，豈難别取二字？何必故同以自彰其缺？當日君臣其拙至此，豈情理所有？此不辯而明者矣。

讒書　唐　羅隱

二十四日　閲羅昭諫讒書，亦章碩卿所刻者，據海鹽吴氏愚谷叢書本重翻。凡五卷，尚少誤字，前後有昭諫自序及宋人方虚谷跋、明人錢叔寶跋、兔牀跋。其書乃懿宗咸通八年丁亥留京師時所次雜文，明年戊子落第赴江東，又一年己丑，以徐賊龐勛甫平，詔罷科舉，因復序而行之。曰「讒書」者，自謂用其文以困辱，比於自讒，其命名之義已淺。所次論説雜出，間以韻語，大率憤懣不平，議古刺今，多出新意，頗以嶄削自喜。而根柢淺薄，篇幅短陜，所識不高，轉入拙俗，此晚唐文辭之通病。余嘗謂國之將亡，江湖派出，故唐、宋、元、明之季，皆各有一江湖派，爲山林村野畸仄浮淺之人所託。而唐末最詭瑣，故五代之亂最甚。文章之徵運會，豈不信哉。世人偏訾明季，又專以江湖派譏宋人，非知言者也。昭諫文於當時猶爲近古，其與招討宋將軍書，謂宋威也，責其養賊釀禍，謂行酷於尚君長、王仙芝，辭甚峻厲。請追癸巳日詔疏，言用水器、鑪香、蒲篠、絳旛致坊市外門爲禳旱舊法不足恃。其首自稱曰「歲貢賤臣」，二文蓋皆私擬爲之，然足見其心存君國，後之請討賊温，志節皎然。其説石烈士記石孝忠推倒淮西碑爲李涼公訟功得召見，拾甲子年事記大和中張谷歌姬李新聲勸谷去劉從諫爲谷所縊死，兩事爲後人言史者所取。

其風雨對、蒙叟遺意、三帝所長、謂堯舜禹。救夏商二帝、謂桀紂。伊尹有言、後雪賦、荆巫、蟋蟀詩、市賦、二工人語、書馬嵬驛、迷樓賦、弔崔縣令凡十三首，皆可觀。文共六十首，缺二首。又兩同書二卷，亦昭諫撰，上篇五末皆引老氏曰，下篇五末皆引孔子曰。惟第十篇無孔子曰，蓋有脱文。其恉以爲老與儒同歸也。亦章氏所刻叢書之一。

南江札記　清　邵晉涵

二十五日　閱邵氏晉涵南江札記，卷一論春秋左氏傳，卷二儀禮正誤三十四條，皆摘鄭本之誤。

凡鄭言古文作某今文作某者，皆以鄭所從爲不然。禮記一條、三禮論天帝郊丘之祭七條，亦皆駁鄭君説，其辭頗繁。卷三論孟子，蓋即其孟子正義之稿本，卷五史記九條、漢書七條、後漢書三條、三國志四十九條、五代史十七條、宋史四十六條。南江經史之學皆深，然吾越學派皆不爲鄭氏家法，雖賢如南江，亦偏以高密爲非也。

二十六日　閲南江札記。此書於癸亥詳讀一遍，今閲之，尚多未能洞然，可知二十年來學無寸進也。

留書種閣集　清　黄炳垕

黄硯舫書來，以其尊人所刻留書種閣集四種見詒，爲黄忠端公年譜二卷、梨洲先生年譜二卷、五緯捷算四卷、測地志要四卷。

陶邕州小集　宋　陶弼

二十八日　閲陶邕州小集，宋人陶弼所著。弼字商翁，永州祁陽人，官至康州團練使，事蹟見宋史本傳。詩僅一卷，七十三首，小有風致。如「落照懸漁市，孤煙起戍營」，秋日登南城臺。「月天高寺影，春雨一橋聲」，東湖。「樹色纔分楚，江聲未出蠻」，陽朔縣。「花露生瓶水，松風落架書」，羅秀山。「瀑布聲中窺案牘，女蘿陰裏勸桑麻」，題陽朔縣舍。「兵送遠人還海界，吏申遷客入津橋」，天涯亭。「一區海上神仙宅，數曲人間水墨屏」，閣皁。「安城太守知邊計，菖菡花中閲水兵」，安城即事。皆不失爲佳句也。此亦章氏所刻。

南江札記　清　邵晉涵

閲南江札記。其論三國志四十九條，皆直録義門讀書記，蓋邵氏過録所閲書上，後人誤掇入之。

四月

援鶉堂筆記　清　姚範

朔　閲薑塢援鶉堂筆記。薑塢之論史有鑒裁，與義門讀書記同一家法，雖考核之精不及後來錢竹汀氏，詁訓之通不及後來王石渠氏，然簡潔足自成一家。

兩漢金石記　清　翁方綱

初三日　坐藤花下閲兩漢金石記。吴禪國山碑文中丞相沇兩見，其紀歲曰旃蒙協洽，曰柔兆涒灘，則孫晧之天册元年乙未、天璽元年丙申也。所載太尉璆爲弘璆，大司空朝爲董朝，兼太常處爲周處，執金吾脩爲滕脩，屯騎校尉悌爲張悌等，其人多可考。惟沇與大司徒燮不知何姓。考吴自建衡元年己丑左丞相陸凱卒，鳳皇元年壬辰右丞相萬彧卒，至天紀三年八月始書以軍師張悌爲丞相，去凱之卒已十年，彧之卒亦八年，中間不應竟不置相。雖大司空朝吴志作兼司徒董朝，孝侯之太常亦是兼官，吴志「兼司徒」，「徒」當作「空」。則大司徒燮亦疑非實授。蓋以封禪禮重，故皆假重職行事，然沇既居首，其文又兩見，蓋史之闕佚者多矣。至皓因臨平湖出青石而改元天璽，又因歷陽山石文而詔明年改元天紀，其事皆在丙申之歲，本爲天册二年。其封陽羨石室乃合諸瑞，而封禪國山以表其盛。史不言封山月日，其上云秋八月者，乃繫京下督孫楷降晉之事。陳氏於此下接書歷陽石文，其事自在八月以後。下又連綴「又吴興陽羨山有空石」云云，時甫改元天璽，故碑言「柔兆涒灘之歲，欽若上天，紀號天璽，用彰明命，丞相沇等以爲宜先行禪禮也」。志繫此事於天璽元年，與碑文合，而吴山夫、吴槎客皆自生葛藤，覃谿亦不能辨析，遂游移其辭耳。

五代史記注　清　彭元瑞

初八日　閲彭文勤五代史記注。此書因竹垞朱氏之恉，文勤梟劉金門侍郎踵而爲之，歷訪通人，采取極博，大略仿裴世期三國志注，雜陳衆説，而不能如裴氏之折衷，頗病複沓，故俞理初不滿其書也。

宋史 元 脱脱

十二日 閲宋史。劉沆傳云：「沆既疾言事官，因言自慶曆後臺諫官用事，朝廷命令之出，事無當否悉論之，必勝而後已，專務抉人陰私莫辨之事，以中傷士大夫，執政畏其言，進擢尤速。沆遂舉行御史遷次之格，滿二歲者與知州。」張洞傳云：「洞謂諫官持諫以震人主，不數年至顯仕，此何爲者？當重其任而緩其遷，使端良之士不亟易，而浮躁者絶意，致書歐陽修極論之。」

余嘗謂優容諫官，固朝廷之美事，而諫官之横，必起於柔弱之世，因恃上之容我，遂漸相脅制，黨同媢異，力自要結，而朋黨之禍興，國家之亂成矣。唐之諫官横於穆宗時，宋之諫官横於仁宗時，南唐諫官横於元宗時，明之諫官横於神宗時，皆柔弱之主也。宋世言路本多君子，而意氣過激，私心生焉。由是真僞雜糅，邪黨乘之。明代正人已不及宋，然其始起亦尚持公道，即唐與南唐正不勝邪，其一二矯矯者始亦未嘗不爲正論所歸。迨至黨局已成，氣力勝於朝廷，而又逆知君相之無如我何，於是本爲小人者，固惟自圖便利，即本爲君子者，亦惟自顧其氣類而不暇爲國事計，甚至壞封疆、壞朝廷、壞社稷而必不肯壞其朋黨，此有國者所宜深察焉。劉冲之之言深中時病，而卒爲言路所力攻至殁，而天子爲篆思賢之碑，其家終不敢請謚，臺諫之焰，何其盛哉？張仲通重任緩遷之論，真名言也。

包拯傳言其權知開封府時，「貴戚宦官爲之斂手，聞者憚之，人以拯笑比河清，童稚婦女，亦知其名，呼曰包待制，京師爲之語曰『關節不到，有閻羅包老』。」然又曰：「惡吏苛刻，務敦厚，雖甚嫉惡，而未嘗不推以忠恕。」是孝肅非任威刑者。其折獄，史惟載其知天長縣察盜割牛舌一事，然此事穆衍傳亦載之，又以爲衍宰華池時事。至孝肅因連劾罷三司使張方平、宋祁，遂權使職，歐陽文忠至比之奪蹊田之牛，其詞甚厲。而胡宿傳云：「涇州卒以折支不時給出惡言，且欲相扇爲亂，既寘於法，乃命劾三司吏，三司使包拯護弗遣。宿曰：『涇卒固悖慢，然當給之物，越八十五日而不與，計吏安得爲無罪？拯不知自省，公拒制命，紀綱益廢。』拯懼，立遣吏。」則希仁亦非真「關節不到」者矣。

會稽章氏

二十二日　吾越章氏皆祖琅邪王，其譜牒云：「王名仔鈞，南唐行營招討制置使、金紫光禄大夫、檢校太傅、上柱國、武寧郡開國伯，宋宣和元年追封琅邪王，謚忠獻。其妻楊氏，封勃海郡君賢德夫人，宋宣和中追封越國夫人，全活建州一城百姓，因世居練湖，故稱練夫人。」又云：「仔鈞祖及，南唐康州刺史，始遷浦城，爲始祖。父修，南唐福州軍事判官。」又仔鈞妻楊之次尚有黄氏，封魏國夫人。考東都事略章得象傳云：「世家泉州，高祖仔，事閩爲建州刺史，遂居浦城。其夫人練氏，有智識。仔嘗出兵，二將後期，欲斬之，夫人救之得免。二將後仕南唐爲將，攻破建州，時仔已死矣。夫人居建州，二將遣使厚以金帛遺夫人，並以一白旗授之曰：『吾屠城，夫人植旗於門，吾以戒士卒勿犯也。』夫人反其金帛並旗弗受，曰：『君幸思舊德，願全此城；必欲屠之，吾家與衆俱死耳，不願獨生。』二將感其言，遂不屠城，君子知其後必大。」宋史得象傳作高祖仔鈞，但云「事閩爲建州刺史，遂家浦城」而已。

舊新五代史、馬陸南唐書皆不載其事。

惟吳氏志伊十國春秋閩下有章仔鈞及其妻練寯傳，云：「仔鈞先世居汴，至宋兵部尚書巖，元嘉初守泉州，始家於南安。唐康州刺史及由南安徙浦城，及生福州軍事判官修，修生仔鈞。王審知鎮閩，奏授高州刺史檢校太傅西北面行營招討制置使，屯戍浦城，累加光禄大夫、持節高州諸軍事，卒後贈金紫光禄大夫、上柱國、武寧郡開國伯、忠憲王。弟仔釧。練氏累封勃海郡賢德越國夫人，有子十五人：自注云章氏世系碑云十八子。仁坦、仁嵩、仁燧、仁昉、仁澈、仁郁、仁政、仁愈、仁鑑、仁肇、仁激、仁耀、仁祐、仁聞。」仁坦仕南唐至檢校太傅、武都郡開國伯，仁燧至檢校司徒、建州刺史。孫六十八人。其叙釋二將事尤詳，且云二將者，或言一爲行軍招討使邊鎬，一爲先鋒橋道使王建封也。按吳氏自記所引書目有章仔鈞族譜，此蓋即出章譜之文。陳氏仲魚撰續唐書因之，然所叙官爵多不足信。劉宋時有七兵尚書，無兵部尚書；其時無汴名，亦無泉州，無南安縣。今之泉州南安縣，時爲晉安郡晉安縣，至隋時始於今之福州置泉州，始改晉安縣爲南安縣，至唐睿宗時始置今之泉州。且劉宋時祇有刺史，無守名。仔鈞在閩，而高州在嶺外，屬南漢，何以得持節高州諸軍事？封爵有縣伯無郡伯，唐制縣公上始有郡公，宋制始有郡侯。仔鈞止屯浦城，何以加西北面行營招討使？所云西北面者，何地之西北面？行營者何處之行營？唐制光禄大夫從二品，金紫光禄大夫正三品，歷五代至宋皆然，何以由光禄大夫贈金紫？皆明是後人不識官制地理者所僞造。至唐自中晚以後至五季宋初，檢校官固極濫，然亦罕加三師者，仔鈞僅一戍將，亦無檢校直加太傅之理。邊鎬昇州人，陸氏書云金陵人。王建封上元人，皆南唐土民，未嘗入閩。且鎬起家爲烈祖通事舍人，終始文臣，未嘗爲軍校。蓋仔鈞名當從宋史，其事當從東都事略，最爲可據。以建州刺史屯浦城，卒後其妻子居建州。當南唐之破王延政，所釋二校適在行間，遂有反旗免屠之事。賢德夫人之封，或在南唐，由其兩子貴時所得。其時如吳越武肅王夫人吳氏封貞德夫人，文穆王夫人馬氏封莊睦夫人，忠懿王母吳氏封順德太夫人，忠懿王妃孫氏封賢德順睦夫人；又梁朱温封張全義妻儲氏爲賢懿夫人，則當時自有此制。至云宋宣和中仔鈞追封琅邪王謚忠獻，練追封越國夫人，則不可考矣。

又言練氏本楊姓，則諸書皆不言，章氏世傳私譜，或有所據。仔鈞多子，必非練一人所生。譜言更有黃氏，或亦可信。至仔鈞祖父皆以爲南唐官，則又後人誤加「南」字耳。其它宋人説部，若葉夢得石林燕語，言「章郇公高祖母練氏，其夫均爲王審知偏將，領兵守西巖」云云。胡錡耕録稿言「章郇公，得象之高祖，建州人，仕王氏爲刺史，號章太傅，其夫人練氏智識過人」云云。沈括夢谿筆談言「王延政據建州，令大將章某守建州城，其妻連氏有賢智」云云。所叙釋將全城事，大略相同，其名氏小異，出於傳聞，當以宋史及東都事略爲正。葉氏謂「均十五子，五爲練氏出，郇公與申公皆其後也」。胡氏謂「太傅十三子，其八子夫人所生也」。及宋興，子孫及第至達官者甚衆。餘五房子孫無及第者，其後亦八房子孫出繼五房耳」。考申公即子厚惇，東都事略惇傳云「族父得象」。宋史又有樞密楶、狀元衡，亦皆仔鈞後。楶傳云「祖頻爲侍御史，忤章獻后旨黜官。父封。楶以叔得集蔭爲孟州司户參軍。試禮部第一」。而事略楶傳云「世父得象」。考宋史卷三百一章頻傳，頻爲三司度支判官，以按皇城使劉美事，美爲后家，忤真宗旨，出知宣州。其後始歷遷侍御史，以黨丁謂貶，累遷刑部郎中、度支判官，使契丹，至紫濛館卒。其下不云孫窾自有傳。窾傳本宜止云祖頻自有傳，此修史者彼此不相檢照之故。窾傳所叙頻官，亦與頻傳不合。頻傳不言祖父，蓋以前無顯者。宋史得象傳云「父奂」。宋史亦有頻傳，云頻有弟頔，無奂名，是窾非得象親兄弟之子，世父曰奂。事略又云「以得象蔭將作監主簿」，與宋史互異，疑宋史「集」是誤字，至將作監主簿乃京官虚銜，孟州司户乃差使，互言之耳，其家世約略可得。窾有七子，其第三子綡，官龍圖閣直學士，嘗知越州，今會稽章氏，皆綡後也。

要之，仔鈞事無可取，練氏自爲奇女子，宋人争相傳説，事必非妄，至今子姓甚盛，科名不絶，食報亦爲豐矣。嘗怪唐初婺人汪華，史亦無傳。其始隋末竊據故郡，不過草澤之雄，而生以降唐保越國公之封，殁至趙宋膺英顯王之號，今東南汪氏皆祖之。仔鈞霸國偏裨，終於戍將，而亦没享王封，今浙閩章氏皆祖之。其人出於易姓之際，皆在若存若昧之間，而遺澤至此，不可解也。

余戚友多章姓，自幼聞其祖爲琅邪王而事無所見，即章氏長老亦言王立功時代無可考。書闕有間，數典多忘，故爲博考而詳辨之，將以詒章氏子孫，俾刻之家乘焉。吴氏、陳氏不知别擇，據私譜而筆之書。彭氏雲楣、劉氏金門注五代史，偏採石林燕語諸説部，而不知引東都事略，皆失之疏。

宋史　元　脱脱

二十四日　閲宋史。孫威敏沔，會稽先賢也，仁宗朝治邊，威名最著。其官臺諫及副樞密皆有風節，而晚年坐按劾被廢。東都事略但言「在杭州貪縱不法，所刺配人以百數」。嘉泰會稽志則云「在杭治奸僧猾民不少貸，怨謗紛起，卒以御史彈奏被責」。而宋史備載其事，云「使者奏沔在處州時，於遊人中見白牡丹者，遂誘與奸。及在杭州，嘗從蕭山民鄭旻市紗，旻高其直，會旻貿紗有隱而不税者，事覺，沔取其家簿記積計不税者幾萬端，配隸旻它州。州人許明有大珠百，沔妻弟邊珣以錢三萬三千强市之。沔愛明所藏郭虔暉畫鷹圖，明不以獻。初明父禱水仙大王廟生明，故幼名大王兒，沔即捕按明僭稱王，取其畫鷹，刺配之。及沔罷去，明詣提點刑獄斷一臂自訟，乃得釋。杭州人金氏女，沔白晝使吏卒輿致亂之。有趙氏女已許嫁莘旦，沔見之西湖上，遂設計取趙女至州宅，與飲食卧起。所刺配人以百數。及罷，盜去其按，後有訴冤者，多以無按不能自解。在并州，私役使吏卒往來青州、麟州市賣紗絹、綿紙、藥物，官庭列大梃，或以暴怒擊訴事者，嘗剔取盜足後筋斷之。奏至，乃責寧國節度副使，監司坐失察，皆被絀」。然又云「英宗即位」，「與執政議守邊者難其人，參知政事歐陽修奏沔向守環慶，養練士卒，招撫蕃夷，恩信最著，今雖七十，心力不衰，中間會以罪廢，然宜棄瑕使過。遂起知河中府」。會稽志以爲韓琦作相薦之。使其所按果實，則淫戾已甚，韓歐大賢，何以薦之復起？且宋史又云：「沔居官以才力聞，强直少所憚，然喜宴游女色，故中間坐廢。妻邊氏悍妒，爲一時傳。」夫既有悍妻，何以能所至縱淫？蓋當時所按之跡亦由文致，不皆盡實。大抵元規爲人剛豪自遂，不修小節，或峻法立威，致怨者多，施志之言，雖爲鄉賢諱，亦公論也。東都事略盡削奏按事狀，史裁嚴潔，實勝宋史。至宋史傳末云「初陝西用兵，朝廷多假邊帥，倚以集事。近臣出帥，或驕恣越法。及沔廢後，真定路安撫使呂溱繼得罪，自此守帥之權微矣」，數語則扼要之論，蓋於元規之廢，有深慨於時事焉。此宋史佳處。宋史謂：「溱豪侈自放，簡忽於事，與都轉運使李參不相能。還，判流内銓，參劾其借官麴作酒，以私貨往河東貿易，及違式受饋贐事，下大理議。溱乃未嘗受，而外廷紛然謂溱有死罪。」然則觀呂之所坐，則元規之事益明。呂字濟叔，揚州人，仁宗寶元元年狀元。

宋初士大學者謹守漢唐諸儒傳注之學，如杜鎬、聶崇義、邢昺、孫奭以至丁度、賈昌朝、宋祁兄弟皆然。自歐陽文忠、劉原父始漸變其說。宋史楊安國傳云：「安國講說，一以注疏爲主，無它發明，引喻鄙俚，世或傳以爲笑。尤喜緯書及注疏所引緯，尊之與經等。」夫安國承其父光輔之學，又爲孫宣公所薦，「在經筵二十七年，仁宗稱其淳質比崔遵度」。傳中載其講易鼎卦「覆餗」及周官「大荒大札」兩事，因事納忠，簡而有要，極得漢經師家法，何有鄙俚可笑之事？講經專依注疏，自是正學，取緯裨經，尤是通儒。蓋自歐陽欲刪正義引緯之說興，馴至南宋，遂視注疏爲土苴，故史家有此等謬說也。安國字君倚，密州安邱人，官至給事中，年七十餘卒，贈尚書禮部侍郎。

二十五日 閱宋史。寇瑊傳云：「瑊少孤，鞠於祖母王氏，及登朝，以妻封邑回授之，朝臣得回封祖母自瑊始。」李虚己傳「以南郊恩封群臣母妻，虚己請罷其妻封以授祖母，詔悉封之，世以爲榮」。此後世四品以下貤封祖父母之始。

余靖傳云，太常博士茹孝標告靖少時嘗犯法被榜，靖因左遷，分司南京。章頻傳云，宜州守「訟頻子許嘗被刑而冒奏爲祕書省校書郎，頻坐謫」。此後世應試及入貲者保結中例有未嘗犯事受刑一語，亦古法也。

章頻傳又云「與弟頔皆以進士試禮部預選，會詔兄弟毋並舉，頻即推其弟，棄去，後六年乃擢第」。案，仁宗後如宋元憲、景文兄弟，亦並時擢第，頻事在真宗天禧以前，此制不知何時始弛。然考唐時無兄弟並舉者，五代及宋亦甚尠，南渡後始屢見之，蓋非古法。今人以此等爲佳話，不知古反以爲禁矣。

今科江蘇通州顧曾烜及其子儒基與弟曾燦同捷進士，嘉定秦綬章、夔揚兄弟亦同捷，殿試二甲第十七、十八連名。丁丑善化孫宗穀、宗錫兄弟亦二甲第一、第二連名。

齊廓傳「廓字公闢，越州會稽人，舉進士第，累遷提點湖南刑獄。弟唐爲吉州司理參軍，知越州蔣堂奏廓及唐父母垂老，窮居鄉里，二子委而之官；唐復久不歸省。於是罷唐，令歸侍養」。此後世有兄弟侍養者不去官之制。

吕端傳「端由樞密直學士拜參知政事，歲餘，左諫議大夫寇準亦拜參知政事，端請居準下，太宗即以端爲左諫議大夫，立準上」。案，端先以右諫議大夫爲開封府判官，坐事左遷衛尉少卿，無何復舊官。復舊官者，即復右諫議大夫，所謂寄禄官也。開封府判官、樞密直學士、參知政事皆職也。端拜參政而官仍右諫議，故請居左諫議之下。

張秉傳云，秉在太宗時以「度支員外郎知制誥判吏部銓知審官院，唐朝故事，南省首曹罕兼掌誥，多退爲行内諸曹郎，至是用此制，其後進改多優遷首曹，遂墮舊制矣。遷工部郎中依前知制誥，真宗嗣位，進秩兵部郎中」。案，南省首曹，如吏部四曹首爲吏部郎，户部四曹首爲户部郎之類。行内諸曹郎者，如吏部之考功、司勳、司封諸曹郎，户部之度支、金部、倉部諸曹郎之類。行者如吏部、兵部爲前行，户部、刑部爲中行之類。唐代郎中員外郎皆執事官，與宋元豐以前皆爲寄禄官者異。首曹事繁，故不兼掌誥，知制誥者退爲行内諸曹郎。如本吏部郎中，則退爲司封等郎中；本户部郎中，則退爲度支等郎中；本兵部郎中，則退爲駕部等郎中是也。首曹謂之頭司，其餘謂之子司，子司事簡，故可兼内職。宋初郎中、員外郎皆寄禄官，止以叙遷無職事，故不依唐制。至是用此制者，秉以度支員外郎知制誥，蓋本爲户部員外郎也。史少叙此一句，便不可解。至判吏部銓及知審官院，皆所謂差，與官無涉。其後遷工部郎中依前知制誥，乃遷後行首曹矣；進秩兵部郎中，乃遷前行首曹矣；皆所謂墮舊制也。作史者似沿襲舊文，而未明官制。

王洙傳云：「初舉進士，與郭稹同保。人有告稹冒祖母禫，主司欲脱洙連坐之法，召謂曰：『不保，可易也。』洙曰：『保之，不願易。』遂與稹俱罷。」烏虖，後世豈有知此等事者乎？宜風俗日偷而科名愈壞也。古人期喪皆不應舉，明代始弛其禁，而士夫以清議爲重，未敢公然行之。至今日而余同鄉同年中有翰林居父憂滿喪甫三日已在都考試差者。其浙江原籍服闋咨文，於喪中關通書吏豫書年月爲之，巡撫不舉發，吏部、翰林院不駁詰，竟得貴州學政以去。前日陳御史疏請慎簡學臣，有短喪虧行之語，指此人也。又辛未探花者，亦此人同縣人，母死不報，其辛未會試日猶在喪期中，鄉里人人能言之。

張存傳云：「存性孝友，嘗爲蜀郡，得奇繒文錦以歸，悉布於堂上，恣兄弟擇取。常曰：『兄弟手足也，妻妾外舍人耳。奈何先外人而後手足乎？』」「秉彊河決，勢偪冀城，或勸使它徙，曰：『吾家衆所望也，苟輕舉動，使一州吏民何以自安？』訖不徙。」兩事所言皆淺而有味，吾越諺有曰「兄弟如手足，妻妾如衣服」，其語尤名貴。衣服亦人所必需，然可更置，非如手足不可易也。存字誠之，仁宗時官至禮部尚書，卒年八十八，謚恭安。

張洞傳云：「洞調潁州推官，民劉甲者强弟柳使鞭其婦，既而投杖，夫婦相持而泣。甲怒，逼柳使再鞭之，婦以無罪死。吏當夫極法，知州歐陽修欲從之。洞曰：『律以教令者爲首，夫爲從，且非其意，不當死。』衆不聽。洞即稱疾不出，不得已，讞於朝，果如洞言。」奈何以文忠之賢而蔽獄之誤如是，何怪於今日不學徇私之疆吏？然使在今日，必坐此婦以忤逆，而甲爲教訓，柳爲過誤，則兄弟皆脱然事外，而婦冤沈黑地矣。洞字仲通，祥符人，論建甚多，仁、英間名臣也。官至工部郎中、淮南轉運使。

二十六日　閲宋史。蔣堂傳：「堂知益州，慶曆初詔天下建學，漢文翁石室在孔子廟中，堂因廣其舍爲學宫，選蜀官以教諸生，士人翕然稱之。又建銅壺閣，其制宏敞，而材不豫具，功既半，乃伐喬木於蜀先主惠陵江瀆祠，又毁后土及劉禪祠，蜀人浸不悦。久之，或以爲私官妓，徙河中府。」然則後主宋以前蜀亦有祠也。

狄斐傳云，斐子遵度，字元規，「嗜杜甫詩，嘗讃其集。一夕，夢見甫爲誦世所未見詩，及覺，纔記十餘字，遵度足成之爲佳城篇，後數月卒」。此事徵少陵事者從未言及。

郎簡傳云，簡字叔廉，杭州臨安人，以工部侍郎致仕。「喜賓客，即錢唐城北治園廬，自號武林居士，道引服餌，晚歲顔如丹」。「孫沔知杭州，榜其里門曰德壽坊。一日謂其子絜曰：『吾退居十五年，未嘗小不懌，今意倦，豈將逝與？』就寢而絶，年八十有九。」考簡與林和靖同時，今西湖處士人皆知之，而武林居士無能言者，此名位不及節行也。

孫永傳云：「永十歲而孤，祖給事中冲列爲子行，蔭將作監主簿，冲卒，喪除，復列爲孫。」考宋制凡尚主者，皆升爲父同行，至神宗始緣英宗意革其制，而非尚主者亦私爲之，如冲、永事，尤可異也。

蘇頌傳云：「神宗嘗問宗子主祭承重之義。頌對曰：『古者貴賤不同禮，諸侯大夫世有爵禄，故有大宗小宗、主祭承重之義，則喪服從而異制，匹夫庶人，亦何預焉。近代不世爵，宗廟因而不立，尊卑亦無所統，其長子孫與衆子孫無以異也。今五服敕嫡孫爲祖父爲長子猶斬衰三年，生而情禮則一，死而喪服獨異，恐非先王制禮之本意。世俗之論，乃以三年之喪爲承重，不知爲承大宗之重也。臣聞慶曆中朝廷議百僚應任子者，長子與長孫差優與官，餘皆降殺，亦近古立宗之法。乞詔禮官博士參議禮律，合承重者，酌古今收族主祭之禮，立爲宗子，繼祖者異於衆子孫之法，士庶人不當同用一律，使人知尊祖不違禮教也。』」案，子容此言，深明禮意。今父爲長子斬衰之服既殺，而適孫爲祖猶稱承重，凡爲訃狀越列諸父之前，甚非禮也。近儒陳見復等亦嘗論之。余謂去適孫之承重及沈子敦謂今世出繼者不當降所生服，皆持禮之名言。余又謂凡出繼者如所繼父母已卒，皆各令追服三年，庶使利寡婦之資者，亦稍申報本之誼，亦厚風俗之一端也。

五月

晉爨寶子碑　後魏鄭道忠墓志　北周張端姑墓志

初三日　跋晉爨寶子碑：

爨寶子碑額五行十五字，云晉故振威將軍建寧太守爨府君之墓。碑文十二行，行三十字；末又一行，低四格，云大亨四年歲在乙巳四月上恂立。其碑文下空一格，書立碑掾吏姓名，凡主簿一人、録事一人、西曹一人、都督二人、省事二人、書佐二人、幹吏二人、小吏一人、威儀一人，凡十三行，行四字，字皆八分。其文云：「君諱寶子，字寶子，建寧同樂人也。州主簿治中別駕，舉秀才，本郡太守。春秋廿五，寢疾没官。」爨氏晉宋間世守南寧，事無可紀。此碑文甚清雅，字尤遒美，波磔穎發，已開唐隸之風。旬借恂字，自來未見，不合六書通假之法。大亨爲安帝元興元年之三月，桓玄自爲丞相，改元大亨，識者謂一人二月了。是歲在壬寅，至次年十一月，玄篡位，稱大楚皇帝，改元永始。次年劉裕等誅玄，安帝復位，仍稱元興三年。又次年乙巳，改元義熙。是大亨安得有四年？乃至乙巳四月寧州猶用大亨之號，亦不可解。晉、宋志皆言郡守下置主簿、録事、書佐、幹小史等，此作「軒」者，「幹」之省文，猶漢碑之省作「午」也。「小史」此作「小吏」，甚分明，容筆畫有誤。宋志言今有西曹書佐，即漢之功曹書佐；省事蓋即録事，見於晉志。都督之名不可解，而其字兩見，皆明作督，晉志言荆州有監佃督，此疑是賊曹捕掾及武猛從事、弓馬從事之流，而假督名。宋志謂諸郡各有舊俗諸曹，名號往往不同，此類是也。威儀亦不見於史，或以大亨之號疑此碑之僞，則又非也。凡作僞者必先按考時代年月，依而爲之，晉安帝紀削大亨之號不書，何反取之以自昭其闕乎？碑文先略叙歷官而系以辭，辭皆四言，其末云「爰銘斯詠，庶存甘棠」，而終以「嗚呼哀哉」，亦它碑所罕見。碑在雲南南寧縣，咸豐初始拓得之，有江寧鄧文愨爾恒跋。

跋魏鄭道忠墓志：

後魏鄭道忠墓志，楷書，所見翦褾本，無從得其行款字數。其文曰：「有代正光三年，歲次壬寅十二月己未朔十四日壬申，故鎮遠將軍後軍將軍鄭君墓志。君諱道忠，字周子，熒陽開封人，周文王之裔，鄭桓公之後，魏將作大下有闕。之十世孫也。本枝碩茂，跗蕚下當闕二字。冠冕相仍，風流繼及，清靜爲治，化洽枌榆。□考禮鑄泯，疑案，此數語述其祖父，爲翦褾者割裂，致脱落顛倒，其文不全。愛留海曲，君□□□粹，載挺珪璋，美行著於下當闕四字。盛於冠□太和在下當闕「御薄」二字。海斯歸理翰來儀，擇木以處下有闕。高陽王國常侍所奉承相，其人雖義在筞名，而醴邀循即「修」字，古修、循二字通用，此下當有「敬」字，其下又闕二字。任重□職惟下有闕，「惟」下當有「勤」字。衛尉丞加明威將軍，抑而爲之，非所好也。會五營有缺，俄意在焉，事等嗣宗，聊以寄息。徙步兵校尉本下有闕，或「郡」字，或「邑」字。中正遷鎮遠將軍、濬軍將軍。君氣韻恬和，姿望溫雅，不以□否滑心，榮辱改慮，徘徊周、孔之門，放暢老、莊之域，澹然蕳

□下闕一字競當塗。天道茫茫，仁壽無證。春秋卅有七，以正光二年十月十七日卒於洛陽之安豐里宅。知時識順，臨化靡傷，啟足在言，素儉爲令，古之君子，何以尚兹。越十月廿六日窆於滎陽山□兆，乃銘石泉塗，式昭不朽。」其下銘辭剪落更多，不及備載。

魏自太祖建國曰魏，而其邦人多沿代名，至今碑刻流傳，魏代、大代之稱屢見。壬寅爲梁武帝普通三年、魏孝明帝正光三年，是年十一月己丑朔、十二月己未朔，與史皆合。惟碑文言道忠以正光二年十月十七日卒，廿六日窆，而此題三年十二月十四日者，當是立石之月日，然標之於首，爲碑例所絶無。道忠事無可考，其字周子，取忠信爲周之誼。滎陽字作「熒」從火，足證古人「熒澤」、「泆爲熒」等字，皆不從水作「滎」，近儒金壇段氏之説甚確。「魏將作大」下字闕，考後漢書鄭泰傳云「河南開封人，司農衆之曾孫」。三國志魏「鄭渾，河南開封人。高祖父衆，兄泰」。范書泰傳言「衆曾孫」，此云「高祖父衆」，小不合。渾官至將作大匠，此「大」下當是「匠」字，然則渾之十世孫也。魏書、北史鄭羲傳皆云「滎陽開封人，魏將作大匠渾之八世孫」，羲子道昭，今山東萊州鄭道昭所書碑甚多。道忠雖同「道」字行，而碑云渾十世孫，與道昭尚差一世。下云「泰和在御，薄海斯歸」，是道忠於孝文時由南齊入魏，非幼麟六房世仕北者比矣。承相高陽王者，文獻王雍也。丞、承古通用，「否」上闕「泰」字。「滑」即「汩」字，古亦通用。周書鄭孝穆、鄭偉傳皆云「滎陽開封人，魏將作大匠渾之十一世孫」。孝穆名道邕，據魏書、北史道邕爲羲從曾孫，世次皆合。偉爲羲兄連山之曾孫，亦羲從曾孫也。

跋北周張端姑墓志：

此志楷書，首一行低一格，題「張端姑墓志」。文云：「端姑姓張氏，原州長城縣人，柱國大將軍澄女孫，郢州刺史用之女也。」案，原州以魏正光時即高平縣置州，詩之所謂太原也。自是迄元皆曰原州，今甘肅固原州也。魏書地形志言原州領高平、長城二郡，高平領高平、里亭二縣，長城領黄石、白池二縣，無長城縣。惟元和郡縣志云，原州平涼縣，後魏爲長城郡長城縣之地。今此志明作長城縣，足見伯起書於地理據武定版籍，所失多矣。

周初八柱國、十二大將軍最爲尊顯，其姓名載周書、北史李弼等傳論後云。其時念賢王思政亦爲大將軍而不與此數，厥後拜柱國及大將軍者寖多，要皆以元功積閥得之。張澄姓名獨無可考，爾時張氏顯者甚少，蓋史之佚者，不知其幾也。又云刺史有六女，端姑其第四，天和四年二月五日亡於郢州官舍，年十有九，其年十月廿八日歸葬於高平之鎮山。考天和四年爲武帝即位之九年，歲在己丑二月辛酉朔、十月丁巳朔也。高平縣爲高平郡所治，隋志、元和志皆云魏太延中改爲平高，據此志則高平之名未嘗改矣。志文簡質，無一儷飾之語，亦無銘辭，猶見古法。其字畫極謹嚴凝重，北碑中所僅見，後來褚、顔兩文忠皆胎息於此。隋志平涼郡百泉縣，後魏置長城郡及黄石縣，西魏改黄石爲長城縣，大業初改百泉，是長城名縣起於西魏。伯起仇視關中，宜所不録，唐承西魏，故概稱後魏耳。

甬上辨志文會課藝初集

初四日　楊世講送來甬上辨志文會課藝初集，分漢學、宋學、史學、算學、輿地學、詞章學六集，各立一師，郡守主之，其意甚善，文亦粗可觀。然經不必分漢、宋，輿地可併入史學，宜立經、史、文、算四學，而精擇其師，今所延者黄元同主漢學，黄蔚亭主算學，差得其人。鎮海陳駿孫繼聰主詞章之學，此君亦庚午同年，不知其人。主史學輿地者慈谿何明經松、馮孝廉一梅，皆非素識。宋學所取一卷甚淺陋，蓋不足論。其實元同亦兼通宋學，此不宜分者耳。

漢西域圖考　清　李光廷

初八日　閲李恢垣漢西域圖考，凡六卷，又附録晉釋法顯佛國記等一卷，首冠以漢西域圖及地球全圖及凡例十四則，大約證今者多，考古功少。

金石録　宋　趙明誠

初十日　閲趙氏金石録，其録不載元文，致後亡者無從考見梗概，幸無跋者猶存其目耳。

楊業、呼延贊傳

十七日　錢竹汀氏嘗言近世有小説之學，凡市井僞造故事，傳之優伶，最足以惑耳目而壞心術。此篤論也。安谿李文貞有請正樂府疏，欲選擇翰林諸員能文詞者取古來可感發之事，被之管弦，令天下傳演，而悉禁誣妄淫褻諸劇，其事若行，誠轉移風俗之大端。而議卒不成。余謂今日它即不能禁，而凡演古帝王聖賢者，會典律例俱有嚴科，今梨園中於漢世祖、唐太宗、宋太祖、宋仁宗皆本之市井稗官，所謂東漢、説唐諸書，極意誣衊。而於唐僞造薛仁貴家世事，以仁貴爲江夏王道宗所陷；於宋僞造楊業、呼延贊家世事，以潘美爲巨奸，尤爲悖謬。此有地方之責者出一紙嚴禁，即可立止，而莫之爲意，不可解也。近日俞蔭甫著湖樓筆談，謂薛仁貴、楊業兩家子孫於史無聞，則又大誤。仁貴子訥相高宗武后，謚昭定，爲名臣，其後薛嵩等又世爲節鎮，舊唐書言嵩爲仁貴子楚玉之子，以時代計之，差合。此其後最顯。楊業子孫備載宋史，其第六子延昭之名尤著，東都事略亦載之。今略録宋史楊業、呼延贊二傳於此，以兩家爲梨園所盛稱，天下士夫以及婦孺無不知者，而其誣特甚。楊業事見諸家續通鑑，略讀書者猶能知之，故録從略。呼延贊名行不載東都事略，惟見宋史及隆平集，世人尠有讀二書者，故録之稍詳焉。

楊業，十國春秋云業本名繼業，北漢睿宗賜劉姓，比於諸子，及降宋，太宗復其姓，止名業。續通鑑云繼業本名重貴，劉崇改其姓名曰劉繼業。案，崇諸孫名皆有繼字，此說是也。并州太原人。父信，爲漢麟州刺史。案，同時有三楊信。一楊承信，通鑑亦作楊信，蓋仕漢時避隱帝承祐名，去「承」字，如宋承偓亦去「承」，止名偓也。又有瀛洲楊信，宋史皆有傳。今小説以業爲楊袞子，考遼有武定節度使政事令楊袞，慶曆四年嘗將萬騎援劉崇高平之戰，軍西偏不動，獨全師而還，後自代州奔歸遼。業任俠，善騎射，弱冠事劉崇，爲保衛指揮使，以驍勇聞。累遷至建雄軍節度使，屢立戰功，所向克捷，國人號爲無敵。東都事略「無敵」上有「楊」字。案，業在晉以劉爲氏，安得有楊無敵之稱？此當從宋史。又事略黨進傳云：「開寶二年，太祖征晉陽，分置砦於四面，命進主其東偏，師未成列，太原驍將楊業領突騎數百來犯，進挺身逐業，麾下數人隨之，業走入城壕，援兵至，業援縋入城，免。」十國春秋作「劉繼業等乘晦突門犯東西砦，敗，遁歸」。太宗征太原，素聞其名，嘗購求之。既而孤壘甚危，業勸其主繼元降，以保生聚。案，事略云太宗征太原，業捍城之東南面拒城苦戰，及繼元降，太宗聞其勇，欲生致之，令中使諭繼元以招之，業乃北面再拜，大慟，釋甲來見。宋史之文本之當日國史，據續資治通鑑長編引國史楊業傳文與此同。又引除鄭州防禦使制辭有云「知金湯之不保，慮玉石以俱焚，定策乞降，委質請命，忠於所事，善自爲謀」，以爲與九國志大不同，是李氏亦疑國史之非實，十國春秋云「業捍太原城東南面，殺傷宋師無算，及繼元降，業猶據城苦戰，宋太宗諭繼元招之，隨遣親信往爲開陳禍福，業乃大慟」云云，亦從九國志及事略。考諸書皆言勸降者爲繼元，故樞密使馬峰，無云業者。繼元既降，帝遣中使召見業，大喜，以爲右事略及十國春秋皆作「左」。領軍衛大將軍。師還，授鄭州刺史。事略作「鄭州防禦使」。帝以業老於邊事，復遷代州兼三交駐泊兵馬都部署。會契丹入雁門，業領麾下數千事略作「百」。騎由小陘至雁門北口，南向背擊之，契丹大敗。續通鑑云「殺其駙馬侍中蕭咄李，獲其都指揮使李重誨」。咄李今改譯作多羅，十國春秋惟云殺其將蕭咄李，無李重誨，案其事在太平興國五年三月，即業降之次年。以功遷雲州觀察使，仍判鄭州、代州。自是，契丹望見業旌旗即引去。主將戍邊者多忌之，有潛上謗書者，帝皆不問，封其奏以付業。雍熙三年，大軍北征，以忠武軍節度使潘美爲雲、應路行營都部署，命業副之。以西上閤門使尉州刺史王侁、案，侁字祕權，開封浚儀人，周樞密使朴之子，宋史有傳。軍器庫使順州團練使劉文裕護其軍，諸軍連拔雲、應、寰、朔四州，師次桑乾河，會曹彬之師不利，事略作「曹彬敗於岐溝。」諸路班師，美等歸代州，詔遷四州之民於内地，令美等以所部之兵護之。時契丹國母蕭氏與其大臣耶律漢寧、南北皮室及五押惕隱領衆十餘萬，復陷寰州。侁等逼業赴敵，業將行，泣謂美曰：「此行必不利。業太原一降將，分當死。」因指陳家谷口曰：「諸君於此張步兵强弩，爲左右翼以援，俟業轉戰至此，即以步兵夾擊救之，不然，無遺類矣。」美即與佚領麾下兵陳於谷口。自寅至巳，佚使人登托羅臺望之，以爲契丹敗走，欲争其功，即領兵離谷口。美不能制，乃緣交河西南行二十里。俄聞業敗，即麾兵卻走。業力戰至暮，果至谷口，望見無人，即拊膺大慟，再率帳下士力戰，身被數十創，士卒殆盡，業猶手刃數十百人。馬事略作「因」。重傷不能進，遂爲契丹所禽，其子延玉亦没焉。業不食，三日死。帝聞之，痛惜甚，贈太尉、大同軍節度使，賜其家布帛千匹、粟千石。大將軍潘美降三官。王佚除名，隸金州。劉文裕除名，隸登州。

業不知書，武勇有智謀，練習攻戰，與士卒同甘苦。代北苦寒，人多服氈罽，業但挾纊露坐治軍事，旁不設火，侍者殆僵仆，而業怡然無寒色。朔州之敗，麾下尚百餘人，業謂曰：「汝等各有父母妻子，與我俱死，無益也，可走還報天子。」衆皆感泣不肯去。淄州刺史王貴殺數十人，矢盡遂死。附傳：貴，并州太原人，從業爲遼兵所圍，矢盡，張空拳又擊殺數人，遂遇害，年七（疑字有誤）十三。餘無一生還者。朝廷録業子供奉官延朗爲崇儀副使，次子殿直延浦、延訓並爲供奉官，延環、十國春秋作「瓌」。延貴、延彬並爲殿直。業娶府州永安節度使折德扆女，今山西保德州折窩村人。大中祥符三年折太君碑，即業妻也。西北人讀「折」音如「蛇」，故稗官家作佘太君，以折窩村爲社家村，又傅會爲蛇太君，屢蜕不死。

延昭本名延朗，後改焉。事略云下一字犯聖祖名，改昭。幼沉默寡言，爲兒時多戲爲軍陳，業嘗曰：「此兒類我。」每征行，必以從。業攻應、朔，延昭爲其軍先鋒，戰朔州城下，流矢貫臂，鬥益急。以崇儀副使出知景州。爲江、淮南都巡檢使，改崇儀使、知定遠軍，徙保州緣邊都巡檢使，就加如京使。咸平二年冬，契丹擾邊，延昭時在遂城。城小無備，契丹攻之甚急，衆心危懼，會大寒，汲水灌城上，旦悉爲冰，堅滑不可上。案，事略「城上」作「城外」，「不可上」作「不可近」，是也。惟灌於城外乃能護城，若灌城上，則己兵亦不能上矣。契丹遂潰去，獲其鎧仗甚衆。以功拜莫州刺史。時真宗駐大名，召延昭赴行在，屢訪以邊要，帝甚悦，指示諸王曰：「延昭父業，爲前朝名將，延昭治兵護塞有父風，深可嘉也。」厚賜遣還。是冬，契丹南侵，延昭伏鋭兵於羊山西，自北掩擊，且戰且退。及山西，伏發，契丹衆大敗，獲其將，事略作「名王」。函首以獻。進本州團練使，與保州楊嗣並命。五年，契丹侵保州，延昭與嗣提兵援之，未成列，爲契丹所襲，軍士多喪失。命代還，宥之。六年夏，復用爲都巡檢使，又徙寧邊軍部署。景德元年，詔益延昭兵萬人，延昭上言：「契丹頓澶淵，去北境千里，人馬俱乏，雖衆易敗，願飭諸軍扼其要路，衆可殲焉，即幽、易數州，可襲而取。」奏入，不報。乃率兵抵遼境，破古城，俘馘甚衆。命知保州，兼沿邊都巡檢使。二年，進本州防禦使，俄徙高陽關副都部署。在屯所九年，延昭不達吏事，軍中牒訴，嘗遣小校周正治之，頗因緣爲奸。帝斥正還營而戒延昭焉。大中祥符七年卒，年五十七。延昭智勇善戰，所奉賜悉犒軍，未嘗問家事。出入騎從如小校，號令嚴明，人樂爲用。在邊防二十餘年，契丹憚之，目爲楊六郎。及卒，帝嗟悼之，遣中使護櫬以歸，河朔之人多望柩而雨泣。録其三子官，其常從、門客亦試藝甄叙之。子文廣。

文廣字仲容。以班行討賊張海有功，授殿直。范仲淹宣撫陝西，與語，奇之，置麾下。從狄青南征，知德順軍，爲廣西鈐轄，知宜、邕二州，累遷左藏庫使、帶御器械。治平中，擢成州團練使、龍神衛四廂都指揮使，遷興州防禦使。秦鳳副都總管韓琦使築篳篥城，文廣聲言城噴珠，率衆急趨篳篥，比暮至其所，部分已定。遲明，敵騎大至，知不可犯而去，遺書曰：「當白國主，以數萬精騎逐汝。」文廣遣將襲之，斬獲甚衆。詔書褒諭，賜襲衣帶馬。知涇州鎮戎軍，爲定州路副都總管，遷步軍都虞候。遼人爭代州地界，文廣獻陣圖並取幽燕策，未報而卒，贈同州觀察使。案，東都事略無文廣傳，宋史卷三百楊畋傳云畋字樂道，保靜軍節度使重勳之曾孫，進士及第，歷官至吏部員外郎，三司户部副使，奉使契丹，以曾伯祖業嘗陷虜，辭不行。考重勳宋史無傳，錢氏大昕曰宋史二百七十三有楊美，并州文水人，官至保靜軍節度使，疑即重勳。慈銘案，史言太祖與美有舊，黨進等征太原，美爲行營馬軍都虞候，未必爲業兄弟也。畋傳言畋出於將家，則自爲業子姓後人。

呼延贊，并州太原人。父琮，周淄州馬步都指揮使。贊少爲驍騎卒，太祖以其材勇，補東班長，入承旨，遷驍雄軍使。從王全斌討西川，身當前鋒，中數創，以功補副指揮使。太平興國初，太宗親選軍校，以贊爲鐵騎軍指揮使。從征太原，先登乘城，及堞而墜者數四，面賜金帛獎之。七年，從崔翰戍定州，翰言其勇，擢爲馬軍副都軍頭，稍遷内員察直都虞候。雍熙四年，加馬步軍副都軍頭。嘗獻陣圖、兵要及樹營砦之策，求領邊任。召見，令之作武藝。贊具裝執鍵馳騎，揮鐵鞭、棗槊，旋繞廷中數四，又引其四子必興、必改、必求、必顯以入，迭舞劍盤槊。賜白金數百兩及四子衣帶。端拱二年，領富州刺史。俄與輔超並加都軍頭。淳化三年，出爲保州刺史、冀州副都部署。至屯所，以無統御材，改遼州刺史。又以不能治民，復爲都軍頭、領扶州刺史，加康州團練使。咸平二年，從幸大名，爲行宮内外都巡檢。真宗嘗補軍校，皆叙己功，或至讙譁，贊獨進曰：「臣月奉百千，所用不及半，忝幸多矣。自念無以報國，不敢更求遷擢，將恐福過災生。」再拜而退，衆嘉其知分。三年，元德皇太后園陵，命掌護儀衛，及還而卒。贇有膽勇，鷙悍輕率，常言願死於敵。偏文其體爲「赤心殺賊」字，至於妻孥僕使皆然，諸子耳後別刺字曰：「出門忘家爲國，臨陳忘死爲主。」及作破陣刀、降魔杵，鐵折上巾，兩旁有刃，皆重數十斤。絳帕首，乘騅馬，服飾詭異。案，隆平集言贇好以絳帕首，持鐵鞭，嘗請太宗圖其形，傳示四方，以威契丹。太宗惡其怪誕，屢欲誅之，惜其勇而止。性復鄙誕不近理，盛冬以水沃孩幼，冀其長能即「耐」字。寒而勁健。其子嘗病，贇刲股爲羹療之。贇卒後，擢必顯爲軍「軍」上當有「馬」字，或「步」字。副都軍頭。

蜀漢三闕拓本

十九日　得王廉生書，以蜀漢三闕拓本及唐陀羅尼經幢爲贈，倩書摺扇，即書復之。三闕者，一漢侍御史李公之闕，一蜀故侍中楊公之闕，一蜀中書□賈公之□，俱已見劉燕庭三巴金石志。侍御史李公傳爲東漢初李業，然業未嘗爲侍御史。「楊」字僅存丿一筆，較劉志所橅作𠂉者又少其一。「賈」字僅存𠆢，與劉所橅同，亦未知果是「楊」字「賈」字否。劉氏稱漢，李氏稱成稱漢，皆未嘗自號爲蜀，而八分殊有漢法，不可解也。

漢西域圖考　清　李光廷

二十三日　閱李恢垣漢西域圖考。以隋書所云曹國又誤作「漕」。爲全有漢罽賓、高附二國地，不知曹國與康國、安國、米國、史國、何國、烏那曷國、穆國，隋書並言其王姓昭武，乃康居、大宛二國之地，由康分爲八國者，唐時分爲九國，所謂中曹、西曹即曹國所分，猶史國又分小史國，安國又分東安國，而無烏那曷、穆國之名，亦以譯音無定字也。至隋書以安國爲即安息國，則大謬矣。李氏又謂唐西突厥之雷翥海，今名鹹海，亦曰達里岡阿泊，在安息國南界。又謂後漢書言「從安息陸路繞海北行，出海西至大秦」，「又有飛橋數百里，可度海北諸國，其繞海即繞黑海之南，出海及渡海即渡他大里尼峽，由黑海通地中海處闊僅數里者」。按其圖則鹹海與地中海相距甚遠，鹹海外有裏海，又隔高加薩亦作「索」。山，山之西臨黑海，黑海南爲地中海，而中又隔馬海，則雷翥海安得云在安息國南界？此亦可疑也。余庚辰會試對策，以雷翥海爲即地中海，今以輿圖細覈之，似隋、唐間西突厥之境不得至今地中海也。

四十二章經

二十四日 讀四十二章經，其文醇實，有西京遺意，昔人謂由傅武仲輩潤色者，是也。

六月

新唐書 宋 歐陽修 宋祁

初四日 新唐書食貨志言劉晏代第五琦爲江淮鹽鐵鑄錢使，其始江淮鹽利不過四十萬緡，大曆末至六百餘萬緡。至順宗時李巽爲使後，則三倍晏時矣。李巽傳又言巽薦程异爲楊子留後，計校增於巽時，是唐時楊子一院鹽利幾至二千萬緡。文獻通考言宋元祐間淮鹽歲四百萬緡，紹興末年泰州海陵一鹽至六七百萬緡。慈銘案，今制天下鹽課銀共五百七十四萬五千兩有奇，兩淮不過一百餘萬，而積引滯課至不可計，然則劉士安固不可及，即程、李之才，亦豈易言哉？唐時市易未用銀，其銀價不可考，大約所直不過一兩一緡。以漢書食貨志言「朱提銀重八兩爲一流，直錢一千五百八十，它銀一流直千」，時代遞降，其直漸高，則唐直至貴不過如此。南宋以後，銀始通行，其直益貴。金史食貨志言舊例銀每鋌五十兩，其直百貫，後鑄承安寶貨，亦每兩折錢二貫。宋之銀價，當不相遠，則紹興之六七百萬緡，計銀三四百萬，已遠不如唐矣。地利有贏縮，人事有巧拙，而今之弊尤在於法百密而無一行，奸屢禁而益百出，國計何由裕乎？

衎石齋記事稿、續稿　清　錢儀吉

二十一日　得子培書，以其同邑錢辛甫明經所贈衎石齋記事稿十卷、續稿十卷、刻楮集詩四卷、旅逸小稿一卷，共廿二册，爲之轉送。即作書復謝，並還所借江晉三音學十書，且以楊農先孟鄰堂集借之。

二十三日　閱衎石齋記事續稿。其文頗病沓拖，亦有牽率應酬之作，蓋於衎石没後四年，咸豐甲寅海寧蔣寅昉光焴刻之，故遠不及其前稿。甚矣，文之須手定也。

七月

厚朴

初三日　御覽引神農本草云「厚朴生交阯」，别録引「名醫曰生交阯、冤句」，范子計然云「出弘農」，今安南出者已久絶，以雲南爲最佳，來亦甚稀，於是改用川朴，而亦罕得，都中多以温州出者代之，且有僞作者。温朴性温而有小毒，不可用也。厚朴即説文之榛。

東塾讀書記　清　陳澧

十八日　閱東塾讀書記諸子一卷，所言皆大義醇實，不捃摭瑣碎。

張文忠公文集　明　張居正

二十七日　閱江陵張文忠公文集，凡詩六卷，文十四卷，書牘十五卷，奏對十一卷，萬曆四十年壬子其第三子修撰懋修所編，時去文忠之没三十年矣。前有沈鯉、吕坤兩序，及懋修所撰凡例兩則，又述先公致禍之由一篇。末有其長子禮部主事敬修等所撰行實一卷，則文忠初喪時也。有荆州高以儉後序。文忠相業爲有明第一人，任事過嫥，身後遂中奇禍。後之秉政者才既相去遠甚，而又鑒於前車，務爲保身，相率推諉，於是明遂不振，陵夷以至於亡矣。讀是集者，令人歎息於神宗之昏，真下愚也。書牘十五卷，字字老謀，最爲可觀，近日胡文忠所不能及。

二十八日 閲張太岳集。其雜著言秦之治勝於周，此文忠雜霸之術，有激言之，不可以訓。

二十九日 閲張太岳集。文忠於徐文貞、顧華玉感恩知己，惓惓畢生，即於高文襄雖始合終隙，然與文貞書，極稱中玄明白爽直，舉動極合人心；於止開泇河之議，亦稱其公心虚受，易於轉圜。其奔父喪及奉母入都時，兩次道過新鄭，與高相見，至於涕泣。及高没後，與其弟書，爲之晝策，令文襄夫人具疏請卹，又爲之陳乞於上，其言肫摯，皆見由衷之誠。「王大臣」之獄，亦數與人書，言極力調護，至以百口保之，則文忠之心，千載如見。蓋新鄭之逐，以欲去馮保而反爲所乘，實以「十歲天子」改爲「十歲孩子」之言激慈聖怒，故没後神宗猶銜之，謂其欺侮朕躬。文忠當是時不免以權勢相軋，幸其去而不救，若謂其與馮保合謀，已非事實。至大臣之獄，全由馮保所構，文忠無與也，因楊博、葛守禮之言即力救之。而今明史諸書，乃謂文忠謀陷高；紀事本末等書至云「文忠改錦衣揭帖中『屢屢有據』四字，葛守禮識之，笑而納諸袖，文忠覺之，曰彼不諳體裁，我爲潤色之耳」，則誣甚矣。文忠果改揭帖，何肯出以示人？葛方請救於文忠，何敢納帖於袖，其將以爲劫制耶？文忠何如人，而險忮如是又粗疏如是耶？至奪情時吳中行、趙用賢等疏上，爾時文忠盛怒欲杖之者，蓋實有是事也。其時學士王錫爵等請之而不得，亦實事也。而紀事本末等乃增飾之云：「尚書馬自强爲之解，居正跪而撚鬚曰，公饒我，公饒我。」錫爵造喪次請之，居正索刀作自刭狀曰：「爾殺我，爾殺我。」徑入不顧。此等形狀，直市井亡賴之所爲，而謂文忠，有是耶？

文忠之奪情，當日累疏乞歸，言甚哀懇，朝廷詔慰，部院疏留，亦皆往復數番，而史乃云朝廷亦無意留之，居正謀之馮保，且諷其所薦吏部尚書張瀚乞留，而瀚不肯，其事不可信。又造爲此言，蓋出吳、趙等怨者之口。文忠旋敗，仇怨愈多，人主積嫌，朋黨日盛，皆以江陵爲口實，然其誣誕，亦何能欺三尺童子哉？唐時牛、李分黨，既衛公敗，而宣宗銜之不已，僧孺後人皆貴，其黨益盛，遂造爲衛公聞御史大夫之命驚喜泣下，至對杜悰稱小子。王氏應麟謂以文饒爲人大概觀之，必無是事，蓋僧孺之黨誣之。余謂文饒已嘗爲相，時以節鎮入覲，何至驚喜於一御史大夫？且杜悰膏粱駑材，文饒視之，奚啻涕唾？而造爲小子之稱，此不出悰等奴儈之識見，史官無識，野乘多誣，古今若此等者何可勝道哉？

國初王尚書鴻緒修明史，時東林復社餘焰未熄，尚書吳人，所任萬季野等皆黨人弟子，追原禍始，歸咎江陵。季野著群書辨疑，列其二十四大罪，則當日之議論偏畸可想。乾隆時張文和重加刊修，稍爲持平，故如改錦衣揭帖、跪言饒我等事，皆欽定明史所不載。近日陳稽亭明紀亦不取，而夏嗛父明通鑑載之，陳之識勝於夏矣。

究而論之，文忠之才及任事之勇、謀國之勤，有明第一人也。其量狹而少容，知進而不知退，則學不足也。劉臺之劾文忠，本以私恨激而爲之，非出於公，文忠遽謂國朝二百年來無門生劾座師者，怒遂不可解，然尚曲意救之。及御史傅應禎亦以門生劾之，於是怒益甚，以爲天下無一人諒其心者。其與司空陸五臺光祖書，極言國事之不可一日無己，而以陸爲應禎解者，庸人之常言。至奪情事起，而吴、趙皆以門生劾之，則益憤怒横決，幾欲死之，而文忠之禍遂中於是，明之黨禍亦由此起矣。使文忠能容吴、趙等而堅請奔喪，主眷未移，朝局未改，其所設施未必有人變更也，奈何不審於輕重之間，犯不韙以爲衆的乎？其後莊烈時楊武陵亦任事才也，而亦以奪情嬰衆怒，然則後之人有不幸直此而才萬萬不逮江陵者，其戒之哉，其戒之哉。

八月

揅經室經進書録　清　阮元

初六日　閲節子所刻揅經室經進書録，即阮文達揅經室外集之四庫未收書提要也。爲之按四部排比目録，以便檢閲，間訂正其誤。然阮氏惟嚴氏明理論一書，誤據宋史題嚴器之名，而不知即成無己傷寒明理論，四庫已收之，此一條爲最疏，餘皆無關大恉。而節子載歸安陸心源一跋極詆之，且爲改題書名，皆非也。

丁壬煙語　清　李洽

初七日　作書致苻翁，還其鄉人寶慶李洽丁壬煙語一册。洽道光丙午年舉人，有文辭，而好冶遊。丁壬者，自丁未至壬子所記，皆都中北里事也。文筆頗潔，間載詩詞亦頗清雅，其議論往往歸之於正，雖諷一勸百，尚不涉於於淫媟。其紀河南李仁元事，李嘗自號倩芙，生於曲中，娶楊姬爲妾，赴官江西，李旋以知樂平縣死粵寇之難，楊亦殉節。李工詩，余嘗采其集中佳句載庚申日記中。

復初齋文集　清　翁方綱

十九日　節子贈閩中新校正翁覃谿復初齋文集。是集本覃谿門人侯官李蘭卿兵備彦章所校刻，未半而歿，故集無序跋。近年兵備子以烜於錢唐丁松生丙處得所藏覃谿詩文手稿三十六巨册，屬仁和魏稼孫錫曾補校印行，惜其詩尚未刻也。

二十四日　閲復初齋集。覃谿於汪容甫、戴東原醜詆妄訐，於惠定宇氏之周易述、張皋文氏之儀禮圖，亦深詆之，此由未窺門徑，老羞變怒，不足深責。其爲錢梅谿金石圖序云：「鄭氏之説經也，曰易、詩、書、禮、樂、春秋，策皆四尺四寸，孝經謙半之；論語八寸策者三分居一，又謙焉。」案，此文出儀禮聘禮疏引鄭君論語序，本孝經鉤命決之辭，作「易、詩、書、禮、樂、春秋策皆尺二寸」，而左傳序、正義亦引鄭注論語序作「春秋二尺四寸，孝經一尺二寸」，則儀禮疏「尺二寸」乃誤文，覃谿作「四尺四寸」，不知何據矣。「三分居一」當作「三分居二」，段氏説文注已正之。

過庭録　清　宋翔鳳

二十七日　閲宋氏過庭録。于廷承其舅氏莊葆琛之學，專爲公羊家言，而不菲薄左氏。其於漢學亦尊西京而多回護鄭君，此足見其實事求是。然如謂左氏首言惠公元妃孟子暨聲子、仲子之事，以明隱之所以讓、桓之所以立，至元年歸惠公、仲子之賵、二年夫人子氏薨、三年尹氏卒，皆本無傳，今傳文乃劉歆之徒竄入，欲尊左氏，與公羊立異，則憑臆武斷，蹈於方望谿、姚姬傳一輩人語矣。惟左傳歸惠公、仲子之賵，云子氏未薨，則理甚可疑。左氏雖親見各國寶書，況於魯史，宜無不審。然惠、隱之間，不免傳聞，其記此事及二年夫人子氏薨事，蓋春秋舊文，本無詳説，子氏又不書葬，無號謚可稽，遂因夫人之文，以爲必是桓母仲子，則歸仲子之賵時，子氏未薨，是豫凶事耳。嘗以情事折衷三傳，仲子之殁必在春秋以前，諸侯不再娶，仲子當是孟子之右媵，聲子是左媵，以孟仲字次言之，孟子卒，當以仲子繼室，而以聲子者，則仲子卒於孟子之前可知也。左傳言「隱公元年冬十月改葬惠公，惠公之薨也，有宋師，太子少，葬故有闕，是以改葬」。公羊云「隱爲桓立，故以桓母之喪告於諸侯」，蓋桓母既早卒，並無繼室之名，其始卒也不赴於諸侯，不告於天子，正也，至是隱欲成讓桓之意，因惠之改葬，始並以仲子之喪告天子，赴諸侯，故天王使宰咺歸惠公仲子之賵。致車馬曰賵，車馬所以送葬者也。惠之葬有宋師，蓋王亦未及賵，所謂葬有闕也。妾子爲君母得稱夫人，此不曰夫人者，厭於惠公，且桓未爲君也。桓未爲君，而王歸賵以夫人禮之者，隱自以爲攝，其立也所以奉桓，故以夫人之禮禮仲子，而王成其意也。惠既改葬，則仲子改葬可知，當時天王歸賵衛侯會葬，皆儼然以君夫人事之。隱不臨葬，不見衛侯，嫌不敢當喪主，則當日桓爲喪主可知。而仲子終不稱夫人者，禮無未爲君而可虛當君位者。故春秋書王之歸賵，所以紀實，亦以見隱之讓爲過嫌，桓之立爲非正，而王不能以禮正諸侯，成隱之讓，所以成魯之亂，故書以示譏也。曰歸惠公仲子之賵，不曰及夫人子氏者，明妾不得爲夫人也。曰歸僖公成風之襚，不曰歸夫人風氏者，明母以子貴，故系之子也，此春秋之別嫌明微。孔子之必也正名，言各有當。穀梁以僖公成風例之，而以仲子爲惠公之母，孝公之妾，此意必之詞。婦姑不當同謚，果爾，則考仲子之宮者，爲惠公母乎？爲桓公母乎？將何以別也？至二年之夫人子氏薨，當從穀梁隱之妻也，隱既爲公，則妻爲夫人；隱將不終爲君，則妻亦不終爲夫人。其書夫人薨，猶隱之書公薨也。不書葬者，成公意也，隱公之不書葬，固以不討賊，亦以當日實未成喪。蓋魯之臣子成公之讓，故殺葬禮以示美，亦所以掩桓之惡，故謚曰隱者，明不尸其位之本意也。隱不書葬，故夫人亦先不書葬，所謂微而顯、志而晦也。三年之尹氏卒，當從左氏作君氏卒，聲子也。定公十五年姒氏卒，穀梁作弋氏卒，以爲妾辭，哀公之母也，左氏家以爲定公夫人。哀公十二年孟子卒，三傳皆以爲昭公夫人。蓋當日有此變禮之稱，而史文因之。君氏猶姒氏也，姒氏當以公穀妾母之説爲正，左氏但言不稱小君不成喪，亦未嘗明云定公夫人。蓋聲子本爲繼室，又生隱公，魯之臣子自當以君母奉之，其卒也稱夫人，則隱公嫌不敢當，稱君母則不辭，稱子氏則無以別於仲子，且前年於隱公夫人稱夫人子氏薨，次年於隱公母則稱子氏卒，言亦不順，故變文而曰君氏，禮之所不得已也。公穀於「君」字滅去口字，遂附會以爲周之尹氏，譏世卿矣。隱母因嫌不居夫人，而曰尹氏哀母，因定始薨未葬，哀未成爲君而稱姒氏，昭夫人因諱娶同姓殺其禮而曰孟子，事例異而其義一也。周之世卿，不止尹氏，且無故書王朝大夫之卒，而又不記其名，無此例也。

九月

春秋

朔 春秋昭元年「晉荀吴率師敗狄於大原」。公羊傳云：「此大鹵也，曷爲謂之大原？地物從中國，邑人名從主人。」何氏解詁云：「古史文及夷狄之人皆謂之大鹵，而今經與師讀皆謂之大原。」「地物從中國」者，以中國形名言之，所以曉中國，教殊俗也。此地形勢高大而廣平，故謂之大原。「邑人名從主人」者，不若地物有形名可得正，故從夷狄辭言之。穀梁傳云：「中國曰大原，夷狄曰大鹵，號從中國，名從主人。」又穀梁襄五年「仲孫蔑、衛孫林父會吴於善稻」，傳云：「吴謂善伊，謂稻緩，號從中國，名從主人。」范氏集解云：「夷狄所號地形及物類，當從中國言之，以教殊俗。人名當從其本俗言。」又昭五年「叔弓帥師敗莒師於蕡泉」，狄人謂蕡泉失台，號從中國，名從主人」。又公羊桓二年「取郜大鼎於宋」，傳云：「此取之宋，其謂之郜鼎何？器從名，地從主人。」穀梁云：「郜鼎者，郜之所爲也；曰宋，取之宋也。以是爲討之鼎也。孔子曰：『名從主人，物從中國。』故曰郜大鼎也。」慈銘案，公、穀於此屢發傳者，七十子所受夫子之微言正名之學也。地物從中國者，如東曰夷，西曰羌，南曰蠻，北曰狄，其字皆有義，此中國名之，非彼所自名也。肅慎之矢，越裳之雉，以及周書王會解所言義渠之駮，渠叟之犬，規規之麟，西申之鳳，其矢也、雉也、駮也、犬也、麟也、鳳也，亦皆從中國之名，非彼所自名也。此地物從中國也。邑人名從主人者，如東則曰朝鮮，曰樂浪，曰穢貊，曰辰韓；西則曰林氏，亦曰央林，亦曰於陵，曰渠搜即渠叟，曰康，曰僥；南則曰甌，曰僬僥，曰共人，曰自深，曰旁春；北則曰匈奴，曰玁狁，亦曰獯鬻，曰肅慎，亦曰稷慎，亦曰息慎。其名皆無義，從其國自名名之，其音或轉而無定。故楚之封本曰荆，書曰荆州，詩曰蠻荆，曰荆舒，此中國之所名也，楚則其所自名也，後即從而稱之。推之而句吳也，於越也，皆其所自名也，其後能以名自通於上國，則止曰吳曰越。公羊定五年傳云：「於越者，未能以其名通也。越者，能以其名通也。」此邑名之從主人也。人名則如介之葛盧也；長狄之僑如也；戎之駒支也，即莒之渠丘也，犁比也，庚輿也；吳之壽夢、諸樊、餘祭等也；越之句踐也，適郢也，鼫與也。其名皆無義，皆其所自名也，此邑人名從主人也。鮮虞者，其國名也；白狄者，中國號之也；中山者，因其地形名之也。瞍瞞者，其國名也；長狄者中國號之也。能以其名通於中國，則楚之吳之越之；不能以其名通於中國，則狄之而已，不稱其國名也。

壽夢一名乘，諸樊一名謁，闔閭一名光，此以其名之通於中國者也，然春秋於壽夢不書吳子乘者，吳未能以名通中國也。於闔閭書吳子光者，能以名通於中國，故進之也。王莽改匈奴曰降奴，改其單于名皆一字，此莽之愚也。魏太武改柔然曰蠕蠕；宋、齊、梁稱魏爲索虜，魏稱宋、齊、梁爲「島夷」，此當日諸國君臣之妄也，皆不知春秋之義者也。金太祖、太宗及諸王，皆別一名以同諸華，此金之速變舊俗，故其弱易，其亡亦速。南宋於金始君事之，後父事之，伯叔父事之，而境内之文，則概斥爲虜。其先於遼也亦早爲兄弟之國，是遼於宋如楚、吳、越之名通上國矣。金於宋始則如共主，後則如盟主矣，而宋人紀載皆虜之，是妄而無恥，皆不知春秋之義者也。是皆夫子所謂名不正則言不順者也。

烏虖！今之與西洋交也，其物皆從中國號之矣，其地則不從中國，不從主人，而概曰各國也，記載文移諱莫如深，不敢直稱其國名，而舉首一字以名之。紀載則曰某國，文移則曰大某，是豈春秋之所及料者哉？至春秋昭元年之文，左氏經作大鹵，傳作大原，大鹵者，今甘肅之固原直隸州，舊屬平涼府，漢志之安定郡鹵縣也，此當從宋氏翔鳳過庭録之説，鍾氏文烝穀梁補注駁之，非。本狄地，則邑名當從主人作大鹵矣。地者據其大言之，如曰夷曰狄是也；邑者據其小言之，各國有方言，即以名其邑，如今之土名。中國亦有方言，故邑名地名，多不可解，非止四夷也。凡如越之禦兒、檇李，皆方言也，即諸暨、餘暨、餘姚、上虞，亦方言也。後來地志，强以文義傅會之，後人之陋也。會稽爲揚州之山鎮，地之大名也，故有文義可繹，所謂號從中國也。左氏春秋經古文也，故作大鹵，後之經師，以地形知之，讀曰大原，三傳皆同，而公、穀經亦作大原，此公、穀非親受於孔門，其經至漢始著竹帛，皆今文，固不如左氏之顯證也。至善稻，吴地也，「善」與「伊」，「稻」與「緩」，皆聲之相轉；善稻、伊緩皆方言，吴之所自名，無義可繹，急言之則曰善稻，緩言之則曰伊緩，譯音無定字，亦所謂邑名從主人，非中國謂之善稻、吴謂之伊緩也。賁泉者魯地也，狄人謂之失台，失台當從楊疏作矢胎，段氏玉裁謂讀賁爲矢，猶今俗語謂糞爲矢，矢胎狄語之賁泉也。至郜大鼎則史之常文，其鼎本郜所作，而取之宋，則曰取郜大鼎於宋，此古今通語，本無經指也。二傳曲求經文，無理而發難，自取糾纏，如石五六鷁之比，遂亦以孔子名從主人、物從中國之言傅之，於是有謂中國指魯言者，有謂主人指後所屬者，異説滋紛，皆二傳瑣屑之病。而以郜大鼎及大原兩傳觀之，則穀梁明見公羊之文而從之，劉原父謂穀梁在公羊之後者，是也。

東湖叢鈔　清　蔣光煦

十二日　閱蔣生沐東湖叢鈔六卷，共一百四十一則，雜舉祕籍佚文，載其序跋，間及古碑，略如盧抱經氏群書拾補、張月霄愛日精廬藏書志之例，而不分門類，多綴纖瑣，更出吴兔牀、袁壽楷諸君之下，蓋近於收藏骨董家，非真知學者也。然區區補葺，自有苦心，一二異聞，亦資考證，不止可供談助耳。

石鼓文拓本

三十日　閱明拓石鼓文，較近拓多十餘字，本郭蘭石大理尚先舊藏，依金石萃編本以泥金旁釋楷字，以墨筆添注闕文，有梁山舟書觀、何子貞題簽。近年大理之子以贈節子，節子更考定排比之，屬余題款，爲跋數語。

十月

國朝館選爵里謚法考　清　吴鼎雯

十二日　夜閱國朝館選爵里謚法考，共六卷，翰林官書也。本曰詞垣考鏡，嘉慶間光州吴樸園鼎雯所輯，凡教習、庶吉士及散館皆記之，每人名下詳注其字號、籍貫、官階及家世。有入館者，自七世以下即堂從亦載之，頗便考索，然亦不能備，道光末許吉齋乃安等續之。有掌院潘文恭、穆相國、寶文莊三序。然搜輯漸疏，其後至咸豐壬子止，更無續者矣。今入館者院吏送進士題名碑録一部、館選録兩册，僅有歷科庶常姓名而已。

十三日　道光以前庶吉士散館三等者歸班，嘉慶二十四年閏四月戊戌，詔本年庶吉士散館考列三等者俱歸原班銓選。内强望泰係强克捷之子，趙榮係趙文哲之孫，强克捷前於滑縣殉難，趙文哲前於木果木陣亡，均係歿於王事，加恩將强望泰、趙榮俱用爲内閣中書，此優忠特典也。

今閲國朝館選爵里考，康熙戊辰張尚瑗、江南吴江人。梁佩蘭，廣東南海人。辛未狄億，江南溧陽人。甲戌李暄亨、直隸蔚州人。吴隆元，浙江仁和人，後官至左僉都御史，改太常少卿。丁丑許琳、山西曲沃人。朱啟昆、湖廣漢陽人。吴宗豐、漢陽人。甄昭、山西平定人。郭于蕃、四川富順人。歐陽齊，江西廬陵人。庚辰李楷、浙江桐鄉人，後官至江西饒州府知府。許穀、江南常熟人。王開泰、湖廣江夏人。蔡彬、浙江德清人。梁棠蔭、陝西涇陽人。李夢昺、山西大同人。李榡、山東德州人。韓遇春、陝西清水人。王允猷、漢軍人。閻瑜、山東樂昌人。王士儀、貴州銅川人。晁子管、江西臨川人。欽士佃、湖廣江夏人。瓦爾達、滿洲人。韓孝基、江南長洲人，菼子，後授内閣中書，復改庶吉士。郭杞、陝西耀州人。張象蒲、山西臨汾人。高其偉、漢軍人，革庶吉士，留進士。陳若沂。廣西臨桂人。案，是科館選四十六人，而歸班至十九人。又革退者一人，江南靖江人盛度。其留館者僅十九人。又四川合江人董新策，由庶吉士特授甘肅寧夏道，而大學士太保三等伯張文和公、大將軍太保一等公年羹堯皆於是科授檢討，大學士史文靖公、吏部尚書勵文恭公皆於是科授編修，亦可謂盛矣。自後凡七科，皆有革退，而無歸班，别詳於後。

雍正甲辰周廷燮，江南吴縣人，後官至陝西延綏道。諸錦，浙江秀水人。周長發，浙江會稽人，改教諭，二人後皆舉鴻博科，復入翰林。陳璟，浙江錢唐人。癸丑李修卿，福建侯官人。李天秀，陝西華陰人。于開泰，陝西扶風人。乾隆丙辰方簡，安徽懷遠人。孫略，安徽全椒人。金門詔，江蘇江都人。張尹，安徽桐城人。郝世正，湖北雲夢人。羅世芳，順天大興籍浙江會稽人。蔣拭之、全祖望，皆浙江鄞縣人。吴喬齡，江蘇吴縣人。丁巳王士瀚，陝西咸寧人。黄宫，江蘇陽湖人。劉炯，山西安邑人。林維雍，福建福清人。莫世忠，廣東高明人。己未孫拱極，福建連江人。軒轅誥，山東汶上人，會元。唐炳，浙江歸安人。壬戌丁居信，江蘇儀徵人。金洪，順天大興人。蔣辰祥，河南睢州人。乙丑冀文錦，山西平陸人。戊辰王恒，山東郯城人。荆如棠，山西平陸人。洪其哲，貴州玉屏人。辛未郭兆，滿洲人。李方泰，陝西安化人。高辰，四川金堂人。孫昭，奉天海城人。壬申朱陽，福建漳平人。董元度，山東平原人。龍煜岷，四川華陽人。甲戌尹均，雲南蒙自人。張鵬雲，山西樂平人。丁丑劉成駒，江西南昌人。庚辰謝敦源，廣東番禺人。辛巳馮昌紳，廣西象州人。楊中選，雲南尋甸人。癸未劉徵泰，直隸臨榆人。丙戌宋仁溥，貴州天柱人。林時蕃，廣西義寧人。己丑朱紉蘭，江西南昌人。乙未毛鳳儀，江南吴縣人。戊戌吴紹浣，江南儀徵人。汪泩，江西浮梁人。竇汝翼，山東諸城人，光鼐子。薛翊清，雲南昆明人。庚子李銘，順天大興人。吴樹萱，江蘇吴縣人。柴模，浙江山陰人，後改内閣中書，充軍機章京。周之適、廣西臨桂人。温聞源、廣東順德人。鍾文韞、四川華陽人。楊嘉材，雲南昆明人。辛丑祝德全、直隸吴橋人。印鴻經、江南寶山人。鄭應元，廣東香山人。丁未謝恭銘、浙江嘉善人，墉子。任銜蕙，江南蕭縣人。嘉慶辛酉王以鋙，浙江歸安人，乾隆乙卯會元，以磨勘罰停殿試四科，至辛酉得入館，壬戌歸班，尋特旨仍留庶吉士。案，自乾隆己酉至嘉慶丙辰凡五科，館選皆不過二十餘人，乙卯止十八人，而散館無歸班者，其時皆大學士和珅爲教習也。壬戌鍾慶、滿洲人。王珽、陝西南鄭人。柳減、河南偃師人。陳銘、四川綦江人。謝幹、順天大興人。常山，滿洲人。乙丑費卿庭、江蘇震澤人。徐鑑、順天大興人。倪思蓮、雲南建水人。周尚蓮、江西弋陽人。姚原紱、安徽桐城。張光燾、浙江仁和人。徐學晉、江西南昌人。張濂堂，河南原武人。戊辰邵鳳依、江南通州人。徐步雲，貴州安化人。甲戌强上林、江蘇溧陽人。黄暄，廣西臨桂人。丁丑章棨、浙江會稽人。龐大奎，江蘇常熟人，會元。己卯王寶華，浙江錢唐人。庚辰劉師陸、山西洪洞人。張兆衡、甘肅武威人。張德鳳，江蘇江寧人。道光壬午赫特赫訥，滿洲人。癸未丁鎧、甘肅武威人。和色本，滿洲人。丙戌鄧錫疇，廣西臨桂人。癸巳劉德熙，江西長寧人。皆庶吉士散館歸班者也。其革退者康熙庚辰盛度、癸未耿古德、滿洲人。董泰、滿洲人。阿進泰、滿洲人。李堂、順天大興人。才住，滿洲人。丙戌顧秉直、江南長洲人。杭宜禄、滿洲人。常生、滿洲人。韓鳳聲、陝西泾陽人。尚彤庭、陝西長武人。徐能容、江西南城人。楊標，浙江海鹽人。己丑李中，河南睢州人。壬辰王晦，江南嘉定人，癸巳狀元敬銘之父。癸巳唐建中、湖廣景陵人。莊論，廣東海陽人。戊戌李洵、廣西蒼梧人。解震泰、甘肅寧夏人。雷天鐸、湖廣羅田人。李士元，陝西蒲城人。雍正甲辰舒明。滿洲人。自道光乙未後散館無歸班者，人遂不知有此故事，近來所選益寬，才品猥雜，其務財利者欲速得縣令，往往故爲疵病，必居末等，此其設心同於作奸犯科，余特録出之，使人知戒焉。

道命録　宋　李心傳

十七日　閲道命録，共十卷，元至順四年翻宋淳祐江州本，有江浙儒學提舉新安程榮秀序，言行省相君刻之龜山書院者，綿紙密行，古香可愛。

二十日　道命録載兵部侍郎林簡肅栗劾朱子除兵部郎官，「已受省劄，不伏，赴部供職，不肯收受四司郎官廳印記，令送長貳，廳臣緣長貳不合管郎官廳印記，再令送還，仍加鐫諭，而堅執不從。臣爲貳卿，不能率屬，致其偃蹇，拒違君命，實負慚懼。」「陛下愛惜名器，館學寺監，久次當遷郎官者，只令兼權，其視郎選，亦不輕矣。」「職制者，朝廷之紀綱，既除兵部，在臣合有統攝，若不舉劾，厥罪惟均。乞將新舊任指揮並且停罷，姑令循省，以爲事君無禮者之戒。」其後太常博士葉正則適上書爲朱子辨。謂「唐以左右丞進退郎官，本朝故事，未之或聞。惟臺諫彈劾，有停斥之請；給舍繳駁，有寢罷之文。至於六部寺監舉劾其屬，必曰乞行回避，微其文，婉其義，所以重臺綱而尊國體也。今熹得爲栗之屬，尚未供職，而栗望風劾之，其兼用給舍臺諫繳劾百官之例，是栗以職制紀綱劾熹而先自亂之也」。案，此兩疏，可以略知唐、宋尚書省官故事。蓋唐以尚書左右丞主糾轄省事，故可舉劾郎官；宋以左右丞爲執政，不知省事矣。元豐以前，尚書侍郎、郎中、員外郎皆寄禄官，爲文臣叙遷之階，不事事。既改官制，始爲職事官，而尚書不常置，多以侍郎統之，如簡肅此事，固時所僅見者。先是林疏入，孝宗已以爲過，而詔朱子仍以直徽猷閣還任江西提刑，及葉疏上，侍御史胡晉臣繼言之，乃罷林出知泉州。其實林疏中言固有過當者，其申明職制，未爲失也。蓋郎官之卑屈，實始於明洪武、永樂兩朝，主既猜暴，喜任酷吏爲六官長，争以法律束屬，然主事以上，皆得上疏言事。弘正以後，郎官漸振，至萬曆時則争與長抗衡，間有以言事過激詔責尚書不能約束者，而諸曹鋒發，不爲少止。洎我朝，法令益明，郎官驟多，其選益衰，而品益賤。乾隆以前，又多以諸王筦部，於是部屬自視如奴隸矣，積威所劫，遷流不反，然二百餘年來猶未有聯群甄劾者，則又自今日始也。余前日入署，在司中大聲言之，且曰諸君宜自愛，兩年來以賄下獄者數人，連章追劾者數人，近又甄别十餘人，撤差者數人，而一月兩卯，如呼囚點卒者，它部皆不然，則户部誠下流之歸矣。我不能忍此垢污，當速去耳。曹中皆赧然冷笑，或有背而怒目者，可歎。

日本佚存叢書目録

二十八日　得子縝兩書，言已由鄂反吴，並鈔寄黎蒓齋新刻日本佚存叢書三十種之目。中有正平本論語集解，尚根於隋、唐鈔本，與今本字句多異。又文館詞林六卷，在阮文達所進四庫未收書之外。又高似孫史略、邵思纂姓解、張麟之韻鏡、唐道士徐靈府天台山記、蔡夢弼杜工部草堂詩箋，皆逸書也。影宋槧本太平寰宇記，其卷一百十三至十九皆存，尤爲可寶。

十一月

楊濠叟篆書夏小正

初九日　觀楊濠叟所書夏小正經文。其二月「來降燕乃睇」下增一「室」字。案，大戴禮各本及傅崧卿本並注所引關本、集賢本、朱子儀禮經傳通解本、王氏玉海本，皆無「室」字。惟傳文盧氏雅雨堂本作「睇者，盼也。盼者，視可爲室者也。百鳥皆曰巢。室，穴也。諸本此三字皆作「突穴取」三字，宋本突作突，穴作亢，莊氏述祖謂此三字是衍文，孔氏廣森謂「取」字是「其」字之誤。與之室何也，摻泥而就家入人内也」。孔氏云，與之猶謂之，正月傳「其必與之獸」義同。慈銘案，「與」猶「許」也，鳥皆曰巢，而此獨許之室爲異也。「摻」即「操」字。盧本之説，皆出於惠定宇氏，其言本宋本，雖未可信，然亦必有據。以傳文推之，似經文當有「室」字。

又七月「斗柄縣在下則旦」，於「則旦」上增「參中」二字，而於八月末去「參中則旦」四字。案，新唐書曆志載大衍術議「一行推夏小正躔宿，以八月參中則旦爲失其傳」，孔氏謂蓋本七月經文，寫者失之，誤綴八月之末，遂於七月末複衍「則旦」二字，是所改亦有本。

又十月「初昏南門見」，集賢本無「見」字，莊氏因之。其下云「織女正，北鄉則旦」，改作「初昏織女正北鄉南門見則旦」。案，大衍術議亦疑十月定星方中南門昏伏，不當言見。莊氏謂十月初昏南門不見，而記南門者，聖人以天地之心爲心，南門有不見之時，天之明威，無不見也，其説甚曲。孔氏謂初昏爲一事，南門見爲一事，初昏者，始令民昏姻也；南門見者，見於晨也。南門以九月末始見，十月旦已在隅，此記候之晚者。然正月云初昏參中，四月云初昏南門正，六月云初昏，斗柄正在上，文法一例，不應此處獨異。且記旦見南門，何不於九月中時而於十月隅時，是其説亦非，此改亦不知所本。

又十有一月「嗇人不從」，下有「於是時也萬物不通」八字。案，傳文「嗇人不從，不從者弗行於時月也，萬物不通」，諸家多讀「弗行於時月也」爲句，孔氏謂當讀「行」字絶句，於「時月也萬物不通」二句，經文别爲一事。「時」即「是」字，「於時月也」，猶月令之屢言「是月也」。「萬物不通」，即月令之「天氣上騰，地氣下降，天地不通，閉塞而成冬也」。其説甚確。此所增與孔氏説合。玉海本「嗇人不從」下亦有「萬物不通」一句。惟諸本皆作「於時月也」，此作「於是時也」，則無此句法。

又十有二月「鳴弋」，此作「鳴鳶」。案，弋不知何鳥，金氏履祥通鑑前編謂當作「鳶」，莊氏謂當作「隼」，皆以爲脱半而成「弋」。然説文無「鳶」字，詩小雅四月「匪鶉匪鳶」，説文作「匪鷻匪鳶」，正義本作「鶚」，而亦引説文作「鳶」。今本注疏亦同。釋文作「鳶，以專反」，蓋後人所改。孔氏謂蓋此記已經隸寫，以「鳶」作「鳶」，後又誤脱其半，則此「鳶」字正同孔説。

又小正於十一月十二月兩云「隕麋角」，傳文於十一月云「陽氣至始動」，於十二月云「陽氣旦傳本作且。睹也」。禮記正義謂節氣早則十一月解，節氣晚則十二月解。孔氏廣森引姜上均曰：「旦睹猶言明見也，向始動，今明見，始終之辭。」其説皆牽强。莊氏謂十二月再記隕麋角者，戒失閏，所以示持盈守成，故於終篇著之，説尤迂曲。傅氏謂十二月是衍文，大戴誤爲之傳者，是也。今此於十二月作隕鹿角，則謬之甚矣，豈並月令以下諸書俱未讀耶？

濠叟名沂孫，字詠春，常熟人，道光癸卯舉人，官安徽鳳陽府知府。其人不以學著，而篆法高古，一時無兩，實出鄧完白之上。此是辛巳閏七月所書，去其卒時不過兩月，用筆渾厚，尤近石鼓，中用古文，亦多不苟。書已刻石，世所傳貴。余以小正經文足爲大法，自鄉先哲傅子駿給事别出後始有專本，而近儒説者紛紜，多出臆定，因附論其得失，並指楊書之是非，使學者毋惑焉。

原本玉篇零卷　南朝梁　顧野王

十一日　閲日本原本玉篇零卷，黎氏所刻古逸叢書之第十一種也。言部自話字至末三百十二字。誩部六字，曰部十一字，乃部五字，丂部四字，可部四字，兮部六字，号部存號半字，亏部六字，云部二字，音部十六字，告部二字，凵部一字，吅部十三字，品部四字，喿部三字，龠部九字，册部存一字，欠部存歜字至末六十一字，食部一百四十四字，甘部十字，旨部三字，次部五字，中羨字蝕，而説解存。幸女涉反，本作㚔。部三字，以上共爲一卷。又水部淦字至洗字共存一百四十四字爲一卷。又糸部自經字至末一百十九字，系部五字，素部八字，絲部七字，黹部七字，其字皆作黹，殊不體。率部一字，索部三字，以上共爲一卷。皆本藏其國之高山寺、東大寺、崇蘭館及佐佐木宗四郎家。又放部三字，丌部十一字，左部三字，工部存三字，卜部八字首卜字缺而説解存。兆部二字，用部七字，爻部三字，字皆作叉，成友字矣，殊誤。爻部四字，車部存九十七字，舟部存二十七字，方部四字，以上共爲一卷。藏其國人柏木探古家。相傳爲唐、宋間寫本，今楊星吾借於探古，以西洋影相法寫之，其前三卷亦從探古所仿副本寫出，而黎莼齋刻諸版。其注徵引極詳，較中華行本多至數倍，又每有野王案語，其切皆作反，蓋真希馮元本也。考今本首載希馮自序，言總會衆篇，校讎群籍，成一家之製，備文字之訓，而所注殊簡略，不稱所言，以此證之，足云賅洽。其大加删減，不知出於何時。

又車部下標題云「凡一百七十五字」，而今張本云「凡二百四十八字」，計多七十三字；舟部下標題云「凡六十四字」，而今張本云「凡一百十字」，計多四十六字；其放部之上尚有部目一行，寫在方部之下，蓋其卷有移割而仍注明。云「金部第二百六十九凡三百卌九字」。考今張本標題云「凡四百七十三字」，計多一百二十四字，則自宋陳彭年等遞加以後，所謂大廣益會玉篇者，其數猶可推知。惜此本車舟二部已殘缺，金部並無一字，無由考所增者何等字耳。又其誤文奪字，脱簡甚多，當細校而更刻之，始爲善也。國家通廣互市，海舶如織，耗財屈體，爲辱已多，而得此數種異書，亦差强人意矣。

十三日 閲日本玉篇，其中有可疑者，如曰字下云：夏小正「時有養日，養長也，日之也」。之也蓋云也之誤。然小正於五月言「時有養日」，於十月言「時有養夜」，則日爲日月之日甚明，故「時有養日」，傳云「養長也，一則在本，一則在末」。「一則在本」者，謂「養夜」記於十月不記於十一月者，系之始長之時，爲在本也；「一則在末」者，謂「養日」記於五月不記於四月者，系之極長之時，爲在末也。其文亦甚明。因諸家過求深曲，皆不得其解，又因下文，故其記曰「有養日云也」，而各本或誤作時養日之也，或誤作時養曰之也，或誤作時養白之也，烏馬轉誤，遂滋怪說。要之小正此文爲日月之日，非云曰之曰，自無異說，何得引之於曰字之下乎？其下又云：「說文曰詞也，野王案，書籍說將語之詞也，尚書『帝曰咨四岳』，『益贊於禹曰』並是也。」此亦不可解。其可字下云「口我反，周易天地萬物之情可見矣。野王案，又曰，有親則可久，有功則可大；可久則賢人之德，可大則賢人之業。論語雍也可使南面雖百世可知並是也。禮記曰體物而弗可遺，鄭玄曰可猶所也，又曰始入而辭矣，即席曰可矣，鄭玄曰可，猶止此誤作「上」。也。說文可肯也。」其「野王案」下蓋有脫文，當作「野王案，可堪也」。文選司馬子長難蜀父老注：「不可猶不堪也。」周易又曰云云，今脫五字耳，其餘多有可取，非彼國人所能僞爲。

惟脫誤別體之字連篇接簡，幾不可讀。其龠部較今張本多一𪛆字，注云魚斤反，爾雅大𪛆謂之𪛆。郭璞曰：𪛆以竹爲之，長一尺四寸，圍三寸，孔上出寸三分，横吹之，小者尺二寸也。案，爾雅祇作沂，廣韻、集韻二十一欣類篇龠部俱有𪛆字，疑是唐以後滋生之字，未必野王本有也。陸氏爾雅釋文云，沂郭魚斤反，又魚靳反。李孫云，箎聲悲，沂悲也，或作𪛆，又作䇷，音宜肌反。案，集韻六脂牛肌切亦有䇷字，云大箎也，廣韻尚無䇷，足證𪛆、䇷皆後出字。以李孫舊注沂悲也推之，則漢魏本讀宜肌反。其實箎亦籥類，爾雅又云「大籥謂之言」，言沂一聲之轉，蓋皆象音以爲名，不必有定字定義也。

大藏經音義 唐 釋慧琳

十四日 閱慧琳大藏經音義，共一百卷，唐西明寺翻經沙門慧琳撰。前有開成五年九月十日處士顧齊之序，言「慧琳俗姓裴氏，疏勒國人」，爲不空三藏弟子，「建中末著經音義一百卷，約六十萬言，始於大般若經，終於小乘記傳」。又有試太常寺奉禮郎景審序，言慧琳本住大興善寺，以玄應一切經音義、慧苑華嚴音義尚有未備，「於建中末年創制，至元和二祀方就，凡一百軸，具釋衆經，始於大般若，終於護命法，總一千三百部、五千七百餘卷，舊兩家音義，合而次之」。大略以玉篇、説文、字林、字統、古今正字、文字典説、開元文字音義七家字書釋誼，七書不該百氏，咸討訓解之，末兼辯六書。其書則取元庭堅韻英及張戩考聲切韻，以元和十二年二月三十日絶筆於西明寺焉。

又有日本元文二禩丁巳仲秋雒東獅谷白蓮社杜多鶴、寶洲槃譚所撰新雕此書紀事，引宋高僧傳卷五云，慧琳此書成於元和五載，「貯其本於西明藏中」，「以元和十五年庚子卒於所住，春秋八十四，大中五年，有人奏請入藏流行，周顯德中，高麗國遣使齎金入浙中求此書不獲」。又引其國善鄰國寶記云：「後高麗求得於契丹，鋟梓置之海印寺。本邦大將軍源義滿公嘗請大藏於朝鮮，逮義政公時，如請送達，今雒東建仁禪刹大藏是也。時琳音在藏中，同來貯秋州宫嶋及江州北野寺，而闕卷蠹蝕，漫滅尤多，其完本僅留建仁及武之緣山。先師忍澂老人始謀寫布於世，登梓十餘卷，而師遷寂，弟子等戮力成之。雒西五智峰如幻空大德東都敬首律師嘗竭心思爲之校閲，於高麗原本字句訛脱倒置衍賸者概存其舊，不妄點竄，别有校訛，將嗣刊焉。」其論是書源流甚悉。又云：「聞朝鮮海印藏版近罹兵燹散亡，則此刊本益爲奇寶。」是知朝鮮本有刻板，故日本求得數本，不知朝鮮今尚有傳本否耳。

又引佛祖統紀卷四十二云：「河中府沙門慧琳撰一切經音義一百三卷詣闕上進，敕入大藏，賜紫衣、縑幣、茶藥。」是亦名一切經音義，其卷數頗不符。既入大藏，何以後遂湮没？皆不可解。此刻顧、景兩序首行亦皆題「一切經音義」，又有元文二歲鎌倉府天照山方丈賜紫老衲真察序。每册之首皆有簽題，云「三緣山慧照院常住物」，其卷一大般若波羅蜜多經之前冠以大唐太宗文皇帝聖教序、高宗皇帝在春宫述三藏記，注中引古經子注古字書甚多，其辨别字之正俗，學識似在玄應之上。

十七日　大藏經音義獅谷寶洲（獅谷蓋寺名，寶洲其僧之號，槃譚蓋其名也。真察序止稱獅谷寶洲。）紀事有云：「經典音義之作，如玄應、（衆經。）雲公、（涅槃。）慧苑、（華嚴。）基師（法華。）等，至慧琳始集大成，其前後亦有數家，如唐太原處士郭迻、（著新定一切經類音八卷，見智證請來録，今缺本。）周雲川西巒行瑫律師、（撰大藏經音疏五百卷，今絶而不行。）晉漢中沙門可洪、（著新集藏經音義隨函録三十卷，今見在高麗藏，然統紀四十三曰可洪進大藏音義四百八十卷，敕入大藏，可疑。）燕京崇仁寺沙門希麟、（述續一切經音義十卷，亦見在高麗藏，開元録後續慧琳未音經論。）宋沙門處觀（著紹興大藏音三卷，甚疏略，見在明藏。）等並無出其右者。又引宋高僧傳卷廿五後周會稽郡大善寺行瑫傳云，慨其郭迻音義疏略、慧琳音義不傳，遂述大藏經音疏五百許卷，今行於江浙左右僧坊。」按此傳則琳音中華早絶不傳云云，所考甚爲分晳。蓋此書以石晉滅時遷入契丹，故中國遂絶，行瑫在後周以琳音已亡而别撰，高麗亦於顯德中求之浙而不獲，而希麟爲遼僧，故得見琳書而續其所未音，此淵源可尋者也。行瑫爲吾越叢林古德，著書等身，其事甚雅，而書既不傳，自嘉泰志以來亦無紀其事者，乾隆志經籍門亦不載，當亟補入吾鄉志乘耳。

衎石齋記事續稿　清　錢儀吉

二十九日　閱衎石齋記事續稿。其文頗疏冗，遠不及其前稿，蓋晚年漸近頹率之故，然多格言至理，可以書紳。

十二月

請申嚴門禁疏　清　屠仁守

初二日　閱前日御史屠仁守請申嚴門禁疏，大恉以近年視朝太早，内城正陽門、紫禁城東華門子刻即啟，乾清宫門丑刻即啟，百爾執事通夕奔走，昏夜之中重門洞開，莫能誰何。既違興居之節，亦非思患之道。因援引周禮司門以時啟閉、宫正時禁出入，禮記「朝辨色始入，君日出而視之」，陳祥道謂「辨色始入，所以防微，日出而視之，所以優尊」。宋嘉祐時偶夜啟宫門，王陶有禁嚴固衛杜絶非常之奏，司馬光有深慮安危防微杜漸之言。明萬曆間視朝太早，給事中王三餘疏請以日出爲準，既得調養聖躬，保和元氣，且於門禁朝儀俱爲便益。大清通禮載，御門聽政部院寺奏事官暨侍班官，春冬辰正初刻、夏秋辰初二刻，至後左門祗候。會典載凡城門朝啟以昧爽、夕閉以日入。皇朝文獻通考載凡内外城門每日黎明啟正陽門，遇御門聽政日，外城居住官員應早入者於曉鐘後啟正陽門，遇壇廟祭祀日，内外城陪祀官有應早出入者，於五鼓後啟門。康熙二十一年，聖祖仁皇帝諭自今以後每日御朝聽政，春夏以辰初二刻、秋冬以辰正初刻爲期，各官從容入奏。此皆足爲萬世法者。今内外城門啟於子丑之交，誠恐宵小生心，恣其出入，肆惡藏奸，可慮者大。且圖事貴乘朝氣，昧爽丕顯，志氣清明，則事理昭著。伏請申明成憲，損過就中，順陰陽之宜，適晝夜之制。其博證古今，深切事勢，近來章疏中所僅見也。比兩月來早晚赤氣亘西南，其占主兵。又彗星復出於西方，故人抱杞憂耳。御史孝感人，甲戌翰林。

光緒十年

正月

靈樞經

初九日　閱靈樞。浙局新刻本，與素問總題黄帝内經，云據武陵顧氏影宋嘉祐本刻，然嘉祐時林億等校上者有素問，無靈樞也。所刻無序跋，亦無音釋，爲補書郡齋讀書志、四庫提要於卷端。

開有益齋讀書志　清　朱緒曾

十二日　至經香閣閲書，購得明刻考古圖，十卷，本曹楝亭家物也，價六金。至翰文齋閲書，購得南監本陳書，其順治補刊者僅四葉，惜紙印俱劣耳。又汲本五代史記尚是初印，惜爲俗儈點壞。又吴枚庵梅郵詩集箋注，又湖南龍氏新翻刻潛研叢書四種，通鑑注辯正、三統術衍、三統術鈐、陸放翁等五家年譜。又江寧新刻上元朱述之郡丞緒曾開有益齋書志六卷、續志一卷，價六金五錢。

十七日　閲開有益齋讀書志，分經史子集爲六卷，其後附金石記，自魏曹真碑至錢文端公書耕織圖詩僅二十九種，無一漢碑，亦無一北朝碑，蓋至光緒庚辰，其子桂模始搜輯成編，去述之殁已久，故散佚者多耳。述之究心目録，藏書甚富，其學長於經部集部，志中考證，極有可觀。自言所著有爾雅集釋及曹子建集考異十卷、叙録一卷、年譜一卷，今皆未見。續志一卷，乃從其研漁筆記中録出者，本非目録之作，故體例與原書異。述之久官吾浙，多見文瀾閣、天一閣及汪振綺、吴拜經諸家藏書，又交錢警石、蔣生沐、勞季言諸人，故所收多祕籍，有南唐祕書監陳致雍曲臺奏議十卷、周雪客在浚陸氏南唐書注十八卷、宋詔令一百卷，考南唐事者莫備於此。又言其師曹寶書森嘗見胡恢南唐書十卷，又言大唐郊祀録中有南唐祭禮，亦陳致雍所定。又言游簡、言孫晟皆謚忠，見曲臺奏議，而馬、陸書本傳中皆不載，安得覓諸書而觀之也。陸書孫晟傳載謚文忠，此偶失考。

考古圖　宋　吕大臨

二十四日　閲考古圖，十卷，本明人新安汪氏翻刻元大德己亥茶陵陳氏本，每卷首題曰「泊如齋重修考古圖」。據陳才序，言其弟翼屬羅更翁臨本並采諸老辨證附左方。今觀圖説下往往采集古録、劉原父説，間有駁正，蓋皆羅氏所加。其稱泊如齋重修者，即陳氏所題也。有汪昌業、陳才、陳翼三序，及吕氏原序。銘文傳寫多失真，釋文尤多誤字，明人校刻粗疏，訛舛百出，今日略隨手校正一二，惜不得敏求記所稱宋刻十五卷本續考五卷，又釋文一卷。對勘之，四庫所收即錢氏本也。

廣州府縣稟文告示

荇老寄閱粵東鈔寄廣州府縣稟文告示一册，中言去年英人囉近鎗斃番禺縣幼孩白華景及刃傷伍十五兩名口一案，廣督派候補道彭姓及英國領事官所派駐滬按察使某會審，某謂彼國律例誤殺不抵，應帶回本國充當苦差，彭姓遂據以定讞。廣督如其請。郡縣官兩上書爭之，言粵民强悍，必致報復，將詒地方之禍，廣督皆不聽。又札延英國律師伊尹氏隨同司道辦理洋務，月給薪水銀一百兩，又劄福建候補同知余貞祥充洋務委員，郡守又力言隨同司道辦事，此端萬不可開。余貞祥小人之尤，嘗充美國繙譯官，構釁生事，必不可用。廣督皆置不理，張樹聲之肉，其足食乎？

陸游、洪适、洪邁、王應麟、王世貞年譜　清　錢大昕

二十九日　閱錢竹汀氏所輯放翁、盤洲、野處、深寧、弇州五家年譜，放翁譜可與甌北詩話參看。

二月

屠寄詩册　清　屠寄

初二日　爲屠秀才詩册首書數語，還之。其詩五律如孝哲毅皇后輓詞三首，七律如邊愁九首、越

南雜詠八首、癸未雜感四首，采高意警，實爲名作。其運格用字，每於結聯有含蓄，得少陵之法，亦居然老成。

容齋續筆 宋 洪邁

十六日 閲容齋續筆十六卷訖，其辨唐書謂張鷟八應制舉皆甲科云。按登科記鷟上元二年登進士第，是年進士四十五人，鷟名在二十九。神龍元年中才膺管樂科，於九人中爲第五。景雲二年中賢良方正科，於二十人中爲第三。所謂八中甲科者，不可信也。足證余昔年日記謂甲科特入等之稱，唐人所云甲科，皆此類。

十七日 容齋續筆中姑舅爲婚一條云：「姑舅兄弟爲婚，在禮法不禁，而世俗不曉。按刑統户婚律云，父母之姑舅、兩姨姊妹及姨若堂姨、案，父母之姑舅兩姨姊妹者，謂父母之姑所生女，舅所生女、兩姨所生女，皆於父母爲姊妹也，凡姨字皆指從母。母之姑堂姑、己之堂姨及再從姨、堂外甥女女婿姊妹，並不得爲婚姻。議曰，父母姑舅兩姨姊妹於身無服，乃是父母緦麻，據身是尊，故不合娶，及姨又是父母小功尊。若堂姨雖於父母無服，亦是尊屬。母之姑、堂姑，並是母之小功以上尊，己之堂姨及再從姨。案，此下當云「並是母之緦麻以上親，據身是尊」，今有脱文，唐律疏義亦如是，不可曉。堂外甥女亦謂堂姊妹所生者，女婿姊妹於身雖並無服，據理不可爲婚，並爲尊卑混亂人倫失序之故。然則中表兄弟姊妹，正是一等，其於婚娶，了無所妨。政和八年，知漢陽軍王大夫申明此項，敕局看詳，以爲如表叔取表姪女、從甥女嫁從舅之類，甚爲明白。今州縣官書判至有將姑舅兄弟成婚而斷離之者，皆失於不能細讀律令也。」慈銘案，此所引刑統自父母之姑舅至人倫失序，皆本唐律疏義之文，疏義此上一條明注云「其外姻雖有服非尊卑者爲婚不禁」，可無疑於姑舅兄弟之爲婚矣。「周道百世姻婚不通」，是周制爲婚最嚴，而召南「何彼襛矣」之詩，美王姬下嫁，云「平王之孫齊侯之子」，毛傳「平正也，武王女、文王孫，適齊侯之子。」齊侯當是吕伋，蓋武王女適丁公子乙公得，正是姑舅兄弟爲婚也。

宋南渡以前，進士甲科授官之制無一定，故史志不詳。余去年日記所考亦尚未盡。容齋隨筆卷九高科得人一條、續筆卷十三科舉恩數一條，合之足補史所不備。隨筆云：「國朝自太平興國以來，以科舉羅天下士，士之策名前列者，或不十年而至公輔，吕文穆公蒙正、張文定公齊賢之徒是也。及嘉祐以前，亦指日在清顯。東坡送章子平序，以爲仁宗一朝十有三榜，數其上之三人，凡三十有九，其不至於公卿者五人而已。至嘉祐四年之制，前三名始不爲通判，第一人才得評事簽判，代還升通判，又任滿始除館職。王安石爲政，又殺其法，恩數既削，得人亦衰矣。觀天聖初榜，宋鄭公郊、葉清臣、鄭文肅公戩、高文莊公若訥、曾魯公公亮五人連名，二宰相、二執政、一三司使；第二榜王文忠公堯臣、韓魏公琦、趙康靖公概連名，第三榜王宣徽拱辰、劉相沆、孫文懿公抃連名；楊寘榜，寘不幸即死，王岐公珪、韓康公絳、王荆公安石連名；劉煇榜，煇不顯，胡右丞宗愈、安門下燾、劉忠肅公摯、章申公惇連名。其盛如此。治平以後第一人作侍從，蓋可數矣。」續筆云：「國朝科舉取士，自太平興國以來，恩典始重，然各出一時，制旨未嘗輒同，士子隨所得而受之，初不以官之大小有所祈訴也。太平之二年，進士一百九人，吕蒙正以下四人得將作丞，餘皆大理評事，充諸州通判。三年七十四人，胡旦以下四人將作丞，餘並爲評事充通判及監當。五年一百二十一人，蘇易簡以下二十三人皆將作丞通判。八年二百三十九人，自王世則以下十八人以評事知縣，餘授判司簿尉，未幾世則等移通判，簿尉改知令録，明年並遷守評事。雍熙二年二百五十八人，自梁顥以下二十一人纔得節察推官。端拱元年二十八人，自程宿以下但權知諸縣簿尉。二年一百八十六人，陳堯叟、曾會至得光禄丞直史館，而第三人姚揆但防禦推官。淳化三年三百五十三人，孫何以下二人將作丞，二人評事，第五人以下皆吏部注擬。咸平元年，孫僅但得防推。二年孫暨以下但免選注官，蓋此兩榜真宗在諒闇，禮部所放，故殺其禮。及三年陳堯咨登第，然後六人將作丞，四十二人評事，第二甲一百三十四人節度、推官、軍事判官，第三甲八十人防團軍事推官。」

又下第再試一條云：「太宗雍熙二年，已放進士百七十九人，或云下第中甚有可取者，乃令復試，又得洪湛等七十六人，而以湛文采遒麗，特升正榜第三。端拱元年，禮部放程宿等二十八人進士，葉齊打鼓論榜，遂再試，復放三十一人，而諸科因此得官者至於七百，一時待士，可謂至矣。」

又金花帖子一條云：「唐進士登科有金花帖子，相傳已久，而世不多見。予家藏咸平元年孫僅榜盛京所得小録，猶用唐制，以素綾爲軸，帖以金花。先列主司四人銜，曰翰林學士給事中楊、兵部郎中知制誥李、右司諫直史館梁、祕書丞直史館朱，皆押字，次書四人甲子年若干某月某日生，祖諱某、父諱某，私忌某日，然後書狀元孫僅以下別用高四寸綾闊二寸書「盛京」二字，四主司花書於下，粘於首卷，其規範如此，不知以何年而廢也。但此榜五十人，自第一至十四人，惟第九名劉熚爲河南人，餘俱貫開封府，其下又二十五人亦然，不應都人士中選若是之多，疑外人寄名託籍，以爲進取之便耳。四主司乃楊礪、李若拙、梁顥、朱台符，皆衹爲同知舉。」

合此數則觀之，可略知北宋待進士之制。案，宋史雍熙二年先放百七十九人，復放七十六人，與所記下第再試一條數同，共得二百五十五人。隨筆「八」字誤。至史言端拱元年先放程宿等二十八人，榜既出，謗議蠭起，或擊登聞鼓求别試，乃覆試於崇政殿，得進士馬國祥以下及諸科凡七百人。越月再試詩賦，又得進士葉齊以下三十一人，諸科八十九人，並賜及第，與續筆所記小異。

容齋四筆 宋 洪邁

二十一日 閱容齋四筆十六卷訖。其范曄漢志一條，言不知劉昭爲何代人，則洪氏所見本無劉昭注補自序一篇，明代南監本所刻始有之，其所據底本勝於洪氏所見也。

鈔傳文書之誤一條，言蘇魏公集東山長老語録序「廁足致泉，無用所以爲用；因蹄得兔，忘言而後可言」，「廁足致泉」二語用莊子文，案，見外物篇，廁音則，本亦可作側足。而誤「廁足致泉」作「側定政宗」。陶淵明讀山海經詩「刑天舞干戚」，誤作「形夭無千歲」。

歲陽歲名一條，史記曆書「赤奮若」，「奮」誤作「奪」。可知宋時校刻甚多粗疏，今之矜言宋槧者亦可悟矣。其以通鑑取歲陽歲名冠年爲不可曉，謂不若用甲子爲明白，不知古人止以榦支紀日，不以紀歲也。

其唐人官稱别名一條，所載尚未盡。如户部尚書爲大農，刑部侍郎爲少秋官，尚書左丞爲左轄，右丞爲右轄，吏部郎中爲小天，六部員外郎爲外郎，節鎮掌書記爲外三字，此類甚多，皆屢見唐人紀載。惟少秋官止見韓昌黎文。至起居郎曰左史，起居舍人曰右史，至宋猶沿其稱，然實爲高宗龍朔二年所改官名，未幾復舊，而此兩官沿稱不改。若洪氏所舉御史大夫爲司憲，亦龍朔改制之名。又言侍御史曰脆梨，殿中御史曰開口椒，監察御史曰合口椒。案，此出唐人御史臺記，云「御史裹行及試員外者爲合口椒，最有毒；監察爲開口椒，毒微歇；殿中爲蘆菔，本作「蘿蔔」，誤。亦曰生薑，雖辛辣而不爲患；侍御史爲脆梨，漸入佳味；遷員外郎爲甘子」，蓋言官漸達則緘默也。乃當時嘲誚之辭，未嘗爲官稱。又曰：「比部郎官爲比盤，亦曰崑腳皆頭。」案，李肇國史補云「比部得廊下食，以飯從者，號比盤」，乃指其所食而言，猶國初六科給事中有吏科官、户科飯、兵科紙、工科炭之謡，非以比盤稱郎官也。崑腳皆頭是比字隱語，亦未嘗以稱官。又曰：「諸部郎通曰哀烏依烏。」案，漢書天文志云「哀烏郎位」，晉志作「依烏」，唐人詩有用之者，亦非以爲官稱。又曰「光禄爲飽卿，鴻臚爲睡卿，司農爲走卿」，案，此亦是一時謔語，猶呼散騎常侍爲貂腳，祕書監爲病坊之比。明代及今號禮部精膳司曰飽官餓做，祠祭司曰鬼官人做，皆非以是稱居官之人也。

其它記兩宋官制沿革遷改及掌故之失，皆詳盡可觀。其實年官年一條，謂布衣應舉者必減小，公卿任子者必增擡，南渡時遂公見章奏，曰實年若干，官年若干，於是形於制書，播告中外。知此事由來久矣。

容齋五筆　宋　洪邁

二十四日　閱容齋五筆十卷訖。此書予於癸丑、丁巳、庚申三次閱之，今年甲申已四徧，余年亦五十六矣，隙駒不留，磨牛如故，曷勝黯悵。洪氏最留心官制，其考核年月，辨正俗説，於唐人事迹，史册傳訛，極爲有功，所記見聞，多足裨掌故，資談柄，宋人説部中最爲可觀。世以與困學紀聞並稱，則非其倫也。其二筆有云，黄魯直嘗書太公丹書諸銘，言得於禮書中，今讀大戴禮始見之，則其先未嘗見大戴禮也。其四筆有云，漢高帝祖號豐公，讀漢書數十過而幾忘之，則自言於史學甚疏也。五筆有云，檢書得晉代遺文一册，内有張敏頭責秦子羽文，甚尖新，此文藝文類聚、太平御覽或當采之，而世無知者，爲載之於此。案，此文見世説排調篇及注，而洪氏不能知，且明言未讀藝文類聚、太平御覽兩書。又云古人以通名書者，自易有漢人洼丹洼君通，後如班固白虎通、應劭風俗通、唐劉知幾史通，韓滉春秋通，今惟白虎通、風俗通僅存，則洪氏未嘗見史通也。此等人人習見之書，而絶不自諱，亦足以見其爲學之不欺。今日小夫豎子，略窺一二目録者，尚肯爲此言哉？

至洪氏於經學小學皆所不講，如疑周禮、疑左傳、疑詩序；以尚書洪範爲有錯簡；謂廿卅卌皆説文正字，而不知説文無卌字；謂左傳「楄柎藉幹」，説文作「楄部薦榦」，與傳文異，而不知「幹」乃俗字。其最謬者謂真宗諱從心從亘，音胡登切，若缺其一畫，則爲恒，遂並恒字不敢用而易爲常矣。蓋其意以真宗諱爲本作恒從亘，與桓、洹等字偏旁同，與恒常之恒字從亙者異，而不知字書並無從心從亙之字。集韻「恒胡登切，國諱」，説文「常也，從心從舟，在二之間，古作亙」。廣韻「恒，常也，胡登切，亙古文」。類篇亦同。蓋隸寫亙作恆，又轉作恒，遂與從亘之字桓、洹、垣、宣等皆無別，洪氏又誤以恒、恒爲兩字耳。

三月

唐宋朝官俸禄

朔　唐代朝官奉禄最薄，然白樂天爲校書郎，正九品也，而其詩曰「俸錢萬六千，月給亦有餘。」及兼京兆府户曹參軍，正八品下階也。而其詩曰「俸錢四五萬，月可奉晨昏。廩禄二百石，歲可盈倉囷。」宋初州縣小官俸亦至薄，然黄亞夫庶伐檀集自序云，歷佐一府三州，皆爲從事，月廩於官粟麥常兩斛，錢常七千。洪容齋謂今之簿尉蓋七八倍於此，若兩斛七千，祇可禄一書吏小校。蓋南宋奉禄優厚如此。以視今日五品朝官，歲奉米十五石六斗，尚須關説倉官，至優者一石可得百二十斤，外又奉銀六十四兩而已。

容齋三筆　宋　洪邁

初二日　容齋三筆云：「國朝官稱，謂大學士至待制爲『侍從』，謂翰林學士、中書舍人爲『兩制』。

舍人官未至者則云『知制誥』，故稱美之爲三字。謂尚書侍郎爲『六部長貳』，謂散騎常侍、給事、諫議爲『大案，此字疑衍。兩省』。今盡以在京職事官自尚書至權侍郎及學士待制，均爲『侍從』，蓋相承不深考耳。」又云：「元豐未改官制以前，用職事官寄禄，自諫議大夫轉給事中，學士轉中書舍人。歷三侍郎、學士轉左曹、禮户吏部，餘人轉右曹工刑兵部。左右丞，吏侍轉左，兵侍轉右。然後轉六尚書，各爲一官。案，謂自左右丞轉工尚，次轉禮尚，次轉刑尚，次轉户尚，次轉兵尚，次轉吏尚。尚書轉僕射，非曾任宰相者不許轉，今之特進是也。故侍從止於吏書，由諫議至此，凡十一案，當作「二」。轉。其庶僚久於卿列者，則自光禄卿轉祕書監，繼歷太子賓客，遂得工部侍郎，蓋以不帶待制以上職不許入兩省給諫耳。元豐改諫議爲太中大夫，給舍爲通議，六侍郎同爲正議，左右丞爲光禄，兵户刑禮工書同爲銀青，吏書金紫，但六轉，視舊法損其五。元祐中以爲太簡，增正議光禄銀青爲左右，然亦纔九資。大觀二年，置通奉以易右正議，正奉以易右光禄，宣奉以易左光禄，以右銀青爲光禄，而至銀青者去其左字，今皆仍之。比仿舊制，今之通奉乃工禮侍郎，正議乃刑户，正奉乃兵吏，宣奉乃左右丞，三光禄乃六尚書也。凡侍從序遷至金紫無止法，建炎以前多有之，紹興以來，階官到此絶少，惟梁揚祖、葛勝仲案，字魯卿。致仕得之。」

又四筆云：「治平以前，自翰林學士罷補外者得端明殿學士，謂之换職。熙寧之後乃始爲龍圖，紹興以來愈不及矣。修起居注者序遷知制誥，其次及辭不爲者乃爲待制，趙康靖、馮文簡、曾魯公、司馬公、吕正獻公是也。學士闕則次補，案，此謂知制誥及補内制。或爲宰相所不樂者，猶得侍讀學士，劉原甫即原父。是也。在職未久而外除者爲樞密直學士，韓魏公是也；亦爲龍圖直學士，歐陽公是也。後來詞臣益輕，褒擢者僅得待制，餘以善去者，集英修撰而止耳。」

又云：「國朝儒館仍唐制，有四，曰昭文館，曰史館，曰集賢院，曰祕閣，率以上相領昭文大學士，其次監修國史，其次領集賢；若祇兩相，則首廳兼國史，唯祕閣最低，故但以兩制判之。四局各置直官，均謂之館職，皆稱學士。其下則爲校理檢討，校勘地望清切，非名流不得處。范景仁爲館閣校勘，當遷校理，宰相龐籍言范鎮有異才，恬於進取，乃除直祕閣，司馬公作詩賀之。元豐官制行，不置昭文、集賢，以史館入著作局，而直祕閣祇爲貼職。至崇寧、政、宣以處大臣子弟姻戚，其濫及於錢穀文俗吏，士大夫不復貴重矣。」隨筆云：「國朝館閣之選，其高者曰集賢殿修撰、史館修撰、直龍圖閣、直昭文館、直史館、直集賢院、直祕閣、次曰集賢、祕閣校理官，卑者曰館閣校勘、史官檢討，均謂之館職，記注官缺必於此取之，非經修注，未有直除知制誥者。官至員外郎，則任子中外皆稱爲學士，及元豐官制行，凡帶職者皆遷一官而罷之，而置祕書省官，大抵與職事官等，反爲留滯，南渡初，除校書正字，往往召試，雖曰館職不輕卑，然其遷叙反不若寺監之徑德矣。」

又曰「蔣魏公之奇逸史二十卷，穎叔所著也」，中有云「舊制執政雙轉，謂自工部侍郎轉刑部，刑部轉兵部，兵部轉工部尚書，惟宰相對轉，工部侍郎直轉，工書比執政爲三遷。予考舊制，執政轉官與學士等，六侍郎則升案，「二」字有誤，當改「一分」字。兩曹，以工禮刑户兵吏爲叙，至兵侍者轉右丞，至吏侍者轉左丞，皆轉工書，然後細案，當是「累」之誤。遷，今言兵侍即轉工書，非也。宰相爲侍郎者升三曹，爲尚書者雙轉如工侍轉户侍，禮侍轉兵侍，若係户侍，當改二丞；而宰相故事不歷丞，故直遷尚書。今言工侍對轉工書，非也」。

其言官制沿革遷轉，皆史志所未詳。它如樞密名稱更易一條，謂「國朝樞密之名，其長爲使，則其貳爲副使；其長爲知院，則其貳爲同知院。惟大中祥符時王繼英由知院改使，陳堯叟由同知院改簽書院事，而恩例同副使。王欽若、陳堯叟知院，馬知節簽書」。「熙寧初，文彥博、吕公弼已爲使，而陳升之除知院，知院與使並置，非故事也」。「紹興以來唯韓世忠、張俊爲使，岳飛爲副使，此後除使固多，而其貳祇爲同知，亦非故事也」。見三筆。

祖宗朝宰輔一條，謂「祖宗朝宰輔名爲禮絶百僚，雖樞密副使亦在太師一品之上，然至其罷免歸班，則與庶僚等。李崇矩自樞密使罷爲鎮國軍節度使，旋改左衛大將軍，遂爲廣南西道都巡檢使，徙海南四州都巡檢使，皆非降黜，在南累年，入判金吾街仗司而卒，猶贈太尉。趙安仁嘗參知政事而判登聞鼓院，張鎡嘗知樞密院而監諸司庫務，曾孝寬以簽書樞密服闋而判司農寺，張宏、李惟清皆自見任樞密副使徙御史中丞，其他以前執政而爲三司使中丞者數人，官制既行，猶多除六曹尚書，自崇寧以來，乃始不然」。見續筆。

文臣换武使一條，謂「祖、宗之世，文臣换授武使，皆不越級。錢若水自樞密副使罷守工部侍郎，後除帥并州，乃换鄧州觀察使。王嗣宗以中書侍郎、李士衡以三司使、李維以尚書、王素以端明左丞，亦皆觀察。慶曆初以陝西四帥方禦夏羌，欲優其俸賜，故韓琦、范仲淹、王沿、龐籍皆以樞密龍圖直學士换爲廉車。即觀察。自南渡以來，始大不然。張澄以端明學士、楊倓以敷文學士便爲節度，近者趙師夔、吴琚以待制而换承宣使，不數月間，遇恩即建節鉞；師揆、師垂以祕閣修撰换觀察使，皆度越彝憲，誠異恩也」。見三筆。

又帶職人轉官一條，謂「故事官制未行時，前行郎中遷少卿，有出身得太常，無出身司農，繼轉光禄，即今奉直朝議也。自少卿遷大卿監，有出身得光禄卿，無出身歷司農卿少府監衛尉卿，然後至光禄。若帶職，則自少農以上徑得光禄，不涉餘級，至有超五資者」。見隨筆。

元豐官制一條，謂「元豐官制初成，欲以司馬公爲御史大夫；元祐初，起文潞公，擬處以侍中中書令，皆不果，自後不復除此等官，以爲前無故事，其實不然也。紹興二十五年，中批右正言張扶除太常卿，執政言自來太常不置卿，遂改宗正，復言之，乃以爲國子祭酒。近歲除莫濟祕書監，濟辭避累日，然後就職，已而李燾、陳騤、鄭丙皆爲之，均曰職事官何不可除之有」。同上。

郎中用資序一條，謂「官制既行，郎中、員外郎爲兩等，因履歷而授之，後來相承，必已升知州資序者爲郎中，於是拜員外郎者，吏部通理累滿八考則升知州，乃正作郎中，别命詞給告。頃嘗有旨初除郎官者，雖資歷已高，且爲員外，候吏部再申，然後升作郎中，近歲掌故失之。故李大性自浙東提刑除吏部，岳震自將作少監除度支，其告内即云郎中，與元指揮戾矣」。見四筆。

臺諫不相見一條，謂「國朝故實，臺諫官不相見。嘉祐六年，司馬公同知諫院，上章乞立宗室爲繼嗣，宰相韓公問侍御史陳洙，聞殿院與司馬舍人甚熟，近日上殿言何事。洙答以頃年曾同爲直講，近以彼此臺諫官不相往來，不知言何事。趙清獻公爲御史，論陳恭公，而范蜀公以諫官與之争。元祐中，諫官劉器之、梁況之等論蔡新州，而御史中丞以下皆以無章疏罷黜。靖康中，諫議大夫馮澥論時政失當，爲侍御史李光所駁。今兩者合爲一府，居同門，出同幕，與故事異」。見續筆。

又四筆云：「臺諫分職不同，各自有故實。元豐中，趙彥若爲諫議大夫，論門下侍郎章子厚、左丞王安禮不宜處位，神宗以彥若侵御史論事，左轉祕書監，蓋許其論議而責其彈擊爲非也。唐人朝制，大率薄御史而重諫官，中丞温造道遇左補闕李虞，恚不避，捕從者笞擊，左拾遺舒元褒等言：『故事，供奉官宰相外無屈避，遺補雖卑，侍臣也，中丞雖高，法吏也，侍臣見陵，法吏日恣，請得論罪。』乃詔臺官、供奉官共道路，聽先後行，相值則揖。然則唐時二職了不相謀云。」臺諫分職條。

周蜀九經一條，謂成都石經春秋三傳皇祐元年畢工，「後列知益州樞密直學士右諫議大夫田況銜，大書爲三行，而轉運使直史館曹穎叔、提點刑獄屯田員外郎孫長卿各細字一行，又差低於況。今雖執政作牧，監司亦與之雁行」。見續筆。

知州轉運使爲通判一條，謂「今世士大夫既貴，不可復賤，淳化中趙安易以宗正少卿知定州，就徙通判；羅延吉既知彭、祁、絳三州而除通判廣州；滕中正知興元府而通判河南；袁郭知楚、鄆二州而除通判房州；范正辭知戎、淄二州而通判棣深；陳若拙歷知單州、殿中侍御史、西川轉運使，召歸。會李至守洛都，表爲通判。久之，柴禹錫鎮涇州，復表爲通判。皆非貶降，近不復有矣」。見四筆。

神宗待文武臣一條，謂「元豐三年詔知州軍不應舉京官職官者許通判舉之，蓋諸州守臣有以小使臣爲之，而通判官入京朝，故許之薦舉。今以小使臣守沿邊小郡，而公然薦人改官，蓋有司不舉行故事也」。見三筆。

文潞公奏除改官制一條，謂元祐中潞公進呈除改舊制節目，言「吏部選兩任親民有舉主升通判，通判兩任滿有舉主升知州軍，謂之常調。知州軍有績效，或有舉薦名實相副者，特擢升轉運使副判官，或提點刑獄推判官，謂之出常調。轉運使有路分遠近輕重之差，由遠小路二廣、福建、梓利夔三路。任滿移上次等路成都路爲次重路，京東西、淮南次之，江東西、荆湖、兩浙又次之，河北、陝西、河東爲重路。或歸任省府判官，漸次擢充三路重任。謂河北等三路。潞公所奏乃是治平以前常行，今一切蕩然矣」。見四筆。

唐御史遷轉定限一條，謂「唐制監察御史在任二十五月轉，殿中侍御史十八月轉，侍御史十三月轉。國朝元豐以前監察滿四年轉，殿中又四年轉，侍御史又四年解臺職，始轉司封員外郎。元豐五年以後，升沈迥判矣」。同上。

其言封贈之制，四筆云：「封贈先世，自晉宋以來有之，迨唐始備，然率不過一代，其恩及祖廟者絕鮮，亦未嘗至極品。郭汾陽二十四考中書令，而其父贈止太保。權德輿位宰相，其祖贈止郎中。唐末五季宰輔貴臣，始追榮三代，國朝因之。李文正公昉本工部郎中超之子，出繼從叔紹，昉再入相，求贈所生父祖官封，詔贈祖溫太子太保，祖母權氏莒國太夫人，父超太子太師，母謝氏鄭國太夫人，可謂異數，後不聞繼之者。」

五筆云：「唐世贈典惟一品乃及祖，餘官祇贈父，而長慶中恩澤頗異。白樂天制集有户部尚書楊於陵回贈其祖爲吏部郎中、祖母崔氏爲郡夫人，馬總準制贈亡父，亦請回其祖及祖母，散騎常侍張惟素亦然，非常制也。是時崔植爲相，亦有陳情表，云亡父嬰甫，是臣本生；亡伯祐甫，臣今承後。自去年以來，累有慶澤，或有陳乞，皆許回授，今請以在身官秩並前後合叙勳封，特乞回充追贈，則知其時一切之制如此。伯兄文惠公執政，乞以己合轉官回贈高祖，既已得旨，而爲後省封還，固近無此比，且失於考引唐時故事也。」

三筆云：「舊法大卿監以上贈父至太尉止，餘官至吏部尚書止，今司封法餘官至金紫光禄大夫，蓋昔之吏書也，而中散以上贈父至少師止。舊法生爲執政，其身後但有子升朝，則累贈可至極品大國公。歐陽公位參知政事太子太師，後以諸子恩至太師兖國公，而其子棐亦不過朝奉大夫耳。比年汪莊敏公任樞密使，以子贈太師當封國公，而司封以爲須一子爲侍從乃可，竟不肯施行，不知其説載於何法也。朱漢章倬卻以子贈至大國公。」

隨筆云：「國朝未改官制以前，從官丞郎直學士以降，身没大抵無贈典，唯尚書學士有之，然亦甚薄。余襄公、王素自工書得刑書，蔡君謨自端明禮侍得吏侍耳。元豐以後，待制以上皆有四官之恩，後遂以爲常典；而致仕又遷一秩。梁揚祖終寶文學士、宣奉大夫，既以致仕轉光禄，遂贈特進龍圖學士，蓋以爲銀青、金紫、特進祇三官，故增其職，是從左丞得僕射也。節度使舊制贈侍中或太尉，官制行，多贈開府。秦檜創立檢校少保之例，以贈王德、葉夢得、張澄，近歲王彦遂用之，實無所益也。元祐中，王巖叟終於朝奉郎端明殿學士，以嘗簽書樞密院，故超贈正議大夫。楊願終於朝奉郎、資政殿學士，但贈朝請大夫，以執政而贈郎秩，案，朝請大夫本爲前行郎中，故云贈郎秩。輕重不侔，皆掌故之失也。」凡此皆兩宋故事，尤史所不能具，故彙而次之，以便檢閲。其屢引唐五代科名記以證史誤，亦皆精確，間及當時風俗，如冗官之多、服章之濫、稱官之僭妄，相謂之輕率，頗與今日相似。

初三日 容齋隨筆卷一云：「唐開成二年三月三日河南尹李待價將禊於洛濱，前一日啟留守裴令公，公明日召太子少傅白居易、太子賓客蕭籍、李仍叔、劉禹錫、中書舍人鄭居中等十五人合宴於舟中，自晨及暮，前水嬉而後妓樂，左筆硯而右壺觴，望之若仙，觀者如堵。裴公首賦一章，四坐繼和，樂天爲十二韻以獻，見於集中。今人賦上巳鮮有用其事者。裴公是年起節度河東，樂天又有奉和裴令公三月上巳日遊太原龍泉憶去歲禊洛之作，是開成三年上巳。裴以四年三月始薨，新史度傳乃云『三年以病匄還東都，文宗上巳宴群臣曲江，度不赴，帝賜以詩，使者及門而度薨』，似以爲三年，誤也。宰相表卻載其三年十二月爲中書令，四年三月薨，而帝紀全失書，獨舊史紀傳爲是。」慈銘案，舊唐書裴度傳云：「開成二年五月，復以本官案，本官謂司徒、中書令。兼太原尹、北都留守、河東節度使。三年冬，病甚，乞還東都養病。四年正月，詔許還京，拜中書令，案，前是使相兼職，此是真拜。以疾未任朝謝。屬上巳曲江賜宴，群臣賦詩，度以疾不能赴。文宗遣中使賜度詩曰：『注想待元老，識君恨不早。我家柱石衰，憂來學丘禱。』仍賜御札曰：『朕詩集中欲得見卿唱和詩，故令示此，卿疾恙未痊，固無心力，但異日進來。春時俗説，難於將攝，勉加調護，速就和平，千百胸懷，不具一二，藥物所須，無憚奏請之煩也。』御札及門，而度已薨，四年三月四日也。上重令繕寫，置之靈坐，時年七十五。」所叙至爲明晳，新書惟以「病匄還東都」，下失書「四年」二字耳。

疊雅　清　史夢蘭

二十二日　錢藩卿贈樂亭史香厓夢蘭疊雅十三卷，坿雙名録一卷。疊雅取疊字，仿爾雅之體而不分門類，雙名録分男女爲次，然如舊五代史王都傳載唐莊宗養子李繼陶初名得得，而此書不載，知其所遺者多矣。史年七十餘尚在，其書搜輯亦具有苦心。

南北史補志　清　汪士鐸

於書局買得蘇州刻仿宋資治通鑑目録一部、錢竹汀氏補元史氏族表藝文志、揚州刻汪士鐸南北史補志，其樂律、刑法、職官、食貨、輿服、氏族、釋老、藝文八志皆闕。又有世系、大事、封爵、百官四表亦佚。梅橋此書是道光末童石塘濂署兩淮運使，設局注南北史時所爲，經亂久亡其稿，同治壬申方子貞爲運使，復購得之，故名闕亡。然卷首梅橋自序本末甚詳，不言有脱失，不可解也。今存天文、地理、五行、禮儀耳。

二十九日　閲汪梅橋南北史志。其禮儀大率鈔撮宋、齊、魏、隋四志地理，稍見用心，而出入紛拏，於魏不能取正光極盛以前參稽補志，而仍襲伯起專主武定以媚高齊之謬。南朝惟梁陳無志，梁以中大同以前爲極盛，陳以光大以前爲稍廣，宜分兩朝疆域，各以盛時爲主，而注其變更，今乃混合梁、陳，於州郡分合進退無據，是何取乎補邪？其各縣下雜載古跡，然如於山陰下載禦兒鄉、柴辟、柤瀆，則考訂之疏，他可知矣。

四月

明史　清　張廷玉

十四日　閲明史兵志。志云：「宣德四年，上虞人李志道充楚雄軍死，有孫宗皋宜繼，時已中鄉試，尚書張本言於帝得免，如此者絶少。」案，志道爲吾山陰第三世祖洪一府君志善之從羃弟。

五月

魏鄭公諫録　唐　魏徵

十一日　得荇老書，以益吾祭酒新刻雍正東華録二十六卷，新校正晁氏郡齋讀書志二十卷、趙氏附志二卷，魏鄭公諫録校注五卷、續録二卷，魏文貞故事拾遺三卷、附新舊唐書本傳合注一卷，鮮虞中山國事表疆域圖説一卷，皆校刻精工。魏鄭公諫録校注，祭酒弟諸生禮吾先恭所著。故事拾遺，亦禮吾所集，祭酒收其遺稿刻之。

十五日　閲魏鄭公諫録及續録。文貞不足稱純臣，其諫録事難盡信，然有益於政治甚大，故此書與貞觀政要皆爲後世人君必讀之書，荀子所謂法後王者，此類是也。

水經注　北魏　酈道元

十九日　閱水經注沔水篇。水經既不見淮水，而江水至下雉縣屬江夏郡，今湖北武昌府興國州地。以下皆闕。酈注叙至青林湖而止，而其末云「自富口迄此五十餘里，岸阻江山」，其文氣亦尚不完。沔水經雖叙至過毗陵縣北爲北江，而其文復倒亂，酈注因沔水之文歷叙毗陵，今常州武進縣治。至鹽官今海寧州治。入海，經流於宣城吴國諸郡，如陵陽、落星、包山、洞庭之山、旋谿、具區、三江五湖之水，皖南浙西，勝跡略見，而江州、揚州、南徐、淮州，今之淮安府，劉宋蕭齊之北兖州。概從闕如。故當時如尋陽、姑孰之重鎮，廣陵、山陽之繁富，北固、瓜步之形勝，而秣陵爲南朝歷姓帝王所都，皆付之俄空，略無逸簡，末由循繹古跡，摩挲藻采。名寰麗矚，不著於鴻篇，祕籍邃聞，並窮於芳擷，甚可惜也。安得好事者據魏齊以前之書，掇唐、宋諸家所采，放悉麗藻，補綴舊文，亦志地之必需，續酈之不朽矣。

閏五月

明詩綜　清　朱彝尊輯

初八日　臥看明詩綜。竹垞此書精心貫擇，與史相輔，余自十七歲即喜閱之，平生得詩法之正，實由於此。惟其議論，先懲王、李，後惡鍾、譚，故於滄溟、弇州七律七絶諸名作，概從汰置。即子相之五古七古、七律七絶，明卿七絶亦大有佳篇；而於子相尚有恕辭，明卿置之不齒。其於公安略有采取，而集中五律七律，名句駱驛，十不存一。伯敬、友夏五古近體亦有佳者，竟以妖孽絶之。而嘉定四先生以牧齋表章太過，亦等之自鄶。長蘅五古，如南歸諸詩，豈在四皇甫下？亦慭置之。子柔五言入選尤稀。又以牧齋力推孟陽，稱爲「松圓詩老」，故訾之尤力。集中五古深秀之作，以及七律之高婉、七絶之温麗，世所傳誦者一首不登，此則選政之失平，矯枉之過正，故爲異議，遂近褊衷，致一代之製作不完，使所選之常留遺恨，是可惜也。有人能爲補之，且補注晚明諸人仕三王後官職出處、殉國降竄及乾隆時之追謚，則盡善矣。桑海諸公遺集，其時尚多忌諱，十九不出，尤宜搜輯存之也。

七月

舒藝室隨筆　清　張文虎

朔　得錢笵仙寄書，贈南匯張嘯山所著舒藝室隨筆六卷、續筆一卷、餘筆三卷，雜著甲、雜著乙、賸稿共五卷，詩存七卷，索笑詞二卷，儀徵劉孟瞻青谿舊屋文集十卷、詩一卷。閲舒藝室續筆、餘筆。

青谿舊屋文集 清 劉文淇

初四日 閲劉孟瞻青谿舊屋文集，其序跋、書後、考辨之作皆精密有據。

舒藝室雜著 清 張文虎

初六日 閲張孟彪舒藝室雜著甲編上下卷，皆説經及考據之文。孟彪精於律算，爲專門之學。又少長吴松盛時，多見故家藏書，校讎目録尤所長也。乙編上下卷多志傳紀事之作，文不能工。其署浙江寧波府知府林鈞家傳，林曾爲山陰縣丞，後又署縣事，貪競巧滑，衆所共知，而傳極稱其賢，諛墓之文，大率如是。至叙山陰林烈婦李氏事，誤以爲李烈婦林氏，且謂請旌及立祠墓皆稱林烈女，所以絶之於李，則大謬矣。墓碑祠額大書「林烈婦」，爾時余嘗争之於邑紳，謂烈女爲林童養之媳，未嘗合巹成婦，而爲林逼奸，不從以死，宜以李烈女請旌而絶之於林，諸紳不能用，余因爲傳及詩以志之，今皆存集中。此事本與官無涉，孟彪蓋據鈞家所作行述書之，而姓氏顛倒，可知鈞之作吏全無心肝矣。

遼史拾遺補 清 楊復吉

十二日 閲遼史拾遺補。楊復吉以厲氏未曾見舊五代史，因剌取薛史之涉遼事者，更搜輯契丹國志、大金國志、薛徐兩家續通鑑及近儒錢竹汀氏考異諸書，依厲氏體例，以紀志表傳爲次，而多采宋人説部，故瑣碎益甚。然於樊榭書不爲無補也。

申報

二十二日　得書玉書，以是月朔至十六日滬報送閱。滬上申報館是英吉利國所設，延中國之潦倒秀才爲撰文字。比日所述法夷之詭狡百出，言之無忌，而深歎中國之事事失策，步步落後，極言閩之先不守長門海口，縱夷深入，後又不先爲戰備，夷以礮擊而我船尚未起碇，至爲彼之射的，不過一時有半。而我之兵輪九艘及廣艇、礮船、木泭、載油薪備火攻之小船共五六十，一時盡壞，兵士死者幾三千人，船廠礮臺，水雷軍火，二十餘年之所經營布置，蕩焉澌滅。其以礮回擊者，僅有一揚武輪船，沈夷船一，毁之二。夷兵死者僅七人，傷者十四人。我之長門、金派、閩安各海口水師不聞還救，陸營各師無一應援，及夷船揚輪出口，亦無阻搤之者，督撫城守不出，張、何相繼退遁。所述情形歷歷如繪。諸帥之肉其足食乎？而朝廷尚發帑十萬以犒之，近復議借兵餉於米利堅銀二千萬，每月息銀五釐，以六年爲期，由各海關洋税按月拔還。於是樞臣主國計者遂議盡裁外官養廉、京官月費錢、米折銀，又於兵勇餉銀湘平每百兩扣出一兩，又準報捐分發、指省、過班、花翎四項，其臺諫之條陳者猶請重用正途，分别科目，而宂散之京官、無賴之選人，或求保人材，或争上封事，魑魅罔蜽，變幻百出，上下夢寐，厝火卧薪，雖以東朝之憂勤、朱邸之協德，而大臣非闒陋則偏愎，小臣非猥鄙則譸張，罔上營私，如出一轍，可勝痛哉！

梁書 唐 姚思廉 **陳書** 唐 姚思廉

二十七日 閲梁、陳書。華皎傳云：「皎陣於巴州之白螺，列舟艦。因便風下戰，淳于量、吴明徹等募軍中小艦，多賞金銀，令先出當賊大艦受其拍，賊艦發拍皆盡，然後官軍以大艦拍之，賊艦皆碎，没於中流。」案，此所謂拍，即今之炮也，彼時皆以石爲之，説文謂之旝，詩大雅之「其會如林」、左傳之「旝動而鼓」，皆是也。近日福州馬尾江之戰，法夷先以鐵頭小輪艘擊撞我之艇船、礮船及竹簰、木簰、載油薪之小船，覆壞殆盡，然後以礮擊我之兵輪船。然則我既有廣艇等數十，何不先以衝夷之輪艘，彼止七艘，我捨小船二十餘以擊之，彼炮雖利，能及遠而不能擊近，則其七艘必盡破壞，而我制其死命矣。而乃安舵不動，坐待敵炮，喪師辱國，費踰千萬。書生僨事，可痛恨也。

八月

論語正義 清 劉寶楠

十二日 閲論語正義。近儒説經過求證據，或反失之轇轕。如有子曰「禮之用」一章，此自以「禮之用和爲貴」爲一節，一節猶俗言一層。「先王之道斯爲美，小大由之，有所不行」爲一節，「知和而和，不以禮節之，亦不可行也」爲一節。首二句總冒，言禮雖以嚴整約束爲節目，其用實主於和也。「先王之道斯爲美」，斯指禮；「小大由之，有所不行」，言事事必拘以禮文，則情或反離，所謂至敬無文、至親無文也。「知和而和」，則情過乎禮而流於褻，故亦不可行。其義本極明晳。馬注「人知禮貴和，而每事從和，不以禮爲節，亦不可行」，所言亦甚分明。自朱注誤分「有所不行」以下爲一節，遂致迂折費解，而劉氏謂此章發明中庸之義，用即庸也，雖合古訓而詞反支矣。

乾隆諸儒致邵晉涵尺牘

二十日　閱書玉所藏乾隆中諸老致邵二雲先生尺牘一册。凡段茂堂書三通，周書倉書三通，盧抱經，兩書署名之側皆有墨印八字云「相約從古，但各稱名」。王石渠、李南澗、邵楚帆自昌、曹地山，二雲乙酉鄉試座主。王爾烈，辛卯傳臚，二雲同年。書各二通，姚姬傳、劉端臨、紀文達、朱文正、金海住，名下鈐一印云「住金剛堅固海」。魯山木、平餘山、家松雲先生、邵海圖洪，鄞縣人。書各一通。又一書失去尾葉，似是翁覃谿。一書僅署花間堂手札，似是成哲親王。

一書祇署太平使院字，似是朱笥河，其書云：「初九日晚，五百里文從道臺處奉聞足下與戴東垣、周舒蒼同調取入四庫全書館，須此間給咨即行，連日竚望，何以未至？沿途見此字，驅輿放帆，毋太遲留也。切切。」下署十六日。此乾隆三十八年笥河任安徽學政時事，笥河爲二雲辛卯會試房師也。又羅臺山一紙祇末葉，又一紙無稱謂姓名，祇鈐一小印，曰「西霞手書」，吾鄉王方川先生增也，辛卯榜眼，與二雲同年。書云：「穉存札中皆泛文畏銜，衹淡淡一語，其實緊要，恐將來得罪人，若前任交代語亦不露，恐穉存爲我心急也。至禱至切。」蓋是書之别紙。所云乃西霞由翰林出爲河南知縣時事。洪穉存是西霞辛丑會試分房所薦士也。

茂堂兩書，端臨書、山木書、松雲書皆長牘。楚帆總憲兩書，一言邵氏修譜事，一言博西齋所著偶得四卷，屬二雲校定及作序，皆呼二雲爲姪。海圖侍郎，亦辛卯進士。呼爲五哥，而不字。又於二雲尊人稱伯父大人萬福，是於二雲爲近支。其書言「金壇相國致屬王撫軍以五哥爲言，相國爲朝廷培植善士之義，可謂深篤。王撫軍兩浙福星，非不知好士者，其所以相待之處，宜於相國安帖中委悉言之。五哥違都門久，而竟若憺怕不存於心。本房李老師關注殷切，而五哥嗣後無安帖來，似覺太闊，此不可也。」云云。王撫軍者王亶望，而兩「王」字後皆磨去，其中直改作「三」字，蓋王獲罪後邵氏諱之，遂移之文敬公三寶，以王於丁酉歲代三公撫浙也。書倉兩書言文安陳氏時文稿事，極推重之。抱經一札，言玉藻「行容愓愓」，釋文音傷，今小版秦刻誤作「愓」，以二雲所著爾雅正義爲其所誤。案，今正義釋訓「忯忯愓愓」下並不引玉藻文，則二雲後已改正矣。

又一札言「捧讀改本爾雅正義，精而益精，中間删節處亦更簡當」。

南澗一札言「僞斜川集望而知其非真，然不知即龍洲詩也」。又一札言捧讀改本爾雅正義，精而益精，中間删節處亦更簡當。

石渠一札是借開元占經；一札言：「廣雅『葆，本也』，本即玉篇之『蓴』字，亦作『苯』，詩毛傳之

『苞，本也』，『本』亦即『苯』字，訓『草叢生』，非『根本』之『本』，而謂李氏周易集解繫於苞桑下，所引古訓必有與爾雅毛詩相發明者，祈録示。」案，集解惟陸績云「苞，本也」，而下云言其堅固不亡，如以巽繩繫也，則亦仞爲「本根」之「本」，不知即「蕁」字矣。端臨書言爾雅釋山「山左右有岸，厜」，廣韻作「厒」，玉篇有「金」字，古文「法」。說文「𤴓，古文正」，是金從𤴓，厜從金得聲。金、厜二字雖不見於說文，而由古文「正」字孳生，即不可謂非六書之正體。案，今邵氏正義仍不用其說，劉氏所著經傳小記中亦無之。郝氏義疏引龍龕手鏡二云「厜」爲「厒」之或體，則劉說極可據矣。

朱文正札是問明史洪武初遣文原吉、詹同、魏觀、吴輔道、趙壽等訪求遺文，詹、魏自有傳，文原吉官侍御史，不知其字與里，吴、趙二君官職字里俱無考。

紀文達札是借沈冠雲左傳小疏。金海住札言「舍姪質乎文淳易解一種，曾懇帶赴書局，公酌去取，如不足采，即求擲付小壻汪雲倬日章寄還」。

覃谿書是託代訪童君二樹所藏古泉古碑，懇借其數事，爲之考索題識。時二雲已由翰林丁父憂歸矣。

茂堂一書言章實齋所撰史集考不知已成若干。又言「爾雅正義高於邢氏萬萬，此有目所共見。汪容夫最佩服此書，近得其信否?」案，實齋未聞著史集考，蓋即文史通義之初名也。

尋繹諸書，想見一時儒林份摵，往還商榷古義，行間字裏，古色照人。其稱謂款式謹而不侈，約而不率，雖或亦潦草不經意，而言無俗塵，皆足見先輩典刑，存爲掌故。

吾家松雲中丞及平寬夫侍郎兩書，皆賀二雲入翰林。中丞時以中允出守常州，調江寧，侍郎時以少詹事憂歸，札中言李太守延修郡志事。兩公手跡向藏余家頗多，中丞爲族曾祖行，與先曾祖同補諸生，學政爲安谿李侍郎宗文，試子男同一位至元士受地視子男題文，中丞時年十三，爲山陰縣學第一名。自道光初以湖南巡撫罷爲三品京堂歸，後居蘇州，今其後無有聞者。所著寫十四經室文鈔未刊，詩集早刻板，亦久燬，印本亦極難得矣。兹録茂堂兩書、石渠一書、松雲先生一書於後。其字體正俗、筆畫多少，俱依原本。

段玉裁頓首上二雲先生座右。客冬得晤，數年契闊，得以稍暢，飫聞妙論，深叨雅誼，大快事也。惠賜爾雅正義，元元本本，既贍且確，什百邢氏，何待言矣。裁自客冬歸，匆擾多端，未能詳讀一過，深以爲歉。近者索居無俚，乃泝江至秋帆先生所一行，月内當即歸，不能久滯也。拙著尚書考讀將成，詳於古文今文之别及衛、包之妄，行且梓政。先生邃於史學，聞實齋先生云有宋史之舉，但此事非先生莫能爲，則日中必熭，尚勿遲緩。實齋神交已久，今始得見，其於史學可謂得其本源。抑實齋先生云甲辰、乙巳間先生款門，舍下無應者，聞甚駴異，去冬何未談及？甲辰一年，舍間多故，裁必出門，開罪也。裁自回壇，種種不得意，近者覓館地坐之，倘其不得，當入都請業耳。蘭泉先生向所仰望，去年承諭，本欲叩見而未暇。今輒具稟，伏冀轉達。説文萮字下曰五行之數，二十分爲一辰。此語未詳，求示之。每以獨學無友爲苦，故有入都請業之志也。秋帆先生云相屬纂宋、元、明通鑑，此事亦天地間不可少之事，何日成之？敬請近安，不戩。四月十六日武昌幕中。

蘭泉先生處稟竟未繕，惟祈晤時道及玉裁卅年仰慕之忱。是感。又啟。

愚弟段玉裁頓首上二雲大兄先生閣下。上年舍親史名瑾者入都，曾奉書并戴東原集，曾否收到？邇來想新祉便蕃，起居萬安，著述之閎富，玉裁愧不能親炙細讀也。聞以宋史自任，不知何日可成？令郎於宋史之學亦深，想必相得益彰，將來删削繁蕪，繼踪馬、班，能令鄙人尚及見否？玉裁前年八月跌壞右足，至今成廢疾，加之以瘖，學問荒落。去冬始悉力於説文解字，删繁就簡，正其譌字，通其例，捜轉注假借之微言，備故訓之大義，三年必可有成，亦左氏失明、孫子臏足之意也。小壻龔麗正者，屺懷之子，考據之學，生而精通，大兄年家子也，更得大兄教誨之，庶可成良玉。蘇州有博而且精之顧廣圻，字千里，欲得尊著爾雅疏一部，望乞之爲禱，即交小壻郵寄可也。東原集三部附上。丁小山兄，去冬於杭城乃得相識。抱經先生已歸道山，可歎可歎。梁伯子著人表考、史記質疑二書，該洽之至，想已看過矣。肅候近安，諸惟丙鑒，不一。玉裁頓首。

周書昌先生無恙否？朱少伯兄乞叱致。章實齋亦不得其消息。正月九日。

知不足齋叢書一套繳上。曩注廣雅「葆，本也」，而不解其義，又讀詩傳「苞，本也」，亦不解其義。竊疑「浸彼苞稂」、「如竹苞矣」、「實方實苞」、「苞有三蘖」，皆不當訓爲「本」。昨偶閱玉篇艸部蕁字，注云「本蕁草叢生」，字或作「苯」，西京賦「苯蕁蓬茸」。始知傳訓苞爲本者乃叢生之義，非根本之義也。斯干箋云「言時民殷衆如竹之本生」，本生猶言叢生，故以比民之殷衆，故孫炎云「物叢生曰苞」，非根本之義明矣。生民箋云「豐苞，亦茂也」。長發箋云「苞，豐也」，皆是增成傳義。而正義以爲易傳失其旨矣。廣雅云「葆、科，本也」，又云「科，叢也」，「務，葆也」。說文「葆，草盛貌」，「務，細草叢生也」。則葆、苞古蓋通用，未知有當與否？唯先生裁之。又李氏周易集解「繫於苞桑」下，所列古訓必有與爾雅、毛詩相發明者，並祈録示，餘不一。年侍王念孫頓首。案，王氏所著廣雅疏證釋詁三已用此義，惟未言及詩傳鄭箋，即此可知鄭箋之不易讀，而傳箋異同之故可輕言哉？

别來一載，曾於去冬附入寬夫信中寄奉懷之作，比到都而寬夫已旋里，竟持此信而歸，以致不得呈左右，至今耿耿。刻于役淮陰，又未攜此稿來，暇時當補録呈教也。冬間一接手書，以尊紀相委屬已爲轉薦屬邑，較弟冷泊衙中或略生色。此月内又接劉孝廉攜來書，隔年始到，然館事極難，此時書院焉有空缺？劉本敝門人，况重以台命，寧不爲留意耶？春殿宣毫，詞曹文戰，後來居上，自古積薪，豈必飛騰屬諸前輩？不謂拔幟亦有康節，奪經神之席，亦登詞客之壇。除目傳來，喜生望外，坊階迅轉，行到頭廳。不特士論翕然，亦且一破省例。使伏處江湖、遠觀壁上者，若老馬聞鼙鼓之聲，自忘駑鈍也。弟自知荒落，甘作粗材，但到江南，又存舊習，自甘淡泊，空處脂膏。毘陵七月，艱鉅難肩，乃新參忘其迂拙，不以爲不才，返量移白下。四月到此，已及數旬，幸民俗稍淳，案牘稍簡。而上游孤介，酬應都捐，或堪藏拙。第麋鹿之性，不能奔走馬牛。閣下視僕豈治繁理劇才耶？終朝牽率，事與性違，空負江山，無情遊攬，其意緒可知矣。范士恒案，士恒名東，上虞人，辛卯探花，与二雲同年。三兄貧態可念，頃以舟次無物攜來，未能多寄，下遇便再當寄意，煩爲致聲。昨見邸鈔，南昌事内，其令郎名字相同者，豈亦牽涉耶？數行寄意，恭賀新除，並問近安，不一。愚弟李堯棟頓首。二雲先生閣下。六月十三日淮陰舟次。

南崖集　清　陶元淳

二十四日　閱陶子師南崖集，前有趙執信序，皆其知廣東昌化縣時公私文書，詞旨悱惻，而反覆詳盡，藹然仁者之用心。其末一卷爲浮糧考，子師以名進士遠宰瓊海荒邑，而壹意除害，如處家事，此吾輩爲牧令者所宜人置一本也。首尾五年，屢以母老乞歸，未及行而以勞瘁卒官，今國史入之循吏，可謂無愧矣。

金冬心蔬果十種　清　金農

二十六日　閱金冬心蔬果十種。卷首蘆菔三枚，左題云：「山蘿菔，割玉之腴味最清；譜食經，東坡居士骨董羹。心出家盦僧並題。」次大芋一、小芋三，題云：「雪夜深，煨芋之味何處尋？啖一半，領取十年宰相看。稽留山民畫於佛家無憂林中并題。」次蒲桃一串，左題云：「蒲桃北地産者稱第一，釀酒甜美，色奪琥珀，飲流渴吻，不易嘗也。予終年不識杯鐺爲何物，偶無然寫此佳果，以志昔遊所見；至於冬醅法製，祇可託之想像而已。蘇伐羅吉蘇伐羅畫記。」次筍二，爲一束，左題云：「夜打春雷第一聲，滿山新筍玉棱棱。買來配煮花豬肉，不問廚娘問老僧。昔耶居士并題。」次荔支一串，左題云：「夜潮纔落清曉忙，摘來劚劚含甘漿。登盤此是楊家果，消受山中五月涼。稽留山民畫畢又題。」次蓮蓬二，左題云：「荷花開了，銀塘悄悄新涼早，碧翅蜻蜓多少。六六水窗通，扇底微風。記得那人同坐，纖手剝蓮蓬。龍梭舊客寫意并填小詞。」次西瓜一片，上題云：「行人午熱，此物能消渴。想著青門門外路，涼亭側，瓜新切，一錢便買得。百二硯田富翁遊戲之筆，并題二十七字。」次菱三，左題云：「兩頭纖纖出水新，無浪無風少婦津。斜陽依舊，偏不見，采菱人。曲江外史漫筆并題長短句。」次胡盧一，左題八分四字云：「一壺千金。」下云：「用焦氏易林中語代題。十九松長者記。」次枇杷八枚，左題云：「橛頭船，昨日到，洞庭枇杷天下少。額黃顏色真個好，我與山翁同一飽。曲江外史小筆并題。」末署「乾隆二十四年三月，在揚州客舍畫此蔬果長卷十種，七十三翁杭郡金農記。」其印記有作錢形，曰「吉金」，有曰「生於丁卯」，有曰「金氏壽門」，有曰「冬心先生」，有曰「金農印信」，皆朱文。有白文一印，曰「金印吉金」。其畫著墨不多，而天趣盎然，是其晚年之筆。詩詞小跋皆風致雋永，姿逸橫生，特録存之，並字體筆畫，悉仍其舊。前賢涉筆不落凡俗，其中增損，皆有意義，可俾後生思其風流焉。

九月

唐書合鈔　清　沈炳震

初九日　得金忠甫書，送來沈東甫唐書合〔訂〕（鈔）八十册，索直足銀九兩。此書版近歸其婦翁吴煦家也。

唐書宰相世系表訂訛　清　沈炳震

十九日　閲沈東甫唐書宰相世系表訂訛。沈氏謂此書有謬誤而無可取，其實可廢，然所訂不及十分之一。余嘗疑歐公既作此表，當時必聚譜牒，何以所載寥寥？凡名位顯著之人，往往下無子姓；即有，亦不過一二傳，豈其後皆盡絶乎？疑文忠意在謹嚴，凡所見譜牒，不盡以爲可信，故存其父祖而删其子孫。宗室世系表亦然，防五季散亂之後，人多假託華胄也。然因噎廢食，何足以存譜學？疑其初稿必不如此。今但取全唐文中碑志考之，其可補者甚多，惜沈氏之未及也。至謂其無益可廢，則亦不然。

新唐書　宋　歐陽修　宋祁

二十三日　閲新唐書地理志。其末載從邊州入四夷之路，與關戍走集最要者凡七道，爲它志所不詳。其六曰安南通天竺道，載自交阯由雲南入印度之路，尤今日之切要，所宜考究者也。此歐公本之賈耽皇華四達記等書，通典亦采之。考舊唐書賈耽傳，載耽於貞元九年上關中隴右及山南九州等圖一軸，别録六卷，黄河西戎録四卷；十七年又上海内華夷圖及古今郡國縣道四夷述四十卷。新書藝文志載賈耽地圖十卷、皇華四達記十卷、古今郡國縣道四夷述四十卷、關中隴右山南九州别録六卷、貞元十道録四卷、吐蕃黄河録四卷；而南宋時晁、陳兩家書目已無一載者，蓋久亡矣。耽字敦詩，滄州南皮人，官至檢校司徒、左僕射，同中書門下平章事，封魏國公，卒年七十六，贈太傅，謚元靖。太平廣記載其佚事頗多。

馬江記略

二十四日　閲福建人所著馬江記略四篇，詳載近日馬尾、長門等處戰事。其言張佩綸之驕愎債事、奏報欺飾，張成及督帶陸營廣勇道員方勳之首先潰逃，固皆罪不容誅。而總督何璟愚懦玩泄，事事失機，縱夷出入自如，略無籌防，惟偏袒廣勇，逃亦不問。布政使沈保靖沮撓海防，閣截軍火，亦皆死有餘責。朝廷寬大，又爲佩綸死黨造言熒惑，不置此五人於法，失刑甚矣，何以爲國？其言振威、福星、建勝、福勝四船管駕官許壽山、陳英、林森林、葉琛四人死事之慘烈，言之有餘痛焉。佩綸及何子峩遁竄情形，地阯時日，歷歷如繪，佩綸不足責，子峨何亦如此？

蘐園隨筆　日本　物茂卿

得子培書，以日本物茂卿所著蘐園隨筆五卷送閲。其言頗平實近理，所論陰陽、理氣、性質、教化、六經、佛老之恉，皆有特識。其言周官有哲蔟氏、翦氏、赤犮氏、蟈氏、壺涿氏、庭氏，後儒吴草廬輩皆疑其不經，非周公舊。不知此必古洪荒世以此得民心者，子孫世守其業，以至周代，故周公存其官。觀於伯益烈山澤，驅猛獸龍蛇，皆爲當世大政，掌以大臣者，何哉？大氏上古民極醇樸，智慧未開，百爾器械未作，以一倮蟲而處乎角牙蹄翼狺狺相争之中，其所苦可知。當時有一智慧人，能祛民所疾苦，則群奉之弗替。善哉晦庵先生曰：「周禮一書，皆從廣大心中流出也。」此段議論，頗爲正大。其論學極取程朱，而力闢其同時人伊仁齋藤以宋儒爲禪儒，以朱子爲不仁之説。其論僧徒醫卜之術，亦有名理。蓋彼國之儒而能辯者也。言伊仁齋所著有語孟字義、童子問、大學辨諸書，其駁天地開闢之説及非鬼神、非卜筮，辨仁義，亦彼中之雄桀者。其童子問援荀子道經之言，而謂危微精一老氏之訓也。又譏朱子以誠意正心之説告孝宗，而曰庸暗之主豈能受之，正所謂欲其入而閉之門也。惟當如孟子説齊梁君可也。其言亦甚犀利。

二十五日　閲蘐園隨筆。其卷二論樂之爲教一首，文極醇實，得教化之本。卷四論詩文，論樂律，論黍尺，論數，論占，論天學家，論五行，論天地生人，論中國夷狄，論祭祀，論三公燮理陰陽，皆有名理。其一條云，此方樂唯五調，乃隋世所傳，漢之舊法所謂清、平、瑟、楚、側也。清爲雙，瑟爲黄鐘，楚爲越，側爲般涉，唯平名不易。而所謂黄鐘調宫，即周漢黄鐘；其謂之林鐘者，緣琴法一字，必兼散實二聲，故誤耳。

其一條云，扶桑名賢傳載小河君雅尊經籍，嗜倭歌，尤好聚奇書。此方稱倭，本非佳稱，故本邦自以和代之。

其一條云：文字皆華人言語，此方乃有和訓顛倒之讀，是配和語於華言者。而中華此方語言本自不同，不可得而配，故此方學者不知字義，皆由此作累。又云此方讀字，有音，有和訓；和訓又與和歌語、俚語不同。蓋以音讀之，大覺高遠艱深，遠於人情；以和訓讀之，乃覺其平易近於人情，更换以俚語，愈益平易。同一字而其殊如此者，皆聲響所使，如華人於其語，亦皆義由音響而殊也。此方學者誤會聖賢之言，皆多此累。予近學華音，識彼方俗語，而後所見愈轉平易。

又云，文章非它也，中華人語言也。中華語言與此方不同，先修有作爲和訓顛倒之讀以通之者，是蓋當時一切苟且之制，要非其至者。故和訓所牽，字非其字，語理錯迕，句非其句。凡此諸條，皆足考彼國制度，爲自來志日本者所不詳。余見日本所刻書，行字之旁，皆有鉤勒，或小注數目字。前日嘗以詢岡鹿門，鹿門笑曰：「此敝邦之所以不免爲東夷也。凡書須回環讀之，其義方明。如大學『在親民』，須先讀民，後讀親，方讀在；若如中國順文讀之，則不能解。譬言吃飯，先言飯，後言吃，方俗如此。」今讀茂卿書，乃知由語言不通、音聲各别，故以和訓顛倒讀之，亦猶之翻譯有三合、還音諸法，此亦後之史志所宜詳也。

二十七日　蘐園隨筆卷四云，近歲僧玄光博學涉古書，能屬文，此方諸儒所不及。其譫語中論孟子弟子齋宿而後敢言，「宿」讀作「肅」。坤文言「陰疑於陽必戰」，「疑」與「擬」通。中孚六三「或鼓或罷」，引儀禮朝廷曰退，燕遊曰歸，師役曰罷。明夷六四「獲心意」，「意」與「臆」通。詩鄘風「升彼虛矣」，引管子注「虛，地名」。彤弓燕、饗之别，「右」與「侑」通，「醻」引儀禮注「以財貨曰酬」，左傳昭元年「酬幣」。案，毛傳「右，勸也」，「醻，報也」，是亦讀「右」爲「侑」，讀「醻」爲「酬」。大雅大明「造舟爲梁」，引爾雅注「比船爲橋」。案，正義已引孫炎爾雅注及杜預左傳注。瞻印之章「懿厥哲婦」，「懿」與「噫」通。及摘林希逸莊子注之誤，皆鑿鑿有據。又言論語孟懿子問孝、樊遲御爲侍御。引十三證譏朱子以一時之問對，爲數日之論議；一坐之問辨，爲行路之街談。「祭於公不宿肉」，援韓非子及漢書，以宿爲久留之義。其所訓釋，雖中國諸儒多已及之，而出於彼國緇流，實爲難得。

卷二又引玄光溲勃中載客有以佛法未來中國之前，人死或甦，而未嘗夢見其所謂閻羅十王者。玄光答以譬之僻邑無醫之地，愚樸之氓，食堇而死，不識其爲毒，謂爲偶然，及良醫來，指示其孰爲良，孰毒也，始識其爲毒中。乃以祖考時未嘗有所謂良毒，而疑醫之妄，豈理乎？此論茂卿雖以如巫之占夢駁之，然亦可謂能辯矣。

唐書合鈔　清　沈炳震

閱唐書合鈔。新唐書突厥、西戎諸傳，較舊書爲詳。西突厥後事，舊書甚闕略，新書亦不能備，然於突騎施蘇禄一種，猶載至大曆以後；西戎於康國下補安者、東安、喝汗、案，即今浩罕。東曹、西曹、中曹、石國、米國、何國、火尋史國、小史國，頗詳自蜀入藏通印度之路，而印度通今新疆南北路之道，亦略有可考。又補摩揭它、寧遠、大勃律、吐火羅、謝颶、識匿、箇失密、骨咄、蘇毗、師子等十國，足見當日歐、宋二公搜輯之功，實爲周至。自云事增文省，夫豈偶然？

十月

通鑑釋文　宋　史炤　通鑑釋文辨誤　元　胡三省

初三日　閱史炤《通鑑釋文》及胡身之《釋文辨誤》。身之之學十倍見可，近儒好稱祕籍，謂見可亦有勝身之處。錢竹汀氏謂胡長地理，史長小學，今日偶閱其釋汜水，存凡、祀兩音，則其小學亦概可知矣。

玉篇　南朝梁　顧野王

十六日　閱日本新出《玉篇》糸部，自部首「糸」字至「纕」字。前年黎蓴齋得之彼國高山寺者，從「絟」字起，此則去年日本人得能良介續得之高山寺古文書中，復刻而傳之，於是糸部竟全，亦云奇矣。惟其中誤字甚多，校不勝校耳。

其「絢」字下有重文二，云：約，今誤作約。聲類亦「絢」字也。今中國本祇有約字，注云同上。絃，廣雅「絃，今誤作絃。索也」。聲類亦「絢」字也。案，此字今澤存堂諸本皆無，惟集韻三十二霰云「絢通作絃」，以從衣之袨、袀字例之，則絢、絃一例也。因此知俗弦歌字作「絃」者，乃「絢」之異文，其字本出聲類，而玉篇字作絃，疑避宋諱玄字缺筆，則此本實出宋時無疑，當在大廣益會之先也。

其「緊」字下云：「方結反。說文『編繩也，一曰弩要鉤帶也』。蒼頡篇䋄鼻也。」案，今澤存堂諸本祇有繁字，云「方結切，編繩也，劍帶也」。案，緊乃絜之誤字，折本作斲，隸誤作斷。說文有絜字，云「扁緒即偏諸。也，一曰弩要鉤帶」，無繁字。類篇絜，匹蔑切，編繩，又必列切。說文「扁緒也」，一說「弩腰鉤帶」，一說「御左回曰絜」。繁，必結切，劍帶謂之繁；又毘祭切，惡綿。集韻「絜，四蔑切」，「編繩。繁，必結切」，劍帶謂之繁。是絜、繁畫然兩字，編繩謂之絜，劍帶謂之繁。廣韻十六屑，「絜方結切，輓也；又普蔑切」。韻略云「馭右回」。而於繁下云「方結切，繩編、劍帶」，則已合兩訓於一字。今玉篇遂並脫去絜字，而附於部末雜字之列，但云「普蔑切，結」。幸有此本，雖脫誤幾不可讀，且逸去繁字，然絜字之形與訓固皆在也。此可以知日本新出本之可貴，非彼國人所能僞爲矣。

扁緒，段氏玉裁謂當作「編諸」，漢書賈誼傳作「偏諸」。偏諸者，合衆采以爲絛，服子慎謂之牙條，故亦可云編繩，亦可云扁繩也。「緒」乃「諸」字之誤。又補縫之組，是說文正字，今俗作「綻」，而今本玉篇無「組」字。此本紩、緛二文下有「組」字，云除莧反，說文補縫也。聲類縫解也。或爲「袒」字，在衣部。又「絢」字亦說文正字，而今本玉篇附於部末，與「絜」字正同。此本「絢」字在「縈」字下，其訓甚詳，皆可貴也。黎氏所刻糸字下半部終於「綌」字，今本「綌」下有「絨」至「纗」凡八十三字，皆宋人陳彭年等所附雜字，所謂大廣益會者，此類是也。至玉篇原本無「綱」、「統」兩字，今本皆附在「絨」字下雜字之列，則希馮當日避昭明、簡文諱。此書進於大同四年希馮爲太學博士時，時簡文已爲太子；其後簡文又命蕭愷等删改，故書中皆避其諱，水部亦無「衍」字。

原本玉篇零卷 南朝梁 顧野王

十七日 閲黎氏所刻玉篇零卷，今人張嘯山引莫子偲言玉篇系部無「孫」字，此本系部五字系下即爲「孫」，其訓甚詳，而「繇」字無重文。

梅村詩集 清 吴偉業

二十日 吴梅村七絶讀史有感八首，蓋亦爲孝陵董貴妃作也。其第一首云：「彈罷熏絃便薤歌，南巡翻似爲湘娥。當時早命雲中騎，誰哭蒼梧淚點多？」第二首云：「重璧臺前八駿蹄，歌殘黄竹日輪西。君王縱有長生術，忍向瑶池不並棲。」第八首云：「銅雀空施六尺牀，玉魚銀海自茫茫。不如先拂西陵枕，扶下君王到便房。」其情事皆甚顯。又古意六首，其第一首云：「争傳婺女嫁天孫，纔過銀河拭淚痕。但得大家千萬歲，此生那得恨長門。」第二首云：「豆蔻梢頭二月紅，十三初入萬年宫。可憐同望西陵哭，不在分香賣履中。」第四首云：「玉顔憔悴幾經秋，薄命無言祇淚流。手把定情金合子，九原相見尚低頭。」第五首云：「銀海居然妒女津，南山仍錮慎夫人。君王自有他生約，此去惟應禮玉真。」則皆不知何指矣。或云爲攝政王娶肅武親王妃而作，然詩恉不似言朱邸也。疑章皇崩後，嬪御有出嫁之事，年代已遠，國史又諱之，莫得而詳。後來世俗悠謬之談，遂從此出，君子所不道焉。

琱玉集

二十三日　閱琱玉集。此書名見宋史藝文志及通志藝文略，究不定其爲誰作。此刻出自日本人舊鈔卷子本。云原十五卷，今僅存十二、十四兩卷。每卷末有記云「天平十九年歲在丁亥寫」。天平十九年，唐玄宗之天寶六載也。其書分類系事，各題篇名，十二卷分聰慧、壯力、鑒識、感應四篇，十四卷分美人、醜人、肥人、瘦人、嗜酒、别味、祥瑞、怪異八篇。其書掇拾奇零，絕無條理，重悂貤繆，不勝指摘，蓋是六朝末季底下之書。然其中如引孝子傳李善兩乳存孤事，云李善本是李文今後漢書獨行傳作「元」。家奴。又云：「歷鄰乞乳，得濟朝夕，時既經久，鄰里厭之，不肯與乳，兒遂損瘦，命在須臾。李善感結，悲不自勝，號泣呼天，求哀請救，天感其志，兩乳汁流。」頗與後漢書所叙不同。又云：「郡縣奏聞，遂達天聽，上感其義，賜善姓李，表之朝野，遷堂邑令。」以後漢書及東觀漢記覈之，則善初拜太子舍人，後出爲平陽丞，遷堂邑令，終日南太守，始終官爵歷然可考。又其從主姓李，出於帝賜，尤足以裨史闕。

其書凡引類林者七，引春秋後語及同賢記者各三，引王隱晉書、王智深宋書及語林古傳、論語疏者各一。語林引曹操、楊修讀曹娥碑事。王智深宋書引陶淵明好慕山水，恒處幽林，以酒暢釋，有人就者，輒脱葛巾沽酒，畜一素琴，及一醉，一撫一拍，嘯詠而已。論語疏引顔子問一以知十，謂問君子教道之法，子曰：「道者，道也。」顔回即解之。父以慈道子，子以孝道父，夫以和道妻，妻以柔道夫，兄以友道弟，弟以恭道兄，君以明道臣，臣以忠道君，友以信道己，己以仁道友，此所謂十也。其説甚異，不知出何人論語疏，皇疏亦無此文也。又引晉鈔者十餘條，引後漢鈔者二，皆不足據。如引師曠辨故車腳炊飯爲勞薪事，謂出史記；引田真兄弟三人分産，庭前紫荆三株花葉枯萎事，謂出前漢書；則其它可知矣。兹將所引古傳、同賢記、王隱晉書三則寫出之，以備考。

聰慧篇引古傳云：「路婦，不知何處人也。孔子遊行見之，頭戴象牙櫛。謂諸弟子曰：『誰能得之？』顔淵曰：『回能得之。』即往，至婦人前，跪而曰：『吾有徘徊之山，百草生其上，有枝而無葉；萬獸集其裏，有飲而無食；故從夫人借羅網而捕之。』婦人即取櫛與之。顔淵曰：『夫人不問由委，乃取櫛與回，何也？』婦人答曰：『徘徊之山者，是君頭也；百草生其上、有枝而無葉者，是君髮也；萬獸集其裏者，是君虱也；借網捕之者，是吾櫛也。以故取櫛與君，何怪之有？』顔淵嘿然而退。孔子聞之曰：『婦人之智尚爾，況於學士者乎。』」案，此不知出何書。馬氏驌繹史、孔子類記、孫氏星衍孔子集語皆未之采，其辭指與韓詩外傳所載子貢挑阿谷之女事同一杼軸，而較衡波傳采桑娘事爲雅馴。

感應篇引同賢記云：「杞良，秦始皇時北築長城，避苦逃走，因入孟起後園樹上。起女仲姿浴於池中，仰見杞良而喚之，問曰：『君是何人？因何在此？』對曰：『吾姓杞名良，是燕人也。但以從役而築長城，不堪辛苦，遂逃於此。』仲姿曰：『請爲君妻。』良曰：『娘子生於長者，案，此長者謂富貴家也，乃漢魏間古義。處在深宮，案，深宮通指上下，亦漢以前古義。容貌豔麗，焉爲役人之匹？』仲姿曰：『女人之體，不得再見丈夫，君勿辭也。』遂以狀陳父，而父許之。夫婦禮畢，良往作所，主典怒其逃走，乃打煞之，並築城內。起不知良死，遣僕欲往代之，聞良已死，並築城中。仲姿既知，悲哽而往，向城啼哭。其城當面，一時崩倒，死人白骨交橫，莫知孰是。仲姿乃刺指血以滴白骨，云若是杞良骨者，血可流入。即瀝血，果至良骸，血徑流入，便將歸葬之也。」

肥人篇引王隱晉書云：「孟業，晉時幽州刺史也，爲人大肥。下官還京。晉武帝意欲稱之，乃作大稱掛於殿壁。業入見之，曰：『陛下作稱，欲何爲也？』帝曰：『朕聞人重千斤者吉，朕欲自稱有幾斤。』業曰：『陛下正欲稱臣耳，無煩聖躬。』於是稱業，果行千斤。」

二十五日 琱玉集鑒識篇引類林「漢宣帝時開輸屬山巖石，下得二人，身被桎梏，將至長安，變爲石人。宣帝廣集群臣，問無知者。惟劉向對曰：『此人是黄帝時諸窳國臣，犯於大逆，黄帝不忍誅之，乃枷械其身，置輸屬山，幽在微谷之下，若值明王聖主，當得出外。』宣帝不信，以向言妖，執向下獄。向子歆自出應募，云須七歲女子以乳乳之，石人當變。帝如其言，即變爲人，便能言語。帝問其狀，皆如向父子之言。宣帝大悦，拜向爲大中大夫，歆爲宗正。」案，山海經前載劉秀所上表，有云：「孝、宣時，擊磻石於上郡，陷得石室，其中有反縛盜械人。時臣秀父向爲諫議大夫，以山海經對曰：貳負殺窫窳，帝乃梏之疏屬之山，桎其右足，反縛兩手。上大驚。」其事已出傅會，此因以推演，而所言尤怪妄不經。然裴子野類林世久不傳，此猶存其七事，亦可少見梗概矣。感應篇引晉東郡太守苟倫弟儒溺於盟津，求屍不得，倫投牋河伯，經由一宿，弟屍乃抱牋而出事；又鄒衍五月飛霜事；嗜酒篇引陳遵飲客投轄事；怪異篇引周幽王時蜀岷山崩壅江水事；肥人篇引滿奮夏月膏流墮地，人以器承取用爲燈燭事；别味篇引易牙辨淄澠事；皆云出類林。惟其書所引，往往舛誤。如肥人篇引笑林云：「趙伯翁，不知何時人也，爲人大肥。夏日醉卧，有數歲孫兒緣其腹戲，因以李子八九枚内肶臍中。後李爛汁出，謂言臍膿，告家人曰：『我將死矣。』遂遺敕處分，須臾李核乃出，始知孫兒所爲。」此蓋出邯鄲淳笑林也。其下隔一條云：「趙女，趙伯翁之姊也，乃肥於兄，嫁與王氏。王氏以其肥，不能獲時，案，二字有誤。遂誣之云無有女身，因即放遣。更後嫁李氏，李氏方始得其女，乃知昔日黜退，實是誣枉。」此與上條語意相銜，其出一書無疑，乃云「出魏志」，無論三國志本文固無此事，即裴注於魏志載肥人者三事，太祖紀注載曹嵩穿後垣，妾肥不能出事；明帝紀注載京邑有一人食兼十許人，遂肥不能動事；王粲傳注載上將軍曹真性肥事。亦並無此文，知其所載書名固不足盡據也。

新序　說苑　漢　劉向

二十九日　新序義勇篇卞莊子事，全用韓詩外傳卷十之文；說苑立節篇邢蒯聵事，是本韓詩外傳卷八荆蒯芮文而小改之；其文義甚明。外傳於卞莊子「奔敵殺七新序無「七」字。十人而死」下引君子聞之曰：「三北已塞責，又滅世斷宗，士節小具矣，而於孝未終也。詩曰『靡不有初，鮮克有終』。」新序引君子曰：「三北而案，此字誤。塞責，滅世斷家，於孝不終也。」此全用外傳語，以是非已明，無容贅也。外傳叙荆蒯芮說苑作邢蒯聵者，邢、荆字形聲皆近。「聵」，說文一作𦖻，云「聵或從𦖻」，𦖻芮聲近，蓋即左傳之申蒯。死齊莊公之難，云「吾既食亂君之食，又安得治君而死之？」遂驅車而入死。其僕曰：「人有亂君，猶必死之；我有治長，可無死乎？」乃結轡自刎於車上。君子聞之曰：「荆蒯芮可謂守節死義矣，僕夫則無爲死也，猶飲食而遇毒也。詩曰『夙夜匪懈，以事一人』，荆先生之謂也。易曰『不恒其德，或承之羞』，僕夫之謂也。」其斷義可謂至當。說苑意以旌善，更爲忠厚之論，改之曰：「君子聞之，曰邢蒯聵可謂守節死義矣。死者，人之所難也，僕夫之死也，雖未能合義，然亦有志士之意矣。詩云：『夙夜匪懈，以事一人。』邢生西漢人語先生或單稱生，或單稱先。之謂也。孟子曰：『勇士不忘喪其元。』僕夫之謂也。」此其詞加詳而意加婉。太傅以戒人之輕生，中壘以褒人之能死，其恉相成而不相背，此西漢兩大儒之格言，後人所當玩味者也。

又說苑立節篇所載楚申鳴遇白公之亂，白公劫其父以招之，申鳴不顧，援桴鼓之，遂殺白公，其父亦死，王歸賞之，申鳴自殺。事亦本之韓詩外傳卷十。外傳引詩曰「進退維谷」以斷之，誠以行不兩全，名不兩立，人生至此，忠孝兩窮，君子悲其遇可也。說苑不加論斷，以不忍論也。後漢趙苞事正同此，而威豪更有城守之責，又親受其母決勉之言，則勢更無它顧。是以蔚宗列之獨行，世無間言，温公通鑑亦無貶辭。自綱目爲責備之文，於是宋、明愚儒皆謂其處置未當，紛紛論辯，以迂謬之見，爲不關痛癢之談，亦可謂不樂成人之美者矣。夫朱子吾不敢言，不知趙師淵、尹起莘輩設身處此，將何如也？

又新序義勇篇載齊莊公之難，「陳不占將赴之，餐則失匕，上車失軾。御者止之。不占曰：『死君，義也；無勇，私也。』遂往，聞戰鬥之聲，恐駭而死。人曰：不占可謂仁者之勇也。」此亦本之外傳。今本外傳無此文；太平御覽卷四百九十九引外傳有之，而文加詳，其下斷之曰：「君子聞之曰：陳不占可謂志士矣，無勇而能行義，天下鮮矣。」此皆與人爲善之辭，不責難，不求備，中材以下可以勉爲也。西漢諸儒所謂微言大義，此等最有關於世道人心，特録出之。陳不占事，孟子有「求全之毁」，趙注引之作「陳不瞻」，僞疏不知所出。焦氏正義引外傳文，而以陳不占謂即申蒯，蓋焦氏不知外傳及説苑又有荆蕢芮事也。

十一月

琱玉集

朔 再校琱玉集，補得後漢書四事。韓棱爲下邳令，有仁政，雹不入界。范書棱傳無此事。「趙峻屬文，落紙如飛，下筆即成，都不尋覆」。范書峻附郭躬傳，不載此語。玉況爲陳留太守，蝗不入界。今見范書虞延傳注，而況無傳。梁輔爲郡吏，大旱乞雨，「積薪誓曰：日中不雨，即自燒。未及日中，天忽大雨」。范書不見姓名，蓋皆出謝承諸書。

西河合集 清 毛奇齡

初七日 閱西河合集中書牘、箋、引、題跋、書後、碑記及蕭山三先生傳、越中先賢傳。西河縱横浩博，才氣無雙，而往往失於持擇。其援引既廣，又不檢覆，故多不免舛誤，於掌故尤疏。集爲其門人及諸子所編，校勘不精，字句多謬，又多收酬應貢諛之作，蓋西河本多世俗之見，而及門諸子復不知別擇也。諸類中以尺牘、雜箋兩卷爲最佳，寥寥短章，意態百出，多有魏晉人雋永之致；且異聞創解，溢出不窮，實較勝於蘇黄，而亦時有江湖小説氣。碑記如息縣雷跡碑記、旌表徐節婦貞節里碑記、范督師志完祠記、觀音閣種柳記、郡太守平賊碑記、嚴禁開燔郡南諸山碑記，亦皆不愧名作。

蕭山縣志刊誤 清 毛奇齡

初八日 閱毛西河蕭山縣志刊誤。其辨餘暨非諸暨所分，蕭山即縣西山，蕭、西一聲之轉，非由許詢之隱得名，不當稱蕭然山。又據宋書及南史孔覬傳辨回浦爲蕭山海門之東、查浦之西地名，與海寧鹽場對渡，亦名回水，以江水至此回折得名。案，此回浦與漢志會稽郡東部都尉治之回浦縣名偶同耳，西河遂謂漢志回浦即此，非縣名，則謬矣。漢回浦自是今台州、温州地。據續漢志注引越絶書，西施爲蕭山人；據舊唐書賀知章爲永興人，非四明人，寧波亦無四明之稱；據梁陳書及南史辨江寺爲江總，非江淹；據駱丞集及文苑英華，辨舊唐書宋思禮傳補蕭縣主簿，「蕭」下脱「山」字，皆極確。

至辨舊志謂江淹之子昭玄捨宅爲寺，唐會昌中毁，大中二年重建，賜名昭玄，祥符中避國諱改名覺苑，以爲大中是唐宣宗年，會昌既毁，大中不應又即建。不知大中詔復會昌所毁寺，明見新、舊唐書本紀，凡會昌毁而大中復者，天下之寺不知凡幾也。又謂宋真宗名玄。真宗名恒，不名玄。所謂國諱者，當時所造之聖祖趙玄朗諱也。

辨舊志選舉門載賀知章擢進士超拔群類科，謂知章是制科，非進士科，其稱進士者，以古重制科，制科可稱進士，進士不可稱制科，志列賀於進士者，誤。不知唐制中進士科後未即授官，往往更舉制科及拔萃科等，有一人歷舉三四科者，新、舊唐書本傳中不勝僂指。季真，舊書止云舉進士，新書增超拔群類科，則自舉兩科也。唐初科目猥多，或有以草野舉制科者，中唐以後，止賢良方正直言極諫科、博學宏詞科及書判拔萃科。大率以進士有官人應舉，五代及宋皆然。西河謂制科可稱進士，亦不知何據。至以其身由布衣舉鴻博之故，遂極言自漢以來制科爲大科，不常舉，唐、宋制科之重，進士之輕，自唐迄今，進士不得稱制科。不知漢無制科之名，唐、宋制科數年一舉，亦同常格，自宋以後進士有廷試，天子稱詔策之，即今之殿試，正仿漢之親策晁董，乃所謂制科也。唐代極重進士，制科轉非所貴。元以後止進士一科，遂以殿試爲制科。國朝兩舉鴻博，所謂特科，未嘗稱制科也。惟宋世有大科之名，然朝廷功令，亦無此稱也。

其辨韓肖胄傳云，肖胄爲資政殿學士，知紹興府。其曾祖琦守相，作晝錦堂，父治，作榮錦堂，肖胄與其弟膺胄寓居於越幾十年，又作榮事堂。謂琦相州人，知相州，治亦知相州，肖胄又曾代父守相，故三代作堂以榮之，正指其三代還鄉。不知相在河北，南渡後宋人何由得知相州？肖胄作榮事堂者，正以其居越而守紹興，自比於魏公之晝錦也。

其辨舊志張叔椿傳云，叔椿寧宗時爲吏部侍郎，子復初尚理宗姑長興縣主，封永國公，謂理宗之姑爲太祖十世孫希瞿姊妹行。案，當作希壚，希瞿是濟王竑之父。希瞿以理宗入嗣追封榮王，則長興縣主亦是追封，尚縣主而封國公，亦其恒事。不知希壚至爲全保長之壻，其世甚微，安得先與吏部侍郎聯姻？蓋理宗入嗣時年甚幼，自當有未笄之姑，此必寶慶以後推恩所封縣主，而復初娶之。至縣主之夫，亦不應封國公，疑永國之封，是張氏家譜僞造，而云亦其恒事，所未詳也。

大抵西河於史學甚疏，故官制多茫昧。如賞祊戒定寺碑云：「宋至道中，全允忠之元孫仲修出爲南昌府教授，與其女夫南昌府太守徐儼踵置寺田，傳至景祐時，徐昊一主簿重捨田蕩，始爲寺譜。昊一之孫九明爲後軍都督府都督，其夫人全，則理宗皇帝太后娣也。夫人親齎奏乞皇帝降敕，淳祐八年，皇帝爲御書，而太后請加之璽。」案，南唐元宗交泰元年，以遷都豫章，始升洪州豫章郡爲南昌府，號南都。宋平南唐，復爲洪州。太宗至道時安得有南昌府教授、南昌府太守之名？終宋之世，惟有知某州、知某府，未有稱某府太守者。

宋初武官有諸衛將軍，南宋後惟有殿前司、侍衛馬軍司、侍衛步軍司，稱三衙，有指揮使以下等官，若前、後、中、左、右五軍都督府稱五府。有都督以下等官，乃明制也。景祐是仁宗即位之十二年所改元，至四年即改寶元，下至理宗淳祐八年，凡二百十五年，而徐氏僅傳兩代。理宗生母僅封榮國夫人，終身未嘗至臨安，安得有太后之稱？此皆三家村學究妄造，全不知時代官制者，而西河縷述之。又陳氏家廟碑云：「山陰陳氏，其先世自石晉時爲朝太尉，再傳宣教郎，三傳至記室參軍，實始居山陰北塘之下方橋，而遷延入宋，有登進士科者。」案，五代時太尉最爲尊官，其人可數，安得石晉時有太尉陳姓？其時越屬錢氏，亦不得爲中朝官，且朝太尉亦不知何稱。五代文散官皆依唐代，並無宣教郎一階。六朝時有記室參軍，至唐以後惟有司録參軍、録事參軍、功倉户兵法士田七曹參軍，並無記室參軍。其藩鎮辟掌書記者，多帶京朝官，謂之掌書記，宋代呼爲外三字，以比内之知制誥。惟五代時親藩尹京，間有稱記室參軍者，如後唐秦王從榮以天下大元帥知河南府，有記室參軍魚崇遠，蓋偶一置耳。石晉至宋不過十餘年，陳氏已歷三傳，而尚云遷延入宋，此亦陳氏全不知古今者妄造家譜，而西河皆仍之。西河文中紕繆不勝摘，此二事皆關於吾鄉掌故。吾鄉寺志族譜之荒陋無稽，尤不勝言，而此二事爲西河所述，恐世誤信，不可不辨。西河謂凡爲郡縣志者皆無學之人，多喜妄造。余尤不解古今之爲族譜者固出妄造，何以一涉筆間，時代無不荒謬，豈造物惡之，有意發其覆邪？

西河詩話　清　毛奇齡

十一日　西河詩話云：「杭州寶叔塔，舊志一謂僧寶所建塔，所、叔形誤；一謂錢王俶入覲，民建塔保之，呼『保俶』，俶、叔聲誤。皆無據之言。考是塔甚古，郡國志云寶石山上有七層寶塔，王僧孺稱其巧絶人工，則其來舊矣。是塔以山得名，『寶叔』者寶石之誤。山本多石，有巾石、甑石、落星石、纜船石，舊名山足曰『石塔頭』是也。」案宋末董嗣杲西湖百詠保叔塔詩序云：「在巨石山上，又名石甑山。郡國志云上有七層古塔，開寶中錢氏建寺，咸平中土僧永保入市募修，當坊俗人呼爲保叔，以此名保叔塔。方輿勝覽作保所塔，非。」董、毛所引郡國志不知何人所作。其文又有小異。董説杭人呼永保爲保叔，頗近無稽；毛氏説甚古雅，而不知所據。又董氏雷峰詩序云：「在顯嚴院，開寶中錢氏妃建塔院，院側有雷峰庵，郡人雷就故居。塔記始以千尺十三層爲率，事力未充，姑營七級。此山出黄皮木，以衆山環繞，故名中峰，林和靖有中峰行樂詩。慶元元年，庵院始合爲一。今止五級，塔身矮肥。」而西河詩話云：「南屏山前回峰，以山勢回抱得名。吴越王妃建塔其上，本名回峰塔，俗作雷峰，以回、雷聲近致誤，而淳祐、咸淳舊志造一雷姓者當之，可笑甚矣。」又俗號黄皮墩。黄皮，王妃之訛。志云地植黄皮，誤。案：以地産黄皮木而號塔爲「黄皮」，亦俚而無理。十國春秋云吴越忠懿王有黄妃者，嘗於南屏山雷峰顯嚴院建塔，奉藏佛螺髻髮，始以百丈十三層爲率，尋以財力未充，姑建七級，已又用形家言止存五級，名黄妃塔；後以地産黄皮木，遂訛爲黄皮塔，俗稱雷峰塔焉。忠懿王有建黄妃塔碑記，其末有「塔曰黄妃」之語。又引淨慈寺志作黄妃塔，或作王妃塔，誤。然碑文中但云宫監等合力所造，不言出妃。且吴越諸王自武肅母趙國太夫人水邱氏以下，皆止稱夫人，惟忠懿元配孫太真於宋太祖時，由賢德順睦夫人進封吴越國王妃，出於特典，時宰相尚以異姓無封妃故事争之。孫妃旋卒，其繼配俞氏亦不封妃，黄氏何得有妃稱？疑此碑記采自淨慈志，不足深據；抑或錢氏於國内皆僭稱妃，亦不可知也。

舊唐書 後晉 劉昫

十三日　舊唐書盧質傳云，同光中，質爲翰林學士承旨，會覆試進士。質以后從諫則聖爲賦題，以堯舜禹湯傾心求過爲韻。舊例賦韻四平四側，質所出韻乃五平三側，由是大爲識者所誚。案，此事容齋五筆中嘗論之，謂韻拘平仄不知起於何世。然律賦本以鏗鏘聲病爲主，平仄相間，誦之流美，亦應制者不得不然；而通人往往不拘。吳縣吳晴舫先生鍾駿館閣耆宿，博綜經史，兩任浙江學政，余兩應其古學試，一次賦題晉荀息以璧馬假道，以「輔車相依，脣亡齒寒」爲韻，六平二側也；一次賦題汲古得修綆，以「學於古訓乃有獲」爲韻，一平六側也。

雙槐歲鈔 明 黃瑜

十八日　閲黃瑜雙槐歲鈔。瑜字廷美，香山人，明景泰丙子舉人，嘗知廣東長樂縣，告歸，家居二十年卒。書凡十卷，多記當時掌故。其言洪武丁丑科場之獄特詳，自稱本於太祖所定薄福不臣榜，故多明史所未及。所載張信等獲罪之由，及丁丑狀元陳䢿、探花劉諤進士碑録、紹興府志皆作「士諤」，山陰志、貢舉考略亦同。是書作「諤」，蕺山集及劉氏譜作「鍔」，水澄巷有當時所建探花坊，作「士諤」。誅貶始末，亦它書所未見。張信，定海人，明史無傳。劉附見紹興府志其父子華傳中，亦不載其獲罪事。是書余於庚申歲閲一過，今二十四年矣。

西湖志 清 李衛纂

十九日 西湖志載陳贇，字維成，餘姚人。洪武間以薦授杭州府學訓導，徙居錢唐，寓昭慶灣，官至太常少卿。錢唐志云由訓導擢翰林待詔，進太學博士，命教內豎，人咸親之。嘗和宋人董嗣杲西湖百詠，天順中合刻以傳，今收入四庫。錢唐志稱所著有自怡客屋諸詩稿。天順中，錢唐陳知府敏政百詠唱和詩序稱太常少卿會稽陳維成先生，嘉靖中河南周王重刻序亦稱會稽陳太常少卿。明詩綜載馮瑜，字叔瑜，一字大美，號越南，會稽人。建文中官河南道監察御史，寓居嘉興之烏墩。即今烏鎮。宣德中，與烏墩人儀鑾司序班趙伯高巘等爲九老之會，時人有詩紀其事。御史著有石軒集。今紹興府志皆不載。其後人猶居城西北四十里移風村，地屬清風鄉，與安昌鎮鄰，俗呼儀風。有故宅曰都諫第。

蠡勺編 清 凌揚藻

二十日 閲蠡勺編，共四十卷，近人番禺凌揚藻譽釗著。皆其所劄記經史子集之説，以四部爲次。卷二十五至三十四雜記制度名物，卷三十五以後又雜記經史，蓋後所續爲者。其書多直載古今人之説，罕所折衷，間有論辨，亦不甚精。然浩博可觀，所引諸書亦有非習見者。其載吾鄉諸暨傅莫庵學沆説及高郵夏醴谷之蓉讀史提要録頗多。案，莫庵字太冲，乾隆癸酉解元，著有游衍録，分經史子雜四類，類各三卷，今鄉里無知其姓名矣。

蠡勺編卷二十七相里氏一條云：「莊子書言相里勤之弟子，韓非子言有相里氏之墨，是相里氏東周時即有之，今汾陽縣有大相里、小相里二村，安邑縣北三十里亦有相里村。相里氏子孫千有餘歲尚數十家聚族居焉。晉建雄節度使相里金之墓在汾陽小相里之北，碑云：顓頊生大業，大業生庭堅，仕堯爲大理官。至殷末有理徵，爲殷伯。其孫仲明逃紂之禍，故去『玉』而稱里氏。至周時，晉有大夫里克，其妻成氏攜小子季連避地居於相城，時人遂呼爲相里氏。相里武爲漢御史，相里覽爲十六國前趙偏將軍。」案，薛、歐五代史相里金傳皆甚略，趙氏金石録以下皆不載相里金碑，此所引碑文不知出於何書，其叙世系與元和姓纂亦小有異同。姓纂「徵」作「微」，是字誤，北史序傳諸書皆作「徵」；仲明作仲師，成氏作司成氏，季連作李連，以相里勤爲李連玄孫。又漢相里武外有河堤謁者相里斥、洪氏瑩云當作「平」。濟陰太守相里祉，祉始居西河隰城，今汾州相里城是也。所叙理、徵以上皆與北史及唐書叙吾李氏之先同，一云食木子而改李，一云去王而爲里，傳信傳疑，皆不敢質也。

虞書命羲和章解　清　曾釗

二十一日　閱南海曾勉士釗虞書命羲和章解。其説以此章爲曆學之祖，其言曆象日月星辰即後世恒星七政各有一天之説所本也。其言測中星以定分至，即後世歲差之説所本也。其言賓餞，則後世里差之説所本也。其言敬致，即定氣之説所本也。其言日中永短，即準北極高卑以分晝夜漏刻多寡之説所本也。所説即本阮文達而衍之。「寅賓出日」從史記訓「敬道出日」，謂日初出，度其景識之，若道之行然，故曰賓。周禮大宗伯注「出接賓曰擯」，擯與賓古通用。「寅餞内日」，從馬融本作「寅淺」，云「淺，滅也，滅猶没也，滅没皆盡也」。謂日入盡時，敬識之無餘景。羲仲測日出，和仲測日入，互文相備。「羲仲」下不言日入者，東方見日早，校西方幾差一時，則其入之早亦差一時，可知因其見日早可以測里差，故以出日立文，其實羲仲未嘗不度日入之景。和仲度日入必待滅盡者，若日入尚有餘景，則差積不密，推節朔及日食皆差矣，故必候日入盡時識之。可謂鑿然能發古義者矣。

又云自唐以來暦算皆用恒氣，惟冬至用定氣，以今年冬至與明年冬至之算折半之爲夏至，四分之爲二分，如此則分常先後天二日。西術測黄道與赤道交日，當其交處乃置二分，其法校密，近世江慎修氏發明之。然黄道赤道皆後起之名，太虚中本無黄赤道也，未見儀器之人，以此語之，反滋疑惑，不如即天象以求天行，以日出至日入若干時，又以日入至日出若干時算之，時刻平分，即命爲二分。夫人皆知之，安用陽律陰律紛紛之説乎？故堯典祗言日中、日永、日短，所以爲最簡而精。鄭注皆言漏刻，亦至明切，惜乎治此學者，徒争中西之法而不知察也。其論尤爲明快。其以陽谷爲朝鮮，南交爲交趾，昧谷爲隴西，幽都爲雁門之北、今之朔州，皆參用前人之説。惟以「厥民因」，據皋陶謨釋文引馬注「襄，因也」；説文「漢令解衣而耕爲襄」，謂夏日勤於耕者，解衣猶勤於事者袒裼，則頗近支離矣。

雙槐歲鈔 明 黄瑜

二十二日　雙槐歲鈔有陳御史斷獄一條，云：「武昌陳御史孟機智按閩，有張生者殺人當死，其色有冤，詢之，生曰：『鄰居王嫗許女我，已納聘矣。父母歿，我貧無資，彼遂背盟，女執不從，陰遣婢期我某所，歸我金幣俾成禮。謀諸同舍楊生，楊生力止我，不果赴。是夕女與婢皆被殺，嫗執我送官，不勝考掠，故誣服。』即遣人執楊生至，色變股栗，遂伏罪，張生獲釋。人以爲神。智有聲宣、正間，至右都御史。」案，此即梨園院本釵釧記所從出也。小説之聊齋志異有胭脂一事，云是施愚山爲山東提學道，辨濟南諸生秋隼冤獄；又弋腔演劇有拾釧記，亦曰法門寺，謂劉瑾所出冤獄者，疑皆由此附會。

翰林記 明 黄佐

二十三日　閲香山黄才伯佐翰林記。才伯即廷美之孫，正德辛巳進士，官至南京禮部尚書，謚文裕。是書凡二十卷，專記明代翰林掌故，多正史所未及。考有明清華職掌、制度沿革、科第升降者，莫備於此矣。

庶吉士之設，皆謂始於永樂二年甲申楊相等二十八人，比二十八宿，又增周忱一人，謂之挨宿。不知此乃成祖命解縉於庶吉士中選二十五人，並一甲曾棨等三人進學於文華閣，上親教之。是科庶吉士有六十人，其蕭省身、李昌祺等皆仍在翰林院讀書也。庶吉士始於洪武十八年乙丑科選陳洪等，其一甲三人丁顯、練安、後以字子寧行。黄子澄一作花綸，以子澄爲二甲第一。皆授修撰，入翰林，亦始於是科。至二十一年戊辰科，始定一甲一人任亨泰或作黄觀者誤，觀乃二十四年辛未科會元、狀元。授修撰，第二人唐震、第三人盧原質授編修，至今因之。惟建文二年庚辰科一甲胡靖、王艮、李貫皆授修撰。又翰林以學士、侍讀、侍講學士爲堂上官，侍讀、侍講、五經博士、典籍待詔爲屬官，編修檢討爲史官，典簿孔目爲首領官，始於洪武十八年。至正統七年，於京師玉河西岸建翰林院，正堂三間，中設大學士、學士及侍讀、侍講學士公坐，左爲史官堂，以居編檢等，右爲講讀堂，以居侍讀、侍講等，亦至今因之。

革除遺事　明　黄佐

二十四日　夜閲黄才伯革除遺事節本。其於建文之出云：「上闔宫自焚，遂出走。」蓋以存疑詞，而文不可通矣。其後又載或曰高皇帝匣授髠緇之具事，及賦新月「誰將玉指甲，點破碧天痕」一詩。又載正統末，自滇南歸京師，賦「影落江湖四十秋」一詩，皆不失矜慎之意。其於建文、吕太后、馬皇后、皇太子文奎、懿文、江都長公主駙馬都尉耿瓛，皆云不知所終。又載永樂二年三月之詔，直斥建文之名，謂允炆幼冲嗣位，顛覆舊章，戕害骨肉，社稷幾墜；又云允熥、允熞弗知省躬，自生疑懟，免爲庶人。亦可謂直筆矣。

毛詩通考　清　林伯桐

閱番禺林桐君學正伯桐毛詩通考，共三十卷。皆考鄭箋之異於毛傳者，大恉皆申毛而難鄭。其時陳碩甫毛詩疏尚未出，而宗恉則同也。書止兩册，每卷首皆有「考鄭箋異義」五字，蓋本其通考之一門，故以此標目，而全書未成也。如止考鄭箋，不得名曰通考矣。

春秋古經説　清　侯康

二十五日　閱番禺侯君謨孝廉康春秋古經説，共二卷。經文以左氏古文爲主，而辨公、穀之異文。謂公、穀得於口授，遠不若左氏明著竹帛之可信，而公羊又出於穀梁之後，尤多臆説，人名地名之誤，皆乖事實，條繫而辨之，説經鏗鏗，皆有堅據，較趙氏坦之異文箋、臧氏壽恭之左氏古義更爲守之篤而論之精，世之左袒公羊者無容置喙矣。

穀梁禮證　清　侯康

二十六日　閱侯君謨穀梁禮證，共二卷，止於昭公八年「秋蒐于紅」之傳，蓋未成之書也。引史據經，古義鑿然。然自僖公以後止文五年傳「會葬之禮於鄙上」一條，而如二年「作僖公主」及「大事於太廟躋」，僖公四年「逆婦姜於齊」，六年「閏月不告朔猶朝於廟」，十有二年「子叔姬卒」，十有八年「夫人姜氏歸於齊」，穀梁皆據禮以發傳，而此悉略之，其下便接「蒐于紅」傳禮證四條。疑其書實至僖公而止。其文傳一事、昭傳四事，刻者掇拾係於其後耳。伍崇曜跋言孝廉撰是書，未完而卒，假得其叢稿，釐爲二卷。則非其次第本如是矣。

補後漢書藝文志　清　侯康

二十七日　閱侯君謨補後漢書藝文志，共四卷，其書體例，凡諸書之見本傳及隋、唐、宋志、釋文、叙録者，皆不著所出，其采自附傳及它書者則著之。又仿王氏漢書藝文志考證例間録存其書之大略，加以考證，皆精慎不苟，卓然可傳。

補三國志藝文志　清　侯康

二十八日　閱侯君謨補三國志藝文志。凡四卷，體例一與補後漢書藝文志同，皆考證謹嚴，引據晐洽，當時佚文墜簡，多藉以存其梗概，洵爲不可少之書，非僅諸家補志比。所惜其書皆未成，兩志子部皆缺曆算、五行、醫方、雜藝四門，集部皆無有也。

毛詩識小　清　林伯桐

三十日　閱林月亭伯桐毛詩識小，三十卷，亦僅兩册。其書罕所發明，往往直録箋疏之説，亦多采近時諸家。以大率言名物，故曰「識小」也。

十二月

孔安國、劉德、董仲舒年輩

初二日　得馬蔚林書，詢漢儒孔安國、河間獻王德、董仲舒年輩先後。以河間近始入祀文廟，禮部見修則例，須定位次也。余按安國及事伏生，司馬子長從之問故，史記孔子世家又言其早卒，家語以爲年六十。此雖王肅僞撰，然後序所述孔氏世代年歲必有所本，非妄造。則其年輩必在河間獻王前。獻王以武帝元光五年辛亥薨，公孫弘是年方以賢良文學徵對策第一，由博士驟擢至左內史，元朔三年乙卯，爲御史大夫。董仲舒以弘爲公羊學不如己，而至公卿，譏弘從諛，遂爲所嫉，由中大夫出爲膠西王相，則必在元朔三年以後。又久之以病免，家居以壽卒，則當在元狩二年庚申弘卒以後。是當以孔安國第一，河間獻王第二，董仲舒第三矣。

類證普濟本事方　宋　許叔微

初三日　閱宋人許學士叔微字知可，或曰揚州人，或曰毗陵人，紹興二年進士。類證普濟本事方，中論消渴疾云：「唐祠部李郎中論消渴者腎虛所致，每發則小便甜，醫者多不知其疾。」「洪範言稼穡作甘，以物理推之，淋餳醋酒作脯法，須臾即皆能甜也。足明人食之後，滋味皆甜。流在旁光，若腰腎氣盛，則上蒸精氣，氣則下入骨髓，其次以爲脂膏，其次以爲血肉，其餘則爲小便，故小便色黄，血之餘也。騷氣者，五藏之氣，咸潤者，則下味也。腰腎既虚冷，則不能蒸於穀氣，則盡下爲小便，其色清冷，則肌膚枯槁，如乳母穀氣上泄，皆爲乳汁，皆精氣不實於内也。又肺爲五臟華蓋，若下有煖氣蒸，則肺潤，若下冷極，則陽氣不能升，故肺乾則渴。」「譬如釜中有水，以火煖之，以板覆之，則煖氣上騰，故板能潤，若無火力，水氣不能上，此板則終不得潤也。」可謂鑿然名理。

又論蟲病云：「千金方謂勞則生熱，熱則生蟲，心蟲曰蛔，案，此俗字，説文作「蛕」。脾蟲曰寸白，腎蟲如寸截絲縷，肝蟲如爛杏，肺蟲如蠶。五蟲皆能殺人，惟肺蟲爲最急，蓋肺蟲居肺葉之内，食人肺系，故成瘵疾，咯血聲嘶，藥所不到，治之爲難。須用黑鉛灰𤏩四錢，先吃豬肉脯少許，一時後用沙糖濃水半盞調灰，五更服之，蟲盡下，白粥將息一日。道藏中載諸蟲皆頭向下行，惟初一至初五以前頭向上行，故用藥者多取月初以前也。」姚令威西谿叢語以爲微論。

其論目疾，謂「素問云久視傷血，血主肝，故勤書則傷肝，肝傷則自生風，熱氣上湊於目，遂昏甚。」「晉范寧嘗苦目痛，就張湛求方。湛戲之曰：古方宋陽子少得其術，以授魯東門伯，次授左丘明，遂世世相傳，以及漢杜子夏、晉左太冲。方用損讀書一、減思慮二、專内視三、簡外觀四、旦起晚五、夜早眠六，凡此六物，熬以神火，下以氣簁，非但明目，乃亦延年。案，此出晉書范寧傳。審如是而行之，非可謂之嘲戲，亦奇方也。」此尤徵其持論名通，吾輩晚年，尤當奉爲藥石。

晉書言張湛時爲中書郎。舊唐書經籍志有張湛養生要集十卷。本事方引崔玄亮海上方治一切心痛，無問新久，以生地黄一味，隨人所食多少，擣取汁溲麪作餺飥或冷淘，良久，當利出蟲長一尺許，後不復患。劉禹錫傳信方亦言之。案，新唐書藝文志載崔玄亮海上集驗方十卷，劉禹錫傳信方二卷。海上方者今醫家所謂丹方也，其實當作單方。隋書經籍志有四海類聚單要方三百卷，舊唐書經籍志作「四海類聚單方十六卷，隋煬帝撰」。新唐書藝文志有賈耽備急單方一卷，太平廣記載耽用千年梳治積瘕及黄龍所浴水治痼疾事，雖出傅會，然單方皆出思議之外，故宋明以後，人呼爲丹方，比之神仙丹藥也。

羅浮山志　明　陳槤

閱東莞陳廷器槤羅浮山志，廷器明洪武中以明經徵，永樂末官至南禮部侍郎。

疑耀　明　張萱

初五日　閱博羅張孟奇萱疑耀，共七卷。孟奇明萬曆中官内閣誥敕房中書舍人，出榷滸墅關税，以養母歸。是書向題李贄作，王漁洋香祖筆記始證爲張作，四庫提要已改正之。此本爲近人南海伍崇曜所刻，取其所著西園存稿是書新序冠之於首。其序言是書本二十七卷，歲戊申分司吴關時焦太史竑、黄觀察汝梓爲之序以付梓，僅得七卷，今其餘蓋不可考矣。書亦雜識之屬，頗多舛誤，亦有臆説；然其辨證古今，亦間有可取，在明代尚爲洽聞之士也。

初六日　閲疑耀。其中如論明代黄册、宋世扈從女童露面諸事，亦頗資采摭。然所引書多不可據。即如開卷第一條孔子無鬚眉辨，本何孟春餘冬序録之説引孔叢子云「子思言吾先君生無鬚眉」，而今本孔叢子實作「吾性無鬚眉」。第二條引説文「晝媒舜妹」，而説文並無此語。孫頤谷皆已辨之。

初七日　閲疑耀。其望帝化鵑一條，不引揚子雲蜀王本紀，而引來敏本蜀論。施全一條，以全爲本在秦檜十客之列，不知刺客之名，即因其剸刃而目之。劉表工書一條，謂三國志注載表與袁尚兄弟書，其筆力不減崔、蔡。不知後漢書注言兩書皆出王粲集，是粲代表所作。凌揚藻蠡勺編即襲此而誤。丘明非姓左一條，據吴興丘墓村碑，以左爲左史之官，丘姓明名。機雲爲顧婦贈答一條，謂士衡爲顧彦先贈婦詩第二章結句「願保金石軀，慰妾長饑渴」，是反爲顧婦贈彦先。不知文選李善注已明云此二首上篇贈婦，下篇婦答，而俱云贈婦，誤也。韓昌黎白太傅皆惑於服食一條，謂白樂天詩「退之服硫黄，一病迄不痊」，是昌黎譏李干等服藥之誤，而晚年復躬蹈之。不知白詩所云退之乃衛中立亦字退之，非昌黎也，昔人已辨之。

衚衕一條，謂「京師呼巷爲衚衕，蓋俚語；山海經有飛魚食之已痔衕，郭璞注音洞，是衕非俗字」。不知説文明云衕通街也，山海經「衕」字乃「洞」字之借。火浣布一條，引「逸周書火浣布贊，火澣之布，入火不滅，布則火色，垢則布色，出火而振之，皎然疑乎雪」。又引「山海經云，布出火山國，火中有白鼠，毛可作布，敝則以火燒之如新」。案，逸周書並無火浣布贊，山海經亦無此文，惟大荒西經言昆侖之丘「其外有炎火之山，投物輒然」，郭注云：「今去扶南東萬里，有耆薄國，東復五千里許，有火山國，其山雖霖雨，火常然，火中有白鼠，時出山邊求食，人捕得之，以毛作布，今之火澣布是也」。是誤以郭注爲山海經文。考三國志三少帝紀「西域重譯獻火浣布」，注引「異物志曰，斯調國有火洲」云云；又引「傅子漢桓帝時大將軍梁冀以火浣布爲衣」云云；又引「搜神記昆侖之墟有炎火之山」云云；又引「東方朔神異記南荒之外有火山」云云；後漢書西南夷傳論「火毳𧝄布」，注引「神異經南方有火山」云云；又亦引「傅子」云云。文與裴注所引小異。水經灅水注引神異經語較章懷所引爲詳，而較裴注爲略。任昉述異記亦言火浣布事，以爲南方炎火山之草木葉所績，與異物志所說同。史記大宛列傳正義引萬震南州志云「大秦海中斯調州上有木，冬月剝取其皮，績之爲火浣布」。藝文類聚卷八十引玄中記云：「南方有炎火山，四月生火，其木皮爲火浣布。」是火浣布有鼠毛、木皮兩種，故干令升搜神記謂非此山草木之皮枲，則其鳥獸之毛也。太平廣記異人門載梁四公記云：「南海商人齎火浣布三端」，「杰公謂𩕯杰。曰：二是緝木皮所作，一是績鼠毛所作。問木鼠之異，曰：木堅毛柔。」皆兼木鼠而言之。列子殷敬順釋文引異物志云：新調國有火洲，有木及鼠，取其皮毛爲布，名曰火浣。亦兼木鼠言之。與裴注所引異。「新調」即「斯調」之誤。凡此皆火浣布之說，出於魏晉以後。而列子湯問篇云：「周穆王大征西戎，西戎獻錕鋙之劍、火浣之布。其劍長尺有咫，切玉如切泥焉；火浣之布，浣之必投於火，布則火色，垢則布色，出火而振之，皓然疑乎雪。」張湛注云「此周書所云」。疑耀之說蓋本於此，不知逸周書無其文也，列子一書後人所綴輯，蓋出於東晉以後，觀湛所序甚明，本非漢志之舊。其書至唐開元後始大行，故裴世期注魏志、章懷注後漢書，於火浣布皆不引列子。此條綴於湯問篇末，蓋裴李諸人尚未見之，疑出於張湛以後，其注云云，亦非湛語也。

權數

初九日　權之數曰鈞、曰斤、曰兩、曰錢、曰分、曰釐、曰豪、俗作毫。曰絲，曰忽，曰微、曰纖、曰沙、曰塵，曰埃、一本埃在漠下。曰渺、曰漠、曰逡、曰巡、曰溟、曰清、曰須、曰淨，凡廿二等。量之數曰石、說文作柘。曰斗、曰升、曰合、曰勺、曰抄、曰撮、曰圭、曰粟、曰顆、曰粒、曰黍、曰稷、曰禾、曰糠、曰粃、曰粞，凡十七等。皆以十遞減。量長短之數，自尋常、倍尋曰常。文仞或曰八尺，或曰七尺，惟小爾雅作四尺。尺咫八寸爲咫。寸分外釐豪以下皆同。權之立名又有糢糊等名，其文義多不可通，考漢志、說文諸書分亦曰程，十髮爲程，一程爲分。程之下曰髮，曰秒，十二秒當一分。秒亦曰蔈，此量长短之数也。其衡輕重者兩之下曰銖，曰分、曰粟。淮南子天文訓曰十二粟而當一分，十二分而當一銖，十二銖而當半兩。故權起於十二粟，度起於十二秒，度即量也，其數義皆取諸禾，無瑣瑣諸名也。康熙二十四年，户部尚書科爾坤上言賦役徵解條目太煩，請更造簡明全書，上允其請，開局山西司，總裁光録寺卿龔佳育持議，謂州縣催科歲發由單分壤地之則，使民知輸納之數，法至善也。而條目繁瑣，尾數稍有不符，動行駁改，名爲易知，百姓難曉，請米數止升合勺，銀數止分釐毫，自秒撮絲忽以下悉删除之，而升秒爲勺，升絲爲毫，斯勘算易明，賦額仍無虧損，乃更定由單。式未成而佳育卒，俄動浮言，以畸零數不可除，古未有議删去者，朝士多惑其説，於是給事中楊周憲疏請仍舊。詔下公卿議，時休寧趙吉士恒夫以户部主事充纂修官，作論一篇，援唐元稹當州所上狀，有云「斛止於合，錢成於文，在百姓納數，元無所缺，於官司簿書，永絶奸詐」。是則昔人已昌言之，且米有圭粟粒黍，銀有微塵纖沙，入之權量，莫辨其形，鏤諸棗梨，徒繁其目。佳育議是事雖不行，人莫能難。然至二十六年書成時，竟删諸數名目。乾隆三十一年，定地下數以釐爲斷，三十二年又通行飭知銀數以毫爲斷，米數以勺爲止。近見邸鈔中山東撫臣奏報民田銀數有及絲忽微纖者，蓋吏胥舞飛洒之弊，而官幕不知故事也。

梁四公記　唐　張説

十一日　點閲梁四公記。其曰：「魏興和二年，崔敏、陽休之來聘。敏字長謙，清河東武城人，博學贍文，當朝第一，與太原王延業齊名。」案，魏書、北史孝靜帝興和二年，止云崔長謙使梁，不言有陽休之。蓋本紀多止載使主，不載使副，故魏書載天平四年兼散騎常侍李楷、兼吏部郎中盧元明、兼通直散騎常侍李鄴使梁，而北史止載李楷一人。魏書興和元年載兼散騎常侍王元景、兼通直散騎常侍魏收使梁，北史亦止載元景一人。其實凡聘使必有主副兩人，此可以補史闕也。考北齊書、北史陽休之傳俱不言其聘梁，惟休之弟俊之即作六言詩號陽五伴侣者。嘗兼通直常侍，爲聘陳使副耳。記言敏因與仉即「爪」字，從反爪，與「掌」同。胥談論，時沮於胥，不自得，因而成病，輿疾北歸，未達，中路而卒。魏書崔休傳亦云「長謙使還，卒於宿豫，時人嘆惜之」。然竟不載其名敏，且僅云「好學修立，少有令名」。此記所言敏博綜天文、律曆、醫方、藥卜，兼精通南北論學，皆本傳所未及也。

登科記考　清　徐松

十九日　閲徐星伯氏登科記考，凡三十卷，第一卷起唐高祖武德元年，至二十四卷盡昭宣帝天祐四年；二十五、二十六兩卷爲五代，第二十七卷爲坿考，二十八卷至三十卷爲別録。

光緒十一年

正月

登科記考 清 徐松

朔 閲徐氏登科記考。其書以文獻通考所載樂史登科記總目爲主，每科先列進士幾人，次列諸科幾人，秀才、孝廉、明經、弘詞、拔萃、賢良方正及諸制科，統曰諸科。雜采舊、新唐書、唐會要、册府元龜、玉海、太平廣記及諸説部、文集有姓名可考者綴之，有佚事關於科名掌故者，小字注於其下。又據玉海載樂史有唐登科文選五十卷，文苑英華載唐人賦策每引登科記注其異同，是登科記載試文之證，亦據英華及各家文集依年編入。策問之題有可考者，亦依唐人試策寫於前。每年以朝廷大事冠於首，體例秩然，考據精博，其序例尤佳。

開有益齋讀書志 清 朱緒曾

初五日 閲朱述之開有益齋讀書志，其中多古義異聞，非收藏家賣骨董之比。

說文解字　漢　許慎

初七日　說文目部瞐、䁚、⿰目䀢三字，皆後出俗字，非許書本有者也。冃部「冒，冢而前也」，冢冒者必氏目視。書君奭「昭武王惟冒，丕單稱德」，本與上文「乃惟時昭文王，迪見冒聞於上帝」文義一律。「冒」皆「懋」之借，亦即「勖」之省借字。故釋文引馬本作「勖」，而說文乃曰「瞐，氐目視也」，引周書「武王惟瞐」。此必淺人見書經文有作「瞐」者，遂竄入說文。王氏鳴盛、段氏玉裁遂以「瞐」爲孔壁真古文，王氏謂武王尊禮賢臣，不敢高視，則支離之甚矣。窅，深目貌，從穴中目。而又有「䁚」，曰「目深貌也，從目窅」；「䀢，搯目也，從目叉」，此即「穵」字。惟穵目專用䀢，從爪目會意。而又有「⿰目䀢」，曰「短深目貌也，從目䀢聲」。皆音烏括切。短深既近不辭，且已有窅訓深目，何取複沓如此？後儒以暮從兩日，憾有二心，謂說文無此俗字。然許書中有兩字同者，不可枚指，即日部之暘，亦二日也。要無有在一部中，而別出一字，即以此字爲聲義者。䁚訓與窅無別，而曰從目，窅⿰目䀢又與䀢同音，許書萬無此體例。且䁚既音䀢，而從窅爲義，使許果有此字，亦當如艸部因有薅從蓐，而別立蓐部，廴部因有延從延，而別立延部之例，更爲窅字立部矣。

說文句讀　清　王筠

初九日　閱說文句讀。此書綜括謹嚴，而精微之論多本之段氏，其勇改專輒處，則較段氏更甚。

於篆體有增改者，旁加□以識之，猶可也。於説解有增改者，篆旁亦加□，則非體矣。每卷首題曰「相國壽陽祁夫子鑒定」，尤近於坊市村學究書也。

平定交南録　明　丘濬

十八日　閲丘瓊山所撰張輔平定交南録。黎季犛父子殘虐於國，又篡據日淺，人心不附，輔等皆百戰之將，乘中華全力，故勢如破竹。今法夷堅忍善戰，挾火器之精，又厚以金帛募土人死與我争北寧、山西兩路，故滇帥攻圍宣光已兩月，劉永福、丁槐等兩面穵地道，各轟毁城數十丈，唐景崧率死士欲突缺處直入，而法夷壁立，死守不退，使以輔等當之，亦不知勝負若何也。況潘鼎新輩庸懦虚憍，蘇元春亦駑下，粤西人言其先兩次奏捷，皆僞飾無實事，近日望風退衄，所報受傷皆巧捏爲委卸地。予嘗言淮軍無一可用，今觀劉、潘二帥事可知矣。朝廷能以臺灣事專任孫開華，而以吴鴻源、劉璈等佐之；以廣西事專任王德榜，而以劉永福、唐景崧等佐之；急逮銘傳、鼎新，重治其罪，而徐延旭、唐炯首壞邊事，張佩綸、張成大喪師船。宜誅二張於福州，而速梟徐、唐於都市，國威一振，壁壘更新，事尚可爲也。

三家詩拾遺　清　范家相

二十日　校閲范蘅洲先生三家詩拾遺。四庫提要本及吾越嘉慶庚午刻本俱以文字考異及古逸詩各一卷冠於首，卷三至卷十方依次以毛詩三百篇爲綱，而輯綴魯、齊、韓三家之説。提要以古逸詩與三家無涉，譏其開卷名實相乖。然蘅洲自序明言以此二卷附後，其凡例亦先言魯、齊、韓三家之次第得失，而後言文字異同及古逸之詩，則四庫所收本及家刻本皆鈔胥之誤。凡例第三條有云：「列之於首，以廣見聞。」「首」乃「後」字之誤。嶺南遺書所刻嘉應葉鈞重訂本，其序言嘉慶六年得范氏書鈔本於保定蓮花池之奎畫樓，亦以文字考異及古逸詩居首，因據其自序爲移附於後，蓋鈔本同出一本也。提要既不及細審序例，葉鈞不過略一移易，而遽自稱重訂，其序幾欲據爲己有，伍氏遂收入嶺南遺書，亦可笑矣。至范氏此書搜耆功深，具有心得，提要亦稱其詳贍有體，較王氏所録爲備，雖時有引據稍疏，於三家亦間有出入，而功在創通大義，使後人得以推求先秦漢初經師微恉，非僅以掇拾繁碎爲浩博也。近儒嘉興馮氏登府及閩陳氏壽祺父子推衍遞精，要皆原本范氏，沿襲爲多；而陳氏跋馮氏三家詩異文疏證，詆范氏爲自鄶以下，抑何言之過與？

群芳譜　明　王象晉

二十一日　群芳譜引梁元帝纂要曰：「二十四番花信，一月兩番，陰陽寒暖各隨其時，但先期一日有微寒即是。」又引花木雜考曰：「一月二氣六候，自小寒至穀雨凡二十四候，每候五日，一花之風信應。小寒一候梅花，二候山茶，三候水仙；大寒一候瑞香，二候蘭花，三候山礬；立春一候迎春，二候櫻桃，三候望春；雨水一候菜花，二候杏花，三候李花；驚蟄一候桃花，二候棠棣，三候薔薇；春分一候海棠，二候梨花，三候木蘭；清明一候桐花，二候麥花，三候柳花；穀雨一候牡丹，二候荼蘼，三候楝花；過此則立夏矣。」案，五日一信，仍本七十二候之法，以信爲候，立義雅馴。凡氣候之可驗者，莫如花木，故夏小正先以梅杏杝桃則華，及拂桐芭即「葩」字古文。紀候，月令以下因之。而素問王冰注引七十二候，又有小桃華、芍藥榮、牡丹華、吴葵華之文，惟所載花多中原所無，即江浙氣候亦無如是之早。水仙又惟閩粤有之，蓋是主嶺南氣候而言。若纂要主一歲言，自是古説，尤可味也。

詩瀋　清　范家相

閲范左南先生詩瀋。其中説詩多有名言雋指，蓋出於鄉先輩季彭山先生詩解頤之派，其考據典禮，亦多心得，而不甚信鄭君。吾越説經家法，皆如是也。然援證確實，迥非傅會景響者比。

刻楮集　清　錢儀吉

三十日　閲錢衎石刻楮集及旅逸小稿。刻楮詩法略本山谷，而多參南宋格調，寧拙毋巧，意不猶人，然斧鑿痕太多，未足成家也。其境詣於岳倦翁玉楮集爲近，自名「刻楮」，殆有意耳。集中題寶真齋法書贊五十絶句，小注附識，多有可觀，亦可想其宗恉矣。

二月

初六日 閲**揅經室二集** 清 阮元

閲揅經室二集。文達説經博辯名通，而叙事之文頗沓冗不知體例。自爲其祖墓志稱曰太府君，此今日承重孫爲其祖訃狀之俗稱，而文達亦爲之，可怪也。

初七日 **皇朝謚法考** 清 鮑康

編録皇朝謚法考，自光緒八年至今，手寫文臣訖，鮑子年本分三品以下别爲一卷，出入乖違，今並合之。

十四日 **衎石齋記事續稿** 清 錢儀吉

鈔補衎石齋記事續稿卷九、卷十缺葉，共四番。衎石續稿之文平漫冗弱，遠不如其初稿，蓋晚年筆力漸退，不能副其意也。然議論醇正，多有關於名教。

十八日 **靖康要録** 宋 佚名

閲靖康要録。共十六卷，無序跋，文瀾閣傳鈔本也，頗脱落，多誤字。四庫提要謂當是靖康實録之節本，今觀其按日繫事，載及宰執庶官遷罷，似近朝報，而紀事多有「一曰」、「又曰」云云，則又參以傳聞。其事多直叙不斷，詳略輕重亦頗有失當者。又是非混然，如以李忠定及先莊簡公謂皆蔡氏黨，紀真定死事不及知州李邈，皆顛倒失實。然其它記載多詳盡，有裨史學不淺也。

夏小正經傳考釋　清　莊述祖

二十五日　閱莊氏夏小正諸書，其夏時明堂陰陽經一篇近於大言自欺，經傳考異一篇乃經師家法，夏時説義上下篇義藴宏深，仍復文從字順，經學中卓然大文也。其等例文句音義則多臆説穿鑿，不可盡據。

右軍换鵝圖

二十八日　右軍换鵝圖墨畫長卷，衣冠疏落，寥寥數筆，皆有古法。文待詔一長跋，行草書，末題「時年八十有五」。釋澹歸製茅筆詩長卷，凡五絶句，末題「爲少文長者作」，下署「癸卯三月丹霞今釋」，字作行草，以茅筆書之，極飛舞之觀。

炳燭編　清　李賡芸

二十九日　閱李許齋炳燭編，此書校刻粗疏，今日復正其謬誤數事。

三月

漢書補注　清　王先謙

初六日　閱益吾漢書司馬相如傳補注，引證繁密，於訓詁名物搜括殆盡，爲補其「葴持若蓀」一條、「黄礫」一條。

漢書注校補　清　周壽昌

初十日　閱荇老漢書注校補，其書用力甚深，較後漢書、三國志爲精。

漢書　漢　班固

十二日　作書致益吾，言漢書賈山傳一事，「赦罪人句，憐其亡髮，賜之巾句，憐其衣赭書其背父子兄弟相見也而賜之衣句」，「赦罪人」三字總挈下二句，衣赭爲一事，書背爲一事，皆罪人之制，既赦之，則歸與父子兄弟相見，故賜之衣。此與「憐其亡髮，賜之巾」文義一例，「亡髮」者被髡鉗也，「赦其罪」則賜之巾矣，「憐其衣赭」至「而賜之衣」十八字爲一句，「憐其衣赭書其背」七字略讀，「亡髮」者輕罪也，「衣赭書背」重罪也，兩憐（其）〔與〕兩賜之文相對，沈小宛氏漢書補注誤以「憐其衣赭書其背」爲與上句對文，於是以「書其背」爲赦罪之事，而説不可通矣。

四月

第六絃溪文鈔　清　黄廷鑑

二十日　閲常熟黄廷鑑第六絃溪文鈔。廷鑑字琴六，以諸生終，昭文張月霄金吾之師也。精於校讎，有其鄉馮己蒼、陸敕先之風。文鈔四卷，多所考證，文筆亦潔。所爲張若雲海鵬行狀、張月霄傳可以見照曠閣、愛日精廬一時文獻之盛。其古文尚書論持議甚平；檀弓孔子少孤不知其墓論，申釋孔疏，最爲有本。其考牀一篇、五穀辨三篇、亡無字辨一篇，尤説經解頤，精細可傳。黄氏謂古人以牀供老寢者坐寢之具，大約如今之榻而小及凳之闊者相類，故可執可移。若平時之坐，則以席，寢則以衽，皆於地，不於牀。案，其説甚是。南史謝瀹「移吾牀遠客」，是齊梁時牀制猶然也。其解粱爲米之美者共名，駁程易疇以粱爲小米之誤，與余舊説合。其以今之高粱爲稷，小米爲黍，駁邵南江爾雅正義以高粱爲黍之誤，未確。是書刻於常熟鮑廷爵後知不足齋叢書中。

兩漢五經博士考　清　張金吾

二十一日　閲張月霄兩漢五經博士考，凡三卷。卷一雜采兩漢書、史記、兩漢紀及通典、玉海諸書所載博士之制；卷二依諸經之次，載諸儒名家立學之始；三卷載諸博士姓名，采摭甚備；系以考證。其前冠以覆陳子準揆論五經博士書，凡十二條，附録原書八條，皆反覆辨難，實事求是。其謂文帝時止有傳記博士，無五經博士，似當更考。張氏謂後漢書翟酺傳「孝文始置五經博士」，據家藏北宋重刊景祐本及南宋嘉定戊辰蔡琪刊本，皆作「一經」，引王伯厚説，孝文時五經列於學官者惟詩而已，遂改「五經」作「一經」。陳子準謂何義門校宋本亦作「五」。玩章懷注，似「五」字爲長，「一」字乃傳寫之誤。伯厚從而爲之辭。張氏謂文帝置五經博士，别無明文可證，章懷注云「不知何據」，蓋亦闕疑之意。劉歆移太常博士書謂「孝文皇帝天下衆書往往頗出，皆諸子傳説，猶廣立於學官，爲置博士」，是孝文時止有傳記博士之證，其時止名博士也。慈銘案，翟酺言「五經博士」，亦順文言之，歆之所云，是文章加倍寫法，亦包經在内，深寧之言，自爲可據。而宋本翟酺傳「一」字，據章懷注爲傳寫之誤無疑。

有李兆洛、黄廷鑑、孫原湘三序，今在後知不足齋叢書中。此書去年甲申冬始出，凡四函，蓋集馬氏玲瓏山館、秦氏汗筠齋、阮氏文選樓諸叢書零版，稍爲補刻成之。中有沈氏經學六種，常熟沈淑和甫著，凡陸氏經典異文輯六卷、經典異文補六卷、十三經注疏瑣語四卷、春秋左傳分國土地名二卷、左傳列國職官十卷、左傳器物宮室一卷，皆不過鈔最之學，亦多掛漏，然頗便於初學。前有雍正己酉六月沈氏自作小引。

五月

金源紀事詩　清　湯運泰

初四日　閲青浦湯虞樽運泰金源紀事詩，凡八卷，二百二十七首。皆仿西涯新樂府，每首以三字爲題，其子顯業等爲之注。所採取不出宋金遼史、大金國志、續通鑑、南宋書。詩亦僅規橅尤西堂，間落庸弱。題目如「蹴陰歎」等，尤不雅馴。然大致清峭，亦可傳也。詩既專以金源爲主，而其巡邊詞、割地使、六甲兵、青城行、青衣歎、神馬渡、虔州歎、章安鎮、五馬山、假官家等，乃詠宋事。賀正使、問天詞、瞋目睡、茭石壅、柱礎血、豆汁飲、頰箭穴、慶陽圍、王樞密、魏海州等，皆詠宋死事諸臣事。老鸛河、仙人關、同州曲、守城録、順昌城、朱仙鎮、黄牛堡、陳家島、采石磯、棗陽城等，皆詠宋人勝金之事。喧客奪主，殊爲非體。老鸛河等捷，多宋人夸大之辭。按之金史，事頗失實，尤疏於别擇矣。

續資治通鑑長編　宋　李燾

十四日　閲續資治通鑑長編，近年浙中翻刻愛日精廬活字本也，此書遂有刻本，是天壤間快事。惜局中校刊諸人無通史學者，故誤字甚多。

冬青館古宫詞　清　張鑑

十五日　閲烏程張秋水鑑冬青館古宫詞，凡三百首，自爲之注，亦伯寅尚書所刻也。詩雜詠自春秋迄明代，不能甚工。

周人説經　王氏經説　清　王紹蘭

十九日　閲吾鄉王南陔中丞周人説經及王氏經説，皆功順堂叢書所刻也。

國史考異　清　潘檉章

二十一日　閲潘力田檉章國史考異六卷。惟太祖、惠帝、成祖三朝事，多以諸書證實録之誤，極爲精審，修明史者不可無此書也。力田，吴江人，次耕檢討之兄，後以湖州莊廷鑨私史之獄牽連死，此書遂亦湮晦，今刻入功順堂叢書中。

廣陽雜記　清　劉繼莊

二十二日　閲劉繼莊獻廷廣陽雜記。共五卷，多記殘明佚事及國初官制，糅雜無序。偶一考古，大率淺謬，宜其心折於金人瑞也。惟有一條云：「唐王諱聿鍵，終於福建；其弟聿鐭，終於粵東；桂王諱由榔，終於夜郎；魯王諱以海，終於海外。」名皆若爲之讖。則自來論者所未及。

涇林續記　明　周玄暐

又閲明人崑山周玄暐涇林一卷，皆記隆萬間鄉曲瑣事，其極詆張江陵，謂有窺伺神器之心，尤委巷妄言。二書皆刻入功順堂叢書中。

論語正僞　清　沈濤

二十四日　閱沈西雝論語正僞，自序言其僞有五證，説皆甚確。惟云何氏故作僞以難鄭，是其罪浮桀紂之一端，則强入人罪矣，平叔特不能别白耳。

左傳補注　清　沈欽韓

又閲沈文起左傳補注，自序極言左氏深於禮經，親承夫子微言大義，而力詆公羊諸家之妄。又備列左氏四厄，其論甚快。惟所言不無過激，指斥何劭公、杜元凱、孔沖遠及唐、宋以後諸儒，醜惡之辭，非儒者氣象也。其末云：「今險忮刻薄之人，有竊鑽何休之餘竅，以詿誤梧子，何不仁之甚也？蓋聖世之賊民而已矣。」其言殆爲同時劉申甫、龔定盦、宋于廷諸人發，亦似過當。若近日之戴望、趙之謙等輩，乃所謂險忮刻薄者也，趙一無所知，又非戴比，真聖世之賊民耳。

南潤文集　清　李文藻

二十五日　閲李素伯文藻南潤文集。凡兩卷，皆考跋序記爲多，其文散漫無紀，考據亦無甚關係。惟有琉璃廠書肆記一首，頗足見當日文物之盛，亦將來考都門掌故者所當知也。又錢唐韓泰華無事爲福齋隨筆兩卷，韓爲今時人，亦有零星聞見。二書皆功順堂所刻。

山陰會稽先賢祠主

二十六日　考定山、會兩邑先賢祠主，舊爲宗滌老所定，正龕爲總主三：一曰先賢言子，而祔以自漢至明諸儒十人，一曰先儒陽明王子，而祔以王門弟子十人，一曰先儒蕺山劉子，而祔以劉門弟子十人。言子既非越所當祀，所祔十人尤錯雜不倫，漢之澹臺敬伯、顧奉皆吴人，後漢書儒林附見薛漢、程曾傳，稱會稽者，時在順帝前未分立吴郡也。南宋之周模、陳祖永，明之胡謐、沈東，周陳一無表見，其姓名並不見於宋元學案。胡爲景泰間進士，官廣東參政，府志有傳，僅著其官河南副使時建大梁書院一事。沈東無考，「東」蓋「東」字之誤，即通政宗安先生也。而漢儒如韓叔儒説、趙長君曄、闞德潤澤、晉儒如賀彦先循、梁儒如賀德櫨瑒、宋儒如陸農師佃，先莊簡公，皆著述滿家，至今沾匄，清風亮節，終始粹然。明代如沈忠愍、倪文貞、周文忠，皆一代偉人，沈工詩文，倪邃經學，既以立言爲重，何以俎豆見遺？如以先莊簡、倪文貞爲上虞人，則兩公皆久居郡城，莊簡宅在新河，見於舊志；文貞之父雨田太守已居東雙橋。且陽明、南雷皆籍餘姚，南雷未嘗徙郡，尤不應取彼舍此也。東側龕祔祀國朝八人，徐聖木宏仁、上虞人，勞麟書史、餘姚人，皆不應入，且有章實齋、杜尺莊而無馬德淳駉、范左南家相、沈清玉冰壺諸先生，則著書之傳否，亦無一定。至有高星岳名金成，元名璡者，不知何許人矣。周模字伯長，鄞人，篤志於學，從濟南劉壽夫游，見攻媿集。陳祖永字慶長，會稽人，見朱子文集山北紀行詩注中，在門人之列，餘無表見。宋元學案引黄勉齋集有「周謨字舜弼，建陽人，爲朱子門人」，於山、會無涉，其人亦一無事實可取。

六月

宋元學案　清　黄宗羲

朔　閲宋元學案，共一百卷。稿創於梨洲，而全謝山續成之，梨洲元孫稚圭璋父子復校補之，尚無刊本。道光間鄞人諸生王䕶軒梓材始得其稿，爲之校訂，而慈谿馮氏刻之，其端實發之道州何文安淩漢、新城陳碩士用光兩學使，故咸豐初文安之子紹基復刻於京師。其書綜覈微密，多足補宋史所未逮，學者不可不讀也。雖意非左袒朱學，而於象山亦謂其自信過高，每多語病；其於朱學宗派搜輯靡遺，即不肖如其子塾、在，其孫鑑等皆列於家學中。又於甬上一隅如袁韶及史氏兄弟皆列入，而仍以韶爲史氏私人。即於慈湖之學，亦不回護；雖列趙與簒於弟子，而譏其聚斂；亦不失是非之公。其過求該博，亦有不必立學派，或本分而强合，或本合而强分者，有本不講學而强相綴附者。然謝山於此事實爲專門之學，搜遺補闕，苦心分明，寧詳無略，自爲考宋學者之淵藪。惟於先莊簡公學案，不一引其易説，而引劉元城道護録謂惜其爲蔡攸所引。考莊簡與蔡氏絶不相涉，此出於靖康、建炎間小人誣善之辭，器之不察而言之，乃著之學案，以妄巘先賢，則近於無識矣。其附荆公新學略、眉山學略於末卷，亦非公論。

初二日　閲宋元學案。謝山於此書致力甚深，其節録諸家語録文集，皆能擇其精要，所附録者，翦裁尤具苦心，或參互以見其人，或節取以存其概，使純疵不掩，本末咸晐，真奇書也。梨洲原本不過十之三四，其子耒史百家所續亦屬寥寥，然起例發凡，大綱已具。謝山以顓門之學，極力成之，故較明儒學案倍爲可觀。蓋宋儒實皆有深造自得之學，遠過明人，即或意見稍偏，亦自有不可磨滅處，故精語粹言，觸目即是。明儒自敬齋、康齋、白沙、陽明、蕺山、石齋數公外，尟足自立。故雖以梨洲之善擇，而空言枝義，大半浮游，不足以發人神智也。謝山所撰序録八十九首，犀分燭照，要言不煩，宋儒升降原流大略皆具，學者尤不可以不讀。

學案可議者亦有數事。一，采取未備。凡諸儒經解，世不多見，如永樂大典中有可輯者及藏書家僅有存者，皆宜最擷精華，存其大略。一，世系未詳。凡諸儒家世，宜各爲一表，或弁之於前，或總綴於後。宋史無宰相世系表，即此可補其缺。一，文句未純。宋儒語録皆方言俗語，實爲可厭，程朱尤甚，蓋多出其門人傳録之過。聖門言出，辭氣當遠鄙倍，今滿紙里俗助辭，轉益支離，意謂竊取禪宗，實亦下同市井。宜取其精語，悉刊釀辭，剪裁以歸簡文，潤色以存雅詁，示來者之正，則尤先覺之功臣。

劉器之元城語録云：「絳縣老人云四百有四十五甲子矣，其季於今三之一也。史趙曰：亥有二首六身，下二如身，是其日數。士文伯曰：然則二萬六千六百有六旬也。亥字二畫在上，其下六畫，如算子三箇六數也。如者往也，移亥上二畫往亥字身，仄當左豎，二畫則二萬也。其右三箇六數，則六千六百六旬也。」吾郡王南陔中丞嘗有此説，以爲創解，不知元城已言之。宋人讀書實多獨到處，近儒不看宋人書，其病不小。

劉安世謚忠定，見趙希弁讀書附志，蘇頌謚正簡，見杜大珪名臣碑傳；蘇洵謚文，見宋景濂集。宋史皆不載，其闕失多矣。至老泉得謚一字之文，學案李文肅埴傳云：「後溪劉文節公爲老泉請謚，雁湖助之，故得一字之典曰文。」後溪者劉光祖也，雁湖者文肅之兄文懿壁也，其稱文安者，以官文安縣主簿也。今有謂老泉謚文安者，則大誤。

宋史先莊簡傳云：「除太常博士，遷司封，據嘉泰志及寶慶續志，是司封員外郎，事在宣和五年。論士大夫諛佞成風，杜塞言路，怨嗟之氣結爲妖沴。王黼惡之，貶桂州陽朔縣。李綱亦以論水災去國，居義興。光伺於水驛，自出呼曰：非越州李司封船乎？留數日，定交而别。」此事兩志皆不載。案，「光伺」二字誤倒，當作「伺光」。據李綱傳，綱由御史改比部員外郎，遷起居郎。宣和元年，京師大水，綱上疏言陰氣太盛，朝廷惡其言，謫監南劍州沙縣税，是忠定未嘗爲司封。且忠定邵武人，安得稱越州？忠定早謫外，何得莊簡反候之於水驛？是爲忠定出候莊簡無疑。余記舊藏南監本並不誤，北監本誤耳。學案亦同史誤。又吕成公爲夷簡六世孫，夷簡生公著，公著生希哲，希哲生好問，好問生弸中，弸中生大器，大器生祖謙，而宋史忠義吕祖泰傳云「夷簡五世孫」，學案亦仍其誤。又吕氏本萊州東萊人，蒙正之仲父龜祥知壽州，遂爲壽州人，龜祥孫夷簡居京師，始爲河南人。宋史於蒙正傳云「河南人」，而夷簡傳始云「先世萊州人」，已爲謬誤。學案乃於祖謙傳云「本河東人」，則尤非矣。

宋史莊簡傳中，惟云「仲子孟堅」，後附其幼子孟傳，而相隔三十餘卷，復别出一孟傳傳，其疏繆前人已言之。寶慶續志則備載其四子：孟博，字文約；孟堅，字文通；孟珍，字文潛；孟傳，字文授。學案皆列入。而謝山節録莊簡語四條云：「汝輩居家惟是盡一孝字，居官惟足盡一廉字，他日立朝事君，惟是盡一忠字。但守得此一字，一生受用不盡。」又云：「凡後生所至處，且須從賢士大夫游。」又云：「元城曰某之學初無多言，舊所學於老先生者，只云由誠入，某平生所受用處，但是不欺耳。今便有千百人來問，某只此一句。」又云：「尹和靖之學真所謂潔靜精微。」謂皆莊簡子孟珍所述，不知本於何書。孟珍嘗擢守江陰及沿海制置司參議官，皆不赴，未聞其有著述。磐谿先生即孟傳別號。所著等身，今皆不傳。至莊簡讀易老人詳説十卷，文淵閣尚有永樂大典中輯本；又家訓一篇，餘姚姜山有刻石，謝山蓋皆未見。

又續資治通鑑云，紹興二十五年四月，「台州闕守。州人詣御史臺，舉右朝請大夫通判州事管鎬。鎬龍泉人，大觀間執政，師仁兄孫也。侍御史董德元奏李光之子孟津，其繼母乃鎬之妹，故鼓率士民舉鎬爲知州，鎬縱而不禁，請將鎬放罷，並議孟津鼓煽之罪。辛巳詔鎬放罷，孟津紹興府羈管。光之得罪也，其弟寬亦被羅織，除名勒停。長子孟博、中子孟醇皆侍行死貶所，仲子孟堅以私史對獄，除名編管，孟津其季也。田園居第悉籍没，一家殘破矣」。此本之李氏建炎以來繫年要録。寶慶續志潘畤傳云：「畤字德鄌，金華人。父良佐，苦學篤行，躬授諸弟以經。公早孤，與兄甸養於叔父待制良貴家。待制與莊簡李公爲忘年道義交，故莊簡以第五女歸公，因家於紹興上虞之五夫。歷官左司郎中，直顯謨閣。初爲壻時，李公投嶺海，家道零散，親家陸升之告訐以興獄，子壻沈程擺蹤而脱身，公獨毅然與令人李氏朝夕岳母管夫人之旁，案，稱外姑爲岳母，僅見於此。雲谷此文，可謂不辭。然可知此等俗稱起於南宋。相其家事，終始如一。子二人：友端，淳熙甲辰登進士，官太學博士，從學於南軒張公；友恭，爲江淮宣撫司幹官，與友端皆受學於朱子。女一，適丞相史魯公。案，即彌遠。史彌遠初封魏國公，降封奉化郡公，進魯國公，解政進會稽郡王，卒追封魏王。其從子嵩之封永國公，卒後進魯國公。續志成於寶慶以後，正彌遠當國之時，又其元文稱曰「今丞相」，則爲彌遠無疑。友恭子履端，通判江陵府。」案，朱子大全集潘公墓志所載家世出處大略皆同。而墓志有云：「公少從叔父學，長壻李氏，又得莊簡爲依歸。」皆詳於續志。案，莊簡之壻一爲曹粹中，字純老，號放齋，定海人。宣和六年進士，釋褐黄州教授，終秦檜之世，未嘗求仕。張魏公晚入相，薦之起，通判建寧，旋乞歸，卒贈侍講，著有詩説，王深寧首推之。一爲沈程，而陸升之者，亦山陰人，放翁之從兄，嘗告孟堅私史者。莊簡與放翁之父宰交契，放翁最服膺忠簡，而升之乃興此獄，真鬼彪之不若，亦可見吾越鄉誼之惡矣。

初三日 閲宋元學案。「尹和靖在從班時，朝士迎天竺觀音於郊外，先生與往。有問：『何以迎觀音也？』先生曰：『衆人皆迎，某安敢違衆？』又問曰：『然則拜乎？』曰：『然。』問者曰：『不得已而拜之與？抑誠拜也？』曰：『彼亦賢者也，見賢斯誠敬而拜之也。』」又「朱子曰：和靖日看光明經一部。有問之，曰：母命不敢違。如此便是平日闕卻諭父母於道一節，便致得如此。」案，和靖之言，涉世之恕也；朱子之言，克己之忠也；皆不外一誠也。學者皆當終身誦之。金壇劉文清宰漫塘文集志其夫人墓曰：「予繼室梁氏，家故奉佛，其來猶私以像設自隨，時若有所諷誦。予既與論釋老之害道及鬼神之實理，恍若有悟，自是遂絶。」此可與朱子之言相發明。蓋觀法閨門，必有一誠，無間者始能感化，而格親又非刑妻可比，此事當於聖賢中求之。

永嘉周浮沚行己傳云：「先生未達時，從母有女，爲其太孺人所屬意，嘗有成言，而未納采。至是其女雙瞽，而京師貴人欲以女女之。先生謝曰：『吾母所許，吾養志可也。』竟娶之，愛過常人。伊川常語人曰：『某未三十時，亦不能如此。然其進鋭者其退速，當慎之。』其後先生嘗屬意一妓，密告人曰：『此似不害義。』伊川聞之，曰：『此安得不害義？父母之體，而以偶倡賤乎？』」案，伊川此兩言皆法語，而極近人情者也。過高不情之事，聖人不强人以難能；然易人所難者，每視爲太易，而一縱即不可制，此進鋭退速之説也。凡苟且縱欲之事，雖不肖者必有一説以自處，而賢智之士，當情之所屬不能自克時，亦若視爲無傷，非猛下危語以警醒之，則不能灑然而悟，此安得不害義之説也。兩義皆極精。

朱子語録云：「秦檜嘗爲密教，翟公巽知密州，薦試宏詞。游定夫過密，與之同飯於翟，奇之。後康侯問才於定夫，首以秦爲對，云其人類荀文若，又云無事不會。京城破，金欲立張邦昌執政，而下無敢有異議，惟秦抗論，以爲不可。康侯益義之，力言於張德遠諸公之前。後秦自北歸，與聞國政，康侯屬望尤切，嘗有書疏往還，講論國政。康侯有詞掖講筵之召，秦薦之也。然其雅意堅不欲就，是時已窺見其隱微一二，有難處，故以老病辭。至後來秦做出大疏脱，則康侯不及見矣。」黄未史云：「金議立邦昌時，馬時中伸抗言於稠人曰：『吾曹職爲争臣，豈可緘默坐視？當共入議狀，乞存趙氏。』秦檜不答。時中即自屬稿，就呼臺吏連名書之。檜既爲臺長，則當列於首。以呈檜，檜猶豫，時中帥同僚合辭力請，檜不得已書名。是檜迫於馬時中，以臺長列名，何嘗抗論？乃知當時無論賢愚，盡爲檜欺矣。」慈銘案，宋史忠義馬伸傳言：「金人立張邦昌，集百官，環以兵脅之，衆唯唯，伸獨奮曰：『吾職諫争，忍坐視乎？』乃與御史吴給約秦檜共爲議狀，乞存趙氏。」奸臣秦檜傳言「紹興二十四年二月，何兑訟其師馬伸發端上金人書乞存趙氏，爲分檜功，兑編管英州」。然其叙立張邦昌時，雖言監察御史馬伸先號於衆，而云「時檜爲臺長，聞伸言以爲然，即進狀曰」云云。而寶慶會稽志卷七雜紀云：「姚宏，字令聲。秦會之當國，屢求官，不報。託張如瑩叩之，秦曰：『廷暉令聲父舜明字。與某靖康末俱位柏臺，上書粘罕，乞存趙氏。拉其連銜，持牘去，經夕復見歸，竟不僉名。此老純直，非狡獪者，聞皆宏之謀也，繇是薄其爲人。』如瑩以告令聲。令聲曰：『不然，先人當日固書名矣。今世所傳秦所上書與當日來者大不同，更易其語，以掠美名，用此誣人。以僕嘗見之，所以見忌。』已而言達於秦，秦大怒，思有以害之。竟以知江山縣時禱雨事，謂以妖術惑衆，追赴大理，死獄中。」事見王明清揮麈後録。是則檜傳所載之狀，亦不足信也。

初四日　閲宋元學案。尹焞謚肅，游酢謚文肅，胡寅謚文忠，胡憲謚簡肅，李侗謚文靖，一作文正，朱松謚獻靖，劉勉之謚簡肅，汪應辰謚文定，林光朝謚文節，朱震謚文定，饒魯謚文元，陳淳謚文安，張洽謚文憲，趙汝談謚文懿，薛季宣謚文憲，柴中行謚獻肅，劉宰謚文清，游九言謚文清，游九功謚莊簡，劉欽謚忠簡，牟子才謚清忠，李埴謚文肅，皆宋史所不載。胡憲爲安國之子，與劉勉之皆朱子之師，李埴爲燾之子，而史皆無傳。二游皆以儒學著，九功官至樞密副都承旨，劉欽至同知樞密院，亦皆無傳。既不以史彌遠入奸臣傳，謂其反韓侂胄所爲，頗優容道學也。然彌遠之弟彌堅官至資政殿學士，爲楊慈湖高第弟子，以清退著，卒謚忠宣，自宜附見其父浩傳。史嵩之奸險不亞於彌遠，以其爲帥守有功，亦不入奸臣傳，且稱其爲將才。而其祖漸爲浩之弟，亦賢者，其父彌忠官至福建提舉常平，尤以儒學清節稱，早歲歸田，以嵩之貴加官至資政殿學士，卒贈少師，謚文靖，自宜著之嵩之傳，乃略不一及，其疏甚矣。

南宋之儒，吾必以吕成公、魏文靖爲巨擘焉，其學經而切用，其人和而近聖。葉水心自負經制，掊擊前人，以鄭康成爲未知經理，以漢文帝爲多欲，以劉向爲始壞洪範，以董仲舒爲不知王道，以李德裕爲不知相業。而其所深許者，以諸葛亮、龐統之取劉璋爲識時務之俊傑，以司馬徽之采桑樹上爲樂而忘憂，以皇甫謐爲能道自己分界語，則皆不出學究之見。而議論悍鷙，駁詰中庸章首「天命之謂性」三語，謂不如湯誥，而不知湯誥之爲僞書。非薄孟子而尊周官，然其所痛切言之者，欲圖恢復，在寬民力；欲寬民力，在省養兵之費；省養兵之費，在買官田。則其法窒而難行，其事瑣而難久，而其弊無極，害且甚大。黄氏日鈔辭而辟之，霏如矣。其後賈似道行之，遂以亡國。此其學流於雜，非可以望伯恭、華父焉。吕、魏之後，吾推黄文潔焉。東發日鈔一書囊括衆家，折衷切實，内聖外王之學備矣。此真能守朱子之適傳，而救其弊者也。次則陸子美九韶、唐與政仲友焉。讀子美之梭山日記，其居家正本及居家制用二篇，言言醇實，何其親切而有味也。讀説齋之愚書，字字切要，堅實如鐵鑄。梭山以疑「無極」二字，謂通書所不道，似非周子之言，朱子遂與之争，梭山往復兩書，後謂朱子求勝不求益，遂置不語。象山與朱子力辯，遂紛争不已。其實周子此語不過順文增益，猶是魏、晉以後談玄餘習，朱子乃以爲非常之道妙，古人所不能及，然歸其要曰無極而太極，猶云無爲之治，則亦至平淺矣。

象山學自不敢望朱子，文章亦遠不及，而其辨太極圖説往復各二書，皆縷析詳言，累幅不盡。然象山之語理切而明，朱子之語義雜而費，蓋一則氣直，一則辭枝也。朱子之答梭山云：「不言無極，則太極同於一物，而不足爲萬化根本；不言太極，則無極淪於空寂，而不能爲萬化根本。」其後累書皆反覆推明此義。然易大傳本明言「易有太極，是生兩儀」。則明明非一物，亦非空寂矣，又何必加「無極」二字，强生葛藤，庸人自擾邪？朱子之學，遠過濂谿，此自是通儒之蔽，賢知之過，不必爲之曲護也。說齋之事，其曲亦自在朱子，王淮秀才争間氣之對出於平情，何得謂之袒唐媚家？學案於説齋傳論之極平允。又辨世謂朱子之惡説齋，以東萊之言、同甫之譖。東萊最和平，無忮忌，且是時卒已一年；同甫有書詒説齋，自辨甚力，亦何至有此事？蓋朱、唐之構皆出於台州倅高文虎云云。

學案爲謝山晚年之作，此傳最爲定論，其鮚埼亭集中唐説齋文鈔序乃官京師時所作，故猶以爲説齋不能檢束子弟，朱子所糾，未必盡枉。王臒軒乃采此序附之學案，致一人之言自相矛盾，非也。梨洲本以陸子美爲金谿學案之一，子壽爲金谿學案之二，謝山並出之，爲梭山、復齋學案，以其宗恉與象山不同也。說齋學案，爲謝山所特立，有指哉。象山年譜，兄弟六人，長九思，次九敘，次九臯（號庸齋），次九韶，次九齡，次九淵。宋史以九韶爲九齡弟，誤。

淳熙二年，東萊邀朱子及二陸會於鵝湖講學，此南宋道學離合之會，亦千古學術分合之機。乃相見之時，惟各以賦詩相示，此其氣象謂非近於禪學機鋒，吾不信也。且復齋誦所作七律，前四句云「孩提知愛長知欽，古聖相傳只此心。大抵有基方築室，未聞無阯忽成岑。」此亦腳蹋實地之言，與晦翁宗恉亦無大背。而紫陽顧東萊曰，子壽早已上子靜船。豈以其詩中有心字，遂以爲心學乎？夫「人心惟危，道心惟微」出於荀子，而僞書襲取之，宋儒方奉爲千古傳心之祕。孔子曰「從心不踰矩」，孟子曰「四十不動心」，心非聖賢所不言也。復齋詩又云「留情傳注翻榛塞，著意精微轉陸沈」，象山和云「易簡工夫終久大，支離事業竟浮沈」。考亭以爲譏己，大不懌。然考亭和韻云「德義風流夙所欽，別離三載更關心。偶扶藜杖出寒谷，又枉籃輿度遠岑。舊學商量加邃密，新知培養轉深沈。卻愁說到無言處，不信人間有古今」。則情韻斐然，語氣和婉，自較二陸工拙縣殊。惟以「無言」、「不信」、「古今」爲鍼砭二陸，兩家門下士遂指爲口實，造作言語，互相詆毀，日成仇隙。此白安黃忠端公所謂蒼頭僕子，歷階升堂，助主人捽客而毆之者也。

厚朴

初七日　厚朴者，榛木皮也。廣雅「重皮，厚朴也」。今以榛爲梓栗及荊榛字，而不知是厚朴矣。

厚朴本以出安南者爲良，名醫别録云「生交阯、寃句」。然寃句今曹州，而無有以爲貴者，越南近亦不佳。以四川出者爲上，河南次之，以厚而色紫皮卷者爲上品。其花瓣長而厚如皮，亦紫色，以煎茶，氣清而和，藥中鮮用之者。然蘇頌圖經云「厚朴紅花而青實」。李時珍綱目云「五六月開細花」。則今之所謂花，恐仍是皮之近花者耳。

三國志演義

十七日 下午詣廣和樓觀劇，演諸葛武侯金雁橋擒張任事。余素惡三國志演義，以其事多近似而亂真也，然此事則茫然。檢陳志惟先主傳建安十八年先主據涪城，劉璋遣劉璝、冷苞、張任、鄧賢等拒先主於涪，皆破敗，退保綿竹，僅一見姓名耳。裴注兩引益部耆舊雜記曰：「張任，蜀郡人，家世寒門，少有膽勇，有志節，仕州爲從事。」又曰：「劉璋遣張任、劉璝率精兵拒捍先主於涪，爲先主所破，退與璋子循守雒城。任勒兵出於雁橋，戰復敗，禽任。先主聞任之忠勇，令軍降之。任厲聲曰：『老臣終不復事二主矣。』乃殺之。先主歎息焉。」華陽國志劉二牧志與陳志同。通鑑建安十八年「劉璝、張任與璋子循退守雒城，備進軍圍之，任勒兵出戰於雁橋，軍敗，任死」。胡注「雁江在雒縣南，曾有金雁，故名爲雁橋」。是金雁橋實爲有本，深媿史學之疏，乃知邨書市劇亦有益也。考雒爲今四川成都府之漢州，去成都僅九十里，無山川之險，而當日先主親自攻圍，至一年有餘，龐統死焉，知循等之守必有以過人者。陳志簡略，故事多湮没，使無裴注，則任之志節不傳矣。

太平御覽　宋　李昉

二十日　閱太平御覽工藝部，明萬曆間常熟周氏活字版本也，錯誤尤多。前有國朝會要一則，是宋人所引，故首加「謹案」二字。又慶元五年七月，朝請大夫成都府路轉運判官兼提學事蒲叔獻序，言向惟建寧有刻本，兹重刻於蜀中。又有迪功郎前閬中縣尉雙流李廷允跋及常熟周堂序，言其祖勉思爲天官大夫時得故本，後遂散逸，從閩賈購其半，又得其半於無錫顧、秦兩家，相國養翁嚴公復畀史館繕本訂正之，得活版百餘部，與顧、秦二氏分有之。則此本亦甚難得也。嚴公即文定公訥，常熟人。天官大夫，吏部郎中也。

太平廣記　宋　李昉

二十一日　閱太平廣記舟部、車部、器用部、雜物部，補正説文「匋」字注一條、盧召弓風俗通佚文輯一條、嘉泰會稽志一條。

林壬詞　清　林壬

二十二日　爲林二有點閱所作詞，其長調頗工麗綿密，漳泉人所僅見也。間有俗累處，爲略改之。

春秋述義拾遺 清 陳熙晉

二十七日 得朱蓉生書，以其邑先輩陳西橋熙晉春秋述義拾遺八卷送閲，輯隋儒劉光伯之説也。末附河間劉氏書目考一卷，前有道光二十八年人日自序，西橋所著尚有規過考信九〔一〕卷。

注釋

〔一〕「九」字原闕。據西橋陳公傳「成春秋規過考信九卷」補。

梅簃隨筆 清 張作楠

閲金華張丹邨作楠梅簃隨筆四卷，皆其官處州教授時劄記之語也，頗有考證。其第三卷所載倉田通法叙例及王制東田畝數算例，皆已刻入翠薇山房算學。梅簃者，海鹽吳蘭陔懋政教授處州時所築也。

七月

宋史 元 脱脱

初三日 閲宋史藝文志。自來此志之謬，無如宋史者，足徵歐陽文公等實皆非知學者也。錢竹汀氏廿二史考異卷七十三條舉其複誤，養新録卷七復補其脱漏。然有摘之不勝其摘者。即如集類先載「李白集三十卷，嚴從中黄子三卷，毛欽一集三十卷，李白撰」，已極舛謬。隔葉以後又載毛欽一文二卷。案，新唐書藝文志「毛欽一集三十卷」。欽一字傑，荆州長林人」。直齋書録解題有毛欽一集二卷，云「唐荆州長林毛欽一撰」。長林，荆州軍屬縣。欽一上諸公，自稱毛欽一，字傑；或時又以傑爲名，開元中人。則此志前所載「毛欽一集三十卷李白撰」十字皆衍文，或是傳寫之誤，史家不至此也。

春秋述義拾遺　清　陳熙晉

初四日　閲陳熙晉春秋述義拾遺。其首一卷辨杜氏集解序注疏之説，自卷一至卷八依傳文之次，共一百四十三條，末一卷爲河間劉氏書目考，又綴以隋書儒林傳。其每事先標舉經文，附以杜注，然後頂格録劉氏述義語，皆采自正義，又低一格列正義説及古今諸家説，後加「案曰」以折衷之，亦間有駁劉説者。論頗平允，而考證未博，頗有空言，文義近於批抹家者。其爲魯夫人一條，不知傳文本無「曰」字，「爲」即「曰」也。每條下多附監利龔紹仁評語，尤爲非體。

石湖集　宋　范成大

十一日　閲石湖集。文穆詩頗兼率易槎枒之病，然其晚年寫老疾之態，多如人意所欲言，於我今日尤體狀曲肖也。

宋史　元　脱脱

十二日　閱宋史度宗紀、瀛國公紀。宋史於理宗後本紀搜輯極繁，雖病荆蕪，非本紀之體，然當時以無實録，又丁喪亂，内外文籍散失，故務求詳備如長編之例，以待芟擇。亦猶舊唐書以自武宗後實録不備，遂於諸帝紀大小悉書，而昭宗、昭宣身當亡國，僭奪紛紜，所載尤繁。此宋史亦於度宗以下較理宗尤詳也。

續資治通鑑長編　宋　李燾

十四日　竟日閱續資治通鑑長編哲宗紀。伊川之在經筵，東坡之在翰林，皆古今第一得人之舉。而當日盈廷互攻，峻言醜詆，不容一日得安其位，又皆出於一時之所謂君子，後世之推爲名臣，反覆是非，陰陽消長，雖有聖人，不能定也。攻東坡者無論矣，攻伊川者如孔文仲、吕陶，猶以爲東坡之黨也。胡宗愈亦以爲親於東坡也。吾鄉顧子敦侍郎風節卓絶，亦於東坡無與矣。至王覿則攻東坡者也，而其元祐二年九月上疏，帖黄有曰：「頤、軾自擢用以來，皆累有臺諫官論列，若使二人言行全無玷闕，亦安得致人言如此之多？」是亦不信伊川者，然猶以爲諸公非講道學者也。元城劉安世，則温公之高第，儒林之魁傑也，而元祐三年五月一爲右正言，即疏言考功員外郎歐陽棐「造請權門，不憚寒暑，與程頤、畢仲游、孫朴、楊國寶輩交結執政，子弟參預密論，號爲死黨，搢紳之所共疾，清論之所不齒」。十餘日後再疏言：「棐與程頤、畢仲游、楊國實、孫朴交結執政呂公著、范純仁，子弟薦紳之間，號爲五鬼。」其年八月又疏言：「方今士大夫無不出入權勢之門，何嘗盡得鬼名？惟其陰邪潛伏，進不以道，故程順熙、畢仲游、楊國寶、歐陽棐、孫朴五人者，獨被惡聲。孔子曰：『吾之於人也，誰毀誰譽？如有所譽者，其有所試矣。』蓋人之毀譽，必皆以事考之。今衆議指此五人，可謂毀矣。然推考其跡，則人言有不誣者。」此疏獨作「程順熙」，或疑「順」是「頤」之誤，「熙」亦「頤」之壞字，蓋一字而誤分偏旁爲兩字也。又此處楊國寶誤作「賢」，孫朴作「孫樸」，然其下又云程順熙先以罪去。殊不可解。其醜詆一至於此。伊川不待言，即歐陽叔弼爲文忠之子，文行素著，東坡薦其史才，請以自代，乃以考功員外郎改著作郎、實録院檢討官，非越分也，而元城力攻之，乃改集賢校理權判登聞鼓院，又以爲不當用爲館職，乃復改職方員外郎，則較其考功原官班次在下，而又謂除目既傳，中外駭愕。嗚呼，此何説也？忠定於温公門下爲第一人，當時所號爲殿上虎者，而所攻擊者如是。人之多言，亦可畏哉。

蘭亭叙真蹟

十八日　閲宋史，間考雜書，頗隨筆校之。張彦遠法書要録引何延之蘭亭記，言太宗使蕭翼取蘭亭事，委曲甚詳。延之言開元初至會稽，親得其事於辯才弟子玄素。玄素時居雲門寺，年已九十餘，似所傳當不謬。而嘉泰會稽志載汝陰王性之銍考古引劉餗傳記云：「蘭亭叙，梁亂出在外，陳天嘉中爲僧智永所得，至太建中獻之宣帝。隋平陳，或以獻晉王，即煬帝也。帝不之寶。後僧果從帝借拓；及登極，竟不從索。果師死，弟子辯才得焉。文皇爲秦王日，見拓本，驚喜，及知在辯才處，使歐陽詢求得之，以武德二年入秦王王府。性之謂劉餗父子世爲史官，以討論爲己任，於是正文字尤審。則辯才之師智果非智永，求蘭亭叙者歐陽詢，非蕭翼也。此事鄙妄，僅同兒戲。太宗始定天下，威震萬國，尪殘老僧，敢靳一紙書耶？儻欲圖之，必不狹陋若此。況在秦邸，豈能遣臺臣？」放翁謂餗所云殊有理。然辯才所住永欣寺即古之雲門，今號淳化寺，有蕭翼宿雲門東客院留題二詩。吴傅朋記閻立本畫，其跋猶存。立本太宗時人，蓋亦親見當時事者，恐不可盡棄。

慈銘案，寺觀題詩，或出後人傅會。至吴説跋閻立本畫，謂蕭翼詣辯才，既見蘭亭真跡，即出太宗詔札，以字軸寘懷袖，則情事又與延之所記不同。太宗即有此事，何至當時便形圖畫？然餗謂事在武德二年，則是時太宗方與劉武周、宋金剛等苦戰河東，會稽爲李子通、沈法興等所隔。雖嘉泰志引唐太守題名謂龐玉以武德元二年授越州都督，然考玉時方討梁州山獠，未必能遽至。太宗倥偬戎馬，何暇辨此？延之記謂取蘭亭時越州都督爲齊善行。善行爲都督在貞觀十七年，則理當然也。至延之記稱蕭翼爲監察御史，所攜御府二王雜帖數通，不云有心經。翼得蘭亭後擢員外郎，加五品服，並無西臺御史、觀察使等稱。

趙彦衛雲麓漫鈔辨此事云：「開元二十二年初，置采訪使，至德三年改爲觀察使，太宗時焉得有觀察使？龍朔二年改門下省爲東臺，中書省爲西臺，太宗時焉得有西臺御史？三藏記貞觀十九年翻譯經文，心經預焉，右軍時焉得有心經？」四庫提要稱其考核有根據，不知此等皆宋人所增飾，唐人絶無此言。有唐一代，無所謂西臺御史者。惟宋以洛陽爲西京，宋初有御史分司者，稱西臺御史，故不知官制者以加之唐。唐稱洛陽爲東都，有留臺，亦有分司御史。如吴説之跋稱閻立本爲右丞相，不知唐高宗及玄宗時止有左相、右相，無右丞相之稱，説亦以南宋之官稱唐人耳。要之，陳隋以前，蘭亭叙不甚重，唐初虞、褚諸人始盛推之，太宗雅好二王筆法，自後代加誇飾，遂以此爲書家極軌，流俗影撰，丹青日滋，如玉匣殉昭陵等事，皆不足深信。晁補之等至以此爲太宗累，何異癡人説夢。蕭翼計賺辯才事，或由太宗篤好，不欲以萬乘之威强劫緇流，故於幾暇怡神，作此遊戲，存之以爲佳話，點綴名山，歆豔藝苑，未始不可，不必深辨有無也。

宋史　元　脱脱

十九日　閲長編哲宗紀及宋史。宋史是非多不公，如元絳、許將皆賢者，吾鄉陸農師經學大師，進退粹然，而以其嘗從荆公遊，遂與吴居厚、温益等同傳。且言陸與曾布比，不知布固非賢者，其在紹聖後則力與章惇、蔡卞等抗，農師深疾惇、卞，則不得不與曾合。宋史以布入奸臣傳，本亦不公。至荆公爲人自有本末，其學更不容輕詆也。當時所謂直臣若朱光庭、梁燾、王巖叟輩褊私忿激，昧於大體，皆不足深取。即劉器之亦全是血氣之偏，其以詩語請誅竄蔡確，以吴處厚爲忠憤，尤不知國體也。劉摯、王巖叟之力以援立英宗功歸韓忠獻，以文潞公與王堯臣之子爲冒功，請改正國史；器之與吴安持等力言宣仁授神器於適孫，非由蔡確定策，請書之國史，昭示天下；皆非所宜言。後來惇、卞等誣宣仁有廢立意，實此輩有以啟之。

二十六日　夜熱甚，閱長編哲宗紀及宋史。宋史不爲王贍、王愍立傳，其實二人皆良將也，當附於王韶子厚傳後。其外國傳敘青唐事亦甚略，當取長編所引李遠青唐録補之。

八月

西國近事彙編　美 金楷理譯　清 蔡錫齡述

十三日　閱西國近事彙編。其中多可得中國制夷之要。譯者美國人金楷理，述者歷城蔡錫齡，可謂有心人也。

喀什葛爾自庚午、辛未間，回酋耶霍壁自立爲王，英吉利及俄人遂擁立之，稱爲客王，列於萬國公法，爲通商之國。乙亥秋，敖罕國（敖罕亦作霍罕，亦作浩罕，今俄羅斯人呼爲卡肯特，皆一聲之轉，「特」則餘聲也。）民亂，逐其王，俄人討平之，立前王之子敖罕，雖回部自王其國，已爲俄之屬部。俄人謂其亂實耶霍壁啟之，遂絕其使，英人亦鄙之。丙子十一月，我師之西征者既克烏魯木齊，進規天山南路，耶霍壁率衆欲迎敵，出喀城二千餘里，潰而歸，耶霍壁懼，遣人齎金寶迎降，回目白彥虎怒，中途刦所齎並殺其使，耶霍壁懼而自殺。（耶霍壁亦作阿古柏，回人稱爲阿米亞，亦作阿彌亞者，回部君長之稱，猶曰汗也。）回民遂亂，耶霍壁長子古里柏亦作胡里伯克。與其族人阿里陪喀什噶爾故酋之裔，一名阿林坎替合拉，亦作霍景堪都拉。爭立，阿里陪敗，逃入巴達克山。亦作拔達克山，亦作白達山。丁丑春至冬，我師以次收復喀喇沙爾、庫車、阿克蘇各城，屯重兵於阿克蘇，分兵復烏什，徑趨喀什噶爾，一鼓而克。古里柏先已逃至葉爾羌，旋入和闐，復聚衆欲抗拒，而和闐首目迎降，乃逃入俄境之科拉科爾，其妻及部人二千逃入俄之土其斯登恩界，俄國遂下令削古里柏僞號。戊寅歲，西洋人皆言古里柏已爲我師所誅，云英吉利人謂阿古柏人才似元太祖，當時與立約通商，情誼敦篤，如得伊黎及天山南路大權，足爲印度北面藩籬。俄人謂耶古柏即阿古柏。有雄略，能爲我招致諸回，遂與立約通商，果能使阿霸科爾、即布哈爾。基法即機窪。諸部罔不服從，商旅載途，肩背相望。英人布爾額所著新書一卷，有喀什噶爾酋長耶古柏全傳。

陳業傳

十九日　嘉泰志引會稽先賢録之陳業，與三國志虞翻傳注引會稽典録及水經漸水篇注之陳業，並是一人，府志於孝行引先賢傳之陳業，於隱逸引典録之陳業，以爲兩人，誤矣。茲理而董之，並爲一傳，入之鄉賢。

陳業傳漢陳業，字文理，御覽人事部引先賢傳。上虞人，典録。潔身清行，志懷霜雪，貞亮之信，同操柳下。典録。郡守蕭府君卒，業與書佐魯雙送喪，雙道溺於水，業固掘泥出尸。御覽人事部引先賢傳。兄渡海傾命，時同依止者五六十人，骨肉消爛，不可辨別。業仰皇天、誓后土，曰「聞親戚者必有異焉」，因割臂流血，以灑骨上，應時歛血，餘皆流去。同上，引先賢傳。初爲會稽太守，遭漢中微，委官棄禄，遁跡黟歙，以求其志。高邈妙蹤，天下所聞。典録。沛國桓儼避地會稽，聞業履行高潔，往候不見，儼後浮海入交州，臨去遺書與業，不因行李繫白樓亭柱而去。水經注。案，此注上云重山大夫文種之所葬也，山上有白樓亭，重山即種山，今之卧龍山，俗稱府山。其書比之三高云。三國志注，云「故桓文遺之尺牘之書比竟三高」，官本考證云：「三高疑指上所引越王翳、鄞大里黄公、餘姚嚴遵而言。」陳氏景雲三國志辨誤云「桓文疑當作桓王，謂長沙桓王也」。慈銘案，「桓文」下脱一「林」字，桓儼字文林，見後漢書桓榮傳注，陳氏説非是。

柳穀

二十日　傍晚立外院看中庭高柳出於屋頂，夕陽映之，其色金碧，皆閑中佳趣也。尚書「宅西曰昧谷」，鄭注本作「柳谷」，周禮天官「縫人」注云「柳之言聚，諸色之所聚。」書曰「分命和仲度西曰柳穀」，賈公彦疏云：「柳者諸色所聚，日將没其色赤兼有餘色，故云柳穀。」頃以柳上之色並日落之色觀之，光艷殆不可狀，深歎古人立言之妙。

西河合集　清　毛奇齡

二十二日　閱西河合集。西河文筆警秀，而時墮小説家言，其碑志、記事之文，往往景飾，不足盡信。晚年家居，與會稽姜氏交摯，爲其先世作碑志，如言禮部郎中姜鏡之首請神宗建儲，以及子羔之清節、一洪之忠義、希轍之政事，皆未可盡據。然其爲逢元傳，言天啟時逢元兄弟自言非黨人，故撰三朝要典時得爲纂修。其論云「漢季皇甫規自言爲黨人，今乃自言非黨人，可以觀世變」，則自爲直筆矣。

嘉泰會稽志　宋　施宿

二十三日　人主以生日立節名，始於唐明皇，其改千秋節爲天長節，載於舊唐書本紀及王虔休傳，而世罕知者。嘉泰會稽志卷七「天長觀」下云「天寶七載，改千秋爲天長地久節」，則它書所未見也。志又云：「寺本官置之名，後漢浮屠初至洛陽，館於鴻臚寺，及建精舍，因冒寺名曰白馬寺，隋更其名曰道場。」又云：「初釋氏自達摩至慧能以來傳禪宗，然禪院皆寓律寺，至百丈山懷海始創爲禪居，乃不復寓律寺。」又云：「凡寺院冠以『大中』二字，皆廢於武宗而復於宣宗者，惟祥符非是。」此指府東北三里之大中祥符寺，本唐之中和水陸院，宋大中祥符元年改。此三則皆梵宇故事，世人亦鮮知也。

九月

西垣詩鈔　黔苗竹枝詞　清　毛貴銘

十四日　閱巴陵毛彥翔貴銘西垣詩鈔二卷、黔苗竹枝詞一卷。彥翔道光庚子順天舉人，本名文翰。其詩五古頗蒼秀有逸氣，七古有健語而未純，五七律亦爽朗可取。如薊門秋感云：「涼雨過關去，城西落早秋。空庭下黃葉，獨客在高樓。感喟辭長劍，凋零惜敝裘。百年拚浪擲，知己更誰投？」北岡小眺歸途遇雨云：「暮鴉將雨色，一併落平蕪。歸近還餘興，寒生只半途。山隨雲起斷，天共樹低無。今夜齋頭臥，蕭蕭聽轉孤。」還鄉河自注：宋徽宗過此有還鄉之歎，故名，在今豐潤城外。云：「汴水河頭王氣窮，還鄉遺恨亦成空。千年花石留殘魄，一笛牛羊歸晚風。纔解望天悲薊北，可能揮涕憶陳東。家山念盡南冠客，五國城中斷塞鴻。」斷句如：「雪浮高浪外，天汩大梁中。」薊門秋感。「亂雲原上落，孤月雁邊生。」同上。「寺鐘敲冷月，戍鼓落流星。」開平出郭夜歸。「馬蹄敲石火，人影亂山雲。」崤陵。「驛路將通蜀，人煙尚帶秦。」滴水鋪。「天邊懸草樹，井底出人家。」自草涼驛至鳳縣。「陰崖垂黑樹，危磴礙青天。」「雲腳遠吞遼海日，石頭橫走太行山。」薊州早發。「萬家黃葉浭陽樹，一劍青天黨峪山。」黨峪投宿。「遠村日落銜紅樹，峭壁風寒坐黑鷹。」、「亂草帶花迷古寨，斷雲拖雨下空壕。」自澠池至硤石驛。「寒磬一聲興善寺，暮鴉千點少陵原。」自韋曲望樊川。「古松當路陰如屋，修竹連村綠到城。」皆可誦也。

青谿舊屋文集　清　劉文淇

十六日　閱劉孟瞻青谿舊屋文集。其中如寶應喬循吉德謙傳、戴靜齋清傳、方端齋申傳、劉迪九履恂墓志銘、甘泉薛子韻傳均墓志銘、江都梅蘊生植之墓志銘，所紀皆一時樸學，而畢生坎廩。循吉、靜齋皆以諸生老。端齋五十二歲始補諸生，兩年而殁。廸九四十九歲始得鄉舉，未十年卒。子韻十赴省試不中，歲科試亦屢被抑，甫就福建學政陳侍郎用光幕府，未一年遽客死。蘊生年四十六舉於鄉，越四年而卒。孟瞻亦終於優貢，其道光辛卯秋作别號舍詩，言前後省試已十一次，此後不復入場；然次年壬辰恩科以父病不就試，其後甲午、乙未、丁酉仍皆就試，己亥始復作詩疊前韻，誓不復往。其辛卯同作詩約不應舉者，劉楚楨寶楠，與孟瞻同以嘉慶己卯貢太學，其後至道光庚子始舉於北闈。蓋皆不能守約，終身場屋。區區科名，世上小兒如拾地芥，而經師宿儒，窮老盡氣，不能一遇。然則近日之所號爲名士者，涂抹撏撦數行浮濫之文、險怪之字，自矜華藻，以嚇聾瞽，聲譽翕然，目無古人。入試則牛腰捆書，聯席共坐；出闈則徧投行卷，互相標署。一旦得雋，狂叫亂舞，嗷名之主司，避席加禮，逐臭之貴勢，相賀得人。豈知有髮白鐙青，霜濃夜永，丹黄鉛槧，槁餓自怡者乎？然不實之華、無源之水，轉眴萎落，卒歸無有，而諸君著述長留天地，固狐貉所不能噉者也。

海東逸史　清　翁洲老民

二十四日　閲海東逸史。卷一卷二曰監國紀，卷三家人傳，卷四至卷十三列傳，卷十四至十七忠義，卷十八逸民。列傳首余煌而終以張煌言，忠義首董志寧、華夏諸人，其意蓋以死節而它無所表見者入之忠義也；遺民則爲于穎至章正宸等。所載無甚異聞，其叙魯王元妃會稽張氏作蕭山人；又云叛將張國柱擄妃去，不知所終，則乖謬之甚。

黄御史集 唐 黄滔

二十五日 閲唐黄御史集。凡分兩帙，上帙賦詩雜文，下帙書啟、祭文、碑銘。以影鈔宋慶元刻殘本爲主，而補以明崇禎刻本。文江律賦頗有佳句，洪景盧容齋四筆已言之，餘文亦頗不率爾。

十月

范成大、楊萬里詩

初四日 閲石湖、誠齋兩家詩。石湖律詩雖亦苦槎枒拗澀，墮南宋習氣，然尚有雅音，五、七古亦多率爾，而大體老到，不失正軌。誠齋則粗梗油滑，滿紙村氣，似擊壤而乏理語，似江湖而乏秀語。其五言如：「寒從平野有，雨傍遠山多。」「雨蒲拳病葉，風篠秃危梢。」「萬山江外盡，一塔嶺尖明。」「葉聲和雨細，山色上樓多。」「竹能知雨至，窗不隔江清。」「遠山銜岸出，釣艇背人行。」「煙昏山易遠，岸闊樹難高。」「山煙春自起，野燒暮方明」。皆上可幾大曆十子，下可揖永嘉四靈。而數聯以外，絶少佳者。七絶間有清雋之作，亦不過齒牙伶利而已，如閑居初夏午睡起二絶云：「梅子留酸軟齒牙，芭蕉分緑與窗紗。日長睡起無情思，閑看兒童捉柳花。」「松陰一架半弓苔，偶欲觀書又嬾開。戲掬清泉灑蕉葉，兒童誤認雨聲來。」亦是尋常閑適語，不出江湖側調，然已膾炙古今，其餘蓋鮮足觀者。退休集尤晚年之作，老筆頽唐，其甚率俗者，幾可噴飯。惟至後入城道中雜興云：「大熟仍教得大晴，今年又是一昇平。昇平不在簫韶裏，只在村村打稻聲。」「畦蔬甘似卧沙羊，正爲新經幾夜霜。蘆菔過拳菘過膝，北風一路菜羹香。」兩絶句最佳，非以前諸集所及。然二公高懷清節，皆以止足自期，樂志田園，不爲物累，其詩亦以人重，故世樂道之耳。誦其石湖養閑諸什，東園歸老諸詩，雜綴園亭，經營草木，鄉居瑣事，吴俗歲華，亦足以陶寫塵襟，流傳佳話，雅人深致，故自不凡。

海國圖志　清　魏源

十一日　閲海國圖志六十卷，本道光丁未魏氏古微堂揚州所刻。卷一籌海四篇，卷二圖二十三，後附元經世大典地里圖，得之永樂大典者，亦頗荒略不詳，魏氏稍增改之。卷二十八攻船水雷圖説，據道光癸卯廣東候選潘仕成所進，曾命於大沽演之，咸豐庚申之役，未聞有用此者，蓋已不知此事也。

戰國策

十二日　閲戰國策，偶得三事記之。楚策一：「是以嬖女不敝席，寵臣不避軒。」姚氏續注謂「避是敝字無疑」，引真誥曰「女寵不弊席，男愛不盡輪」。案，姚説是也。「寵臣」者，貴寵之臣，非專指色；「不敝軒」謂所乘之軒未敝，而恩已奪也。曹共公乘軒者三百人，衛懿公鶴有乘軒者，人臣以軒爲重也。又，「野火之起也若雲蜺，兕虎嗥之聲若雷霆」。案，「兕」字衍，涉下文「狂兕」而誤也，説苑權謀作「虎狼之嗥若雷霆」。中山策「樂羊食子以自信明害父以求法」。案，「信」下脱一「信」字，信明，即楚人申鳴也，事見韓詩外傳卷十。

吕氏春秋　秦　吕不韋

十八日　夜讀吕氏春秋。戰國楚策一，江乙所説之安陵君即楚策四莊辛所言之鄢陵君也。「焉」、「安」古通用，故「鄢」亦作「安」。鄢陵，楚地；安陵，魏地。鮑彪、吴師道之説皆誤，蓋由於徐廣注史記以楚之召陵釋魏之安陵。李奇注漢書，謂鄢陵六國時爲安陵，遂合楚、魏安陵爲一地。魏策四：「安陵君曰：吾先君成侯受詔襄王，以守此地。」通鑑注：「安陵本魏地，魏襄王以封其弟。」又魏策四言秦王欲以五百里之地易安陵，安陵君使唐且入秦止之。魏韓滅亡，而安陵以五十里之地存，是魏自有安陵。史記魏世家公子無忌言「王之使者惡安陵氏於秦，秦欲誅之久矣。秦葉陽、崑陽與舞陽鄰，聽使者之惡之，隨安陵氏而亡之，繞舞陽之北，以東臨許，南國必危」。蓋安陵本春秋時鄭之鄢邑，戰國時屬魏，與韓鄰，在今河南開封府鄢陵縣西北十五里。楚之鄢陵即召陵，在今河南許州郾城縣東四十五里。太平御覽卷四百三十七引新序載秦王以五百里易地事，作鄢陵君，知安、鄢二字固通用也。

俞樓雜纂　清　俞樾

二十一日　閱俞蔭甫論語鄭義續、論語駢枝、論語古注擇從、孟子古注擇從。皆在俞樓雜纂中，各祇一卷，而精確不磨。

四書辨疑　清　俞樾

二十三日　閱俞蔭甫四書辨疑。辨四書自朱子注出，南宋至明中葉無一人敢異議者。陳天祥生元代，乃獨著辨疑一書，以疑朱注而辨之也。然根柢淺薄，讀書甚寡，其學豈足望朱子之百一？俞氏舉陳氏之誤而條辨之，亦不回護紫陽。其辨世臣親臣一條，不如陳氏説爲確；可謂曰知一條，讀可字爲句，尤病穿鑿。

穀梁大義述　清　柳興恩

二十五日　閱鎮江柳興恩穀梁大義述。僅一册，前有序例七則，言第七爲長編，言取載籍之涉穀梁者，以經、史、子、集依次摘録，附以論斷，今所刻止尚書、史記寥寥數條。其第二述禮，止賵賻、三從、庶母祭、錫命四條。第五師説，止及何休廢疾、鄭君釋廢疾四條。第三異文，祇及隱桓。第四古訓，並無一字。蓋僅刻其略。柳氏畢生治此，其全書當有可觀。然其序有云，春秋託始於隱者，惟穀梁得其旨。傳曰：「先君之欲與桓，非正也，邪也」。「探先君之邪志以與桓，是則成父之惡也。」如傳意，則隱於惠公爲賊子。傳曰：「爲子受之父，爲諸侯受之君，廢天倫，忘君父。」如傳意，則隱於周室爲亂臣。孟子曰：「孔子成春秋而亂臣賊子懼。」託始於隱者，所以誅亂臣賊子。則誣妄悖誕，愚儒舞文，悍恣如此，傷教害義，亦春秋家學之亂臣賊子矣。

藝文類聚　唐　歐陽詢

二十九日　夜閱藝文類聚。今梨園演變羊記，坿會東坡調陳季常柳夫人事，全本於類聚卷三十五人部引妬婦記載京邑士人婦事，曲折悉合。

十一月

三國志　晉　陳壽

初三日　三國志虞翻傳注引會稽典録朱育問對云：「其女則松楊柳朱、永寧瞿素。案，「松楊」當作「松陽」，今處州松陽縣，後漢建安四年置。永寧即今温州永嘉縣，東漢永和中置。或一醮守節，喪身不顧；或遭寇劫賊，死不虧行。」官本考證曰：「瞿，一作翟。」慈銘案，藝文類聚人部二引列女傳案，此處自漢中趙高妻以後據本書人部十九及太平御覽人事部所引，蓋皆皇甫謐列女後傳之文。曰：「會稽翟素者，翟氏之女也。受聘，未及配，適遭亂。賊欲犯之，臨之以人部十九此下有「白」字。刃，曰：『不從者，今即死矣。』素曰：『我可得而殺，不可得而辱。』賊遂殺素。」又人部十九引皇甫謐列女後傳曰：自「不可得而辱」句上文皆同。「素婢名青，乞代素，賊遂殺素，復欲犯青。青曰：『向欲代素者，恐被恥獲害耳；今素已死，我何以生爲？』賊復殺之。」初學記人部引皇甫謐列女傳、太平御覽人事部引列女後傳亦皆作「翟素」，蓋作「翟」者是也。

魏書　北齊　魏收　北史　唐　李延壽

十一日　夜偶校魏書及北史帝紀。兩書於三公、三師多書拜而略罷，如孝文時，太傅新興公丕之貶黜，皆不見於紀；然本傳雖言還爲平城百姓，而於其卒仍書薨，且有謚，蓋止罷官而不黜其爵也。

夢餘詩鈔　清　邵颿

十二日　閱吾鄉邵無恙夢餘詩鈔。其述懷五古三首，憶花樹五古三首，皆至性藹然，詩亦清老。風篁嶺一首，龍井一首，秀錬似岑嘉州。近體尤多明秀之作，最愛其出白門一絶云：「杏花如雪柳絲輕，渡口濛濛細雨生。惆悵行人過江去，十三樓畔正清明。」淡遠自然，可入唐賢三昧。邵氏世居龍尾山之羴俗作「羼」石湖，巖壑清疏，故其詩善言越中風景。如憶村居四首云：「白鷺斜飛破水痕，雨餘山淥滿晴村。北鄰漁父頻相過，老屋臨湖不閉門。」「輕舫徐泛向南陂，黄葉聲疏欲暮時。水葓絲絲秋岸淨，一彎涼月放蝦蘿」。「雁聲飛上蔚藍天，遠岸收痕淨碧烟。水葉半欹湖渌動，夕紅斜上采菱船。」「淡雲脱木淨寒墟，漁網高懸蟹簖虚。最愛雪晴風信暖，緑梅花放唱銀魚。」一何清綺，足令久旅增感、羈目暫娱。吾鄉乾嘉間如平中書遠、字蘊山，亦字三山，户部侍郎恕之弟，乾隆庚子進士。柴中書模字絜亭，乾隆庚子進士，由庶吉士改官直軍機處，早卒。皆能詩。與無恙交好，今其集皆無存者。是集中載平君斷句有云：「玉缸影過催行酒，銅椀聲來唤賣冰。」爲當時傳誦。

乾隆紹興府志　清　李亨特

十三日　閲紹興府志文苑、隱逸及經籍諸門，其舛謬殆不可理董。明諸生王蜕巖埜所輯越中詩選，余於咸豐間嘗在味經堂書坊見其寫本，凡數十册，首尾完善。今隱逸傳中止言所輯有紹興名勝題詠，經籍中並不列其名。國朝沈清玉冰壺著述甚多，精於史事，商氏越風采其詠史樂府數十首，皆戛戛獨造，名論解頤，在西涯樂府之上。己巳里居時，於中表張存齋處見鈔本明季國初名人傳論一册，不著姓名，所載逸事甚多，文亦嶄絶。余據其所言時代、人地及稱「家下賢」，決爲清玉所作。後於甲戌在都中晤蕭山人魯瑶仙燮元，偶言及之。魯家多藏書，言道光末於郡城購得沈氏文集，凡數十册，寫本精好，其中考辨文獻掌故甚多，亂後失之。今文苑傳中止言所著有古調自彈集、抗言在昔集，經籍中僅列抗言在昔集。但據四庫存目謂其中皆詠史絶句，且詆其苛繩古人，以第一人自居。不知四庫書目出於衆手，近代集部多從屏略，不特未經睿覽，亦爲總校紀、陸諸公所未寓目。此不過據浙江采集遺書目言之。其實即越風所選以觀，議論甚平，可爲讀史之法。乃歎劫火以後文獻衰絶，昔賢仰屋著書，無力梓行，竟爲狐狸貒貐噉盡，深可痛也。此志成於乾隆季年，典籍具存，物力正盛，故家大族接架連城，而秉筆諸君荒率任情，不一搜討。時郡守所任總其事者金匱徐嵩，江湖小夫，潦倒幕客，不足深責。吾鄉平寛夫侍郎時以少詹事憂居，首居纂述，而陋略至此，心術學問，概可知矣。

鮚埼亭集外編　清　全祖望

十二月初三日　閲鮚埼亭集外編。其水經漸江篇跋云：「此篇錯簡狎出，故不可讀。」「漸江固至錢唐而止，然其江浦則由靈隱而阼湖，而臨平，而禦兒，而柴辟，而及於東岸之固陵，而查瀆。其自西陵湖而下始係之曰湖水，上通浦陽江，下注浙江，而後由永興以入越，由是而山陰，而會稽，則了然矣。」又云：「漸江西入之道得柳浦而曉然，若無水何以有浦？又何以有埭？又何以有橋？既有之，則知其與臨平湖水合，由臨平而達禦兒之柴辟，江水亦合谷水而下至於柴辟，渾濤東注，以趨固陵，是江水至禦兒已與浙江合。」案，水經注此篇叙浙江又逕會稽山陰縣，又東北逕重山西下，重山即種山，今之卧龍山。復云浙江又東逕禦兒鄉，又東逕柴辟南，又逕固陵城北，又東逕柤塘，又逕永興縣北，縣在會稽東北百二十里，故餘暨縣也。禦兒者今石門縣也；柴辟者，今海鹽縣地也；固陵今西興；永興今蕭山縣也。江水既至今紹興府治之卧龍山，而復至石門、嘉興，且云「東逕」，其爲錯簡無疑。戴東原氏據歸熙甫本移「浙江又逕固陵、柤塘」二段於「東合臨平湖」之下，「又逕會稽山陰縣」之上。然下云逕重山西下，又東逕禦兒、柴辟，又逕永興，則仍東西顛倒；且將固陵、永興離析，尤爲非是。謝山仍依原本誤文爲説，而欲移「又逕會稽山陰縣」至「東北逕重山西」一大段於「逕永興縣」以下，其「湖水上通浦陽江，下注浙江」二語本屬之「臨平湖」下者，乃移之「西陵湖」下。而西陵湖者，酈氏云湖水上承妖皋谿，而下注浙江，亦謂之西城湖，蓋即今之臨浦，六朝所謂漁浦也。相塘即查瀆，亦曰查浦，蓋即今之龕山。以三國志孫靜傳、宋書孔覬等傳證之，可知毛大可杭志三詰三誤辨謂查浦、蕭山地在峽旁者，是也。毛氏又謂浙江兩岸東西相對，有三渡，上折從富春江來，一入錢唐界，而西岸有定山爲錢唐地，東岸有漁浦爲蕭山地，夾江而峙；其在中渡，則錢唐西岸名柳浦，蕭山東岸名西陵，亦夾江而峙；其下折則在錢唐、海寧之界，東南岸蕭山有回浦，西北岸海寧有鹽官渡，亦夾江而峙。皆據宋書孔覬、顧琛、吴喜諸傳、齊書沈文季傳爲説，自尚可通。惟以回浦爲即漢志東部都尉治之回浦，則大謬矣。宋齊時之回浦乃江口小渡，地名偶同耳。謝山意以柳浦當今之閘家堰，謂漸江由富陽經今六和塔下，由靈隱會武林水，逕臨平會臨平湖水，逕石門合浙江，然後由海鹽澉浦逕海寧以東，注蕭山之西興。然酈注此篇錯亂甚多，終不能諟正也。今人汪士鐸撰南北史補志，以禦兒、柴辟盡入之山陰縣下，蓋爲酈注錯簡所誤。

西河合集　清　毛奇齡

初六日　閱西河合集。其考古雖多疏，而雋辯不窮，才氣横出，實能發人神智。至其津津自喜，刺刺罵人，多墮入小説家言，亦實令人生厭。

茶香室叢鈔　清　俞樾

十五日　閲俞蔭甫茶香室叢鈔，共二十三卷。其自序以年老不復能著書，取閲書所得罕見罕聞之事，隨録成帙。然多有心得，可資談助。

九華紀勝　清　陳蔚

十八日　閲陳蔚九華紀勝，共二十三卷。蔚號梅緣，青陽人，道光初孝廉方正。其書卷一爲圖十二，卷二原山，卷三爲周必大九華山録及明以來諸遊記，卷四、卷五爲唐以來詩詞，卷六賦，卷七至卷十八爲山西至山西北諸勝，卷十九物産，卷二十藝文，卷二十一雜記，卷二十二、卷二十三爲補遺詩文。采取頗博，而不免村氣。

宋史　元　脱脱

二十二日　閲宋史選舉志、職官志、輿服志、禮志。宋史每詳所不當詳，其職官本改變紛紜，有寄禄，有檢校，有階，有職，有差，有勳，有爵，有功臣、武臣，有横行，有東班、西班，文武有换授。其叙遷有有出身、無出身之分，有常遷、特遷之分，有兩轉、一轉之分。志壹意求詳，至十二卷，既不依時代爲次，敍述繁釀，出入迷互。而元豐所改、政和所變易及南渡以後增置分合，皆散廁不恒，莫究終始，以致官品之高下，命婦之階級，轉茫然不辨。使我爲此志，但一卷叙官司職掌，一卷叙品秩改移，便可瞭如指掌也。

二十三日 閱宋史職官志，其封贈之制所叙尤不明晳。

光緒十二年

正月

東塾讀書記　清　陳澧

初五日　閱東塾讀書記訖。陳氏取材不多，不爲新異之論，而實事求是，切理饜心，多示人以涵泳經文、尋繹義理之法，甚有功於世道。其文句於考據家中自闢町畦，初學尤宜玩味也。

儆居集　清　黄式三

初六日　閱黄氏式三儆居集中釋一二篇、何氏秋濤一燈精舍稿中釋三、釋算及明數篇，皆小學家微言大義，足以益人神智。何氏釋算篇末辨亥有二首六身，以杜注及梅定九引諸家解「亥」字三六爲身，如算之六爲非，則思有所蔽也。

梅簃隨筆　清　張作楠

初十日　閱張丹邨梅簃隨筆。其書雖專言處州事，而中及算法，如舉程氏算法統宗中「綾絹」一例，推求四率之理及三代田制算例，黄鐘周徑、面冪、體積算例，投壺算例，王制東田畝數算例，補鑄編鐘算例，皆已見翠微山房算學。又校注葉靜庵子奇草木子十五條，其十一條皆言算法，固其專門之學。其古今同姓名一條、處州先賢著述一條，亦多可采擇。惟喜攻朱子，語多冷雋。又間載所作詩文，皆非著述之體。其辨羅漢一條云：十六羅漢見納納達答喇此四字張氏用同文韻統例，凡呼聲應長之字，其字下另帶別音者，於本字下將別音字細書合爲一字。傳及法住記，而十八之名不見梵典。蓋佛薄伽梵般涅槃時，以無上法付屬十六阿羅漢，故張僧繇、盧楞伽所畫羅漢相亦皆止十六也。惟東坡十八羅漢贊備書梵號，前十六與法住記合，後二人一曰慶友，一曰賓頭盧。然賓頭盧即賓度盧跋羅墮闍，名乃複見。恭讀高宗純皇帝御製唐貫休十八羅漢贊，始知西域十六應真外，別有降龍、伏虎二尊者，一爲嘎鴉巴尊者，一爲納納達密答喇尊者，以具大神通法力，故亦得阿羅漢名。東坡十八羅漢贊於羅怙羅尊者則曰：「龍象之姿，魚鳥所驚。」似指降龍。於伐那婆斯尊者則曰：「逐獸於原，得箭忘弓。」似指伏虎。惟羅怙羅即喇乎拉尊者，御製位在第十。伐那婆斯即拔那拔西尊者。御製位在第三。由此土僧伽未能深通貝筴，輾轉傳訛致舛複耳。

其辨道家南北二宗云，三餘贅筆稱南宗自東華少陽君得老聃之道，以授漢鍾離權，權授唐進士呂巖，巖授遼進士劉操。即劉海蟾也，遼時燕山人。唐施肩吾西山群仙會真詩已引海蟾子語，以唐人引遼事，足徵其僞託。操授宋張伯端，伯端授石泰，泰授薛道光，道光授葛長庚。即白玉蟾也，宋閩清人。武夷道士，嘉定中徵赴闕下，封紫清真人，所撰道德寶章，今四庫全書收之，元關祕要，彭在份讀丹録載之，指元篇，朱載堉諸真玄奧集成載之，稱其嘗受訣於陳楠，與三餘贅筆所叙淵源又異。案，其語皆鈔撮四庫提要道家類中語，而不著所出。三餘贅筆爲明都維明卬所著，吴縣人，太常卿穆之父也。其書備載道家北宗北宗謂呂巖授金王嚞，嚞名其教爲全真。授七弟子曰邱處機、譚處端、劉處玄、王處一、郝大通、馬珏及珏妻孫不二，所謂一花七葉也。及呂洞賓始末。丹邨失載北宗，又不知三餘贅筆爲都氏所著，其引劉後邨謂白玉蟾夭死，案，武夷山志謂葛長庚字如晦，繼雷州白氏子，名玉蟾。十歲應童子後居武夷山爲道士。一日，不知所往。蓋實夭死，而道流飾言之也。陳直齋謂白玉蟾嘗得罪亡命，蓋奸妄之流，亦皆出於提要，而俱諱所出。又言孫雨人同元謂爾雅「閍謂之門」是「門謂之閍」之誤。案，郊特牲「索祭祝於祊」，注云「廟門曰祊」，正義以爲釋宮文，禮器正義亦引釋宮「廟門謂之祊」，是孫氏當曰「廟門謂之閍」，丹邨誤落「廟」字耳。郝氏義疏已言之。

郊祭

十七日 郊特牲「郊之祭也，迎長日之至也」，鄭注：「易説曰：三王之郊，一用夏正。夏正，建寅之月也。此言迎長日者，建卯而晝夜分，分而日長也。」下文「郊之用辛也，周之始郊日以至」，鄭注言：「日以周郊天之月而至，陽氣新用事，順之而用辛日。此説非也。郊天之月而日至，魯禮也。三至之郊，一用夏正。魯以無冬至祭天於圓丘之事，是以建子之月郊天，示先有事也。」慈銘案，鄭君之意以冬至可云日至，不得云長日至；惟春分後日漸長，始爲長日之至。建子之月祭天曰圓丘，建寅之月祭天曰郊；圓丘以配夏至之方澤，皆因地之自然，郊乃築壇爲之。分别晝然，不容稍混。其謂「周之始郊日以至」者，乃記禮者誤據魯禮以爲周禮，故曰此説非也，明斥記文之誤。其於易説「三王之郊一用夏正」之語，一簡之中凡兩引之，此自有堅據，古書卓然不疑，必非僅以乾鑿度單文孤證而輕駮禮文也。自王肅妄以爲郊即圓丘，僞造家語以實之，於是郊丘始亂，千載以來，説如聚訟。孔作正義，雖例不破注，而實左袒王説。自宋以後，攻鄭者益多。馬昭申鄭云：「日者陽氣之主，日長而陽氣盛，故祭以迎之。若冬至祭天，陰氣始盛，祭陰迎陽，豈爲理乎？」數語簡盡，足以息喙矣。

綏寇紀略　清　吴偉業

二十日　點勘綏寇紀略，丹黄掩映，時覺拂拂有古香。孫忠靖傳庭出關之舉，綏寇紀略及諸書皆言其敗於南陽。案，忠靖由陝州靈寶至澠池，經新安，駐洛之龍門，進次汝州，克寶豐、郟縣，逼襄城，以是時李自成盡發荆襄之衆會河南，其精鋭屯襄城也。忠靖之師皆由西而東，别以偏師搗唐縣，盡殺賊家口。既以久雨糧匱，駐郟不得進，後軍梟於汝州，賊衆復大至，不得已，還軍迎糧，忠靖先奉駐軍洛陽之旨，又嘗在龍門催孟縣之糧，當必退屯鞏、洛，何有南走南陽之事？蓋南陽或是伊陽之誤，伊陽者伊水之陽，爲汝州屬邑，西北接雒陽界，與郟相去百餘里，故既敗，一日夜追奔四百里，遂至孟津也。若在南陽，何由北至孟津乎？諸書多稱爲郟縣之敗，是爲近之。或南陽是郟、汝間村鎮小名，必非鄧之南陽也。近人徐彝舟小腆紀年叙此敗，闕而不地，夏嗛父明通鑑書爲潰於襄城，皆深得闕疑之意。然忠靖此舉關係明室存亡，而其地不能指實，其後之殉節，或云在潼關，或云在渭南，或云在西安，並有言其未死者，陸沈將及，妖訛愈滋，明之不綱，此可見矣。忠靖既敗，由孟津渡河北，由濟源入山西之垣曲，復渡河斜趨閿鄉，入潼關，以時雒陽、陝州等皆陷於賊，道不復通也。諸書所叙亦多未明晰。

鮚埼亭外集 清 全祖望

二十三日 閱鮚埼亭外集簡帖、雜著，謝山兩集取資不盡，然此兩卷中，其言巡撫不得稱中丞、五品不得概用碑，皆非也。

翁注困學紀聞 宋 王應麟撰 清 翁元圻注

二十五日 閱困學紀聞翁注。王氏此書晐綜甚博，一生讀之尚未貫徹。余辛酉日記中頗病其細碎，爾時識力未能堅定如是。

三月

乾道四明圖經 宋 張津

二十四日 夜卧閱乾道四明圖經，乾道五年直祕閣知明州張津等撰，咸豐四年鄞徐同叔時棟所校刻，近年新印行者。此書四庫未收，據徐氏校勘記言，卷八至卷十二爲篇什、碑記，完好無恙；卷七以前皆叢殘之書，並目亦亡。然今刻首列縉雲縣主簿三山黄鼎序，次列十二卷目録，不知何本。據校勘記所言，似本於李處士孝謙四明文獻録。徐氏既無序跋，不可得而詳也。宋世圖經僅有存者，固爲可貴；然觀其總叙一篇，其中舛誤已多。如云：「漢興，封劉賈爲荆王，又嘗封閩越王之子爲東甌王，元鼎五年，東甌國除。」不知東甌地於明州無涉也。又云「唐肅宗乾元元年，復爲明州，仍兼浙東觀察使」。不知唐代明州刺史未嘗兼浙東觀察使也。又云「錢元瓘自號爲吴越王，據有兩浙十三州之地」。不知吴越王之封，武肅受之朱温，非由文穆自號也。

四月

紀文達集　清　紀昀

初二日　坐藤花下，設几閲紀文達集。文達敏捷兼人，辨才無礙，其文長於館閣應制之作，它非所經意，多不自收拾。是集共十六卷，其孫刑部郎中樹馨等所綴輯，凡賦一卷，律賦一卷，雅頌一卷，謝恩摺二卷，擬表詔疏等一卷，論記一卷，序二卷，跋一卷，書後一卷，策問及書一卷，器物銘一卷，碑表行狀等一卷，傳一卷，墓志銘及祭文一卷；前有阮文達、白小山、陳稽亭、劉文恪四序。惟第一卷第三卷颺頌之文最工，餘多率爾；傳志紀事之作，多信手而書，略無翦裁，蓋敏而不能深思，易而不免入俗。人之才力，各有所限，固不可强也。

夜閲文達集，其謝摺、器銘多不足存，子孫不學之過耳。

初四日 閲紀文達集。其議奏山東巡撫疏、請設左邱明世襲五經博士摺子兩通，駁山東邱姓不得爲邱明後及其志譜之謬，皆確。惟謂左邱是複姓，則非。邱明自是左氏，段金壇之説不可易也。其景城紀氏家譜序例援引詳明，可爲作譜之法。

李忠定公集 宋 李綱

初五日 閲李忠定公集，明崇禎間桐城左羅生光先爲邵武建寧縣知縣時所選，忠定後人刻之。凡奏議十五卷，詩文集二十一卷，附靖康傳信録三卷、建炎進退志四卷。忠定梁谿集今所傳者一百八十卷，近日閩中有新刻本，此不及三之一，甚至賦僅存二首，制詔全删去，亦云妄矣。然宋人文集每患太多，近所刻者版樣濫惡，此本稍清楚，取其簡便可耳。

莊簡集 宋 李光

初九日 讀先莊簡公集。四庫據永樂大典搜輯成之，余家譜中有莊簡所爲祖父贊，餘姚姜山有宋刻家訓，宋元學案所采論學語五條，皆未收入。陸放翁老學庵筆記所載千山亭一詩亦無之。

李忠定公集　宋　李綱

十一日　閱李忠定公集。其荀彧論申杜牧之之説，而以唐末之裴樞相儗，國朝魏叔子之論實本於此，蓋未之見也。

湖塘林館駢體文

十六日　得何竟山福州書，寄來湖塘林館駢體文十册，是甲申歲竟山從孫子宜得傳鈔本爲刻之閩中者，文止二卷，中有已删去及未改定之作，且多誤字，然其意可感。

五月

吴穀人遊記　清　吴錫麒

初六日　閱吴穀人遊泰山記、遊焦山記、遊西山記，皆叙次雅馴，間附考證，亦頗確覈。泰山記尤峭絜，焦山、西山亦皆有佳語。蓋穀人才弱而體俊，思凡而語工，故作遊記短篇，按日爲書，能自修飾。其日記兩卷，亦同此致。又生當極盛，聯襼題襟，務萃勝遊，故耳目濡染，學有原本，凡所考訂，雖亦多按籍而稽，要能識其是非，有所甄别。世之爲遊記者，務據地志，羅列縷縷，喧客奪主，欲以自炫其博，不知適形其陋也。至沿襲里俗，動輒訛謬，益無論矣。

韋蘇州集 唐 韋應物

十九日 閲鈔本湛然居士集及明浙江參議何湛之刻韋蘇州集，即汲古閣刻祖本也。

二十一日 閲韋蘇州集，前有宋嘉祐元年太原王欽臣記。凡十卷，分類十四，曰古賦、雜擬、燕集、寄贈、送別、酬答、逢遇、懷思、行旅、感歎、登眺、遊覽、雜興、歌行。王記作十五，字誤。古賦祇冰賦一首，詩五百七十首，寄贈最多，分上下卷，歌行亦分兩卷。末附拾遺詩八首，亦宋人所校補也。

明季實録 清 顧炎武

二十六日 閲鈔本明季實録，共四卷。首題顧炎武寧人輯，蓋僞也。其中叢雜無條理。第一卷爲南都諸臣論勸官商助餉疏，末具南京兵部尚書史可法、户部尚書高弘圖、工部尚書程註、右都御史張慎言、兵部侍郎誤作「尚書」。吕大器等十八人銜名，及福王監國詔書、發哀詔書、登極詔書、五月初四日監國，諸書皆作庚寅，是初三日。南中近報、弘光七月廿七日勸諸臣和衷諭旨、大清檄明臣民文正訛復仇説、新進士南歸口述、賊臣改六部爲政府考、迎降擁戴賊臣記、梁谿華蘭芬述燕邸實鈔。第二卷爲從闖賊破京城僞官考、泣鼎傳真録、閩中吴鴻磐染血書、勳戚文武諸臣死節記、應正祀文臣二十四人、正祀婦女九人、附祀文臣七人、正祀武臣七人、附祀武臣十五人、正祀内臣一人、附祀内臣六人紀、六等擬定罪從賊諸臣紀存疑、擬另議翁元益魯栗等二十六人已奉旨録用、張縉彦等八人紀。第三卷爲從逆諸臣、幸免諸臣、誅戮諸臣、刑辱諸臣、削髮受刑諸臣、潛身諸臣考、所載有重複參差者。叛逆奸臣及賊授僞官考、此又與上諸臣考多不同，蓋别出一書。如周奎前見幸免諸臣考之首，且辨其外傳奎獻太子以求免，實無此事。此於叛逆奸臣首列周奎名，云獻太子，是非出一人。其末云：「察得大明會典，凡從逆諸臣父母流三千里，妻子没入功臣家爲奴，田産屋宅皆入官，立振乾綱，大加天討，是在新天子矣。」知出南都初立時人。大學士馬士英請申大逆、上諭諸臣題奏殉難死節事、上諭陝西監軍御史霍達題奏延安榆林各鎮官紳殉難請旌表疏。第四卷爲鹿城募建報國道場追薦忠魂水陸大會疏、邊大受虎口餘生記、御史題奏秦中死難各官並榆林失地情形疏、陝西殉節各官籍貫、酉陽隨筆。

其中已盡采入南北略、南疆繹史諸書，惟所載當時奏諭公文，則本之案牘。其遇明事皆擡格寫，是福王立國時人所爲者也。華馨之蘭芬燕邸實鈔載殉節遁逃從賊姓名甚詳，其於吾鄉周文節下注云：「廿二日王德化激之而死。」從逆諸臣考於吾鄉王自超下注云：「以年少不更事，不用。自超行賄選司，仍許補。」蓋皆出仇嫉之口，不足憑信。爾時玄黄水火，旦夕百變，間道傳聞，愛憎任意。不特方岳貢之死雲間，士夫何剛等公揭訟之；魏學濂之死禾中，士夫訟之；項煜之受太常寺丞，周鍾之草僞詔，吴梅村綏寇紀略補遺及亡名氏花村看行侍者談往皆力申雪之也。岳貢之被拷，獻下江南策，學濂之官户部司務，爲賊草塲視芻，揚揚得意，且獻由海道平浙及趲漕策，煜之爲賊馳驛進香泰山；鍾之勸進草詔，皆馬阮輩誣之。

六月

求古録禮説 清 金鶚

初二日 閲金氏求古録禮説。其天子四廟辨、星辰説、屋漏解、樓考、冬祀行辨、夏禮尚文辨，皆實能發古人之隱。以星爲五星，辰爲二十八宿，日月所會之十二次，申明周禮大宗伯鄭注之義，極爲精確。屋漏解言喪大記所云「甸人取所徹廟之西北厞，薪用爨之」，謂廟後之西北厞人所罕至，簷下可以積薪，供祭祀爨饎，不得褻用，喪禮「取以炊浴」，所以神之也。舊説或以厞爲門扉，或以厞爲屋簷，皆謂抽取屋材。劉熙謂撤毁室之西北隅以示不復用，孔沖遠以廟爲正寢，謂主人已死，此堂無復用。皆悖於理。慈銘案，以新死而遽徹毁屋材以爨，理所必無。金氏以厞爲隱處，以徹爲取，即取所積之薪，尤前人所未發。惟以屋漏爲即詩豳風之「向」、禮明堂位之「達鄉」，似猶無堅據。案，云取所徹者，以廟厞所積之薪，本甸人所供，主人新死後，甸人已先發廟薪以待，至此取而爨之，故曰取所徹也。

東坡詩 宋 蘇軾

初三日 晡後閲東坡詩以自遣。儋州新居詩云：「朝陽入北林，竹樹散疏影。短籬尋丈間，寄我無窮境。」此四語清妙微遠，奇悟無窮，余夙愛誦之。時坡老方以僦官屋被逐，同子過泥水雜作，葺茅僅芘，而胸次悠然，隨處自足，此聖賢之樂也。

蘇詩補注　宋　蘇軾撰　清　查慎行注

初七日　閲查初白蘇詩補注本。初白於此書用力甚勤，蓋平生瓣香，孜孜不券。其中小有疵誤，馮星實補注及四庫提要亦加駁正。然馮注徵引太繁，往往喧奪，不如此本簡覈謹嚴，用爲家塾讀本爲最宜也。

乾隆汾州府志　清　孫和相等

初十日　閲汾州府志。其前列修纂姓名爲知府孫和相等，而無東原名，惟朱石君、徐飛山浩、曹孝如學閔三序及孫序皆言之。石君時爲山西布政，飛山吾邑人，時爲冀寧道，孝如則汾人也。其人物、義行等頗氾濫。然又立仕實一門，以史有疵議及無事蹟者入之，如唐之宋之問、薛能，五代之相里金、侯益，宋之王嗣宗皆與焉，似亦甄覈甚嚴。而所載元有陳政官定遠大將軍，王珪官都督大元帥，王仲文官中書省門下右丞相。元代未聞有大將軍之官，中書省不加門下二字，漢人亦未有官大元帥右丞相者，蓋亦存疑而及之。其藝文一門，采及並時人詩文，則以修志之難，不能與流俗人争也。東原意專在地理，考辨致精，餘蓋非所措意矣。

宋史 元 脱脱

十二日 閱宋史職官志。自來官制之遷改不常，升轉回互，糾紛錯雜，莫過於宋。史志之繁釀淩亂，或直鈔吏牘，或偏據一時，首尾不明，詳略失當，亦莫過於宋。即以命婦一事言之，絕不言其官品之差，階級之等；甚至徽宗政和改制，如恭人、宜人、安人等號古所絕無而行之至今者，竟無一字之及，致南宋人文集有所謂碩人、令人者，莫知其爲何品，可太息也。

惜抱軒尺牘 清 姚鼐

十四日 閱惜抱尺牘，新城陳碩士所輯者，共八卷，咸豐乙卯秀水高伯平手書，楊致堂所刻。其論文章謂望谿不能見史記深處，遠不如震川；又謂宋潛谿全是外道；謂論衡淺處極陋，深處極誕，其文全不足學。皆極有識。謂李安谿雖非真理學，其言義理，亦有可取；惟好論文章，則甚可笑。亦是平情之論。至惜抱經學甚淺，爲同時漢學諸儒所輕，因遁而尊宋儒，貶斥惠定宇、戴東原、朱石君諸君子。至自誇其筆記中所論史學，謂足與錢辛楣相匹，且以與袁簡齋素好，謂浙中可與竹垞、西河抗衡；則不識輕重之言矣。又謂淩仲子文集一無足取，此塗軌迥別，其是非又不足論也。

文恭集　宋　胡宿

十七日　宋胡宿文恭集有宋故左龍武衛大將軍李公墓志銘，即後主弟從謙也，其中多可補十國春秋之闕。云「從浦字可大，本名從今本作「初」，四庫考證以爲「從」字之誤，是也。謙」，陸氏南唐書誤謂「從鎰」改「從浦」。它書又皆作「誧」，亦不詳其字。其云「憲宗第八子建王恪之後，南唐烈祖之孫，元宗之子」。文恭爲北宋人，與從謙父子同籍常州，又與從謙子友善，而此志明言憲宗子建王之後，則五代史諸書謂託於太宗子吴王恪者，皆風影無據之詞。又云：「後主友愛異於它弟，開寶中受言奉幣入貢誕節。後主嘗因置酒，惻然有勤望之勞，賦青青河畔草一篇，章末有『王孫歸不歸，翠色和春老』之句，當時士人莫不傳諷。」此它書皆未載。又云入宋後，授右神武大將軍領漢東郡事，移江夏及同谷。南唐書等皆作知隨、復、成三州。據此則鄂州非復州也。云：「卒年五十。男子七人：仲儀左班殿直，仲昕右班殿直，仲勔無禄，仲某三班借職，仲偃登進士第，歷踐省閣，今任尚書刑部郎中淮南轉運使，仲連右侍禁，仲荀郊社齋郎。三女，長嫁郎邪王祐之；次二女内寺出家爲尼，並賜紫方袍，善才號妙智大師，善聰號崇因大師。孫男九人，孝友剡縣尉，孝嗣試校書郎。」十國春秋僅載仲偃一人，止云「舉宋大中祥符八年進士」。

又有故朝散大夫太常少卿致仕李公墓志銘，即仲偃也，言仲偃字晉卿，進士丙科，歷知蘄春縣、大理寺丞殿中丞、出知越州會稽縣、尚書屯田員外郎、通判台州、都官員外郎知真州、召拜侍御史、遷司封員外郎淮南提刑，入爲三司度支判官，除兩浙轉運使，賜紫，除工部郎中，判三司度支句院，假太常少卿，直昭文館，充契丹國信使，還除刑部郎中、淮南轉運使，至和元年以兵部郎中知蘇州，乞病，以本官分司南京，聽家武進，後四年告老，除太常少卿致仕，嘉祐戊戌卒，年七十七。子孝嗣，秀州崇德令，孝直試校書郎，孫元規太廟齋郎。蓋仲偃是江南李氏之顯者，仲偃之知會稽縣及爲兩浙轉運使，孝友之爲鄮縣尉，吾越府縣志皆失載。

又故祕書王公墓表云，本匡姓，「曾祖克模、祖建寧，俱仕南唐爲偏將，周師圍壽春，國主令建寧齎密詔至守將劉仁贍所，致命而還」。亦諸書所未及也。放翁南唐書謂從謙後不知所終，其時年代未遠，而不知其有子，嘗令會稽，爲兩浙轉運，且文恭四世掌誥，放翁亦未見其集，足見考古之難。

楊盈川集　唐 楊炯

十八日　楊盈川李懷州墓志銘云：「公諱沖寂，字廣德，左衛大將軍西平王之孫，荆州大都督漢陽王之子，今上之族兄也。」案，今上謂高宗，沖寂卒於永淳元年。案，新唐書宗室世系表太祖子蔡王岡，子安，字元德，隋右領軍大將軍趙郡懷公，追封西平王；子瓌，漢陽郡王；子沖寂，兖州長史。沖寂下一格注云缺。據此志則沖寂歷官太府、鴻臚二少卿，青、德、齊、徐、宣、陝六州刺史，檢校司理太常伯，營州都督，蒲州刺史，少府監檢校，將作大匠營義陵，銀青光禄大夫，行少府監，檢校右領軍將軍，以公事左授歸州司馬，遷中大夫，行兖州都督府長史，卒贈懷州刺史，其歷官甚顯，表止載其卒官耳。下云長子某，官某，次子某，官某。是有二子，皆已歷官，亦可補史闕，惜不詳其名也。又鄭國公墓志銘云：「公諱柔，字懷順，恭帝之孫，鄭國公行基之子，薨於永昌元年二月。」亦兩唐書所未詳。惟代王侑卒時年止十五，行基未必恭帝所生也。

江敬所上李鴻章書

十九日 得江敬所書，並以上合肥相國乞貸書稿求余評點。此人窮老，婁赴計偕，余以訏堂師言頗憐之，故與往還，且小有周濟。其人實耶學究，未嘗讀書，文理亦不甚通，而好爲古文，頗自尊大，常時一箋札，語多非體，亦有甚可笑者。江西人罕知學問，又僻在餘干小邑窮鄉，人或以其年老推挹之，今年下第，乃往干合肥，不得見，遂上此書。其題目云上李少荃先生求濟書，首云「少荃相公大人先生閣下」，其下自言窮老不得歸，欲求佽給，得以稍立田園，終年温飽。又言夷人不可主和，淮軍不可偏袒，與士大夫主戰者不可有意求勝。而終之云「如蒙惠賜，乞別勑筦庫，專人親交，俾沾實惠」，可謂進退無據，鄙而且妄矣。余終念其老，爲之點改稱謂，且告之曰：「古人上當路書有干請者，有規切者，二事不可合爲一也。此書既有所求，復有所諍，兩失之矣。」

九水山房文存 清 畢亨

閱九水山房文存二卷，文登畢恬谿亨所著也。本名以珣，改以田，嘉慶丁卯舉人，以久困春官，改今名。由大挑一等知江西崇義縣，卒官，年已八十矣。九水者，即墨勞山中地名也。文爲咸豐初聊城楊至堂所刻，衹廿二首，多考據之作。惟説迪一篇，爲治尚書者之達詁，最爲可取。餘則未甚精博，亦多意必之談。前有至堂序及包慎伯書後一首。恬谿爲東原弟子，亦在孫淵如門下，其學固不敢望東原，即較淵如亦遠遜。而至堂序言孫所纂叢書悉恬谿所改定，其易書二經疏義精當處，案，此蓋謂孫氏所撰周易續集解、尚書今古文疏證兩書。多本恬谿，此鄉曲阿好之私言，不足據也。

茶香室叢鈔　清　俞樾

二十日　俞蔭甫茶香室叢鈔多可資異聞。然如解詩「越以鬷邁」，以上章「南方之原」，原爲大夫氏，則鬷亦大夫氏，言與鬷氏之女俱往，此甚有理。而引左傳「鬷夷氏」證古有融氏，不引「鄭有鬷蔑」，亦可謂疏矣。

後漢書　南朝宋　范曄　後漢紀　晉　袁宏

二十六日　閲後漢書及袁紀。陳、竇之禍，范書言「河南尹劉祐黜歸，卒於家，明年大誅黨人，幸不及禍」。而袁紀於建寧二年誅黨人中有大司空此字誤，當作「農」。劉祐，不知何所本也，又竇武使侍中劉瑜奏誅曹節等，時范書言「長樂五官史朱瑀盜發武奏」，袁紀作「節等竊發瑜奏」，節曰前先帝宮人嫁武，父子載取之，各且十餘人，此大罪也。身自不正，何以正人？」此數語亦范書所無。

七月

玉燭寶典　北齊　杜臺卿

初四日　閲日本古逸叢書中玉燭寶典，本十二卷，卷爲一月，今缺九月一卷。其書先引月令，附以蔡邕章句，其後引逸周書、夏小正、易緯、通卦驗等及諸經典，而崔實四民月令蓋全書具在，其所引諸緯書可資補輯者亦多。於四月八日佛生日，羅列佛經，並證恒星不見之事；於七月七日織女渡河，亦多所考辨，謂六朝以前並無其説。其每月下往往有「正説曰」云云，「附説曰」云云，末又有「終篇説」，考期閏之事。其書皆極醇正，可寶貴。惜闕一月，又舛誤多不可讀。當更取它書爲悉心校之，精刻以傳，有裨民用不少也。

史略　宋　高似孫

閲高續古似孫史略，共六卷，亦黎氏所刻，據日本宋槧翻雕，極精致。其自序言成書不及一月，故粗略殊甚，亦多複舛。惟舉江南謂南唐。古本史記一條云：「刺客傳『劍堅故不可拔』，江南本作『劍豎』，劍堅安得不可拔？豎爲有旨。」案，此説甚是。古人佩劍皆在夾古「掖」字。下脅旁，故有上士、中士、下士之長短異制，上、中、下士以身之長短言也。秦王身長則劍長，豎於夾下，故不可卒拔。左右告王負劍，謂舉劍負於背上，則易拔。近儒亦有此說。作「豎」字則情狀宛然，亦可考見古人佩劍之制矣。

又載東觀記中鄧禹傳序、吴漢傳序兩首，文甚完美，可補入四庫輯本，又可證東觀記以論爲序也。史通云：「班固曰贊，荀悦曰論，東觀曰序，謝承曰詮，陳壽曰評，王隱曰議，何法盛曰述。」

景廉行述 清 治麟

初十日 爲治舜臣點改秋坪師行述，師之先德諱彦德。爲乾隆癸卯科舉人，官至綏遠城將軍，早卒。師其季子也。幼孤苦，稍長以教讀餬口，娶宗室夫人齊齊哈爾城副都統署黑龍江將軍玉英之女。師忠厚長者，一生以廉慎自持，自咸豐壬子翰林，不五年至工部侍郎，乙卯主福建鄉試，丙辰閲會試覆試卷、朝考卷，讀殿試卷，滿人升遷之速亦罕有如此者。以戊午監臨順天鄉試，科場獄起，爲忌者中傷，遂出爲伊犂參贊大臣。滯絶徼者十五年，始由烏魯木齊都統授欽差大臣，入爲都統，光緒初驟柄用，然高陽專政，一無能爲也。全文恪由協揆大拜，東朝意以協揆授師，師以靈文勤資序在前，力讓之。此一事可傳。

南華真經注疏 唐 成玄英

十二日 閲唐西華法師成玄英南華真經注疏，共十卷，亦黎庶昌所刻古逸叢書之一也，據日本金澤文庫所藏宋槧翻雕，字大而精。其疏順文演釋，雖鮮所發明，而通暢不泛濫，於名物、訓詁亦頗詳盡，補郭注之略。

歷朝畫史彙傳　清　彭藴璨

二十日　閲歷朝畫史彙傳，共七十四卷，道光間長洲彭藴璨朗峰著，前有吴縣石韞玉序及例言十則。其書以韻隸姓爲次，采書幾一千二百種，著録七千五百餘人，各省郡縣志亦所不遺，搜輯可謂勤至。琢堂序稱其生有畫癖，家藏名跡甚夥，所著尚有耕硯田齋筆記。其各傳中亦間有考證，偶附論畫語，亦頗有心得。其於元人揭傒斯下云：「元史不載能畫，今於琴川邵氏詒安堂得觀所繪山水長卷，皴法精嚴，氣韻沈鬱，自立崖岸，不四大家下。」是其見聞不爲不博，然筆舌蕪拙，全不知史例，於往代官制俱甚茫昧，所輯諸傳詳略失當，多不成句。其冬韻載周時封膜，以爲出穆天子傳。此誤始於唐張彦遠名畫記，而高承事物紀原及夏文彦圖繪寶鑑因之，不知穆天子傳本作「封膜晝於河水之陽，以爲殷人主」，注：「膜晝，人名。」又后妃門載舜妹嫘爲畫祖，以爲出説文。此誤始於沈顥畫麈，而張萱疑耀因之。不知説文止有「𡛷」字，注云：「舜女弟，名𡛷首。」並無作畫語，亦無「嫘」字，紀文達、孫頤谷皆已辨之。其尤繆者，尤韻載周勃，以爲今真定郡絳侯亭有石刻，勃所畫南極老人星像及四字銘十句，有曰「鴻蒙肇判，南極儲精。乾坤同久，永保康寧」。注云：「據涼月館叢談。」此書不知何人所作。又引其所著耕硯田齋筆記。又删韻載關漢壽，據解州志謂有石刻畫竹，亦引所著耕硯田齋筆記。又陽韻載張益德，據畫髓元詮云「喜畫美人」，則似目不知古今。所引絳侯之銘，尤堪絕例，且備載周、闞、張本傳功業，而於闞云「封壽亭侯」，亦爲可笑。即其於揭曼碩，以爲姓揭傒，名斯。不知揭爲江西右姓，其名傒斯，字曼碩，正取魯頌「奚斯所作，孔曼且碩」之語。又如宋之郭熙，字淳夫，其子思，字得之，元之高房山尚書克恭，謚文簡。此皆人所盡知，而不能舉其字與謚，則它可知矣。

二十一日　王草堂，錢唐人，著四書集注補，皆辨正集注名物典故之誤，而指其誤之所本，絕不似西河之攻擊。其書最佳，而四庫不箸録，畫史彙傳引溫州府志云「王復禮，仁和人，新建伯守仁裔孫，性孝友，富著述，蘭竹得文與可法。」此可補入吾越府縣志。又引覆瓿集云：「王麟字文明，山陰人，王振鵬姨甥，官千户，嘗從之游。工畫。」案，紹興府志文苑傳但云麟學畫於王振鵬，此云姨甥者，謂妻姊妹之子也。振鵬字鵬梅，永嘉人，元仁宗賜號孤雲處士，其畫尤精界畫，論者謂其上追千里，下掩十洲。嘗繢豳風圖，久藏吾邑任武承太守家，同治初兵亂，爲會稽監生陶羲擤得之。乙丑余假歸，陶叟干余爲轉乞浙撫奏進，余不肯爲言。辛未冬遂身入京，由都察院進呈，意欲望美官，不得旨。復條陳時事，皆迂冗可笑，被旨詰斥，始失意歸矣。

余於壬申廠市購明人李在畫水墨山水直幅，其懸磴結屋，外爲石闌，筆意如篆籀，市兒韜之以錦，題爲宋畫，索直三十金。余諧以六金，不得。去年廠廟購國朝人李世倬畫水墨屋樹直幅，臨晁无咎本，茅堂三間，外峙高木，疏籬環之，意致蕭閑，索直十六金，諧以四金，亦不得。李畫都中屢見，亦多雁本，所見以此幅爲最。兩事常不去懷，今録二人行略於此，以當畫餅。

朱謀垔畫史會要云：「李在字以政，由莆田遷雲南，宣德時與戴進同直仁智殿。山水細潤處宗郭熙，豪放處宗馬遠、夏珪，自戴進以下，一人而已。人物八面生動，四方重之。」案，所目皆不甚確。余所見者蒼深高淡，頗法雲林。張庚畫徵録云：「李世倬字漢章，號穀齋，三韓人，隸漢軍籍，都統高其佩甥，官至副都御史。山水人物得指授於王翬、馬逸，而上法吳道子。案，所稱與余所見者俱不甚似。花鳥果品得舅氏指墨法，而易以筆，故各臻其妙。嘗奏事，高廟命就皋塗精舍圖御製詩意，稱旨褒奬，時以爲榮。亦工詩。」案，畫如梁之陸氏，唐之李氏，蜀之黄氏，宋之米氏、馬氏、趙氏，元之趙氏，明之文氏，國朝之王氏、惲氏，皆世爲名家，而明之黄鶴山樵王叔明爲趙松雪甥。

「宋葛長庚字如晦，閩清人，後至雷州繼白氏，名玉蟾，字以閲，又字象甫，案，四庫提要云長庚字白叟，別號白玉蟾，與此異。然白叟之字則爲此所遺。號海瓊子，又號海南，又號蠙庵及瓊山道人、武夷散人、神霄散吏，居武夷山。寧宗召至闕，封紫清真人。善畫梅竹，間自寫其容。」自來字號之多，無如此者。國朝仁和金農畫梅，師白玉蟾。農字□□，號冬心，又號壽門，別號稽留山民，又號昔邪居士，又號心出家盦粥飯僧，其別號之多，蓋亦師玉蟾也。

國朝龔賢，又名豈賢，字半千，又字野道，號半畝，別號柴丈人，崑山人。性孤僻，山水得北苑法，亦仿梅道人。流寓金陵，爲八家之一。嘗自寫照，工詩文，行草雄奇。秀水王概山水學龔賢，概初名改，亦名匄，字安節。

王止仲自號淡如居士，倪元鎮自號幻霞生，別號荆蠻民，又曰淨名居士，又曰朱陽館主，又曰蕭閒仙卿，又曰雲林子。又嘗變姓名曰奚元朗，亦曰元映。王孟端紱自號九龍山人，王履吉寵，本姓章。自號雅宜山人，戴文進自號玉泉山人，沈石田自號白石翁，王元渚心一自號半禪野叟，文與也自號南雲山樵，金孝章自號不寐道人，王煙客又號西廬老人，王湘碧鑑又號染香庵主，王耕煙又號清暉主人，惲南田又號白雲外史，又號雲谿外史，又號東園客，王蓬心又號蓬樵老蓮，又號柳東居士，徐俟齋自號秦餘山人，張浦山自號瓜田逸史，又號白苧桑者，又號彌伽居士。

吴道子中年用筆如蓴菜條，其傅采於墨痕中略施微染，自然超出縑素，世謂之「吴裝」。王陁子山水峰巒幽致，別是一家。世言山水者稱「陁子頭，道子脚」。唐末關仝亦作「同」，又作「童」、「橦」。於山水深造古淡，如詩中淵明、琴中賀若；然於人物非工，每有得意者，必使安定胡翼主人物。翼字鵬雲，道釋人物、車馬樓臺，種種臻妙。嘗臨摹古今名筆，目之曰安定鵬雲記。

畫家以唐爲極盛，孫位、關仝、荆浩，皆唐末人也。浩然隱太行之洪谷不出，自號洪谷子，當爲唐之遺逸，尤不得入之僞梁。唐自李思訓、昭道父子爲北宗，王維爲南宗；其合南北宗爲一手者，惟南唐之董源乎？北苑歷仕中主、後主，時官後苑副使，入宋，未仕，不得爲宋人。

長江無盡圖卷 清 楊晉

二十三日　閱楊野鶴長江無盡圖卷。用筆輕蒨而工細，設色極秀，江南春麗，宛在目前。卷尾自題云：「青谿老人寫長江無盡圖六十卷，此爲第一卷春日，每當明窗几淨，抽豪仿右丞筆意。康熙乙西春三月野鶴楊晉。」畫徵録云：「晉字子鶴，號西亭，常熟人。山水清秀，爲王翬高弟，兼工人物花卉寫真，皆足名家，尤長畫牛。」卒年八十餘。

畫家以煙雲供養，多享大年，亦視其人胸次蕭然，澹於榮利，寄意繪事，寫其天真，無取刻畫細微，窮狀瑣屑，乃能遊神巖壑，頤性景光，窮而不憂，仕而不溺。故倪雲林七十有四，張伯雨七十有二，黄子久八十有六，王元章七十有三，沈石田八十有三，其世父南齋貞吉亦八十餘，文衡山九十，其子三橋彭七十有六，文水嘉八十有三，從子五峰伯仁七十有四，陳眉公八十有二，王仲山問八十，李九疑日華七十有一，程松圓七十有九，王煙客八十有九，王圓照八十，文與也七十有二，王麓臺七十有四，王石谷八十有六，王蓬心七十餘。

唐末荆浩然山水皴鉤布置，俾後學畫者得有由徑。郎瑛七修類稿嘗謂夏士良之圖繪寶鑑宜於諸家下補言其畫法，如董源則曰山是麻皮皴之類，馬遠則曰山是大斧劈兼丁頭鼠尾之類，如是則二人之規矩已寓目前，而後之觀其畫者亦易。此不易之論也。

明唐元生繪事微言有云：「佛道人物、牛馬，今不如古；山水、林木、花石，古不如今。」真名言也。佛道人物所以今不如古者，古法渾樸，能追神肖，力又設色濃厚，副其光相，後世惟務巧密耳。又云：「作畫以氣韻爲本，讀書爲先。」國朝王蓬心以「宿雨初收、曉煙未泮」八字授潘蓮巢恭壽，以爲山水真言，此皆學者不可不知。

朱子嘗自號雲谷老人，又號滄洲病叟，又號雲臺真逸，見宋本易學啟蒙序。儒家理學，亦有山水風流。

揚補之祖揚子雲，其自書姓從手不從木，然揚、楊實一姓也。補之自號逃禪老人，又號清夷長者，鄭所南自號三外野人，皆有深意。補之不屈於秦會之，累徵不起；所南宋亡後，自變其名曰肖曰南，以示不忘趙氏。臨歿，自題其主曰「大宋不忠不孝鄭思肖」。此皆風晞箕潁，節媲首陽。故補之梅花寄神天外，空枝疏蕊，澹遠如無。所南畫蘭，根不土著，離披散逸，無跡可尋，豈橅規寫矩者所能學步？若國初「八大山人」朱耷字雪個，號个山。筆意縱放，已有傖氣矣。朱本石城王孫，甲申後爲僧，以持八大人覺經，故號八大山人。其畫流傳頗夥，亦多贋本。前年余於廠肆見其大幀山水一軸，蒼渾奇恣，樹長二丈，亦其傑出之作。

八月

說文古籀疏證 清 莊述祖

初五日 閱莊葆琛說文古籀疏證，共六卷，伯寅所新刻也。莊氏珍藝宧叢書中僅刻古文甲乙篇目例，此本未成之稿，約存十之五六，奇零叢雜，全無首尾，伯寅屬元和管禮耕依原目理董之。其書專取鐘鼎古文以補說文，分甲至亥廿二部，以統諸部。其義多不可解，如甲部先以一、二、三、四、上、王、正、示諸部，是也；而示下系以衣部，是何說也？鐘鼎多贋物，又傳橅多失真，讀者亦多以意說，莊氏條例中亦自言之，而據此欲正秦篆之失，追頡、史之遺，大率支離繆悠，鑿空可笑。然莊氏本深通經學，思力勤邃，其引據紛綸，亦往往解頤，千慮之得，未始不有裨小學也。

宋書 南朝梁 沈約

二十一日 夜點閲宋書禮志。其讀時令條内，引魏臺雜訪曰：「前後但見讀春、夏、秋、冬四時令，至於服黄之時獨闕不讀令，不解其故。」案，高堂隆撰魏臺雜訪儀三卷，隋、唐志皆同。而晉書禮志引此事作「魏明帝景初元年通事白曰前後」云云，疑「景初元年通事白曰」八字是雜訪儀原文，「不解其故」下亦當有令升答辭，而晉、宋志皆略之也。

九月

果堂集 清 沈彤

朔 閲果堂集。其儀禮女子子逆降旁親服説，以爲此聖人制服之權，鄭注獨得其義，然以傳文專指嫁於大夫説，遂謂大夫爲其子、昆弟之爲士者大功，則子以將出降，而父以尊降，皆大功也，故可以嫁士，不得降旁期爲大功，雖其子可以嫁，若其父則不可以嫁子，逆降之禮，惟大夫之女子子有之，不及於士，則失經意矣。大功章云：「女子子嫁者、未嫁者，爲世父母、叔父母、姑姊妹。」傳曰，嫁者，其嫁於大夫也。」此專解經「嫁者」二字。已嫁之女於期不降，此以大夫之尊，故降其私親之爲士者。又曰:「未嫁者,其成人而未嫁者也。」此包大夫士而言,傳文本甚明,如沈氏所言,豈士之女子子成人者獨無出道乎?又謂其子可以嫁,然則將誰命之乎?蓋此條降服惟主女子子言,不及其父其子當逆降者,父無論大夫士,臨嫁將事,以尊行者攝之,不必泥禮記「大功之末可以嫁子」之文,謂須父降然後子亦降也。其儀禮喪服爲人後者爲本親問,言於本親高祖無服,亦非高祖正尊之服,雖出後,亦當如爲本親曾祖服也。其禮記問喪篇後記言孝子自升屋之復,三日之後斂,以及既葬之虞,於親攀號而不釋,無時不望其復生,形雖不可得復生,而其氣則留,故親之魂可以復反於宗廟,則真精理名言矣。

茶香室叢鈔　清　俞樾

初八日　閱茶香室叢鈔。中引駢薽道人薑露庵雜記數則,是吾邑人施山所著,昔年嘗見其山水扇面,畫法頗高,聞亦能詩,蓋游於幕府者。俞氏所引雜記俱頗有考據。又引施鴻保可齋閩雜記十餘條,可齋亦似越人而客閩者。昔年見人扇頭有傅桐自書所作古詩,傅亦越人,客於河南,工駢文。嘗見其與江山劉履芬書,言駢體源流,甚有識理,其詩亦不俗,蓋吾鄉才雋沈滯不達者多矣。

新樂縣景義書院碑記　清　江敬所

初九日　爲江敬所點閱所作新樂縣景義書院碑記。景義者新樂北城門名,以城北相傳有伏羲畫卦臺也。本曰「書院序」，余爲改作碑記。其文甚長，頗能發揮名理。而極言羲皇以來堯舜禹湯文武之教，至東周而熄，異端競起，曼衍至今日，而有極西天主之邪幻，中於人心，推論古今中外倚伏盛衰，其來有漸，不媿經世名言。敬所能爲此文，非所量也。爲之點改數語，並節去末一段。作書致之。

西夏紀事本末　清　張鑑

十三日　閲張秋水西夏紀事本末。凡分三十六目，目爲一卷，瑣碎叢雜，叙次無法，自宋、遼、金、元四史、册府元龜外，無所采取。惟首冠以范文正公集中附録西夏堡寨并陝西五路、西夏地形二圖，又自爲年表、職方表，亦甚粗略。其書務欲尊宋，不出學究之見；至紀范文正與元昊書事，亦立一目曰龍圖招諭，尚成文義乎？

李繼遷之死，宋史真宗紀系之景德元年二月，夏國傳作正月二日，遼史聖宗紀系之大統十一年五月，爲宋真宗咸平六年，計早一年，續通鑑長編系之景德元年正月，而爲之考曰：「繼遷傳、吐蕃傳並載於上年十一月，稽古録亦同，惟本紀、實録載之次年二月，疑傳、録因西涼事並書之，果在十一月，何以二月始聞之？故系之是年正月。」畢氏續資治通鑑從遼史。今按遼紀不足據也。繼遷方以咸平六年十一月陷西涼府，稽古録、續通鑑長編並同。都首領潘羅支等僞降，繼遷信之不疑。潘羅支乃集六谷蕃部等合擊之，繼遷大敗，中流矢，奔還靈州，必已在十二月間，至次年正月二日始以創死。宋人二月始聞之。疑宋史夏國傳得其實，李文簡所引國史繼遷等傳，及稽古録據繼遷攻取西涼日書之，故系之咸平六年十一月，本紀、實録據朝廷聞報日書之，故系之景德元年二月。惟宋史夏國傳謂取西涼在咸平六年六月，則誤矣。若如遼紀其死在上年五月，何以宋至次年二月始據邊塞入告耶？

禮經宮室答問 清 洪頤煊

二十三日 閲洪筠軒禮經宮室答問，雖大致明暢，而於禮學未深，多意必之談。

求古録禮説 清 金鶚

客去後閲金氏禮説。誠齋學過筠軒，而好出新意，果於自用，於鄭君注説不能細心體會，輕加排斥，故所論著多異先儒，按之全經，往往不合。然其思力精鋭，固近時之矯矯也。

十月

經説 清 王紹蘭

初三日 閲蕭山王南陔經説。無甚發明，且止三禮附大戴禮。三傳，共六卷，亦未全之書。其第一條周禮天官太宰贊玉幣爵之事云「贊玉當爲贊王」，引小宰「凡祭祀贊王幣爵之事、祼將之事」注云

「又從太宰助王也」，明此「玉」字亦「王」之誤，而以鄭注「玉幣所以禮神」爲非。不知小宰亦本作「贊玉」。岳氏九經三傳沿革例云：「諸本皆作『玉』，惟越注疏及建大字本作『王』。」鄭注謂又從太宰助王者，正以經文無「王」字，故注以明之，謂太宰既贊王，而小宰又贊之，使經文本作「贊王」，何煩注乎？其下注祼將之事云「贊王酌鬱鬯以爵尸謂之祼」，明太宰不贊祼將，惟小宰贊之，故特云贊王，以見不同於祀五帝從太宰助王也。岳倦翁謂太宰「文先有贊王牲事」，故下祇云贊玉幣爵，不必更出王字；「小宰職卑，不獲贊王牲事，而與贊幣爵之事」，故當云贊王。不知賈疏明云贊此三者，如岳氏之説，則太宰贊玉幣爵三者，少宰祇贊幣爵，不贊玉，其説亦不可通。段氏玉裁謂經之例，或言王，或省，無庸泥者，是也。王氏未能體會鄭注，殊失之疏。然其餘大率實事求是，無意必之談，於禮學尤所用心。中丞著述大半散佚，此亦可寶也。

涇林續記　明　周玄暐

初四日　明萬曆間御史崑山周元暐著涇林續記一卷，大抵村俗傳聞瑣屑之事；惟載分宜父子弄權、納賄兩條，潘伯寅尚書謂可裨史闕。然其言嚴世蕃資性强記，世宗觀經史，有未解者，朱書片紙以問嵩與徐階等，皆不曉，嵩以詢世蕃，即曰在某書第幾卷、第幾葉，其解云何，無一差者。則不可信。世蕃未嘗讀書，史稱其熟諳掌故及六部例案，蓋有之耳。又言羅龍文在分宜遇海島大盜，邀至島中，屬借嚴氏銀百萬，羅以計免。其鋪敘情事，曲折甚詳。然分宜惟有袁江，漢志所謂「南水」也，何處有長江大山容此巨盜？是於地理尚不能知。其痛詆張江陵，謂有問鼎之心，尤爲謬妄。餘所載海賈得島中鱓魚，殼中有照乘珠九顆，遂成鉅富。及酒令每句嵌「三分白，一點紅，顛倒掛，喜相逢」三字；皆吴越村巷猥傳，何足記載？惟言章楓山尚書年八十幸一婢，生子楫，後蔭爲中書舍人。周延儒少聘吴氏女，後貧甚，吴欲退婚，周訴之吴安節，吴令作文，奇其才，遂呼其族人以其女爲己女，曰它日當厚嫁之。周癸丑廷對第一，乞恩歸娶。二事足資談助耳。

錢唐韓小亭泰華，江西巡撫文綺之子，沈西雝之壻也，以貲郎兩至巡道，皆因事罷。其罷歸皆擁鉅資，而不久散盡，至飢寒以死。有玉雨堂藏書甚富，始由四川觀察罷居江寧，刻玉雨堂叢書未竟，而遇癸丑粤賊之亂，版稿皆燬，又嘗欲倣五代史注例以注元史，先爲元文選十集，倣顧氏元詩選例，而以十家爲一集，首集甫刻成，亦燼於賊炬，可惜也。伯寅刻其無事爲福齋隨筆二卷，亦略有考證。

國史考異　清　潘檉章

初十日　竟日閲潘力田國史考異，共六卷，至太宗止。所據皆明代官私紀載，今僅有存者，折衷至當，考辨極細，奇書也。對好花，讀異書，亦無限之福矣。

論語孔注辨僞　清　沈濤

二十日　閲沈氏西雝論語孔注辨僞，皆引漢儒古義以證孔注之僞，大抵折衷鄭注，語多精覈，較左傳補注爲優。

十一月

鄉黨過位復其位解　清　陳澤霖

初二日　終日評閱課卷，鄉黨過位復其位解，陳生澤霖申成鄭注朝位之義，以近儒主聘禮者爲不然，其説甚辨。然鄭君注儀禮聘禮記賓引論語此文爲證，近人王亮生鎏論語正義引胡氏縉説謂鄭君注鄉黨此節亦主聘禮，其説是也。

經世文編　清　賀長齡　魏源輯

二十日　閱經世文編禮政類，其喪禮於讀禮通考中議論精到者多未之采，近人有補之者，未知何如也。

二十一日　下午小愈，編寫經世文編八十册。魏氏此書體例揚榷，頗爲盡善，惟前數卷論學術多采程晉芳、戴祖啟、閻循觀等愚誣之論，而於諸經儒論學問升降、辨名物得失極有關於世道人心者，皆不之采。蓋魏氏未窺漢學塗軌，以爲典物度數皆繁瑣之事，聲音訓詁非義理之原；而不知一名物之沿訛有極害於政道，一音詁之失正有詒害於人心，學術不明，遂致畔經離道者。乾、嘉以來諸儒固有掇拾細碎，病其委曲繁重，無與大指；而即一物一事，推論精深，大義微言亦往往而在，所當分別觀之也。

周禮漢讀考　清　段玉裁

夜精神小佳，閱段氏周禮漢讀考。段氏此書義理精深，足爲鄭學津逮，惜其儀禮漢讀考止得一卷。胡墨莊作儀禮古今文疏證雖意在補段，其考證亦甚精晳，而於鄭君之義猶多游移，蓋胡氏説經不主高密家法，觀其毛詩後箋可知矣。

尚書

二十五日　讀尚書無逸、君奭正義，僞孔傳之以祖甲爲太甲最謬，正義反駁鄭君注，妄矣。

十二月

鐵橋漫稿　清　嚴可均

朔　閱嚴鐵橋漫稿。共十三卷，一二爲古今體詩；三爲議，爲書；四爲對問，爲考，爲説；五、六爲叙，共四十七首，皆其所撰輯編録之書；七爲傳墓銘碑；八爲書後；九至十二爲金石跋；十三爲時文。鐵橋之學博綜精到，力兼百人，文筆亦嶄然不群，而時不免措大氣。詩太粗率，不入格，然亦不俗。

長生殿　清　洪昇

初三日　洪稗畦長生殿傳奇，爨演、科白俱元曲當家，詞亦曲折盡情，首尾完密，點染不俗，國朝人樂府惟此與桃花扇足以並立，其風旨皆有關治亂，足與史事相裨，非小技也。桃花扇曲白中時寓特筆，包慎伯能知之而未盡。其序及評語皆東塘自爲之，不過借侯朝宗爲楔子，以傳奇家法必有一生一旦，非有取於朝宗也。其於史道鄰、黄虎侯雖寫其忠，而皆不滿。故於史之解閧、哭師，皆極形其才短；於黄口中時及田雄，明其養賊而不知。高傑、左良玉人並不足言，而傑之死最可惜，良玉之死實非叛，兩人皆南都興亡所系，寫之極得分寸。馬、阮之惡極矣，然非降我朝而致死，夏氏幸存録之言非妄，故全謝山外集亦辨之，非開脱巨奸也。東塘傳其死亦覈，且深得稗官家法。惟言袁臨侯之從左起兵，以黄澍爲末色，以鄭妥娘爲丑色，皆未滿人意，然傳奇亦不得不然耳。長生殿寄託尤深，未易一二言之。吴梅村讀史有感八首，其二云「童壁臺前八駿蹄，歌殘黄竹日輪西。君王縱有長生術，忍向瑶池不並棲。」其三云：「昭陽甲帳影嬋娟，慚愧恩深未敢前。催道漢皇天上好，從容恐殺李延年。」其八云：「銅雀空施六尺牀，玉魚銀海自茫茫。不如先拂西陵枕，扶下君王到便房。」皆與長生殿傳奇同意。至梅村古意六首，其一云：「争傳婺女嫁天孫，纔過銀河拭淚痕。但得大家千萬歲，此生那得恨長門。」其二云：「豆蔻梢頭二月紅，十三初入萬年宮。可憐同望西陵哭，不在分香賣履中。」其四云：「玉顔憔悴幾經秋，薄命無言衹淚流。手把定情金合子，九原相見尚低頭。」其五云：「銀海居然妒女津，南山仍錮慎夫人。君王自有他生約，此去惟應禮玉真。」又仿唐人本事詩，其一云：「聘就蛾眉未入宮，待年長罷主恩空。旌旗月落松楸冷，身在昭陵宿衛中。」所指皆别是一事。蓋孝陵末年有被選入宮、未得幸而遭國恤者，味其詩意，似當日棟鄂貴妃即追謚爲孝端敬皇后者。梅村清涼山讚佛詩所謂「可憐千里草」，蓋本董姓改爲棟鄂氏，猶「佟佳」本「佟章」，佳本張也。寵冠昭陽，故天眷雖深，而貫魚未逮。長生殿中有絜閣一齣，亦其微意也。

鐵橋漫稿 清　嚴可均

夜精神小佳，閲鐵橋漫稿。鐵橋鋭意搜耆古人逸書，心力之精，殆無倫比，不特紀文達諸公所不及，即同時如孫伯淵、章逢之、洪筠軒亦俱遜之。其識别真僞、校勘微芒，足與顧澗蘋相匹，而較顧爲大。所輯全上古三代秦漢三國六朝文，前年在上海一書肆，陶子縝曾見之。其爲伯淵所校北堂書鈔流入閩中者，今爲罪人周星詒所得。

初六日　閲尚書正義。殷、周間諸王之年，無逸、洛誥經有明文。無逸言「高宗享國五十有九年，

尚書正義　漢　孔安國傳　唐　孔穎達疏

祖甲享國三十有三年」，「自時厥後，罔或克壽，或十年，或七八年，或五六年，或四三年」。鄭注「祖甲，武丁子帝甲也」。然則自祖甲以下廩辛、庚丁、武乙、太丁、帝乙五君之年可推矣。曰「四三年」，不曰三四年者，蓋七八年、五六年皆渾舉一代之詞，四三年者，一代四年，一代三年，故變文以明之，古人文字無虚設也。自王肅僞造孔傳，正義曲申僞傳，以祖甲爲太甲，於是宋以後人隨意撰造商王年代。僞爲竹書紀年者，作「武乙三十五年，文丁十三年，帝辛五十三年」。杜撰皇極經世、皇王大紀等書者，作「庚丁二十一年，帝乙三十七年，帝辛三十三年」。通鑑前編從而實之，遂以爲典要矣。洛誥言「惟周公誕保文武受命惟七年」。鄭注：「文王得赤雀，武王俯取白魚，受命皆七年而崩，及周公居攝，不敢過其數也。」此必伏生、夏侯以來相承舊説，故鑿鑿言之。「文王受命七年」者，據尚書大傳「文王受命，一年斷虞芮之質，二年伐于，三年伐密須，四年伐畎夷，五年伐耆，六年伐崇，七年而崩」。見詩文王序，正義引作尚書周傳。武王取白魚在「上祭于畢」之年，是年始觀兵於孟津，又二年克商，又四年而崩。是文武受命後皆七年也。周公成文武之德，故亦居攝七年。曰「誕保文武受命惟七年」，明文武皆受命七年也，公雖攝政，未嘗有受命之瑞，經文特書此語，以明周公之心，純乎文武之心，即純乎臣子之心也。僞孔傳釋爲大安文武受命之事，則經之「受命」二字，便成空文。正義從而略之，不能申明鄭注。於是後人或據史記，謂文王受命十年，或據漢志引三統曆作九年；而宋以後人遂各以意改撰武王年歲及周公居東月日，且争文王無受命、周公無居攝事者，益紛紛矣。至吕刑言穆王享國百年，享國自與無逸經文一例，皆主在位言之。論衡氣壽篇云「傳稱周穆王享國百年，並未享國之時，出百三十四十歲矣」，自是今文家師説如此。僞孔傳云「穆王即位過四十百年大期」，蓋陰主史記「穆王即位春秋已五十，立五十五年崩」之文而小變之，以見子長嘗從子國問故，故詞相合也。不知未即位時安得云享國。周初召公年亦百二十餘歲，畢公亦百餘歲，穆王在位百年，何足爲異。列子以穆王爲神人，穆天子傳瑶池八駿等事，皆以穆王壽爲希見，故附會之，此不必疑者也。

秋室集 清 楊鳳苞

初七日 閲秋室集，共五卷，歸安楊鳳苞傳九撰，近日陸心源所刻也。卷一有釋雅、釋頌等數首，皆寥寥短篇，餘至卷三皆題跋之文，究心史事，尤熟於明季掌故，其南疆逸史十二跋，最有關於滄桑文獻；卷四、卷五爲與人書及傳記之作，亦多涉鼎革間事，其記莊廷鑨史案本末及記同坐獄之李令晳、茅元銘、朱佑明諸人事皆極詳，足訂鮚埼亭外集之漏略。其書孔孟文事及錢瞻百河渭間集序，皆記孟文於順治十八年夏首告歸安錢纘曾、潘龍基及慈谿魏畊通海事，至十二月始就獲，康熙元年二月皆受極刑於杭。瞻百名价人，以纘曾族人與晟舍閔氏兄弟、南潯朱少師之孫皆以嘗匿纘曾牽連死，吾鄉祁奕喜先生以匿魏雪竇亦被禍，此事與南潯莊氏獄皆發難於己革歸安知縣吴之榮，而鎮浙將軍柯奎主之。史案結於康熙二年五月，柯奎亦以匿奏免死歸旗。謝山祁六公子墓碣銘及雪竇山人墓版文所記時月事蹟亦尚有舛誤，皆賴此訂之。

其南疆逸史跋第六首，據施世傑酉戌雜記、茅元銘三藩總記，以魏國公徐弘基爲死於吴江陸醇儒之變，永明王賜謚莊武，而以明史爲誤，則不足信。明代公侯世家無身乞休而子襲爵者，況弘基守備南京，爲勳臣之首。迨弘光之立，由其家定議，尤爲南渡宗臣，其人庸庸保位，絶未聞有與馬、阮忤之事，何至乞休？即使有之，而當大兵下江南時，其子文爵等迎降，全家北行，弘基曾爲上公，何能潔身潛引？且近在吴江，豈無人從跡？蓋寓袁世奇家謀募兵起事者，必是徐氏族人，或假弘基名以相號召，如楚人之託名項燕耳。弘基卒於甲申春，明見綏寇紀略、聖安本紀諸書，必無錯誤，故莊武之謚亦是承平典禮；若以起兵死而謚出永曆，必用忠烈等字矣。沈果堂吴江縣志疑此非弘基事者，是也。

鮚埼亭集 清 全祖望

初九日 閲鮚埼亭集。謝山兩集，余閲之最早，亦最熟，而近來至不能記其目，偶一翻閲，竟有似未嘗寓目者，衰老健忘，可歎也。謝山之學，平生最所服膺，其山水之情，亦甚深遠，集中如湖語、剡源九曲辭，嫌其字句稍冗，使略節之，亦足獨絶也。

大唐郊祀録 唐 王涇

十三日 得繆筱珊書，以所鈔唐王涇大唐郊祀録見借，並約十七日夜飲，即復。閲大唐郊祀録，共十卷。首有涇上書表，系銜曰「朝散郎前行河南府密縣尉太常禮院修撰」。卷一至三曰凡例，卷四至七曰祀禮，卷八曰祭禮，卷九卷十曰饗禮。新唐書禮儀志言：「貞元中太常禮院修撰王涇考次歷代郊廟沿革之制及其工歌祝號，而圖其壇屋陟降之序，爲郊祀録十卷。」又藝文志載「王涇大唐郊祀録十卷，貞元九年上」。舊唐書禮儀志載「永貞元年十一月，禮儀使杜黄裳與禮官王涇等請遷高宗神主議」；又載「元和元年七月，太常博士王涇上遷中宗神主議」。唐會要卷十八載「元和十四年二月，太常丞王涇上疏請去太廟朔望上食」。是涇此書上於德宗貞元九年以後，歷遷至太常丞，不知其終於何官也。其書歷代著録，至明文淵閣書目始作「三册，闕」，我朝四庫不載，而江浙藏書家傳鈔之。道光末，金山錢氏刻入指海第十八集，惟缺其圖耳。其曰凡例者，條舉辨神位、視牲器、卜日、齋戒、牲牢、玉帛、俎饌、罍洗、奏樂、奠獻、燎瘗、祈禱等十二目，又綴以雜例一目及祭服七目，皆先發大事之凡，而後低一格，雜引群經、諸史、漢魏諸儒傳注、六朝及隋、唐諸禮官議，並唐六典、開元禮等，詳其因革，兼及名物訓詁，實爲詳備。所引三禮義宗頗多諸經注文，亦間有與今本不同。祀禮以下多足補兩唐志及唐會要之闕。其書上於貞元時，而卷九享太廟樂章中有德宗以下九帝廟之詞，其迎神第二奏下云「元闕，臣陳致雍補」。敬宗廟奏下云「本詞元闕，大閩國太常博士張連撰添二首」。一首文宗廟奏。陳致雍見馬、陸兩南唐書，馬潘佑傳，陸后妃傳。爲南唐太常博士。吴任臣十國春秋有致雍傳，言莆田人，仕閩爲太常卿，入南唐，以通禮及第，是樂章有閩王氏時所補者矣。此本爲汪謝城鈔本，並輯附録一卷，筱珊從汪本録副，並録長興臧眉卿、南滙張嘯山兩家校語於上方，裝寫精工，然誤字尚多，暇當取諸書再一一校之。

海國圖志　清　魏源

二十日　點閱海國圖志。魏氏此書體大思精，真奇書也。其采楊光先不得已中闢邪論上下篇，又自爲論，以抉天主教之妄。往嘗以爲此等愚悖無理之言，不攻自破，彼醜夷之黠者，尚不肯自主於行教，何足費吾脣舌？由今思之，人理之泯棼，將不知所終極，彼狡焉思逞者日以財物餌吾民，引而致之彀中，有欲出而不得者，其禍並非洪水猛獸所能喻也。當魏氏此書初出時，使朝廷先加意此事，密諭地方大吏飭郡縣官，日討國人而申儆之，毋使其陷溺，事猶可爲耳。今西洋羅馬之教王已擁虛器，德國又扼之甚力，英俄諸國袖手旁觀，惟法夷擁護之，而其愚弄中國，則仍並智一心，可歎也。

武陵山人遺書　清　顧尚之

二十四日　閱武陵山人遺書，金山顧觀光尚之著，光緒癸未獨山莫祥芝所刻，前有張嘯山所作別傳。所著述甚多，兹刻共十二種。其學精於曆算，李壬叔極推之，所刻七種皆算學也。又精醫學，所輯神農本草經，較問經堂輯本條理尤密。